ANA MARIA PRIMAVESI
Histórias de Vida e Agroecologia

Virgínia Mendonça Knabben

ANA MARIA PRIMAVESI
Histórias de Vida e Agroecologia

2ª edição ampliada

EXPRESSÃO POPULAR

São Paulo – 2017

Copyright © 2017, by Expressão Popular

Revisão: *Cecília da Silveira Luedemann*
Projeto gráfico, diagramação e capa: *ZAP Design*
Fotos: *acervo da família*
Impressão e acabamento: *Paym*

Dados Internacionais de Catalogação-na-Publicação (CIP)

K67a Knabben, Virgínia Mendonça
Ana Maria Primavesi: histórias de vida e agroecologia. / Virgínia Mendonça Knabben.– 2.ed.—São Paulo : Expressão Popular, 2017.
484 p. : il.

Indexado em GeoDados - http://www.geodados.uem.br.
ISBN 978-85-7743-305-6

1. Ana Maria Primavesi - Biografia. 2. Agroecologia Biografia. Título.

CDD 370.92

Catalogação na Publicação: Eliane M. S. Jovanovich CRB 9/1250

Todos os direitos desta edição reservados.
Nenhuma parte desse livro pode ser utilizada
ou reproduzida sem a autorização da editora.

2ª edição ampliada: agosto de 2017
5ª reimpressão: abril de 2022

EXPRESSÃO POPULAR
Rua Abolição, 197 – Bela Vista
CEP 01319-010 – São Paulo – SP
Tel: (11) 3112-0941 / 3105-9500
livraria@expressaopopular.com.br
www.expressaopopular.com.br
ed.expressaopopular
editoraexpressaopopular

Sumário

Ciência e Poesia 9
Apresentação 11
Prefácio 13
Memórias 15
Ana Maria Primavesi, a paixão pelo solo vivo 17

O GERMINAR
Nós 31
O castelo 35
Tocando em frente 39
O Diário 43

RAÍZES 47

ESPINHOS
Início do diário de Annemarie
Reichsarbeitsdienst 81
Os Reich – um parêntese histórico 93
Boku 97
Polônia, 1940 101
Wulle & Co. 105
O Ahnenpass 109
O treinamento 115
Padre Fridolin 119
Artur 123
Alsácia-Lorena (Lorraine) 127
O Pimpinela Escarlate 135
Ar frio 145
Eureka! 151
Um lugar impossível 157
O bombardeio 161
Volksturm 165
O Engodo da Cruz Vermelha 173
Fim da Guerra 187
O exército cossaco de Vlasov 191
A prisão de Sigmund 197
Os Primavesi 205
Tchecoslováquia 215
Relógio, relógio 223
POW (Prisioner of War) Camp 225
Lore 231
O Bloco 4 237

Dr. Buckert 241
O Sargento Roth 245
Ara 249
Noite Feliz 253
Lar, "doce" lar 257

FLORADA
Até que enfim! 279
O Brasil, definitivamente 283

FRUTOS
Odo 289
Carin 291
Itaberá, terra de mistérios 297
Arturzinho 303
Santa Maria, 1961 323

REBROTA
Itaí 347
As galinhas da Primavesi! 357
Paola 361

SEMENTES
O grupo pioneiro – o Movimento de Agricultura Alternativa 375
Manejo Ecológico do Solo 385
Sincronicidade 405
Artur pai, Artur filho 411

DISSEMINAR
Agroecologia, a agricultura Eco-Lógica 419
Nasce a AAO 439
Um filho agrônomo 445
Manejo Primavesi 449
Com terras; sem nada 453

LUZ
Mokiti Okada 461
Fotografias da alma 465

MACIEIRAS EM FLOR
Mapas 475
Árvore Genealógica 480
Bibliografia citada 483

Para Patrick, com amor

Ciência e Poesia

Afirma Ana Primavesi
Em seu saber fecundo
A compactação do solo
É o maior problema do mundo:

Pois provoca o vicioso
Ciclo inexorável:
Erosão, enchente e seca,
Escassez de água potável.

Mas o solo protegido,
Poroso, alimentado,
Gera planta e animal
Sadio, vitalizado.

Agradecemos Professora,
Tão preciosas lições,
Sua presença entre nós
É Primavera nos corações.

Sérgio Ricardo Matos Almeida
Engenheiro agrônomo – um dos primeiros estagiários de Ana em Itaí

Apresentação

Pensei que conhecesse Ana Maria Primavesi há trinta e cinco anos. Pura ilusão. Só as pessoas da família a conheciam de verdade. Durante décadas, convivemos com a professora, com a agroecologista, conhecendo as suas qualidades técnicas e didáticas. Só agora este livro nos revela, por inteiro, a surpreendente mulher.

Ela passou pela II Guerra Mundial, sentiu as dores na carne e na alma, enfrentou situações de tirar o fôlego, entremeadas de passagens até hilariantes, mas outras horríveis, brutais e tristíssimas, compondo um mosaico colorido e ao mesmo tempo terrível, que a autora deste livro apresenta com maestria.

Ficamos conhecendo a viagem da Primavesi montanha acima, até chegar ao "Eureka!" que mudou tudo. E o livro é ainda uma agradável lição de história e geografia.

Ana Primavesi nos mostrou – insistentemente, até entrar nas nossas cabeças – fatores fundamentais que não eram tão claros para a grande maioria dos técnicos e dos agricultores: a importância do solo grumoso e o que fazer para atingir esta condição, as interações solo-planta-microrganismos em um complexo vivo, e a necessidade de proteger, principalmente em clima tropical, a superfície e a vida do solo – e com esses fundamentos, Primavesi fez enorme diferença.

"Observar, observar e observar". Anos atrás, ela respondeu assim, sinteticamente, à pergunta sobre o que considerava mais importante para um profissional da terra. Coincidentemente, com outras palavras, Yoshio Tsuzuki nos diz o mesmo, como é mostrado neste livro.

E além de tudo, Primavesi é uma exímia desenhista! São dela os desenhos, descobertos por Virgínia Knabben, que ilustram o início dos capítulos da parte "Espinhos".

São duas grandes surpresas nesta obra: a epopeia que foi a vida de Ana Primavesi, e a revelação que é Virgínia, biógrafa de primeira, que por seis anos, com persistência e paciência, vasculhou porões (literalmente) e as lembranças das pessoas ligadas à grande professora, e deu alma aos relatos.

Duas mulheres, cada uma com suas qualidades, que fazem diferença para o movimento agroecológico.

José Pedro Santiago
Engenheiro agrônomo

Prefácio

De repente, surgiu Virgínia, uma geógrafa, profissão com visão mais abrangente da natureza, com interesses pela agricultura. Uma agricultura que pudesse suprir de forma sustentável uma população crescente, com demandas alimentares crescentes. Ela se apresentou, e disse ter encontrado nas ideias de Ana Primavesi as respostas para sua procura. E disse também que gostaria de refazer a trajetória da vida de Ana para encontrar o fio da meada de suas ideias, que podem ser a resposta para os processos de produção de alimentos mais nutritivos, mais abundantes, mais seguros. A resposta para uma maior segurança alimentar. A resposta para o caminho que deve ser seguido pela agricultura que pretende ser o esteio econômico do país, e a esperança de alimentos abundantes para o mundo, como a FAO vem sugerindo.

Virgínia apresentou seu projeto à família, e esta concordou em abrir suas memórias, muitas vezes truncadas pelo tempo. Virgínia lançou-se então de corpo e alma na prospecção de dados. Ana, já com falhas nas memórias do passado, que por vezes foram apagadas da memória para esquecer esse passado. Mas Virgínia tinha um "santo forte". Ao ajudar na arrumação despretensiosa dos pertences de Ana que, pela idade, foi forçada a voltar do seu recanto rural para a cidade, fez um achado de um tipo de "pedra da roseta": um diário de Ana quando jovem. Numa língua estranha (alemão) e numa grafia mais estranha ainda (em gótico), mas que forneceu as palavras-chave para Ana se lembrar de seu passado privado, mais íntimo, e público. Dados foram surgindo, gerando um caos de informações geográficas, sociais (níveis, línguas, países atuais e fantasmas, migrações humanas), históricas, ambientais, familiares, políticas, agronômicas, estudantis, esotéricas, festivas, enfim da vida como ela pode ser em sua complexidade máxima.

Virgínia, com sua visão abrangente, conseguiu encontrar uma ordem nesse caos. E conseguiu selecionar o cerne de cada aspecto mais importante para a formação da visão holística de Ana, de sua visão dos pontos-chave que necessitam ser considerados para que os sistemas agrícolas funcionem de maneira duradoura e produtiva. Ana, como boa montanhesa, nativa dos píncaros alpinos, tinha de sua posição uma visão mais abrangente, mais distante do horizonte que aquele que vive num vale mergulhado num tremedal de informações, atuando como se fossem "areia movediça" e limitam drasticamente os horizontes. De pé em chão firme, desvendou a essência primordial de todos os ecossistemas como a rocha matriz que é recoberta por uma camada de solo e a suportar o início da vida vegetal e animal.

Virgínia, a autora iluminada da biografia autorizada da Patrona da Agroecologia Brasileira, com muito suor, intuição e golpes de sorte, apresenta ao leitor aspectos lúdicos, tristes, familiares e profissionais, de lutas, de vitórias, de perdas, de opiniões isoladas, racionais (ensinadas pela própria natureza quando corretamente observada em seu equilíbrio dinâmico), enfrentando fatos estabelecidos insustentáveis (defendidos pela maioria), da vida de Ana Primavesi, a querida "Madame", tão odiada por muitos tecnicamente em determinado momento, tão amada e festejada por outros muitos. O que Ana realmente deseja, não seriam as festas ou os ódios, a guerra de ideias, mas divulgar o que se denomina Boas Práticas de Manejo Ambiental, que certamente tornam os sistemas de produção mais complexos e difíceis de gerenciar. Mas Jesus já dizia: o caminho fácil e cômodo conduz ao inferno (da seca, das enchentes, da improdutividade dos solos, dos ataques de pragas e doenças, da fome, das guerras por água e terras produtivas remanescentes, das migrações forçadas de populações, dos envenenamentos e muitos outros aspectos ambientais, sociais e econômicos negativos). A regressão ecológica dos ecossistemas (desenvolvimento minerador), e da capacidade de produzir e sustentar vida superior, em lugar do desenvolvimento construtivo, sintrópico.

Odo Primavesi
São Carlos, 17 de julho de 2015.

Memórias

Sempre achei digna de exemplo a história de vida de minha mãe, mas nem imaginava que alguém algum dia se interessaria em escrevê-la. A Virgínia apareceu de mansinho, e, depois de muita insistência, Ana cedeu em conversar. Falar das alegrias e das dores, estas que já haviam sido enterradas.

Mulher de coragem, Ana Primavesi enfrentou e superou muitas dificuldades desde jovem. Passou por uma vil guerra que dizimou sua família, deixou pai e mãe que adorava para vir a um país estranho por amor a seu marido, sem olhar para trás.

Tanto meu pai como minha mãe tiveram as trajetórias de suas vidas alteradas pela guerra. Acostumados a fartura e conforto, passaram a conviver com um dia a dia muito parco. Porém, perdas materiais não atingiam Ana, ela não se prendia a elas. Começou uma vida nova sempre de bom humor e com ânimo. Nós, filhos, nunca sentimos qualquer mágoa nela por essa mudança radical e decisão sem volta. Era sempre forte e determinada.

Mãe e avó maravilhosa, colocava sempre a família em primeiro plano. Ocupava-se conosco amorosamente e crescemos seguros. Brincava com a gente, contava muitas histórias, íamos passear, muitas vezes para pegar o "mato" que seria nossa verdura no almoço. Ensinou-nos a refletir sobre as coisas e não seguir simplesmente o que os outros faziam.

Ela sabia muito. Qualquer pergunta ela explicava com pormenores. Muitas vezes eu me questionava como ela sabia tanta coisa. Era história, geografia, educação, curar com plantas, entendia do solo e das plantas, nutrição, sociologia, psicologia, biologia, veterinária, química, física, sobre a vida, administração, como construir uma casa ou mesmo um prédio, marcenaria, consertar máquinas... Quantas vezes pessoas de prédios vizinhos vinham buscá-la porque estavam sem luz, se ela podia ajudar. E ela o fazia.

Era muito criativa e habilidosa. Cozinhava divinamente, costurava super bem (muitas vezes, desmanchava vestidos que havia trazido da Áustria e costurava roupas para nós), bordava (eu sempre andava arrumadinha com bordados), tricotava nos casacos e pulôveres dos filhos motivos dos animais que cada um de nós gostávamos, consertava nossos sapatos melhor que qualquer sapateiro, desenhava e pintava muito bem, escrevia histórias gostosas de ler, tanto infantis como juvenis (durante a guerra ela escrevia histórias para seu irmãozinho quando era aniversário ou Natal, porque não se tinha acesso a nada).

Depois da família, seu amor era o solo, do qual depende a vida. Com opinião definida, sempre foi fiel ao que acreditava. Foi uma caminhada bastante árdua para mostrar a importância de desvendar um olhar tropical e agroecológico para que a vida possa ter sustento nesse planeta. Para isso, ela teve apoio de um grupo de jovens agrônomos recém-formados que viam que da maneira como estava sendo feita a agricultura, caminhava-se para um abismo. Jovens que estavam no início de sua vida profissional, tinham famílias para sustentar, mas não tiveram medo de seguir com a Ana o conceito novo. Estavam convictos de que ela estava certa, que aquele era o caminho. Graças a esses jovens corajosos, o pensamento agroecológico tomou vulto. E Ana não estava mais sozinha. Uma chuva de uma só gota, transformou-se em muitas gotas, foi engrossando e hoje temos esse conceito incorporado. Estamos conscientes de que é a única maneira de sobrevivência.

A vida de Ana sempre foi de muitas lutas e exigiu persistências. Mas isso nunca a desanimou. Tristezas profundas com as perdas de entes queridos a enlutaram: dos irmãos tão próximos e amados, durante a guerra, do pai que tanto amara e havia sido seu exemplo de vida, da mãe, do marido, do filho mais novo. Muito religiosa, aceitava os desígnios, olhando só para frente.

Mulher de um pensar inteligente e profundo, de um falar concreto, honesto, direto e sem lisonjear, dedicou sua vida ao amor ao planeta e a sua família, sem pensar em si.

Virgínia também determinada, não se demoveu ante os entraves surgidos e nos está presenteando com a história dessa guerreira que muito nos pode ensinar. Obrigada, Virgínia!

Carin Primavesi Silveira

Ana Maria Primavesi,
a paixão pelo solo vivo[*]

Conheci a professora e amiga Ana Primavesi logo que me formei, no início dos anos 1970, quando o Grupo de Agricultura Alternativa (GAA) da Associação de Engenheiros Agrônomos de São Paulo (Aeasp) iniciou os primeiros contatos com ela que tinha se mudado para São Paulo, vinda aposentada da Universidade Federal de Santa Maria no Rio Grande do Sul, onde lecionou por muitos anos.

Nascida na Áustria, concluiu seus estudos em agronomia na Universidade Rural de Viena, e após se formar veio para o Brasil. Trouxe consigo conceitos revolucionários sobre o manejo de solos tropicais, conceitos esses que contrariavam a orientação dominante do pacote químico-mecânico de inverter a camada superficial da terra, procedimento típico do manejo de solos de clima temperado.

Pioneira nas práticas de preservação dos recursos naturais, sempre primou pela abordagem do solo de maneira integrada com o ambiente circundante, trazendo até nós a perspectiva ecológica e o papel fundamental da biocenose na fertilidade da terra para cultivo, quando ainda não se falava em ecologia, mas se preconizava, com a força da modernização conservadora, o emprego intensivo de adubos químicos de alta solubilidade, dos macronutrientes NPK. Ana Primavesi também nos demonstra a importância dos micronutrientes na

---

[*] Discurso proferido pela professora da Unesp por ocasião da realização do III Encontro Internacional de Agroecologia, realizado de 31 de julho a 3 de agosto de 2013, em Botucatu, São Paulo.

produtividade e saúde das culturas e comprova que as características físicas e biológicas do solo são tão fundamentais quanto a nutrição das plantas.

Para ela, o manejo dos solos tropicais traz complexas interações com as plantas, indicando que a direção a seguir deve ser dos processos vegetativo--biológicos em vez de práticas mecânicas de mobilização intensivas e impactantes no solo.

Sua trajetória intelectual sempre perseverou que o solo tem vida e esta não pode ser descartada quando se pensa em manejá-lo. Este sempre foi o foco das suas pesquisas, sempre apaixonada pelo solo e uma agricultura em harmonia com a natureza.

Para ela, o manejo agroecológico se expressa em solos vivos e bem estruturados, em biodiversidade, em proteção do solo contra o aquecimento excessivo e impacto de água e vento, e o bom desenvolvimento das raízes. Nas suas palavras, estimular a autoconfiança do agricultor é "ele se dar conta de que é produtor de alimentos junto com a natureza que Deus criou, que respeita as leis eternas e que acredita em si mesmo".

No final dos anos 1970, o Grupo de Agricultura Alternativa, pioneiramente, teve o privilégio de fazer o lançamento, no Estado de São Paulo, do seu livro *Manejo Ecológico do Solo: a agricultura em regiões tropicais*, um marco da literatura agronômica que iria revolucionar os estudos sobre pedologia.

Em 1980, a professora, sempre apaixonada pela natureza, adquire uma fazenda em Itaí, Estado de São Paulo, e passa a comprovar todo seu conhecimento conceitual em práticas para uma agricultura de bases ecológicas. Em 1989, tive a honra e o privilégio de participar com ela, e outros colegas de várias profissões, da fundação da Associação de Agricultura Orgânica (AAO), também pioneira em estudos e ações em prol da Agricultura Alternativa, como era então conhecido o movimento em contraposição ao pacote tecnológico de modernização dos latifúndios brasileiros.

Nessa oportunidade, queremos levar nossos agradecimentos a essa mulher incrível, amiga da natureza e das pessoas, que na sua simplicidade carregou o ônus do pioneirismo, mas que, finalmente, teve o reconhecimento, nacional e internacional, pela sua obra em mais de 60 anos de pesquisas, e de uma vida dedicada às transformações de um modelo agrícola perverso com o meio ambiente e a sociedade. Recebeu inúmeros prêmios e distinções, e, em 2012, junto a outras personalidades, foi agraciada com o One World Award da IFOAM para pessoas que trabalham para um futuro sustentável. Por todo seu caminhar, na simplicidade de quem domina um vasto conhecimento científico, quando nos referimos a ela temos a certeza que podemos parafrasear Guimarães Rosa em *Grande Sertão: Veredas* quando resumimos sua obra em "o capinar é individual, mas a colheita é coletiva".

Muito obrigada Ana, nossa querida professora que nos mostrou o caminho para um mundo melhor!!!!

Maristela Simões do Carmo

As histórias que conto aqui foram resgatadas, literalmente. O resgate na história desses que formam a "velha guarda" da agricultura orgânica no Brasil, e que fazem parte da vida da dra. Ana Primavesi, tem um valor inestimável. No processo de construção deste livro, algumas vezes aconteceu de eu registrar uma história e, dois meses depois, procurando por alguns dos que a narraram, ou até mesmo pela dra. Ana, eles não se lembrarem mais delas. Por isso, em alguns trechos não foi possível aprofundar fatos e cenários, ou detalhes que enriqueceriam a narrativa. Mesmo assim, acredito que esse resgate sirva para alimentar muitas almas sedentas de conhecimentos tradicionais, um tipo de saber em extinção, mas que, pouco a pouco, e tendo muitas pessoas bebido dessa fonte chamada Primavesi, se retoma. Nesse mundo encantador da agroecologia, resgatamos a nós mesmos em essência e, por isso, agradeço profundamente àqueles que contribuíram para a feitura desse livro.

Virgínia Mendonça Knabben

O GERMINAR

Meu primeiro contato com o nome Ana Primavesi foi em 2007. Nina Rosa Jacob, fundadora da Ong Instituto Nina Rosa, me disse: "Você precisa conhecer o trabalho de Ana Primavesi."

Conversávamos sobre ecologia e alimentação, tentando tornar viável um projeto de consciência para as escolas. O projeto saiu e fiquei com o material que Nina tinha: três CDs com palestras da Primavesi. Foi amor à primeira ouvida. Eu ouvia aquela voz, aquela palestra, a forma como ela explicava e comentava, e as janelas se abriam. Aquilo era tudo pelo qual eu procurara por toda a minha vida de estudante. Tudo o que ela falava minha mente absorvia, sedenta por mais. Até aquele momento eu não sabia, mas estava faminta.

Minha formação se deu na geografia. A princípio, quando prestei vestibular, duas carreiras me deixavam em dúvida: agronomia ou geografia. Aprovada nas duas, a primeira exigia que eu morasse em Botucatu. A segunda, além de ser na USP, era muito perto da minha casa. Também não vivíamos uma situação financeira que me permitisse sair de casa, com despesas de moradia, transporte, alimentação, livros e materiais extras. A escolha estava feita, mas uma pontinha de frustração me acompanhava nesse processo. O caminho pela geografia era uma parada. Não era o destino final, mas o percurso pelo qual eu tinha que passar para alcançar outros saberes, para chegar à agroecologia. Mas lá atrás eu não sabia disso, nem tinha como saber.

Lembro-me de que uma das matérias da geografia era *Geografia Agrária*, e eu ansiava por cursá-la. A professora, Maria Regina Cunha de Toledo Sader, contava sobre suas viagens à Amazônia, o seu contato com a cultura indígena e os aprendizados que tivera. Muito do que me tornei e do que ansiei, partiu do que ela me mostrou. A geografia terminara, mas eu me sentia, ainda assim, incompleta. Acredito que essa sensação de incompletude acompanhe muitos estudantes, uma sensação de "e agora?" que angustia e amedronta.

Passei a dar aulas, algo em que nunca havia pensado. Ser professora foi um presente em minha vida, uma atividade que exerço até hoje. A geografia, por mim tão "menosprezada", era minha base e minha área. Habilitou-me a compreender o clima, o solo, a vegetação, as cidades, o rural e o urbano, e mais uma gama enorme de temas. Eu dava aulas e estudava, porque mesmo formada, ainda faltava muito para compreender, relacionar. Além do mais, geografia é uma ciência mutante, desafiadora, uma ciência do desvendar. Um geógrafo nunca está pronto. Mas por mais que estudasse e buscasse por um aprofundamento, algo ainda faltava. Faltava "dar liga", faltava um ingrediente mágico.

Depois de escutar os CDs, busquei na internet tudo o que fosse relacionado a Ana Primavesi. Comprei os seus livros e procurava saber como encontrá-la. Queria participar de suas palestras, ouvir mais. Aprender, aprender, aprender! Com ela, parecia não ser mais um processo dolorido, penoso, difícil. Parecia que minha mente estava repleta de sementes adormecidas, que agora brotavam, brotavam, ansiando por mais vida, mais luz, mais saberes.

O passo seguinte foi me matricular num mestrado para estudar o tema "Revolução Verde". O título de mestrado não era tão importante, mas era uma forma de eu estudar o assunto, de me aprofundar.

Em 2009, matriculei-me numa disciplina na Esalq (Escola Superior de Agricultura Luiz de Queiroz) propositadamente. Propositadamente porque queria entender um pouco como se pensava a agronomia tradicional, convencional, tão combatida por alguns defensores da agroecologia. Essa oposição de ideias e condutas era fundamental para que eu pudesse construir uma visão ampla, não limitada a um só ponto de vista.

O fato de eu vir de fora e de ser uma aluna da geografia gerou desconforto entre meus colegas na Esalq, e eu o sentia também no meu professor. Eu tinha um semestre pela frente, seis meses em que toda sexta-feira acordava às cinco da manhã para dirigir de São Paulo a Piracicaba. Logo na primeira aula foram definidos grupos para o seminário final que teríamos que apresentar. O professor entregou o programa de aulas do semestre, e dei uma rápida passada de olhos sobre os temas. Queria saber como aquelas aulas contribuiriam para minha pesquisa. "Você aí, moça da geografia: que assunto você acha que falta no nosso programa que poderia ser abordado?" o professor perguntou, percebendo minha atitude. Rapidamente pensei sobre o que eu gostaria de aprender mais. "Transgênicos", saiu automaticamente. "Você vai fazer um seminário sobre esse tema", ele sentenciou. "Ok", pensei. E por seis meses, além de dar aulas em São Paulo, das aulas em Piracicaba e das reuniões na USP, eu estudei o tema transgenia como louca. Sabia que seria um desafio, e eu teria que estar preparada.

As semanas foram passando e as aulas na Esalq, ao mesmo tempo em que me fascinavam, deixavam-me frustrada. Fórmulas químicas para tudo, receitas prontas para cultivar tais e tais plantas. Eu queria entender o porquê de se colocar tal quantidade, que efeito teria aquilo no solo, como os micro-organismos reagiam às substâncias. Eu já era, como dizia Fernando Ataliba (citado posteriormente nessa narrativa), também uma "primavesista". Numa visita a uma empresa de adubos químicos, vi montanhas de calcário, fósforo, potássio. Perguntei ao funcionário que nos acompanhava de onde vinham aqueles produtos. E quando as rochas acabarem? Na volta ao *campus* da Esalq, meu professor comentou: "Na semana que vem teremos uma aula com outro professor, com um tema que você vai gostar muito: adubação verde."

Como ele sabia? Mal tínhamos conversado... Dito e feito. A aula, dividida em duas partes, me encantou, principalmente porque eu não tinha a mínima ideia do que era a adubação verde. Como geógrafa, não tinha aprendido nada disso e achava que adubação verde era somente colocar matéria orgânica sobre o solo. Depois do intervalo, o professor perguntou logo que entrou na sala: "Quem é a Virgínia?" Gelei. "Pronto, danou-se", pensei receosa. Levantei a mão, sem conseguir falar, enquanto todos se voltavam para mim. "Seu professor pediu que eu lhe desse todas as amostras que eu trouxe". E foi cheia de alegria que recebi saquinhos com sementes de aveia preta, crotalária, guandu, lablab, mucuna, girassol e outras, grata pelo gesto carinhoso. Meu professor estava certo, eu tinha adorado aprender sobre adubação verde.

Durante as aulas, eu tinha muitas dúvidas. Eram tantas que as escrevia na beira das páginas do meu caderno, sabendo que seria impossível perguntá-las. Eu não era agrônoma, não tinha a base, talvez, para entender o porquê daquelas fórmulas. Meus colegas anotavam tudo como se aquilo fosse parte do que já faziam, o que me constrangia ainda mais. Recolhida num canto da sala, eu tentava anotar e entender, e nos intervalos ia à biblioteca. Mas não adiantava muito.

O *campus* da Esalq é de uma beleza revigorante, e muitas vezes, depois do almoço, eu sentava no gramado, contemplava aquele verde todo e pensava: "E não é que vim parar na agronomia, enfim?" E a agronomia que vivia dentro de mim era a que a Primavesi me ensinava... No laboratório, uma substância rosa torna-se azul. "Por quê?", perguntei interessada. "O pessoal da geografia tem que saber o porquê de tudo", responderam.

Em outra aula, o professor explicou que os micronutrientes devem ser colocados no tambor do trator junto com as sementes e os defensivos. Ao fim da aula, lá fui eu, timidamente, caderno nas mãos e o olhar de todos me seguindo: "Professor, posso perguntar uma coisa?" Era difícil perguntar qualquer coisa porque eu tinha medo. O medo do julgamento do outro, de ser tratada como burra ou estúpida, ou até mesmo ingênua. Mas meu professor nunca se negou a me responder, ao contrário. E dessa vez a pergunta era: "Por que se coloca o agrotóxico junto da semente, se ela ainda nem nasceu, e portanto nem sei se a planta vai ficar doente?" Para quem já conhece os ensinamentos de Ana Primavesi, a lógica é clara: a praga ataca a planta doente, portanto, se plantamos a semente com o veneno junto, algo está errado. Ele olhou para baixo e colocou a mão no queixo. "Porque o solo é doente." "Mas por quê?" "Porque sim, se eu não colocar o DEFENSIVO", frisou, "a planta não cresce".

Dia do seminário. Cada grupo tinha um determinado tempo para falar, e o tempo fazia parte da avaliação. Éramos um grupo de três pessoas e eu falaria por último. Meu enfoque era a parte "social" dos transgênicos, assim denominada e determinada pelos meus colegas. Eles falariam sobre a ação da semente no solo e o uso consorciado de agrotóxicos, questões químicas que nem mesmo que eu quisesse eu poderia explorar, pois não entendia nada daquilo.

Já na fala da minha primeira colega, o tempo estourou. Meu outro colega já começara portanto sem tempo. Na minha vez, além da tensão e da pressão que sentia (e posso senti-la até hoje, escrevendo sobre isso), eu sabia que não tinha, teoricamente, mais tempo nenhum disponível. Ao me levantar para falar, uma pilha de materiais me acompanhava: para cada *slide* apresentado, havia um documento associado que alicerçava a argumentação. E pensei: "Escutei respeitosamente cada palavra dessas pessoas durante esse tempo todo, mesmo discordando de muitos pontos de vista. Agora é a minha vez de expor o que eu penso, eles concordem ou não".

Meus dedos tremiam a cada mudança de *slide*, mas minha alma de professora falou mais alto e, de repente, o nervosismo diminuiu, e o olhar dos meus colegas mudou. Eles ouviam com curiosidade o que eu dizia e tive a impressão de que compreenderam que eu não queria atacá-los, e sim entender o porquê das coisas. Inseri, ao fim, um trecho do documentário *O mundo segundo a Monsanto*, da francesa Marie Monique Robin (2008), que mostra o desespero das pessoas ao constatar que não produziram mais nem melhor com as sementes modificadas. Eu terminara.

"Alguma pergunta?" Nenhuma. Meu professor se levantou, e teceu comentários gerais sobre o tema. Além dos alunos, havia professores nos assistindo. Acabara. Tinha sido uma das experiências mais intensas que eu já tinha vivido. Depois desse seminário, o respeito e a admiração que tinha por aquele professor só aumentaram, porque, em nossas diferenças, construímos um diálogo franco, honesto. Sou muito grata a esse querido professor por tantos aprendizados.

De volta à rotina em São Paulo, cheia de perguntas e questionamentos, minha decisão estava tomada: eu precisava conhecer pessoalmente a Primavesi. E, não me lembro como, consegui seu telefone em Itaí, onde ela morava. E foi nesse telefonema, pedindo por um encontro, que aquela voz por quem tanto procurei e ansiei, assentiu: "Pode vir!"

Nós

O portão de entrada da fazenda estava com o cadeado aberto. Tínhamos chegado, sob um céu de cor chumbo. Era janeiro, e por causa das chuvas as estradas estavam muito ruins, principalmente porque o acesso à Fazenda Ecológica de Itaí era somente por estrada de terra. Ana Maria, minha amiga xará da Primavesi, abriu o portão. Vamos conhecer Ana Maria Primavesi.

"Chegamos..." – eu pensei.

Ana fechou o portão e entrou de novo no carro. Seguimos pela entradinha, contornamos a casa do caseiro, uma subidinha. Lá estava ela, acenando, apoiada em sua bengala. Meu coração disparou, tudo ficou um pouco confuso, como se não fosse real. Olho para minha amiga e nós duas estamos emocionadas. Primavesi apontou com a bengala onde eu devia estacionar, e assim que descemos do carro, ela soltou: "Creeeeeeeeeedo, vocês conseguiram acertar o caminho". Sim, demos sorte. Não há placas indicando a direção e as instruções eram 'precisas': "quando sair da estrada de terra siga à esquerda, haverá uma subidinha, entre à esquerda de novo, ande mais ou menos mais tanto, terá outra subidinha..." Rimos e entramos. Pacha, o cão pastor preto, mancava da perna, mas a seguia por onde quer que ela fosse. Eu e Primavesi. Finalmente.

A casa era simples e organizada. Chão encerado de vermelho, uma pele de onça na parede, presente de alguém, ela contou, e um aparelho de som bem antigo em um canto. O sofá em que sentamos ficava ao lado de uma lareira, e a porta aberta mostrava a vista do vale, lá embaixo. Estou feliz, estou ali!

Olho para minha amiga e ela retribui essa sensação com um sorriso. Quantos caminhos para chegar até aqui...

Era 23 de janeiro de 2010.

Depois que conheci pessoalmente Ana Primavesi, continuei a procurar por ela em palestras e eventos. Ana viajava muito e nem sempre vinha a São Paulo, e eu nem sempre podia ir aonde ela estava. Um dia li uma matéria sobre Jeffrey Smith, autor do livro *Roleta Genética – Riscos documentados dos alimentos transgênicos sobre a saúde*, vi que a autora da matéria era Fernanda Danelon. Não era possível! A Fernanda era minha amiga! Liguei para ela. Eufórica, eu contava sobre aquela coincidência, sobre minha experiência na Esalq e sobre meu interesse no assunto. Estávamos felizes em poder compartilhar saberes, experiências... Fernanda e eu nos tornamos amigas justamente por amor aos animais, à natureza... e então ela inocentemente me perguntou se eu poderia indicar uma pessoa para receber um prêmio chamado Transformadores, uma pessoa que tivesse atuado na agricultura de forma a contribuir para uma mudança significativa na sociedade.

Eu não tinha uma pessoa para indicar. Eu tinha "a" pessoa.

Foi nessa premiação que conheci Carin, filha da Ana Primavesi. Depois, numa manhã de autógrafos da dra. Ana na AAO (Associação de Agricultura Orgânica), eu e Carin conversamos sobre muitas coisas, dentre elas a história da Paola, aqui contada. De repente, perguntei se eu poderia escrever a biografia da sua mãe... num rompante, sem pensar, sem nunca ter cogitado tal coisa... Ela ficou de pensar, e me deu seu telefone.

O sim mudaria completamente a minha vida.

***

Um ano se passara desde que eu e Ana Primavesi nos encontramos pela primeira vez. Passei a organizar encontros entre ela e os seus amigos em São Paulo, na casa da Carin, aproveitando um período em que a dra. Ana estava se recuperando de uma cirurgia para colocar pinos no fêmur. Os encontros eram emocionantes e reveladores. Ana e seus amigos matavam a saudade, relembravam. Eu assistia e tentava montar o quebra-cabeça. Não era só eu e ela, era um universo de pessoas incríveis com histórias incríveis nesse mundo de descobertas incríveis sobre a agroecologia.

Ela ansiava por voltar a Itaí, mas era preciso ter paciência. Aos 91 anos, a recuperação de uma cirurgia desse porte requeria cuidados. Até andar de carro era delicado. Paciência e sentimento de urgência. Ela sentia falta de casa, da casa no campo, do campo. Queria muito ficar bem, voltar para casa, mas ainda não dava. Não existe primavera sem passar pelo inverno.

As histórias começaram a ter um fio condutor, e as pessoas a serem familiares. A memória não buscava mais tantos detalhes, e algumas passagens foram apagadas pelo tempo, outras pela dor. Ana voltou para sua casa, e agora eu já podia esboçar pelo menos um plano para tudo isso.

***

A família Primavesi me recebe como a uma filha que retorna, uma irmã, uma amiga. O convívio enriquece as narrativas, aprofunda o entendimento, esclarece detalhes. Muitas esperas se sucedem. O tempo de Ana não é o meu tempo, ela tem seus momentos de falar e de se calar. O convívio traz também momentos difíceis de impaciência, de irritação. Ela sempre fala pouco. Com o tempo, minha presença se torna comum na casa, mesmo que a cada vez que eu vá e me sente ao lado dela, ainda sinta um frio na barriga, uma sensação de que estou sendo presenteada pela vida. Eu quis tanto esse contato, e ele veio. A casa dos Primavesi é a minha segunda casa, e sempre que posso, estou lá.

O castelo

Em julho de 2011 parti para a Áustria. A visão do castelo Pichlhofen era tão surreal quanto o fato de eu estar autorizada a escrever esse livro. Gerhard (irmão de Ana) e sua esposa Inge moram sozinhos na imensidão do castelo, onde Ana nasceu e viveu sua infância e adolescência, mas Clara (também irmã), para minha sorte, também estava lá. Passei a chamá-los todos de tios.

Tia Clara é chamada pela família de Putzi, que quer dizer "pequena" em alemão. Quando nasceu, teve um problema na tireoide, e nos seus primeiros dois anos de vida praticamente não cresceu, o que só começou a acontecer quando recebeu iodo. Formou-se em história da arte e se tornou uma respeitada restauradora de quadros em Viena.

O clima era de tristeza, porque o neto de tio Gerhard de pouco mais de dezessete anos acabara de falecer. Gertrud, filha de tio Gerhard, chegou com Maja, sua filha de sete anos, uma menininha linda, banguelinha de trancinhas. Fizemos um piquenique no jardim, uma área gramada enorme ao lado do castelo, bem em frente ao jardim em que a mãe deles tão caprichosamente cuidava das flores... Era verão em St Georgen ob Judenburg, mas estou de casaco. O dia estava ensolarado, o céu de um azul intenso, mas o vento vindo dos Alpes era bem frio. A conversa era em inglês, ou tentava ser. "Enferrujados" na língua, Gertrud fazia as traduções para os pais, e nos ajudou na comunicação.

Tento me concentrar ao máximo, porque além de procurar entender o que falavam, ainda não acreditava que estava ali. Estar em Pichlhofen era como se eu conhecesse uma história encantada, como se tivesse lido um livro que me marcara profundamente, e de repente eu conseguira transpor um portal mágico e entrava em contato com o lugar e as pessoas daquela história. Eu queria tudo ao mesmo tempo: prestar atenção ao que eles falavam, olhar ao redor, perguntar, calar, sentir, desfrutar...

A conversa fluía. Tio Gerhard apontou para a parte de trás do jardim de sua mãe: "Certa vez, cavando o jardim, encontramos uma garrafa de aguardente enterrada quando da chegada dos russos, ainda do tempo da guerra." E as lembranças vêm: "Tínhamos que nos sentar no meio das pilastras da biblioteca, porque atiravam nas janelas.* Atiraram em Annemarie pela janela quando ela dava aulas para a irmã Clara e alguns amigos."

Apesar de serem muito crianças na época da guerra, esse assunto acaba dominando a tarde. Gerhard contou que Sigmund, seu pai, sempre dizia a ele que fizesse uma faculdade com o que mais lhe despertava interesse. Contou que também se interessava por agricultura, mas que gostava "da natureza toda", por isso ficou muito em dúvida se deveria fazer a faculdade de agronomia ou não. E completou: "Na Universidade aprendi a usar a química na natureza, mas não a entender a magia, a beleza e a bondade dela".

Hoje aposentado, tio Gerhard é agricultor biodinâmico. No pátio interno do castelo fica o tonel com seus preparados, e por toda a região os agricultores praticam agricultura biodinâmica. Bem perto do castelo pude conhecer um deles, Hans Steiner. Sim, Steiner, e seu irmão, que não estava lá, chama-se Rudolf Steiner.

O mais incrível foi eu ter compreendido a agricultura biodinâmica comunicando-me com um austríaco que falava muito pouco inglês, mas que, apesar da limitação verbal, conseguiu me passar a essência que os livros em português não conseguiram: mais do que uma prática, a biodinâmica trabalha com a integração, com a intenção de unir o cosmos, a terra, os animais, as plantas e o homem.

Hans contou que seu pai fora um dos pioneiros daquele tipo de agricultura e mostrou os vidros com os preparados e como os fazia. Era um homem jovem, 35 anos, mãos de trabalhador e roupas sujas de terra, mas sua casa era enorme, o carro era novo e moderno, e sua família vivia do trabalho no

---

* Ver a fotografia da parede da casa, à p. 46, com a marca dos tiros de metralhadora.

campo, subsidiado pelo governo e com a ajuda da União Europeia, que banca até 60% do que precisavam.

Foi um choque para mim ver uma realidade tão diferente da do meu país, onde o agricultor é tratado como um ser inferior, cujos saberes não são valorizados e onde o governo não investe devidamente. Hans foi meu professor no entendimento da agricultura biodinâmica, em seu orgulho de me mostrar sua prática com o gado, o significado de colocar os preparados (plantas e minerais que se transformam em compostos de alto poder nutritivo para o solo) nos chifres das vacas (quanto maior o chifre, maior era o reflexo do poder de digestão da vaca, portanto haveria uma melhor "digestão" dos excrementos), e o uso dos cristais quando se mexia a água nos grandes tonéis, sob uma determinada configuração cósmica, formando vórtices em forma de cones invertidos, trazendo a força do universo para a Terra, unindo energias. Por isso (também) era biodinâmico!

Ouvir Hans me ensinou muito mais do que ler um livro científico sobre o tema, pois sua prática era cheia de amor e dedicação, sem pieguice alguma. E quando, num outro dia, chegava a Pichlhofen a pé pela estrada e encontrei os queridos tios Gerhard e Inge no meio da plantação de batatas, arrancando os matos, cheguei de mansinho, deixei minhas coisas do lado de fora da cerca e fui trabalhar também, e esse foi, indiscutivelmente, o dia mais feliz da minha estada em Pichlhofen. Somente nós três, o zumbido das abelhas e insetos, o mugir das vacas que pastavam ao redor e a companhia daqueles dois seres especiais. "O que vocês estão fazendo?" perguntei, já dentro do cercado. "Mantendo as batatas verdes!" respondeu o tio, com aquela risada tão dele. Dizia isso porque havia flores roxas e amarelas crescidas do mato. E eram essas plantas que deveríamos arrancar. De repente, uma surpresa: uma linda lagarta listrada de amarelo e preto anda pela terra. Pego-a com uma folha, chamo o tio: "Que espécie de borboleta ela seria?" ele perguntou. Não sei. Mas o solo estava cheio de pedacinhos de cristal, moídos e colocados na água que ele "biodinamiza", assim como Hans. Depois do almoço, com a neta Maja no colo, tio Gerhard encontrou num livro a foto da lagarta e da borboleta de tom amarronzado na qual ela se transforma e comentou: "Uma lagarta tão bonita para uma borboleta tão sem graça."

Além das batatas, com o leite do gado fazem queijos que também ajudam no sustento. Gerhard plantava variedades de trigo por toda a área que lhe pertencia, e com ele sua esposa Inge faz pão, para a família e para fora.

Peço autorização para fotografar as portas. Lembrei-me de que na véspera de viajar, perguntei à dra. Ana se ela gostaria de algo de lá, que eu fizesse, ou trouxesse algo de sua casa: "Quero que você tire fotos das portas". E Iron, o cachorro de pelo dourado e carinha de raposa nos seguia, saltitando feliz por também ser parte da visita.

No quarto que fora de Ana, paramos em frente à janela para conversar um pouco. Tio Gerhard já conseguia se fazer entender muito melhor, ou eu já entendia melhor o que ele dizia. O fato é que conversamos sobre futuro: as quatro filhas dele estavam casadas, cada uma seguindo sua vida. Tia Clara morava em Viena, a irmã Brita também, e já tinham certa idade.[*] Os dois irmãos tinham morrido na guerra e Annemarie não voltaria mais. O que seria de Pichlhofen? E falamos de Ana. De sua idade avançada e da possibilidade de ela não conseguir mais manter sozinha a fazenda. O que seria dela se isso acontecesse? Tio Gerhard chora... Ele sabe a importância de ter um lugar no campo, de cultivar alimentos, de viver na terra. Sabe que sem o campo a vida dela não se completa, e que sua irmã e a terra são uma coisa só.

Juntos ao batente da janela do quarto quase vazio de Annemarie, com as pinturas das paredes desbotadas pelo tempo, choramos juntos imaginando um fim que não temos o poder de adivinhar ou controlar.

Apenas intuir.

---

[*] Faleceu em 2015.

Tocando em frente

Finalmente a perna melhorou (o fêmur criou um calo ósseo) e Ana voltou para Itaí. Em outubro de 2011 fui visitá-la com meu filho Patrick e passamos seu aniversário de 91 anos com a família. Seria o último na fazenda. Logo em seguida, entre o Natal e o Ano Novo, Carin viajou para Itaí e constatou o que já temia: sua mãe, com a idade avançada e a dificuldade de caminhar, não podia mais tocar a fazenda sozinha.

Dessa vez, não foi fácil para Ana. Quantas e quantas vezes ela abriu mão de tudo e se mudou, não se apegando ao lugar nem às coisas... Áustria, Passos, Itaberá, São Paulo, Santa Maria, São Paulo, Itaí... mas agora, deixar a fazenda em que investira toda sua energia e que agora era completamente parte dela, doía.

Sair do campo e viver na cidade. Abrir mão do seu canto, do canto da chuva no telhado, do canto dos galos, de cada cantinho da fazenda nos quais ela interveio; de cada plantinha que florescia, das árvores que plantara. Sua vida estava atrelada àquele lugar, e era hora de se despedir. Aquela mulher que fora forte em tantos momentos duros de sua vida, chorou. Chorou muito, uma tristeza que doía fundo. Carin conta que se assustou. Ana chegou a pedir que a deixasse morar na cidade de Itaí num asilo, para poder visitar sua terra, mas não dava mais. Ela, que sempre se controlava mesmo nos momentos mais difíceis, não aguentou a dor de deixar o campo em que viveu por 32 anos e amava tanto.

Pacha, o cão pastor negro, não quis acompanhar sua dona. Seu lugar também era lá. Era um cachorro idoso e estava doente. Quatro dias antes da mudança definitiva, morreu. Ana entendeu. Tinha que ser assim. Despediu-se de uma vez de sua casa, de sua terra e de seu fiel companheiro. Aos 92 anos, mais uma vez, ela teria que recomeçar.

Com a vinda para São Paulo, a fazenda continuava a precisar de cuidados. A família decidiu vender a propriedade, e os amigos se mobilizaram. Procurávamos uma solução para que a fazenda pudesse ser conservada e mantida dentro dos princípios da agroecologia, ou tornar-se um local em que se pudesse praticar agroecologia, por meio de convênios com Universidades e outras instituições.

Reuniões foram realizadas na casa de sua filha, uma delas na própria fazenda, sábia sugestão da amiga Maristela. Muitos não iam lá há anos, outros nunca tinham ido, e vender uma fazenda sem de fato conhecê-la era complicado. Até transformar a fazenda numa fundação foi sugerido. Nenhuma dessas ideias evoluiu, a não ser a parte de divulgação. Muitas pessoas chegaram a nos procurar, mas sem resultado definitivo, e a fazenda acabou sendo vendida.

Voltemos a 2012. A família Primavesi foi informada de que Ana receberia na Alemanha, da International Federation of Organic Agriculture Movements (IFOAM), o *One World Award* (OWA), o maior prêmio mundial relacionado à prática da agricultura orgânica. O júri desse prêmio contava com nomes como Nnimmo Bassey, da Nigéria; Roberto Ugas, do Peru; Joseph Wilhelm e Bernward Geier, ambos da Alemanha; e Vandana Shiva, da Índia. Ana foi coordenadora da IFOAM para a região amazônica de 1990 a 1992, e é referenciada na linha do tempo da Instituição como pioneira da agricultura orgânica no mundo ao lado de Albert Howard, Rudolf Steiner, Masanobu Fukuoka e outros. Ela é citada como a primeira a afirmar que o solo tem Vida.

Todos nós comemoramos e ficamos radiantes com a notícia, era a premiação máxima que ela poderia receber. Claro que teria de ir! Mas Ana não estava nem um pouco animada. Foi Carin que, mais uma vez, tomou a frente e se organizou para levar a mãe a Legau, uma cidade a 130 km de Munique, Alemanha, para receber o prêmio das mãos da própria Vandana Shiva.

Ana recebeu muitas homenagens e prêmios durante sua vida profissional. Em 2013, participou do Terceiro Encontro Internacional de Agroecologia, organizado por sua amiga Maristela Simões do Carmo, e foi aplaudida em pé por mais de cinco minutos por uma plateia emocionada. Nesse Encontro, Vandana Shiva era uma das convidadas mais esperadas, mas a estrela do dia foi Ana. A cada passo, aglomeravam-se pessoas pedindo para tirar fotos com ela, o que ao fim me fez brincar: "Dra. Ana, chega de tirar fotos, assim a senhora vai desaparecer."

O Diário

O quarto dos fundos da casa de Carin guarda o material que veio de Itaí: livros, pastas, envelopes. Só de cartas, a estimativa é de que sejam mais de cinco mil, entre correspondências trocadas desde 1950 com cientistas do mundo todo, com os pais, os irmãos, Gerhard, Brita e Clara, com amigos do mundo da agroecologia e outros. Havia também revistas, jornais, informes, *slides*, fotos (algumas da família, outras tiradas em campo), caixinhas com bugigangas, agendas antigas, *banners*, cartões postais, uma caixinha que guarda até hoje os dentinhos de leite dos seus filhos, cartões de visita do marido e alguns de Ana, tanto da Áustria como de Santa Maria. Uma papelada que formava um enorme acervo.

A primeira coisa a fazer era tirar tudo de lá, separar, setorizar e devolver de forma organizada. Para mim, organizar aquele material era entrar em contato com uma riqueza sem fim. Era uma porta que se abria, complementando ou agregando detalhes esquecidos, numa história que tomava forma mas ao mesmo tempo me frustrava: faltavam dados importantes, centrais, como o tempo da Universidade, a guerra, o casamento e a mudança para o Brasil. Ana não se lembrava de detalhes, e da guerra nem queria se lembrar.

Uma semana inteira foi dedicada a separar e organizar tudo. Inúmeros mapas genealógicos. "Ela deve adorar saber sobre seus antepassados", pensei. Transparências usadas em suas aulas. Fotos Kirlian, desenhos dos filhos e netos. E alguns materiais datilografados em alemão. Eram dezenas deles, que fui colocando numa pilha. Pastas de congressos e seminários. Crachás.

Mais um manuscrito em alemão. Este coloco numa outra pilha; teria sido por distração ou era mais uma vez a mão do destino? Enfim, a arrumação foi concluída. Era julho de 2012.

Meados de outubro do mesmo ano. A neta da dra. Ana, Gabi, procurava um documento nos pertences da avó. Vamos ao quarto dos fundos, e numa pilha em que eu havia separado materiais que considerava possíveis de serem futuramente publicados, percebo o manuscrito em alemão. Sem pensar muito, tal como fiz ao me oferecer para escrever essa história, estendo-o a Gabi:

– O que está escrito aqui?

Ela pegou os papéis e os folheou. Estavam amarelados pelo tempo, algumas partes borradas. Dividido em capítulos, alguns possuíam desenhos feitos à mão.*

– Eu e você na caçada humana. De Paul Pulgher.

Quem seria esse homem? Os papéis estavam praticamente se desmanchando. Pudera, datavam de 3 de março de 1954. Gabi folheou o material, e, na última página, encontrou a resposta para o enigma:

– Isso é um diário da vida da minha avó.

Minhas mãos tremeram ao pegar o material de volta. 257 páginas, referindo-se ao período de 1938 a 1946, exatamente o período que faltava. "Não acredito", pensei. Em meio a todo aquele material, a todas aquelas pastas e papéis que lotavam um quarto inteiro, em meio a materiais que eu tinha separado para depois ler com mais atenção, ou perguntar à família o que eram por estarem escritos em alemão, aquele era o mais importante e valioso que eu poderia ter encontrado, sem saber que existia, e o único ao qual dei realmente atenção, mesmo estando numa língua que não conheço.

Olho para Gabi e seu sorriso é suficiente para entendermos o que acabáramos de descobrir. Agora sim eu tinha certeza de que contava com uma ajudinha lá de cima. Claro que achava que essa ajudinha já tinha sido dada, desde o "ok" ao livro, desde minha ida à Pichlhofen, mas encontrar esse diário... nem mesmo a dra. Ana se lembrava mais de tê-lo escrito!

Pedi permissão para tirar cópias de tudo. Os papéis estavam se desfazendo, desbotados, borrados com as correções feitas à mão, algumas incompreensíveis por estarem escritas em letra gótica. Eram correções feitas pelo seu marido

---

* Todos os desenhos deste livro foram feitos por Ana Primavesi.

Artur Primavesi. Toda semana eu ia até a casa do Brooklin, e sentadas lado a lado, Ana traduzia e eu escrevia.

Foram meses de trabalho. Linha por linha. Eu e ela ansiávamos por esses momentos, que ela relembrava e eu desvendava. O pseudônimo não estava presente somente no autor: ela seria Hanna, fácil de associar. A história avançava, e Trawney, Vassil, Charlie, Ara, Lore, padre Fridolin e outros foram surgindo. Se eles tinham outros nomes, não saberemos. A leitura avançava e eu buscava por Artur em cada nome. Ela não sabia dizer, não se lembrava. Seguimos em frente. Ela lia e eu investigava. Cada capítulo novo era uma nova tentativa de mapear Artur: onde ele estava, enquanto tudo acontecia na vida dela? Eles se falavam? Correspondiam-se? Estavam namorando? Ela não se lembrava.

Chegamos ao capítulo "noivados". Egon, o personagem narrado, tinha tido muitas noivas, mas não se casará com nenhuma delas. "Santa Gabriela!" – pensei. Foi naquele momento que me lembrei que, numa das vezes em que dormi lá, eu e Gabi estávamos na sala de TV e ela me contou sem muitos detalhes que seu avô tinha tido vários noivados, e que a sua avó teria dito que ela não seria sua noiva. Então Egon era o Artur! Mais uma vez, se eu não tivesse tido aquela conversa com a Gabi, uma conversa "boba" e sem muito por que, não teria conseguido identificar esse personagem central da história.

O trabalho de tradução não era simplesmente passar palavras de uma língua para outra: ele possibilitou-me testemunhar reações e compartilhar momentos únicos com a dra. Ana. Na parte do padre Fridolin, por exemplo, choramos juntas ao final... E eu prometi a ela que ele não seria esquecido. Na tradução do capítulo "O Ahnenpass", reproduzido neste livro, descobri o porquê de ela possuir tantas árvores genealógicas em seus pertences. Na descrição do treinamento dos professores em situação de ataques aéreos, a vi chorar de rir como nunca tinha visto antes, relembrando o episódio. Mas este foi um dos únicos momentos em que Ana riu. Fazer a tradução exigia muito dela, e isso me doía. Eu não queria que ela sofresse mais, mas aquele trabalho a obrigava a lembrar, a entrar em contato de novo com uma parte muito dolorida de sua vida. Mesmo assim ela persistiu, e era até com ansiedade que aguardava minha chegada. Afinal, aquela era a sua história.

Em dezembro de 2012, terminamos toda a tradução. Naquele dia, voltando para casa, pensei: por mais triste que ela esteja, se não tivesse saído de Itaí, se o material não tivesse vindo para São Paulo, se eu não tivesse arrumado o quarto, se, se... eu jamais teria descoberto esse diário. Provavelmente ele se perderia, esquecido pelo tempo num canto de sua biblioteca. Mas tudo aconteceu assim, do jeito que tinha que ser. Tudo a seu tempo. O diário preenchia exatamente a lacuna maior, o que faltava da vida de Ana Primavesi: o tempo de faculdade, o namoro, a guerra e a vinda para o Brasil. E agora ele está aqui.

Capa e página do diário.

Marcas da rajada de metralhadora inglesa na parede do castelo de Pichlhofen (17/05/2010).

RAÍZES

Olhando pela janela da sala do castelo de dois andares, em meio às montanhas da Estíria (*Steiermark*), Áustria, a imensidão verde da paisagem destaca, ao longe, o vilarejo de St Georgen ob Judenburg, principalmente a torre da igreja. O castelo, chamado Pichlhofen, é uma construção de 1600, com paredes de sessenta centímetros de largura erguidas com pedras enormes, umas sobre as outras, resultando numa fortaleza que no início tinha a forma de um "L", e mais tarde, outro "L" se construíra, formando um quadrado com um pátio ao centro.

A pequena Annemarie Conrad nasceu ali, no domingo do dia 3 de outubro de 1920. Faltavam apenas cinco minutos para a meia noite, mas o anúncio dessa nobre chegada não se dera pelo choro inquietante e estridente comum dos recém-nascidos, e sim por um único berro. Sua mãe, Clara, olhava-a encantada. O rostinho era largo e os olhos puxados, azul-escuros. O bebê olhava à sua volta, como se estivesse interessado em perceber os detalhes do quarto: a lâmpada do abajur amarelo no criado-mudo, as esculturas douradas que enfeitavam as camas, o teto, que mais parecia de uma igreja que de um quarto de dormir. O pai, Sigmund, a encarava, mas estava decepcionado: queria um menino, como muitos pais daquela época. Pesada na balança da cozinha, numa cestinha de pão, Annemarie chegava ao mundo como primogênita.

Ninguém suspeitava que aquela menininha tão pequena se transformaria numa mulher de força e caráter incomuns para sua época. Ou para qualquer tempo.

Clara Karoline, mãe de Annemarie, era a caçula de três filhos. Quando ela nasceu, sua avó paterna infernizou a vida da nora, porque desejava ansiosamente mais um menino, apesar de já ter um neto e uma neta. Agnes, não aguentando mais ser tão destratada pela sogra, deu um ultimato ao marido Karl: ou a sogra saía da sua casa ou ela ia embora.

Renegada pela avó, que agora também estava ressentida por ter de deixar a casa do filho, Clarinha passou a conviver com um pai (Karl) distante e frio, que fazia questão de demonstrar que não a amava. Era comum presentear generosamente os outros dois filhos, Karl e Ana, e nada dar a ela. Era a mãe que compensava tanta rejeição, com seu carinho e proteção, e que era seu verdadeiro porto seguro afetivo.

Clara era uma moça cheia de vida, alegre e inteligente. Seu irmão Karl era seu grande amigo, e era com ele que ela adorava brincar. Detestava bonecas, preferindo as brincadeiras e jogos do irmão, muito mais estimulantes.

A família revezava-se entre dois endereços, de acordo com a época do ano: no verão ficavam em Spielberg, o castelo em meio aos Alpes na Estíria e onde aconteciam muitos eventos sociais – festas, bailes, saraus, partidas de boliche, piqueniques, caçadas e cavalgadas. No inverno, moravam em Graz, num bairro chamado Ruckerlberg. Naquele tempo, somente os meninos iam à escola, as meninas tinham professor em casa para aprender o básico. Por isso, Karl encaminhou-se para o ginásio enquanto as irmãs divertiam-se com teatro, festas, leituras, saraus, bordados, pinturas e partidas de tênis.

Desde pequenas, as crianças tiveram uma educadora francesa que não sabia pronunciar "Clarinha", e assim finalmente ela foi chamada de Claire. Com três anos, Clara só falava francês, e só depois aprendeu o alemão, sua língua materna. Aos onze anos, ela e sua irmã "Anni" foram estudar num instituto na Inglaterra, na cidade de Ipswich. Depois de um ano, falavam tão perfeitamente o inglês que ganharam o prêmio de literatura e gramática inglesa. Isso incomodou muito aqueles que concorriam: austríacas ganharem o prêmio de língua inglesa em detrimento dos próprios ingleses!

Clara fazia enorme sucesso entre os rapazes por sua beleza e personalidade: espirituosa e interessada pelos mais variados assuntos, era meiga e espontânea, à sua volta havia sempre um círculo de admiradores. Num evento social, pouco antes de estourar a I Guerra Mundial, conheceu Gustav Conrad, por quem se encantou. Eles tinham muitos interesses em comum e ela se impressionou com a elegância e cultura daquele rapaz, ao mesmo tempo tão divertido e educado. A notícia de sua morte na guerra foi um grande golpe, e o fim do sonho de viver aquele relacionamento.

Assim, foi com grande surpresa que conheceu Sigmund, irmão de Gustav, trazido à sua casa pelo irmão Karl. A convivência dos dois jovens terminou em namoro. O casamento com Sigmund seria, de forma inconsciente, uma forma de estar presa à lembrança do antigo amor? Não sabemos. O fato é que Clara e Sigmund casaram-se em 28 de agosto de 1919. Do pai de Clara recebem o castelo e a fazenda Pichlhofen, a 30 quilômetros de Spielberg, e para lá se mudaram para começarem suas vidas.*

Criada em meio ao luxo e acostumada a ter muitas empregadas, ao fim da I Guerra Mundial, o mundo de Clara mudou. Agora casada, ela deveria cuidar daquele castelo imenso e coordenar o trabalho dos empregados, o que nunca

---

* Karl, irmão de Clara, casou-se com Grete. Pouco antes do início da II Guerra Mundial, seus filhos tiveram sarampo. Então ela forrou o quarto com tecidos vermelhos, como era de costume naquela época. Quando as crianças sararam, ela lavou todos os panos e os pendurou nas janelas de Spielberg para secarem. Nesse exato momento, uma passeata comunista marchava em frente do castelo e eles os entenderam como simpatizantes. Ficaram contentíssimos com o "apoio". Grete sempre acolhia quem precisava. E entre esses também começaram a aparecer os comunistas e uma vez ela abrigou oito comunistas, foragidos. Sigmund não concordava com isso, de jeito nenhum, mas ela era bondosa e apartidária. Enquanto isso, o governo nazista distribuía faixas de braço que os não comunistas, os nacional-socialistas, deveriam usar para fácil identificação. Quando Grete foi buscar a dela lhe disseram que a dela ainda não chegara. Quando voltou na semana seguinte, disseram que fora extraviada, depois que ainda precisava ser confeccionada, até que um dia o comandante do partido lhe disse: "A senhora ainda não percebeu que sua faixa de 'não comunista' nunca vai chegar?"

precisou fazer. Contrataram uma governanta e mais seis empregados: uma cozinheira, dois ajudantes de cozinha, duas moças para limpeza dos quartos e um empregado para trazer a lenha, já que, naquela época, não havia gás. O jardim era o seu grande refúgio, onde passava horas em meio ao brilhante contraste de cores e flores que cuidadosamente combinara. Ela era versada em plantas ornamentais e medicinais.

De compleição magra e elegante, Clara tinha 1,74 metro de altura. Seus cabelos eram loiros escuros e lisos, e seus olhos, azuis. Além de cuidar da casa e administrar a vida dos filhos que pouco a pouco chegavam, teve que aceitar e conviver com a atividade política do marido. Enclausurou-se em um mundo de indiferença, criado intimamente para que seus temores não a dominassem. Dedicou-se mais ainda aos filhos e às flores, tornando-se uma mãe excelente, mas uma esposa distante.

Clara também era querida na região por sempre ajudar o próximo, o que fazia de todo o coração. Fazia-lhe bem ajudar, e sacrificava-se pelas necessidades das pessoas. Entusiasmava-se com bons livros e com as idas ao teatro, embora raras porque morava longe da cidade. Não se queixava. E confiava plenamente em Deus, uma fé que a ajudava a ter coragem e enfrentar momentos de extremo medo em meio ao ambiente hostil e violento vivido pela Europa. Seu pai manteve-se duro com a filha durante toda a vida. Nunca a visitou em Pichlhofen, nunca lhe escreveu. Era duro também como avô. Annemarie conheceu ambos, avô e avó, mas não guarda lembranças significativas deles. Karl, o irmão de Clara, ao contrário do pai, mesmo morando a trinta quilômetros da fazenda, muitas e muitas vezes ia vê-los. Não raro ia a pé, porque na época não havia muita opção de transporte a não ser o trem. Ele e Sigmund foram amigos até o fim de suas vidas.

***

A família de Sigmund Conrad, pai de Annemarie, era de Trieste, região pertencente à monarquia austríaca antes da I Guerra Mundial. Seu pai, o Barão Sigmund Ferdinand Conrad, tinha sido governador austríaco do Norte da Itália e Croácia. Sigmund Conrad mal conhecera a mãe, Lidia Pulgher. Ela morrera de pneumonia e grávida do quarto filho, em 1896. Sigmund tinha 15 meses de idade.

Com a morte da mãe, as três crianças – Gustav, Bertha e Sigmund – foram entregues aos cuidados da avó paterna, Nona-Mama-Ida, como os netos a chamavam. Era uma avó atenciosa e amorosa, muito diferente do seu marido, um homem meticuloso que não perguntava, ordenava. Domenico Pulgher era um arquiteto famoso por ter reformado e construído mesquitas e palacetes em Constantinopla (atual Istambul, Turquia) e confeccionou e publicou um livro ilustrado sobre igrejas bizantinas daquela cidade. Seu temperamento opressivo em casa contrastava com o que mostrava para as pessoas de fora. Mesmo sua mãe se queixava disso, dizendo que ele "era um anjo para o mundo e um diabo em casa".

Sigmund era uma criança de olhos grandes, atentos, mas em que transparecia uma insegurança infantil que, mais tarde, transformou-se em medo, principalmente do avô Domenico. Aos nove anos foi enviado junto com seu irmão Gustav, três anos mais velho do que ele, para o internato jesuíta Stella Matutina, em Feldkirch, na fronteira com a Suíça, a escola mais cara do país. Seu código rígido estabelecia punições severas, chegando a deixar alunos sem comida caso fizessem algo errado. Ali, Sigmund aprendeu que não podia chorar. Em vez disso, reagia com gritos e ataques de raiva. Talvez por questões emocionais, não conseguia resultados satisfatórios na escola e foi reprovado algumas vezes. Era uma criança sensível, de percepção refinada e que sentia terrivelmente a falta da mãe, mas desde cedo, aprendeu a sufocar seus sentimentos mais profundos.

Quando completou quatorze anos, seu pai mandou-o para a escola de cadetes de cavalaria dos "Dragões Azuis", pois pertencer ao Exército representava um elevado *status* profissional, dentre as poucas possibilidades da época. Embora seu avô Domenico não aprovasse a decisão do filho em relação ao neto, acabou por concordar com a escolha do agora cadete de domar cavalos de raça na cavalaria austríaca. Se pelo menos Sigmund aprendesse a criar e domar cavalos, poderia vendê-los e ganhar dinheiro.

Com a morte do pai de Sigmund, em 1912, a escola de cadetes tornara-se o seu lar. Lá ele viveu por dois anos, até que, em 1914, ele e seu irmão foram convocados para lutar nas fileiras da Tríplice Aliança, na I Guerra Mundial.

Gustav, o irmão mais velho de Sigmund, havia estudado direito e economia. Era fluente em cinco línguas (inglês, alemão, francês, italiano e húngaro) e se destacava por ser um rapaz refinado, culto e muito elegante. Até o príncipe herdeiro austríaco o sondou, querendo que ele fosse o educador de seus filhos, o que ele, polidamente, recusou. Estava noivo de Clara, que morava no Estado austríaco da Estíria.

Convocado para a artilharia, Gustav partiu para o Sul da França, mas recebeu ordens para retornar à Áustria onde se lutava para conter o avanço russo. Ainda era o início da guerra quando, na linha de frente foi atingido por uma bala "dum dum" (de ponta oca que se expande e estilhaça dentro do corpo) e não resistiu ao ferimento. Morreu em batalha. Os soldados de sua tropa contaram que, no momento de sua morte, a garrafinha que trazia junto ao corpo, com água benta de Lourdes – localidade na França onde teria aparecido a uma menina a Virgem Maria – se espatifara. Ele tinha apenas 23 anos.

Sigmund pedira para ser alistado no batalhão dos Dragões nº 5, na cavalaria, pois estava impressionado com o uniforme garboso de montaria, a casaca azul claro com fechos dourados e as calças escarlates. Lidar com cavalos era o que ele mais gostava de fazer, e se tinha que participar da guerra, que fosse na cavalaria. No ano seguinte, em 1915, foi mandado para o *front* (frente de batalha), na mesma unidade em que, por uma incrível coincidência ou parte do destino, como Annemarie costuma dizer, servia como tenente de reserva o irmão de sua cunhada Clara, Karl Arbesser-Rastburg.

O *front* oriental onde Sigmund serviu era na Galícia (Reinado de *Galizien* e *Lodomerien*, região que atualmente pertence parte à Ucrânia e parte à Polônia). Foi ferido no início da guerra por combatentes russos e encaminhado para um lazareto (hospital de guerra) na região da Renânia (Estado alemão), onde contraiu tifo, doença tradicionalmente associada a períodos de guerra e escassez de água limpa. No lazareto, Sigmund foi cuidado por uma enfermeira que teimara em ensiná-lo a tricotar, atividade com a qual definitivamente não se identificava. Sua convalescença foi demorada: tratado o tifo, uma trombose na perna direita o impossibilitou de voltar ao regimento, e quando finalmente o fez, encontrou em sua unidade o irmão de Clara, Karl, primeiro tenente do Exército e por quem logo nutriu uma grande amizade.

Em 11 de novembro de 1918, data oficial do fim da I Guerra Mundial, todos voltam para casa. Mas Sigmund não tinha mais casa nem família nem outra profissão que a de militar. Nem dinheiro tinha mais, porque em seu profundo patriotismo havia aplicado toda sua herança, um milhão de coroas de ouro, nos bancos da Áustria e não na Suíça, como tantos amigos fizeram. Perdera tudo. Sua pátria, por quem tanto lutara, também não existia mais. A Áustria, ou Império Austro-Húngaro, uma aliança entre as nobrezas austríaca e húngara formada em 1867, esfacelou-se com o final do conflito e perdeu

Trieste, pátria-mãe de Sigi, para a Itália. Outrora o segundo maior Estado da Europa (depois da Rússia), com o fim do conflito, em 1918, a Áustria-Hungria foi dividida conforme determinou o Tratado de Versalhes e posteriormente os Tratados de Saint-Germain e Trianon. Além de seu desgastado uniforme e quatro cavalos para montaria, Sigmund não tinha mais nada a não ser a força de vontade para seguir em frente. Sua irmã Bertha casara-se com um oficial aviador húngaro, Moritz Katona e morava na Tchecoslováquia, fronteira com a Hungria. Das seis casas em Graz (capital do Estado da Estíria, Áustria) que restaram da herança do pai, as três melhores ficaram com Bertha, assim como móveis, tapetes, pratarias e porcelanas. As outras três casas precisavam de muitas reformas. Com o dinheiro da venda das casas, mais o dinheiro que sobrara de seu soldo, comprou uma carruagem e dirigiu-se com os cavalos que lhe sobravam para Graz, onde tinha parentes numa fazenda próxima, em Eybesfeld.

Chegando à praça Jakomini, uma multidão barulhenta formada principalmente por comunistas apareceu, e ao vê-lo, gritaram: "Matem este porco de oficial!" Atiraram-se por cima dele e agarraram-no, arrancando suas insígnias e distinções. Eis que um antigo subordinado seu se coloca à sua frente e, surpreso, o reconhece: "Nossa! É o senhor primeiro-tenente!" E conta à turba como Sigmund cuidava dos seus soldados e como dividia todos os "extras" que recebia no exército. A multidão, ouvindo aquelas histórias, levantou-o do chão e, carregando-o nos ombros, desfilou triunfalmente pela cidade de Graz, apesar dos protestos e caras feias dos comunistas. Karl, irmão de Clara que coincidentemente chegava ali, reconheceu-o e convidou-o para ir ao castelo de seus pais, chamado Spielberg, nos Alpes da Estíria.

***

Um ano depois do nascimento de Annemarie, em 1921, os comunistas ocuparam as casernas em Judenburg, a maior cidade da região. O castelo Pichlhofen, um pouco isolado do povoado (12,5 quilômetros da cidade, mas ainda pertencente ao município de Judenburg), dava a Sigmund a vantagem ocasional do isolamento. Sigmund era uma figura de liderança local. Assim, seu grupo de 22 amigos marchou em fila em direção à cidade com rifles de caça a uma distância de cinquenta metros uns dos outros. Da torre da cidade, os comunistas observavam a estrada e aqueles homens, vistos de longe entre matas e colinas, davam a impressão de formarem uma fila enorme, ilusão de ótica que o experiente militar Sigmund tinha montado. Cada um dos 21 que chegava à muralha da cidade dava meia volta e retornava escondido correndo de novo ao fim da fila. Três horas depois, Sigmund anunciou que a cidade estava cercada. "Nós temos dez mil homens ao redor da cidade, e se vocês não desocuparem as casernas e restabelecerem a ordem, vamos atacar". Os comunistas, acreditando que o grupo de Sigmund era enorme e com medo do cerco, renderam-se. Eram cerca de cinco mil, espalhados pela cidade. Dispersos e com as armas entregues, no final do dia o dirigente da tropa dirigiu-se a Sigmund: "Onde estão os outros? Aqui só vejo 21 homens." "Nunca fomos mais" – Sigmund respondeu. O dirigente percebeu o embuste, mas não se ofendeu. Estava espantado com a perspicácia daquele homem. Os comunistas já tinham debandado e aquela não era uma ação na qual valeria a pena insistir. O dirigente resolveu entrar num acordo de desocupação, prontamente aceito por Sigmund. Algum tempo depois, esse mesmo comunista pediu a Sigmund que dirigisse também seus combatentes. Sigmund não aceitou.

Em 1924, Sigmund consegue para si e para sua família a cidadania austríaca, que ainda não possuía por ser de Trieste. Pela lei austríaca daquela época, a esposa de um apátrida também era apátrida, mesmo tendo nascido na região. Antes de casar, Sigmund havia feito um curso de agricultura em Leoben, uma cidade do Estado da Estíria, às margens do rio Mur. Não era um curso superior numa faculdade de agronomia, era um curso técnico, mas que o tornava apto a cuidar das terras que receberam. Dois anos mais tarde, Sigmund já era considerado pela população local o conselheiro e dirigente da região, e apesar de haver vários barões ao longo do Vale do rio Mur, quando se dizia "O Barão", era sempre sobre ele que falavam.

Trabalhando nas terras de Pichlhofen, tornou-se um excelente criador de gado. Seu rebanho de vacas marrons da raça Braunvieh, linhagem Montafon (de dupla aptidão, para leite e para carne) destacava-se por ter sido melhorado com touros selecionados da Suíça, o que o tornou um dos melhores criadores de gado da Áustria. Fundou um círculo de criadores de gado de leite, e participou da criação da Liga dos Criadores de Gado Montafon na Áustria. Até hoje, seu filho Gerhard, irmão caçula de Annemarie, guarda os sinos dados a seu pai como prêmios pela quantidade de leite produzida por seu rebanho (sem uso de ração concentrada, somente pastagem). Os sinos eram pendurados nos pescoços das vacas por meio de coleiras de couro bem largas, desenhadas em relevo colorido e se acumulavam como troféus numa sala do castelo.

Por ser muito querido na região, Sigmund tornou-se uma espécie de "autoridade". Ali, no vale do rio Mur, era respeitado inclusive pelos comunistas, apesar de serem considerados inimigos. Mas em 1934, quando o movimento nazista ganhava força, o chanceler austríaco Engelbert Dollfuss, que já tinha escapado de uma tentativa de assassinato no ano anterior, foi brutalmente assassinado. No ano seguinte, ainda sem que se soubesse quem teria cometido tal crime, Sigmund, entre muitos outros, foi detido. Tentavam com isso, incriminá-lo e desmoralizá-lo, para acabar com sua influência e sua autoridade na região, pois assim seria mais fácil controlar e remodelar a situação. Nada pôde ser provado, porém. Os nazistas ainda tentaram incriminá-lo, jogando armas no parque do castelo Pichlhofen. Possuir armas, naquela época, era crime punido com a morte. Tentavam destruí-lo de qualquer maneira. Assim que a polícia soube da presença das armas, alguns amigos de Sigmund trataram de pegá-las antes da polícia e as jogaram no rio Mur. Quando a polícia chegou, revistou toda a propriedade, mas nada encontrou. Resolveram então fazer as buscas na parte mais baixa da propriedade, chamada de "inferno", porque ali estavam enterrados corpos de seis franceses que lutaram nas guerras napoleônicas. Escurecia, e os policiais, que conheciam a história assombrada de que os espíritos dos soldados vagavam por ali à noite, desistiram das buscas. Mais tarde, descobriu-se que nazistas austríacos haviam cometido o crime contra o chanceler, e que foram também nazistas que tinham jogado as armas no parque do castelo.

Foi nesse ambiente que a pequena Annemarie cresceu. Como as pessoas viviam sob um regime com o qual não se identificavam, já que sob seus pés a terra era a mesma (a antiga Áustria-Hungria) mas agora possuía outro nome e outro governo (com a perda dos territórios da Áustria-Hungria ao final da I Guerra Mundial), logo se formaram partidos que tentavam resgatar ou até mesmo restaurar a monarquia. Sigmund e alguns amigos resolveram fundar o Partido Protetor da Estíria, o *Steirischer Heimatschutz*. Seus membros eram ex-oficiais como ele: seu cunhado Karl; o barão Prank, seu vizinho de terras; Franzi Huber, diretor da emissora de rádio e Rauter, um ex-oficial que servira durante a guerra numa legião estrangeira. Com os tumultos gerados pelos comunistas, os eslovenos no Sul da Caríntia e da Estíria (estados austríacos) queriam aproveitar para se separar do resto da Áustria, como fez a Hungria, Transilvânia (*Siebenbürgen*), Iugoslávia, Tchecoslováquia, Galícia (*Galizien*) e Carniola (*Krain*), assim como o Sul do Tirol, que mesmo tendo o alemão como língua oficial, foi separado da Áustria, tornando-se parte da Itália. Em comum, além de serem ex-oficiais, os homens desse grupo tinham o amor pela pátria. O objetivo do partido era preservar este último pedaço da antiga monarquia austríaca. A figura de liderança representada por Sigmund angariou a simpatia até de um influente advogado em Judenburg, Pfrimer, que possuía um automóvel (uma raridade na época) disponibilizando-o para o grupo.

Além do castelo, a herança de Clara abrangia também as terras que o circundavam e durante dezenas de anos foram negligenciadas, pois Sigmund estava muito envolvido com o Partido. Só mais tarde passou a se interessar pela fazenda, tornando-se o bem-sucedido criador de gado. As terras da família circundavam o castelo Pichlhofen e avançavam tanto pela encosta do morro quanto pelo fundo do vale, abrangendo também uma área de floresta de coníferas, do outro lado do rio Mur.[*]

O castelo era enorme e sua manutenção trabalhosa. Todos os cômodos possuíam uma lareira enorme, onde, de uma sala vizinha, uma abertura na parede indicava onde colocar a lenha (fonte de energia da época, não havia gás). Essas lareiras, acabadas em um tipo de azulejo verde desenhado em relevo, assemelhavam-se entre si, mas eram peças únicas. Algumas tinham ao seu redor um banco sem encosto, onde se costumava sentar e aproveitar o calor que dali emanava nos dias frios de inverno.

No andar subterrâneo do castelo eram estocadas para o inverno as maçãs colhidas no pomar cuidadosamente cultivado durante a primavera e o verão. Havia um porão onde enormes barris guardavam o *most*, um suco de maçã fermentado consumido pelos trabalhadores durante todo o ano. Outra sala era destinada a defumar as carnes, e outra estocava as verduras colhidas. A fazenda produzia ainda cereja, pera, ameixa, nozes, centeio e cevada, além do trigo e batatinhas.

Havia ainda mais cômodos e um deles servia de oficina, pois Sigmund gostava de construir e esculpir móveis para a casa e para presentear os amigos

---

[*] Odo, filho de Ana Primavesi, conta que, numa vez em que esteve em Pichlhofen, tio Gerhard subiu num dos pinheiros e cortou somente a ponta para fazer sua árvore de natal. Isso nos dá uma noção da altura destes pinheiros.

e filhos. Observando-se hoje a mobília, vêm-se em alguns móveis os nomes dos antigos donos e a data em que foram presenteados.

O grande *hall* de entrada do primeiro andar, pintado com afrescos representando os quatro elementos (terra, água, fogo e ar) e passagens bíblicas é, sem dúvida, uma das partes mais impressionantes do castelo, principalmente o teto, com a pintura representando Deus como criador do mundo. Toda a ala que abrange ainda a cozinha, despensa, escritório e uma sala de jantar, uma pequena biblioteca, os quartos e as áreas intermediárias entre os cômodos principais com pé direito de cinco metros, tem a paisagem do vilarejo frente às janelas, duplas, que isolam o vento e o frio do inverno. Todos os cômodos são separados por portas enormes: umas esculpidas, outras desenhadas, ou emolduradas por belos trabalhos em madeira maciça, ou encaixadas num arco formando o batente. Cada porta possui maçanetas únicas, enormes e pesadas, dignas de portas de um castelo daquelas proporções.

Tapeçarias recobrem as cadeiras, biombos e muitas paredes, e os quadros retratam naturezas mortas e membros da antiga nobreza, reis e rainhas europeus, muito parecidos entre si, por ser costume naquela época o casamento entre parentes para manter a "linhagem real". Impressiona ver a grandiosidade de tudo: da madeira que sustenta o teto (uma tora chega a ter, sozinha, 22 metros), à grossura das paredes e ao tamanho dos cômodos (6 por 8 metros quadrados). A escada entre o primeiro e o segundo andar é também feita de madeira, cortada em peça única. No chão de alguns quartos, tábuas largas e longas. Em outros, o mosaico montado entre peças meticulosamente cortadas de madeira lembra os tacos de assoalho que muito se usaram no Brasil, mas num diagrama mais elaborado, minucioso. Lustres de cristal, onde se colocavam doze velas (mais tarde substituídas por lâmpadas elétricas), como o da sala de jantar, espelhos enormes emoldurados por madeira escura e trabalhada, além do teto esculpido em madeira, dão acabamento refinado ao ambiente.

No segundo andar, quartos e mais quartos, e salas. Olhando de frente para o castelo, indo para a ala direita, o último quarto pertencia a Annemarie. Os quartos de seus pais e depois de seus irmãos ficavam no andar debaixo, mobiliados com móveis de madeira mais escura, uns em estilo barroco, outros com os pés e braços com cabeças de leão em metal, revestidos de gobelin e ainda outros menos entalhados, mostrando a influência da Renascença. Gerhard, o irmão caçula, aponta para as montanhas: "Diz-se que atrás do castelo, por uma passagem subterrânea ao fim de um corredor, há um quarto secreto, um tipo de cômodo, a centenas de metros daqui". Annemarie já mencionara o fato, mas aponta para outra direção: "O túnel ligava o castelo à Unzmarkt, e quem o construiu foram monges, os primeiros proprietários do castelo. Napoleão chegou a ficar em Pichlhofen, de passagem em suas viagens". Suposições à parte, tal túnel pode mesmo existir, mas não foi descoberto até hoje de onde ele sai. Supõe-se que era uma ligação para "Frauenburg", um castelo antigo perto de Unzmarkt.

Clara, agora com mais dois filhos, contratou uma governanta chamada Agnes para ajudá-la a tomar conta de Annemarie, a filha mais velha, e dos dois meninos, Sigmund e Wolfgang (depois vieram Brigitte, Clara e Gerhard, o que acabou de vez com sonho do pai de montar um time de futebol masculino). Como o pequeno Wolfi não conseguia falar o nome da governanta, então acabaram por "rebatizá-la" com um nome que todos conseguiam pronunciar, e inventaram Felko. Sigmund recebera o nome do pai, e apesar do apelido, "Sigi", em casa era o "Titi", como ele mesmo se chamava quando estava com um ano de idade. Felko era muito querida pelas crianças da casa e temida pelas crianças de fora. Por uma única vez ficou realmente brava com Annemarie, quando ela esqueceu sua boneca no jardim e esta se desmanchou na chuva que caíra durante a noite (a cabeça era de papel machê pintado). Mas Annemarie explicou-lhe que a boneca era dela, que o dinheiro para comprá-la era de sua mãe, não dela, e que portanto quem deveria ter ficado brava era a mãe, que não se importara muito com o fato.

Wolfi recebera o nome que a mãe tanto adorava. Sigmund era de 1922, e Wolfgang de 1923, portanto dois e três anos mais novos que a irmã. Como moravam separados das outras crianças da aldeia, naquele castelo enorme e distante da cidade, os irmãos eram muito próximos. "Nós três nos amávamos carinhosamente. Claro que brigávamos de vez em quando, como fazem todos os irmãos, mas isso não impedia que defendêssemos uns aos outros quando alguém nos provocava, o que não acontecia com frequência por morarmos longe do vilarejo", conta Annemarie.

A vida corria solta pelos campos. As crianças brincavam pela fazenda quando não era inverno. Andavam a cavalo, subiam nas árvores, sempre estimulados pelo pai, que adorava vê-los por todo lado, e controlados pela mãe, receosa de que se machucassem. O pai era um grande incentivador, estimulando-os com brincadeiras e outras atividades. Dizia que as crianças deveriam aprender de tudo: a nadar, cavalgar, praticar tiro ao alvo, pintar, desenhar, fazer trabalhos manuais, plantar. Cada um tinha o seu canteirinho na horta, o que Annemarie adorava. Sigmund era um pai atencioso, presente e ao mesmo tempo, severo. Não era de brigar muito, mas de vez em quando batia nos filhos. "Preferia que fizéssemos arte quando ele estava junto do que não fizéssemos nada", Ana conta. E assim os três filhos praticavam equitação, tiro ao alvo, natação (nadavam no rio Mur), canoagem, futebol e ginástica. Dessa última novidade Annemarie não gostava muito, porque quando não fazia direito, recebia varadas do pai. Assim foi também com as aulas de canto e de piano, pois todos precisavam aprender um instrumento musical. Ela aprendia piano e o pai, severo, ficava atrás, e a cada vez que ela tocava errado, lá vinha uma varada, por isso ela decidiu mudar para o violão, um instrumento que o pai não tocava e ele não perceberia cada vez que ela errasse. Mesmo com essa criação rígida, o pai era o grande ídolo de Annemarie.

Ana lembra que, um dia, ao brincarem de cavar no jardim, uma cratera se abriu e descobriram-se compartimentos de uma casa. Ao escavarem um pouco mais, foi constatado depois que era uma construção da época dos romanos. Encontraram também moedas, que foram doadas ao museu, resquícios da ocupação do Império Romano nas terras hoje austríacas.

Um dia, Clara recebeu a visita de sua cunhada Bertha, irmã de seu marido, com o filho Estevão, um pouco mais velho do que Annemarie. O primo já andava perfeitamente, enquanto Annemarie engatinhava com toda velocidade para todo canto, numa agilidade incrível. Sua tia provocou: "Que vergonha, tão velha e ainda não caminha". Annemarie parou de engatinhar, apoiou-se nos joelhinhos, colocou as mãozinhas na cintura e olhou para ela com os olhos azuis brilhantes: "Acredita que não sei andar?" Levantou e correu pela sala, sob os olhares atônitos dos adultos. Outra vez, apareceu um primo de seis anos, oito meses mais velho do que ela, com um livro debaixo do braço, todo cheio de si por poder se gabar à prima de que era capaz de ler, coisa que ela, com cinco anos, obviamente não sabia. De fato, a pequena Annemarie não sabia ler. Mas todas as noites sua mãe lia para os filhos "os livros fantasticamente ilustrados" de Ernst Kutzer. Ela sabia que o primo tinha os mesmos livros que ela, então disse a ele que sabia ler sim, e quando o primo deu a ela o livro para testá-la, ela o "leu" com a maior facilidade. Havia memorizado as histórias, inclusive sabendo quando virar cada página.

As crianças adoravam a liberdade do campo, desfrutando do contato muito próximo com a terra e com os animais. Cavalos, patos, vacas, cachorros, gatos, carneiros e até um veado: no resgate de lembranças da infância, muito já se perdeu, mas contamos com a ajuda preciosa de álbuns de fotos, com retratos de crianças quase idênticas em sua loirice, mostrando os bichinhos carregados no colo ou sendo alimentados pelas crianças. Pichlhofen, em sua imensidão de cômodos e paisagens, em suas inúmeras possibilidades de vivência, dava às crianças uma infância cheia de significados e aprendizados. Difícil recordar tantos detalhes, apagados pelo tempo distante. Mas mantêm-se presentes cenas, lembranças pontuais, casos isolados, como o dia em que um touro daqueles bem bravos de seu pai sumiu, e após todos se mobilizarem em sua procura, eis que o touro aparece ao longe, andando em marcha lenta, e atrás dele, tranquilo, vinha Wolfi, com três aninhos tocando-o com uma varetinha, levando-o para casa. Percebendo que tomaria uma enorme bronca por seu sumiço, foi logo explicando: "Coitadinho do touro, achei-o na estrada e pensei que um carro podia atropelá-lo, então eu o trouxe..."

Quase todas as noites antes de dormir, Annemarie e os irmãos faziam um escalda-pés numa bacia grande em que cabiam todos os pés, uma hora alegre e descontraída, bem familiar. Um dia, seu primo Karl veio visitá-los e também quis participar. Os primos abriram um espaço e ele enfiou os pezinhos na água. Nuca mais esqueceu desse momento. Todas as vezes que podia, contava essa história: "Tive a honra de poder fazer escalda-pés com a Annemarie, o Sigmund e o Wolfgang!".

Quando tinha seis anos, Annemarie ganhou um casal de patinhos. Adorava brincar com eles, mas depois que cresceram, a pata morreu e o coitado do pato estava fadado a ir para a panela. A cozinheira foi encarregada dessa tarefa, mas o pato, assim que a viu, tratou de colocar o bico em suas mãos, todo dengoso. A cozinheira se apiedou: "Ah, mas esse pato eu não vou poder matar". Um moço que trabalhava na fazenda foi então designado para a tarefa. O pato, mais uma vez, mostrou todo o seu poder de sedução, esfregando-se e pondo o biquinho nas pernas do moço, já rendido em sua intenção. "Coitadinho do pato. Esse eu não mato, não." Para finalizar a conversa, lá foi o pato para as mãos do açougueiro, mas o bicho era tão fofo que nem mesmo o açougueiro quis matá-lo. Quando esse homem voltou com o pato debaixo do braço para devolvê-lo vivo, todos concordaram que o pato seria deixado em paz, e ele pôde morrer de velhice mesmo.

Clara e Sigmund eram pais dedicados à educação dos filhos, estimulando-os com leituras, brincadeiras, conversas e muita atenção. Annemarie, Sigi e Wolfi eram crianças incentivadas a criar, brincar e aprender, tudo isso permeado por muito amor. Nunca duvidavam de suas capacidades, sentiam-se seguras de si e frente ao mundo. Isso se mostrou claro quando chegou a época de ir para a escola.

Pela distância e dificuldades de locomoção, além das intempéries ocasionais (frio, chuva, neve), o pai decidira contratar uma professora particular que ia duas vezes por semana ao castelo, preparar Annemarie para o ginásio. O diretor da escola não gostou da ideia. Como aquela menina poderia aprender em duas horas por semana o que na escola levava dez, vinte vezes mais tempo? Annemarie o olhou e simplesmente disse: "Não tenho dúvida, o senhor vai ver". E assim foi. Nas épocas de exames, ia à escola prestá-los e figurava sempre entre os quatro primeiros alunos. "O diretor não gostava, porque considerava aquilo um desaforo", lembra Annemarie. No quarto ano primário, com nove anos de idade, tinha obrigatoriamente que frequentar a escola, porque era o ano em que deveria entrar no ginásio, e na admissão deveria ser aprovada em um exame rigoroso. Era um ano importante para sua continuação nos estudos, mas dois meses depois do início das aulas, uma meningite a deixou de cama por seis semanas. Uma das consequências da doença foi uma cegueira, que aos poucos retrocedeu, e a visão voltou pouco a pouco. Quando finalmente a doença se foi, "reinava na minha cabeça o mais completo vazio. Não me lembrava de mais nada, nem meu nome sabia escrever. Tive que começar tudo de novo, do zero". Retornou à escola, sob os olhares surpresos e duvidosos dos colegas. Mais uma vez teria que provar que era capaz. Para continuar a partir daquele estágio, tinha que reaprender praticamente tudo. As provocações e comentários não duraram muito e ela estudava com toda dedicação para alcançar a classe e se preparar para o exame de admissão ao ginásio, que seria feito na capital Graz. O diretor da escola a procurava todos os dias para aconselhá-la que desistisse, porque o resultado dos exames seria uma grande calamidade. "Um dia, quando outra vez ele rezava seu versinho, perdi a paciência: Eu não vou desistir, só para lhe mostrar que não sou burra". Seus pais também tinham dúvidas de que ela conseguiria passar. Eles sabiam o quanto Annemarie era determinada, mas não sabiam que aquela menina ansiava por mais do que "simplesmente" passar no exame de admissão, após ter que aprender tudo novamente. Ela escutara que em Graz haveria uma grande novidade: a passagem do Graf Zeppelin, o único exemplar de uma nova aeronave "que parecia um charuto volante com uma pequena cabine de passageiros grudada embaixo de sua barriga". Então a senhora viu o Zeppelin? – perguntei, cheia de curiosidade. "Mas claro! Bem, fui para Graz, passei no exame e vi o Zeppelin. E como ele passou bem baixo, para que todos pudessem vê-lo de pertinho, foi um grande evento." A aeronave tinha que ser impulsionada por hélio, um gás muito leve, mas também muito inflamável, e por isso a ideia foi logo abandonada, apesar de ter aberto o caminho para a construção de outras aeronaves daquela época em diante.

O internato do Sacré Coeur (Sagrado Coração) ficava em Graz, a 120 quilômetros de sua casa. Famoso pela disciplina e por aceitar somente meninas da antiga aristocracia austríaca, o colégio tinha apenas madres como professoras, cujas famílias também eram nobres. "A disciplina era dura e total", relembra. Diziam que a aristocracia se revelava pelo comportamento e não pela posse de dinheiro (*nob not snob*), e qualquer deslize acarretava a expulsão da escola. Nas salas de aula, sentavam-se três meninas em cada mesa. Uma delas era sempre mais velha, entre 15 e 18 anos, estudante dos últimos anos do curso científico (ensino médio) e responsável pelo comportamento das mais novas, com idades entre 10 e 14 anos. Era uma espécie de tutora, que por já ter passado pela experiência do ginásio, agora auxiliava as novatas naquele novo mundo cheio de regras e restrições. Annemarie adorou sua "educadora", uma menina chamada Paula, de 16 anos, bem educada e acima de tudo, muito justa. As aulas deviam ser assistidas com atenção e com uma postura ereta, e as madres costumavam andar calçadas com pantufas, deslizando pelos corredores silenciosamente para inspecionar a ordem. O silêncio era outra regra a ser estritamente seguida, e no caso de serem flagradas tagarelando ou corcundas, as meninas recebiam um golpe rápido e dolorido de vareta.

Annemarie gostava do Sacré Coeur, mas não aguentava as missas em jejum pela manhã, algo a que não conseguira se adaptar. Por várias vezes desmaiara durante a cerimônia, o que, depois de um tempo, acabou por ocasionar uma dispensa da obrigação de estar na capela em jejum todas as manhãs. Ela podia dormir mais um pouco e, além dela, somente mais uma menina tinha esse problema. Os desmaios eram frequentes, mas fora isso, Annemarie se destacava por ser organizada e, por várias vezes, ganhara o prêmio mensal como a mais ordeira do colégio. "Isso porque meu pai nos obrigava a manter uma ordem rígida não somente dos brinquedos, mas também dos nossos armários e gavetas, independentemente de termos empregados para fazê-lo."

Além das missas, outra coisa a desagradava no Sacré Coeur: uma menina do segundo ano que conseguia tirá-la do sério. "A menina era extremamente amolante" e implicava com Annemarie o tempo todo. Foi assim que ela resolveu acabar com a implicância de uma vez por todas: comportara-se incrivelmente bem durante dois meses, ganhando a cada sábado todos os prêmios de ordem e comportamento. Era a menina referência do internato. Não durou muito. Lá veio a outra provocá-la novamente, mas desta vez a garota exemplar mostrou como perder a compostura: precipitou-se sobre ela e deu-lhe uma baita surra. A menina ficou lá, estatelada no chão, chorando e gritando. As madres, perplexas, não conseguiam acreditar como uma aluna exemplar, detentora de todas as condecorações que a escola poderia dar, poderia fazer uma coisa dessas. Annemarie se defendeu: não era fácil imaginar como tinha aguentado tantas provocações o tempo todo e ainda assim ter sido exemplar? – aí estava o grande mérito, e a escola deveria reconhecer isso.

Naquele tempo, as crianças de 6 a 10 anos cursavam o primário. Depois, dos 10 aos 18, o ginásio, para depois fazerem o exame da Matura.*

O internato durou apenas um ano. Os irmãos Sigmund e Wolfgang também deveriam ir para o ginásio, e, naquela época, não tinha outro jeito, o sistema era de internato. O pai resolveu colocar um professor particular para os três em casa. Eles deveriam fazer os exames, Annemarie em sua escola, em Graz, os meninos noutra, só de meninos, duas vezes por ano. O professor, um estudante de engenharia, era muito ingênuo e as crianças gostavam de aprontar com ele. O pai nunca se intrometera, e era como se isso os autorizasse a estreitarem a relação com o jovem. Foi assim até o quinto ano do ginásio. Passados esses anos, seus pais resolveram que ela já podia ser aluna externa do ginásio do Sacré Coeur, em Graz. Um casal amigo de seus pais, que tinham uma filha um pouco mais velha do que Annemarie, Renata, também iam mandar a filha estudar lá, e assim um quarto foi alugado para as duas, para que não estivessem sozinhas na cidade. Annemarie estava com 15 anos.

As duas garotas, vivendo sozinhas, fizeram muitas coisas juntas, dentre elas um curso de planadores, aviões sem motor que planavam no ar. Anne-

---

* A Matura naquela época era o exame final do ensino médio, similar a um vestibular mas muito mais rigoroso. Se fosse reprovado, o aluno não poderia refazer a prova. Era dificílimo porque exigia o conhecimento de todos os anos estudados até ali, em uma prova escrita e outra oral e sua realização exigia não só preparo intelectual, como também uma vestimenta formal, condizente com a importância do exame.

marie adorava planar, mas parou com essa atividade depois que, por milagre, não se feriu: a trinta metros do chão, subitamente faltou sustentação do ar e o planador despencou em um vale arborizado. Sob os destroços e com os corações quase parados de seus colegas, foi retirada do que sobrara do planador. Annemarie não sofreu nenhum ferimento grave, mas após esse episódio deixou o *hobby* de lado.

Em Graz, Annemarie mantinha-se empenhada em seus estudos, mas Renata, secretamente, passou a participar de atividades políticas. O ano era 1936. A menina não ficava mais em casa e muitas vezes faltava à escola. Annemarie estranhou suas ausências esporádicas e sua atitude mudada, mas não desconfiou de que se tratava de militância política, até que Renata desapareceu. A menina sumira, sem deixar rastro. Dois dias depois de seu desaparecimento, a polícia chegou ao apartamento das duas e encontrou no armário de inverno de Annemarie (que, por ser verão, não estava sendo usado) impressos relacionados à atividade política de Renata. "Eu fui para a escola e quando voltei, a polícia estava no nosso quarto, revirando tudo." A acusação caiu como uma bomba sobre a cabeça de Annemarie: nazista.

Apesar de seus 16 anos, e sem possibilidade de se defender ou de avisar seus pais, ela foi presa. A polícia, frente ao flagrante e com as provas encontradas, não a deixava falar. Estavam orgulhosos de terem capturado "uma nazista".

Na escola, era a semana final das aulas. Aquela aluna exemplar não aparecera na última semana e não havia nenhuma informação sobre sua ausência, nem da parte dela, nem dos colegas, muito menos de seus pais. Ao término das aulas, Annemarie deveria voltar para casa, e como não chegou, seu pai imediatamente partiu para Graz, apreensivo. O que teria acontecido à sua filha? Ao descobrir o ocorrido, fez um escândalo. Era inadmissível que tivessem prendido uma menina de dezesseis anos e nem ao menos tivessem avisado à família! Solta depois de oito dias, voltou para a casa dos pais, mas o estrago estava feito: avisada pela polícia, a escola a tinha expulsado sumariamente. Não satisfeitos com essa atitude, comunicaram o ocorrido a todos os outros colégios austríacos, explicando os motivos: "atividades políticas". Tentavam de toda forma destruir qualquer possibilidade daquela "nazista" conseguir retornar aos estudos, ou ter algum futuro. Mal sabia ela que iria enfrentar não só a guerra e seus horrores, mas principalmente a dor das perdas e da impotência frente aos acontecimentos que se seguiriam.

Annemarie tinha um tio-avô por parte de mãe, Konrad Heerklotz, que vivia em Dresden, capital da Saxônia, região situada no Sudeste da Alemanha. Ele era o prefeito-mor, um cargo que lhe conferia autoridade frente aos outros prefeitos dos distritos sob sua jurisdição. Tio Konrad estava desolado pela perda recente da esposa e dos três filhos, levados e mortos pelos russos na I Guerra Mundial. Escreveu, então, a Clara, perguntando se Annemarie não poderia ficar com ele por um tempo, estudar e lhe fazer companhia, no que Clara acedeu. Nos dois anos em que viveu em Dresden, Annemarie teve uma vida tranquila. Seu tio-avô, por sua elevada posição política, costumava ganhar ingressos para todos os eventos teatrais e concertos na cidade. "Por sorte minha, a vida na cidade era de muita cultura. Vi muitas primeiras apresentações de concertos, óperas, operetas e teatros, uma vez que a época antes da II Guerra Mundial, culturalmente, era muito rica, embora os nazistas já tentassem orientar a cultura segundo o seu credo."

No colégio AHM (*Altstädtische Höheren Mädchenschule*), tradicional para garotas, Annemarie concluiu o exame da Matura sem grandes dificuldades, depois de ter constatado que seis anos na Áustria correspondiam a sete no ginásio da Alemanha, o que a fez entrar direto no oitavo ano. Terminada a *Matura* no período normal, o jovem estava apto a cursar a Universidade. "Mas como os nazistas detestavam os *Intelligenzler* (pessoas que trabalhavam com a cabeça), para poder frequentar a Universidade nos obrigavam a um serviço braçal de nove meses no campo, sem remuneração. Era uma forma de tentar fazer as pessoas desistirem de estudar com este grande desestímulo."

Virgínia Mendonça Knabben

Vista de St Georgen de Judenburg, vilarejo no qual Pichlhofen se localiza.

Virgínia Mendonça Knabben

Pichlhofen e arredores.

Virgínia Mendonça Knabben

Vista lateral do castelo de Pichlhofen; no detalhe, janela superior do quarto de Annemarie.

Castelo de Pichlhofen durante o inverno de 1986.

Spielberg: castelo onde a família da mãe de Annemarie passava os verões.

Uma das salas do castelo em Spielberg com a lareira "Kachelofen", feita com azulejos artesanais decorados em tom verde, preenchidos com material isolante. Usados pelas famílias aristocráticas europeias, em grandes mansões, casas de campo, palácios imperiais, nos mais diversos tamanhos e modelos.

Lareira em Pichlhofen; no detalhe, espaço para sentar e se aquecer (17/05/2010).

Coleiras das vacas premiadas de Sigmund. O sino tinha a inscrição da quantidade de leite produzida, as flores eram o símbolo dos Alpes, o Edelweiss.

Sigmund e uma de suas vacas premiadas, as melhores da Áustria.

Clara e Sigmund, pais de Annemarie.

Hall de entrada do castelo Pichlhofen com seus afrescos.

Deus, detalhe do teto do hall de entrada (17/05/2010).

Aos 2 anos de idade.

Aos 5 anos de idade.

Aos 12 anos de idade na escola do vilarejo.

Aos 16 anos de idade, quando morou com o tio avô Konrad em Dresden.

Annemarie, Sigmund e Wolfgang em visita à tia Berta, na Hungria.

Annemarie, segunda da esquerda para a direita, na turma da escola do vilarejo.

ESPINHOS

Início do diário de Annemarie

Reichsarbeitsdienst

O serviço braçal era realizado nos campos de trabalho do *Reichsarbeitsdienst* (RAD), uma organização estatal que convocava jovens a prestar serviço gratuito no campo, se eles pretendessem ingressar nas Universidades. O RAD era uma etapa obrigatória para quem estava determinado a ir para a Universidade, e conseguiu afastar muitos jovens desse caminho, que não aceitavam submeter-se a esse tipo de serviço.

Todos acharam que Annemarie estava louca porque escolhera ir para uma terra pobre e estranha. Masuren* (ou Masúria, *Mazury* em polonês) era o nome da região, mas ao mesmo tempo era a descrição daquelas paisagens cobertas por florestas de pinheiros, lagos e pântanos no Norte da Alemanha. Ali, nos lagos de Masuren, o general Hindenburg, presidente da República de Weimar, Alemanha, vencera os russos na I Guerra Mundial na Batalha de Tannenberg.

A região se situava entre três cidades: Neidenburg, Orstelburg e Johannisburg, no Sul da Prússia Oriental, parte da Alemanha que fazia limite com os países bálticos ao Norte, e com a Polônia ao Sul. Annemarie chega a essas terras fronteiriças com o olhar apurado e curioso, um tanto ansiosa. O que a aguardaria naquele lugar?

---
* Ver mapa 3.

O pequeno trem chegou barulhento, destoando da paisagem, e apita ruidosamente para afastar os gansos e vacas que folgadamente se acomodavam nos trilhos e, sem se mexer, esperavam despreocupadamente que o maquinista descesse bravo e os expulsasse. Cercas vivas margeiam o caminho dos trilhos e florestas sem fim de *pinus* se espicham num verde primaveril, contrastando com a areia branca da região.

As rodas da carroça se afundam na maciez branca, dificultando a marcha dos cavalos que têm a triste missão de transportar cargas e passageiros. Casebres de madeira, já podres, com telhados de palha que vão quase até o chão, são como parte do lugar, habitações simples e rústicas. Annemarie encantou-se com o local, apesar das circunstâncias. Florestas, lagos e pântanos, Masuren era um lugar lindo e selvagem.

O casal Trawney tem cinco crianças e a casa era muito simples. *Frau* Trawney é quem comanda a casa e conversa, mas não muito. Perto do marido, até que ela conversa bem. Pudera, o homem quase não sabe alemão, mesmo morando em terras alemãs. O sr. Trawney olha para Annemarie, mas não diz nada. De estatura média, tinha um rosto cansado, um tipo mongólico, com olhos espertos e aguçados e traços de resignação. "O Trawney não fala alemão, por isso a senhorita fale para mim se quiser alguma coisa". Annemarie agradece, mas não é preciso muita conversa para carregar esterco.

A casa tem um cômodo só, uma sala-dormitório com cozinha. Já era março e o cheiro de batata podre subia do porão, que ficava abaixo do piso. Tanto a sala quanto a parte da cozinha são sujas e bagunçadas. As crianças dormem num tipo de gavetão, cheio de palha e com um tapetão de retalhos servindo de cobertor. Como estão sujas e descabeladas! "Quantos filhos a senhora tem, sra. Trawney?", pergunta Annemarie. "Como poderia saber?", responde surpreendida a senhora. Estaria surpreendida pela pergunta da menina ou por que nunca pensava nisso? "Eram dezesseis, talvez dezoito filhos, muitos morreram, mas oito eu consegui criar, são todos casados". A mulher se cala, talvez tentando lembrar-se de cada um e mantê-los vivos na lembrança, de alguma forma. Ao lado da pequena casa há um grande e bonito galpão com tratores modernos: Massey Ferguson, John Deere, Ford e outras. Todos americanos. Sobre o tonel de combustível há uma pilha de jornais holandeses. Atrás de uma parede de tábuas, há um Buick (automóvel de luxo) sem um arranhão, com vidros espelhados.

A vida em Masuren era alegre, porque alegres eram as pessoas daquele lugar. Mesmo assim, muitos tentaram "fazer a vida na América", viajar, conhecer outras fronteiras. A Holanda era uma parada intermediária, na qual também, com muito trabalho, podia-se juntar um bom dinheiro. Foi o caso do senhor Trawney e alguns conhecidos seus da região, que com o dinheiro que ganharam compraram máquinas e carros, que destoavam de suas posses simples e que eram mantidos na "garagem". Até um rádio puderam comprar, algo moderno para a época. Mas de repente, veio a saudade da areia, dos *pinus* e lagos. Saudade de sua casa em Masuren. "Masuren é Masuren!", e simplesmente pegaram suas máquinas e o dinheiro e voltaram para casa. Não era preciso muito para se sentir feliz. Annemarie logo compreendeu isso.

Para os estudantes, a estada em Masuren significava trabalho. Alojados em galpões de madeira nos acampamentos, trabalhavam nos campos durante o dia fazendo o que fosse necessário: semear, capinar, colher, recolher esterco. As terras do casal Trawney contavam agora com mais braços, e Annemarie e algumas estudantes que também estavam ali emprestavam seu suor e vigor aos agricultores da região. Apesar da obrigatoriedade da estada, Annemarie conseguia manter-se firme em sua determinação de cumprir aquele tempo e retornar aos estudos. Ela não desistiria de estudar, como fizeram muitos colegas.

Ao entardecer, depois de um dia cansativo de trabalho, voltavam ao acampamento. Ficava no distrito de Ortelsburg, e o trabalho pesado era ainda mais difícil porque a fome era constante: refeições à base de casca de batata cozida com água e sal uma vez ao dia, um pão duro pela manhã e um copo de chá à noite eram com o que podiam contar. Sempre a mesma comida ruim e pobre, todos os dias. "O que recebíamos era tão ruim e tão pouco que vivíamos famintos, a tal ponto que comíamos o mato que tínhamos de capinar..." Muitas moças adoeceram, pelo calor, pelo esforço, pela fome. Annemarie e as outras estudantes cumpriam sua obrigação diária: carpir, recolher esterco. Colher, semear, lidar com a terra, lidar com o homem. Lidar com o tempo, lidar com a fome, com a desnutrição, com as expectativas, a saudade de casa. Não fraquejar, não esmorecer, não desistir. Seguir em frente, um dia de cada vez.

Mudo e curvado lá ia o Trawney atrás do arado, dia após dia. Certa vez, Annemarie perguntou: "Vocês nunca comem manteiga?" "Não! O creme de leite damos às galinhas e quando elas estão gordas, nós as vendemos". Como poderia uma pessoa que conhecia um pouco mais do mundo estar satisfeita com uma vida tão parca? - ela pensava.

Três meses se passaram desse trabalho rotineiro em confronto com a força interior daqueles estudantes. E então, um dia, chegou a vistoria.

Um oficial pergunta às moças do *Reichsarbeitsdienst* se elas estavam bem: Annemarie se coloca à frente e diz que não, que não estavam nada bem. Ofereceu seu almoço, mostrando o que realmente comiam. O oficial recusa: "Eu sofro do estômago." As companheiras, incrédulas, mais tarde a recriminaram, pois poderia ter sido morta por sua audácia: "Morrer vamos de qualquer jeito... uns dias mais cedo ou mais tarde, que diferença faz?" Duas horas mais tarde, apareceram caminhões com uma comida bem mais substancial: dessa vez, com as batatas, vinha macarrão e sopa. Em outro dia, as meninas surpreendem-se com os quadros de aviso: continham cardápios deliciosos, muito longe do que verdadeiramente recebiam para comer. "Será que receberam mais dinheiro do governo?" - pensaram. "Não, era mais uma inspeção, e dessa vez, queriam mostrar como éramos bem tratados. Como por milagre, um dos inspetores era amigo do meu pai, aí tivemos a possibilidade de falar da nossa situação nada animadora". A inspeção dessa vez foi bem mais rigorosa, a ponto de descobrirem uma moça gravemente ferida com traumatismo craniano e que não queriam mandá-la ao hospital. Nessa revisão geral, como resultado, o governador do distrito foi obrigado a inspecionar o campo de trabalho de dois em dois meses a fim de evitar os maus tratos costumeiros.

Abril passava e chovia todos os dias. A terra continuou marrom, molhada e fria, até que finalmente, em 30 de abril, o Sol brilhou e todos testemunharam o grande milagre: o verde suculento cobrira as pradarias marrons e durante a noite folhas brotaram nas árvores e as macieiras no caminho para a vila ficaram cobertas de flores cor-de-rosa. De repente, Annemarie entendeu o significado da música *Der Mai ist gekommen*: "... maio chegou, as árvores brotam, fique em casa com suas preocupações se tiver vontade..." Masuren oferecia um espetáculo único. Como num passe de mágica, se transformava, da noite para o dia, de paisagem morta em paisagem viva, verde, cheia de sol e flores.

Enfim, era 1º de maio. O acampamento recebeu a visita dos funcionários de Königsberg (capital da Prússia até 1701). Numa festa local, as jovens do acampamento dançaram mazurca e polka, valsa e quadrilha. O dia vergava-se para o fim quando um alto funcionário do governo polonês, de nome Bogini, finalmente resolveu falar um pouco, depois de não ter largado dos pés (ou os braços) de Annemarie durante o dia todo. Esnobe e arrogante, desqualificou o povo de Masuren, chamando-os de atrasados e ignorantes. Queria exibir-se para ela. Annemarie o repudiou. Ele queria conquistá-la, mas ela se afastava. "Uma pessoa arrogante", pensou. "Não tem a mínima ideia do que é o povo daqui, mas o condena porque teve o azar de ser mandado para cá. Não há provavelmente povo mais fiel do que esse de Masuren." E afastou-se. Em mente, guardava a conversa que tivera com a senhora Trawney: "A gente pertence ao local onde se ama a terra, e se é alemão ou polonês, que diferença faz? Nós amamos Masuren e queremos nossa paz." Sim, deixe-os ser como são, assim eles estão bem, ela pensa.

Em meados de maio, na época de Pentecostes, os jovens do acampamento tinham direito a "férias". Os que moravam na Prússia oriental iam para casa, e quem morava mais longe resolveu ficar por ali mesmo. Em todo lugar se falava em guerra. Por toda parte, rumores e informações circulavam, gerando tensão e medo. As florestas entre Orstelburg e Flammberg, onde ficava o acampamento, já tinham uns cinquenta quilômetros cercados por arame farpado, armadilhas para *Panzer* (carros de combate) e bloqueios. Para entrar na região, somente se tivesse documento que comprovasse que morava ali. Annemarie tinha o *RAD*, comprovando que era do serviço de trabalho.

Não dava para voltar para casa, era muito longe. Além disso, com os rumores de guerra por todo lado, não era seguro viajar sozinha naquela região. Como tinha amigos em Riga, capital da Letônia, Annemarie resolveu visitá-los. Foi de bicicleta da Prússia Oriental à Letônia, quinze dias pedalando e dormindo em albergues. Em Memmel, última cidade ao Norte da Alemanha, Annemarie espera por sua amiga Gretel, e juntas chegam a Riga. Para os alemães, esta era a última cidade alemã do Ocidente, e para os russos, a mais distante cidade russa do Oriente. As torres douradas e as cúpulas eram russas, as ruas e casas são alemãs, e as pessoas falavam alemão e russo.

Por sua alta latitude, o sol praticamente nunca se põe no verão, e às duas horas da madrugada é possível ler o jornal em frente de casa. Mas no inverno praticamente não há dia, e por causa do frio e da escuridão as noites são infindáveis, deixando as pessoas melancólicas. O breu da noite sem fim alimenta rumores de histórias sobrenaturais, espíritos e fantasmas. As lâmpadas, com luz opaca nas ruas de passeio refletem-se no rio Düna. Nessa época, festas e encontros são bons para levar para longe a melancolia causada pela falta da luz brilhante e revitalizadora do sol. Era Pentecostes, e Annemarie participava de uma grande festa.

Ela dança com um homem alto e charmoso. Vassil era engenheiro, e sua mãe russa, vidente. A mulher não lida bem com esse seu dom, uma clarividência que preferia não ter, mesmo assim faz suas leituras secretamente. A mulher não era a única a ter esse dom. Outras pessoas diziam-se videntes também. Incomodada, mas ao mesmo tempo resignada por possuir essa visão, ela mantém seu "ofício", decifrando as linhas da mão como se fossem letras escritas nas páginas de um livro.

Annemarie dança, dança, rodopia e flutua nos braços de Vassil. A música embriaga tanto quanto o álcool, vertido em grandes doses por ali, deixando as pessoas alegres e bêbadas, quentes e despertas. Valsas vienenses tocam e o moço alto a conduz sob o céu de Riga, com um misto de tormento e atração pela beleza estrangeira daquela moça. Ele paga para a orquestra tocar, apesar de ser duas da manhã, mas ele nem liga. "Quem saberia dizer o dia de amanhã?" Annemarie está morta de cansaço, sugere que continuem no dia seguinte, mas ele não quer parar. Ela dança até não aguentar mais, até que desaba na cadeira. São quatro horas da manhã.*

Vassil compreende. "Vamos para casa, mamãe nos fará um chá". Gretel e mais alguns amigos os seguem. "*Frau* Nina, a senhora não poderia ler nossa sorte?" – Gretel pergunta. Todos a cercam. De olhos semicerrados, ela segura as mãos de um a um, como que em transe. Annemarie observa e espera sua vez. Finalmente, a mulher segura suas mãos e abaixa a cabeça. "Muitos homens vão passar pela sua vida. Muitos vão se apaixonar, mas com nenhum deles você vai querer casar. E quando você estiver com 25 anos, sua vida vai mudar radicalmente. Tudo vai ficar diferente, bem diferente. Nada, mas absolutamente nada, ficará como antes...". A voz de *Frau* Nina mantinha-se baixa: "... você vai ter de repente o dom de enxergar nas outras pessoas as coisas mais secretas. Se isso a fará feliz, não sei. Casar você vai, mas mais tarde".

Annemarie não acreditou muito naquilo. "Que bobagem", pensou. Para as meninas, *Frau* Nina disse muitas coisas, mas quase nada para os rapazes. Annemarie percebeu, mas calou-se. O grupo também não se incomodou muito com isso, levando tudo na brincadeira. "E eu, mamãe?", Vassil quis saber. *Frau*

---

* Naquela época os bailes tinham hora para terminar. Por isso, Vassil teve que pagar para que a orquestra continuasse tocando até tão tarde.

Nina, a princípio, se recusa a ler a sorte do filho, mas não adianta. Ele agora também quer saber seu futuro, seu destino. Buscando trêmula as mãos do filho, a pobre mulher murmura: "Você não tem futuro, Vassil...".

No caminho para casa, Annemarie ficou pensativa: por que *Frau* Nina não conseguiu ler o futuro dos rapazes? Isso a perturbara. Intrigada, propôs à amiga que voltassem lá no outro dia. *Frau* Nina olhou para Annemarie com expressão triste: "Eu não sei, mas nos últimos tempos, poucos dos rapazes que aparecem aqui têm um futuro, eles têm uma linha de vida muito curta e para as moças aparecem muitas coisas que antes não eram próprias para as mulheres. Não tenho explicação. A única coisa que encontro é que vamos ter uma guerra muito feia onde os rapazes vão morrer".

Frau Nina tinha razão. Annemarie notara que nos últimos tempos as fronteiras estavam mais vigiadas e o medo de uma guerra era enorme. Há pouco tempo, o cônsul geral da Polônia tinha estado no acampamento e pedido que não fizessem mais marchas noturnas cantando, porque cada vez que isso ocorria, davam prontidão para as tropas fronteiriças polonesas. "Fiquei bem assustada. Nunca havia pensado que poderia haver guerra. Guerra por quê? A Polônia tinha medo da Alemanha, e esse era um dos motivos pelos quais nunca faria uma guerra. A Alemanha não necessitava de guerra, pois era um país financeiramente potente. Mas, quando, depois das férias, voltei da Letônia para o campo de trabalho, na Prússia Oriental, encontrei tropas alemãs por toda parte e as estradas bloqueadas com arame farpado. Só passei no controle, agora imposto, após ter mostrado minha carteira de *Arbeits-Maid* (menina de um campo de trabalho), que ficava na fronteira de Masuren. Quem não morava lá, não passava. "De repente, a guerra não era mais uma ideia fantasmagórica, ela estava à vista, sendo preparada efetivamente. Um calafrio me percorreu a espinha. Guerra não é carnaval, guerra é matança. Matam os melhores. Os doentes, velhos, aleijados e loucos sobram, porque nenhum exército os aceita. É uma seleção negativa".

Mais tarde, em fins de agosto, foram chegando mais tropas. "Gente jovem, alegre, saudável. Todos sendo transportados para mais perto da fronteira polonesa, onde o nosso campo se encontrava. Pelo jeito, iam invadir a Polônia. Por quê? Ninguém sabia. Mas a guerra veio, a 1° de setembro de 1939. Nenhuma de nós foi trabalhar. Ficamos na beira da estrada, acenando para os soldados que passavam a pé, em caminhões ou tanques. Ninguém falava, ninguém cantava. Milhares e milhares de jovens iam para a guerra ser sacrificados, caminhando em direção ao matadouro..."

Um carro leva Annemarie, Gretel e Vassil para Libau (Letônia). Vassil as acompanha, mas retornaria. Passam com um barco a motor pelo Mar do Leste, até chegarem a Memmel (Lituânia). De lá, percorrem num barco a vela a reentrância de Nehrung e suas pequenas ilhas visitadas por alces, que espicham seus focinhos negros e brilhantes ao sol e enfiam suas galhadas na água. A torre de observação de Rositten abriga os pássaros, e tudo é tão pacífico que parecia não existir nada além do mar calmo, quieto e cinza. Do outro lado, na reentrância da terra sobre o mar, o vento faz tremular as bandeirinhas coloridas dos barcos de pescadores, estes de poucas palavras. Em terra firme, do lado oposto, ficam as dunas, vivas e móveis, lá em cima em Heidekrug, até Karkelen e Lapônia. Em Cranz, Vassil se despediu, quieto e taciturno, como tinha permanecido durante toda a viagem. Um buquê de flores tentava expressar tudo o que ele não podia mais dizer.

A floresta em volta de Willenberg, ao Sul de Orstelburg (antiga Prússia Oriental, atual Polônia), está cercada com mais arame farpado do que antes e agora guardas examinam os documentos das pessoas porque somente os que ali moravam podiam passar. Annemarie ainda está presa à imagem do triste Vassil, à tristeza da despedida, mas não há mais tempo para isso, não é mais possível mudar nada. Ela mostra sua carteira ao guarda, e sem olhar para trás segue para o acampamento.

O acampamento ficava bem na fronteira, a quinze quilômetros apenas da Polônia, e embora já tivessem cumprido com sua obrigação de trabalhar no campo, ninguém foi liberado. As estradas estavam bloqueadas com arame farpado e por toda parte haviam soldados acampados.

"Vocês vão embora quando a guerra começar?" Annemarie pergunta. Os agricultores cercam as estudantes, é tudo muito novo e estranho. "Não" – chacoalham a cabeça. "Para onde deveríamos ir? Aqui nós estamos em casa. Em outro lugar, seremos só fugitivos desagradáveis que darão trabalho, talvez aceitos, mas sempre odiados. Talvez vamos morrer aqui, mas sempre fomos, pelo menos, nossos próprios donos". Os olhos de Annemarie estão cheios de lágrimas. Os agricultores estão nas rodovias e acenam. Fecham-se as barreiras. Os fazendeiros e agricultores estão sozinhos, sozinhos com os soldados e com o arame farpado.

Em 1º de setembro de 1939, às quatro horas da manhã, a terra tremeu com o barulho ininterrupto de tiros de canhão e a movimentação de tanques. Ninguém pôde dormir, todos escutam e emudecem. Às oito horas a rádio anuncia: "Desde as seis horas da manhã há guerra". Mas todos sabiam que ela começara antes.

Um dia, Vassil apareceu no novo acampamento. "Vassil, você?" Ele estava de passagem. Tinha sido convocado para a guerra. Era uma despedida. Poucas frases, entrecortadas pela melancolia, pela tristeza profunda de saber, de sentir que nunca mais veria aquela que amava. "... se é necessário, então vá...", foi o que ela conseguiu dizer. E aquele moço alto e galante foi como chegou, quieto.

Dezenove de setembro de 1939. Tudo continuava igual. Igual? Igual ao que as pessoas começavam a se acostumar? A floresta cheia de soldados, que durante a noite marcharam sobre a areia e agora estavam deitados no caminho das pradarias, mortos de cansaço. O trabalho no campo, sem data para acabar. A saudade de casa igual, a comida igual, somente a esperança (será que também igual?) como salvo-conduto. No dia 27, deveriam se iniciar os preparativos para a comemoração do 25° aniversário da Batalha de Tannenberg, e depois... o que seria depois?*

Todo o acampamento fora transferido para Hohenheim, perto de Tannenberg (antiga Prússia), até que fosse possível voltar para a Áustria.

A ordem era ficar no acampamento. Ou porque os homens tinham ido para a guerra e não restara mais ninguém para fazer a colheita, ou porque não era possível passar pelo "gargalo" estreito da Polônia, que ficava entre a Alemanha e a Prússia Oriental. O trabalho obrigatório no serviço de campo foi prolongado indefinidamente. Em casa, na Estíria, a situação também era difícil: Sigmund, pai de Annemarie, tivera que partir para a guerra. Parte dos empregados também, e não restava mais pessoal para a colheita, que ainda estava pela metade. Annemarie tinha que voltar para casa, pensou, mas se arriscasse, teria que atravessar a Polônia a pé. Não tardou para receber a notícia de que seu pai fora convocado e que, quatorze dias depois, tinha sido ferido: um tiro de dum dum arrancara parte do osso do tornozelo do pé direito. Sigmund estava num lazareto, onde ficou por três longos e infindáveis anos. Ficou primeiro em Viena e depois, a pedido da esposa Clara, foi transferido para o hospital militar em Graz. Muitas cirurgias foram feitas e as infecções eram frequentes, o que lesionou seu coração. Ainda não havia penicilina naquela época.

No final de outubro, Clara conseguiu a liberação da filha, e Annemarie voltou para a Áustria depois de nove meses de trabalho braçal nos campos da Prússia. Foi morar em Viena para dar continuidade a seus estudos e, ao mesmo tempo, ficar um pouco mais perto da mãe, que não estava acostumada a lidar com a fazenda, e com os irmãos mais novos, Brita, Clara e Gerhard, os dois últimos ainda crianças. Sigi e Wolfgang

---

* A Batalha de Tannenberg entre as tropas alemãs e russas na I Guerra Mundial, obrigou os russos a recuarem após tentarem invadir a Alemanha pela fronteira da Prússia Oriental.

tinham ido para a guerra, o que deixava a casa vulnerável sem uma figura masculina.

Annemarie nunca mais encontrou Vassil. Ele morreu no início da guerra.

Os Reich – um parêntese histórico

Chamava-se Sacro Império Romano Germânico, ou Primeiro *Reich*, o período compreendido entre 962 e 1806. Sacro porque tinha forte influência da Igreja Católica, que detinha o poder de nomear o imperador. Esse Império, formado por povos de origem germânica, não tinha suas fronteiras bem definidas, mas o poder orbitava em torno da área onde hoje está a Alemanha e partes das atuais República Tcheca, Áustria, Polônia, Bélgica, Holanda, França, Suíça e Itália. Aquele enorme Estado era governado pelo imperador, que por sua vez era eleito pelos príncipes das dezenas de províncias que o formavam[*]. As guerras e os desgastes foram aos poucos esfacelando o enorme Império, mas o marco inicial de sua queda foi a derrota na Guerra dos Trinta Anos (1618-1648) para a França católica e as potências protestantes. Essa guerra desgastou fortemente a unidade do Império e o golpe fatal chega com Napoleão Bonaparte, recém-coroado imperador dos franceses e determinado a construir um grande império continental. Mais tarde, em 1815, Napoleão perde a Batalha de Waterloo, o mapa da Europa se reconfigura e o Primeiro *Reich* deixa de existir.

Entre os anos de 1871 e 1918 foi formado o Segundo *Reich*, um território alemão unificado pouco maior do que o atual e que contava também com territórios na Ásia, África e Oceania. Otto von Bismarck é o grande responsável por esse Império, agora um Estado moderno de governo central. A

---

[*] Ver mapa 1.

Alemanha do Segundo Reich logo será tão moderna quanto a Inglaterra, e o militarismo ganha força entre os países da Europa. Militarismo e patriotismo, ingredientes perigosos, pois eram acompanhados por intensa rivalidade entre as nações europeias.

Em 1914, o arquiduque Francisco Ferdinando, príncipe herdeiro do Império Austro-Húngaro[*] e sua esposa, a duquesa de Hohenberg, foram assassinados por um homem da vizinha Sérvia durante a visita a Saravejo (capital da Bósnia-
-Herzegovina), uma violenta resposta à anexação daquela região ao império Austro-Húngaro em 1908. O Império não aceita as medidas tomadas pela Sérvia com relação ao crime. A Tríplice Aliança, formada pelos impérios alemão, italiano e austro-húngaro, enfrenta a Tríplice Entente: império britânico, russo e república francesa. Era o início da I Guerra Mundial, que duraria até 1918, com a derrota da Alemanha pondo fim ao Segundo *Reich*. A Alemanha passa a ser a República de Weimar e recebe esse nome pelo fato da Constituição da nova república ter sido sancionada na cidade de Weimar, na Turíngia, em 11 de agosto de 1919. O número de mortes nessa guerra pode ter chegado a dez milhões de pessoas.

No mesmo ano, um acordo entre as nações vencedoras foi assinado na França, no palácio que daria nome ao documento, Versalhes. Dentre as cláusulas desse Tratado, cabia à Alemanha aceitar a responsabilidade de ter causado a guerra e fazer pesadas reparações: perderia parte de seu território, de suas colônias sobre os oceanos e sobre o continente africano; sofreria restrições ao tamanho de seu exército e teria que indenizar as nações vencedoras pelos prejuízos causados. A República de Weimar reconhece a independência da Áustria, mas o Tratado de Versalhes leva a Alemanha à ruína. A crise é tão grave que o papel-moeda, de tão desvalorizado, servia de combustível para aquecer as casas no inverno ou era usado como papel para fazer pipas para crianças. Aos poucos, porém, as sanções em relação à Alemanha vão sendo suavizadas, permitindo a ela certa recuperação.

Nesse cenário surgirá a figura de Adolf Hitler, determinado a devolver à Alemanha tudo o que a nação perdera. Ele cria uma ditadura unipartidária e assume, com a morte do marechal Paul von Hindenburg, no ano de 1933, o título de presidente do *Reich* Alemão, o *Terceiro Reich*. Hitler rearma a Alemanha, reocupa a Renânia em 1936 e dá os primeiros passos para a ex-

---

[*] Ver mapa 2.

pansão alemã: em 1938 anexa a Áustria, seu país de origem e toma a antiga Tchecoslováquia. O nazismo ceifaria mais de 17 milhões de vidas.

A Áustria é anexada à Alemanha sem conflito militar, mas sob forte ameaça dos nazistas. Hitler era austríaco e a anexação de sua pátria era parte dos planos de criar o *Anschluss*, ou União, um império de superioridade racial que incluiria este território. Em 12 de março de 1938, quase um ano e meio antes do início da II Guerra Mundial, a Áustria é declarada província alemã por líderes nazistas locais. Tropas alemãs entram no país e em abril um plebiscito manipulado pelos nazistas indica que 99% dos austríacos queriam o *Anschluss* com a Alemanha, oficializando retroativamente a anexação. Nem ciganos nem judeus puderam votar no plebiscito, como se isso alterasse o resultado final. A Áustria passa a seguir a legislação antissemita, e um campo de concentração é construído, o de Mauthaussen, na Áustria.

Em 8 de agosto de 1938, foram trazidos prisioneiros do campo de concentração de Dachau (Alemanha) para a cidade de Mauthaussen, perto de Linz, Áustria, para trabalhar na construção de um novo campo. No começo, Mauthaussen serviu como prisão para prostitutas, criminosos e pessoas que atentavam contra as leis. Mas, a partir de maio do ano seguinte, em 1939, tornou-se campo de trabalho para presos políticos. Este campo não daria conta do número de prisioneiros e teria sua lotação esgotada no ano seguinte, o que levou as autoridades a construírem outros campos de concentração no território austríaco.

Wolfsberg foi um deles, e para lá Annemarie seria levada ao final da guerra.

Boku

De volta à Áustria, Annemarie matriculou-se na Universidade Rural para Agricultura e Ciências Florestais, chamada Boku (*Bodenkultur*), em Viena. A mesma que seu irmão Gerhard, anos mais tarde, também cursaria. Annemarie pretendia estudar em Hohenheim (Alemanha), escola famosa pelo casal Curie, mas essa ideia foi varrida porque com seu pai Sigmund no lazareto, agora ela tinha que ficar perto da mãe e ajudá-la no castelo e com os irmãos, ainda pequenos.*

No início, eram de 200 a 300 estudantes por semestre, e apenas três eram mulheres, Annemarie uma delas. No primeiro inverno da guerra – 1939/1940 – não havia aquecimento. O racionamento de alimentos era drástico, mas poucos se queixavam, pois a guerra não podia durar muito e muitos acreditavam que tudo iria "voltar ao normal."

Nos auditórios onde as aulas eram ministradas, os alunos remexiam-se e batiam os pés no chão para tentar aquecer o

---

* Ganhadores do Prêmio Nobel de Física em 1903, o casal Marie e Pierre Currie dedicaram-se, dentre outros, ao estudo da radioatividade. Descobriram os elementos químicos polônio e rádio. Marie ganhou, ainda, um segundo Prêmio Nobel, desta vez de química, por ter conseguido isolar o rádio metálico puro. Pierre morreu atropelado em 1906. Marie morreu de leucemia em 1934, doença esta provocada por anos de exposição à radioatividade. Não se sabia quão perigosa a radioatividade era para a saúde naquela época.

corpo. Os termômetros marcavam temperatura negativa, mas mesmo assim o auditório estava lotado.

Annemarie percorreu os corredores e os estudantes a cumprimentam timidamente. Aquela moça bonita passava e gerava comentários, risos nervosos e muita, muita curiosidade. Ela não falava com ninguém e ainda não pensava em flertar com nenhum deles, e por isso mesmo a aura de sedução que emanava alimentava ainda mais a fantasia a seu respeito.

As aulas estavam inacreditavelmente cheias, mesmo com o frio gelando os ossos. Os professores gostavam mas não compreendiam bem. Agora, no meio do semestre? Não é comum, e as aulas não são mais interessantes do que antes. Alguém esclarece: não é por causa das aulas, todos estão aqui para ver a senhorita Conrad. Ela não é muito assídua e as aulas matutinas, ainda mais durante o carnaval não a atraíam. Também era demais exigir estar de pé às sete horas, sendo que os bailes de carnaval terminavam às seis. E a cada ausência, mais curiosidade se criava em torno de sua figura.[*]

Logo, estudantes de direito e medicina começam a frequentar o *campus*. "Intrusos," não tinham nada a fazer ali, segundo os estudantes da agronomia. "Em suas faculdades não há mulheres?", comentava-se, com muito desagrado. Mas a fama da srta. Conrad ultrapassara os limites, assim como a disputa por ela. Um dia, o reitor a chamou em sua sala para adverti-la, pois não permitiria que ela continuasse a fomentar tamanha de-

---

[*] O famosíssimo Carnaval de Viena, que ocorre de 7 janeiro até um dia antes da quarta-feira de cinzas, é a época dos bailes de gala. Majestosos, remetem à época imperial e retratam a cultura vienense em salões nobres, ricamente decorados para receber convidados seletos vindos de toda parte da Europa e cuja entrada é extremamente disputada. Mesmo tendo dinheiro, a entrada no baile exige indicação. A orquestra toca valsas e polcas, músicas modernas e clássicas, e conduz a dança coreografada por alguns dias de ensaio. A abertura desses bailes é feita por pares, os homens de *smoking* ou fraque e luvas brancas, onde as moças com vestido branco debutam e *ladies* circulam pelo salão em vestidos de baile coloridos, numa tradição que se mantém até os dias de hoje com muito orgulho pelos vienenses. Os bailes da Ópera, da Filarmônica, do Techniker Circle, por exemplo, eram e são dos mais famosos. Anos mais tarde, quando o filho de Annemarie, Odo, fez pós-graduação em Viena, ele também abriu vários bailes de carnaval, precisando ter feito anteriormente o curso de dança especial para esses bailes, para saber dançar a valsa de figuras e outras danças.

sordem. Alheia ao que acontecia, principalmente na proporção que a coisa tomara, ela respondeu: "Não entendo uma palavra sua, Magnificência". O reitor explicou: "Os decanos das faculdades de medicina e direito se queixaram de que, por causa da senhora, um grupo de estudantes se envolveu numa briga e alguns chegaram a ficar feridos". "E o que eu tenho a ver com isso?", ela perguntou ainda sem entender. "Eu realmente não sei de nada".

Além da atração e curiosidade geradas na faculdade de engenharia agronômica, Annemarie começava a entrar em contato com uma agricultura que não recebia o nome de ecológica, mas que dava mais valor ao solo do que aos demais fatores. "Eu tinha um professor chamado Franz Sekera que ensinava justamente ecologia e era muito combatido. Ele nos mostrava o íntimo entrosamento entre o solo, as plantas e a micropopulação que o compõe, e que as qualidades físicas e, indiretamente, as características químicas do solo são altamente dependentes da microvida que o habita, dependendo esta, por sua vez, da vegetação e das condições do solo. Os outros todos trabalhavam com a planta e a química dessa planta, e ninguém dizia que o solo era o principal. E eu me encantei por esse tipo de agricultura e aí foi o começo".

A faculdade contava com excelentes professores, mundialmente considerados os melhores em suas áreas: Sekera, já citado, o professor Walter Kubiena, Hermann Kaserer, Robert Stiegler. Fora da Boku, outros especialistas em micronutrientes, cujos livros Annemarie estudou com afinco, também foram importantíssimos em sua formação como agrônoma. Na Áustria, era exigido do aluno um ano de experiência no campo para entrar na faculdade de agronomia. O time de professores era tão bom que preparava profissionais que atuariam nos Balcãs, no Oriente Médio e até na Índia, o que significava uma agronomia abrangente em sua forma de compreender as diferentes características de solos, climas e fatores relacionados à produção animal e vegetal. Estudar na Áustria era um privilégio, porque o agrônomo ali formado aprendia a trabalhar em qualquer lugar do mundo. Além disso, fazer pesquisa era obrigatório e automático para Annemarie, porque fazia parte do currículo da Universidade desde o primeiro semestre.

Casar era a última coisa em que pensava fazer. Não mesmo, pois senão tudo acabaria atrás de um fogão, e a vida era bonita e recém começara. Mas flertar um pouco não poderia ser ruim, era divertido. Além disso, era carnaval. E logo ela flertava com meia dúzia de rapazes, e quando um pensava: "Ela me escolheu, será que posso beijá-la?", então era tempo de flertar com outro. Até que, numa noite, seu colega de faculdade Walter segurou firme em seu braço, na saída de uma ópera, e num gesto rápido roubou-lhe um beijo. Ele mexia com ela, mais do que os outros. Era diferente estar com ele e ela identificava o perigo: estava se apaixonando. Não, ela não queria isso. O ar de Viena propiciava o romance. "... se o ar da primavera me encontrar aqui, com certeza irei me apaixonar sem volta... então é melhor eu ir embora."

Annemarie sentia-se confusa. Lutava para não se envolver, queria manter sua liberdade e o controle sobre si mesma estava em risco. Mas havia uma saída.

Na Universidade, os alunos podiam frequentar as aulas, mas havia também a possibilidade de fazerem "estágios", um tipo de trabalho compulsório como ajudar nos assentamentos da Polônia. Esse país há tempo atraía Annemarie, principalmente pela vida alegre, sem grandes preocupações. Um lugar cheio de romantismo, ainda sob o magnetismo da história da condessa Walewska, outrora amante de Napoleão Bonaparte. Sim, era o que deveria fazer. A decisão estava tomada.

Dez de maio. Walter ainda tenta persuadi-la a não ir, propondo justamente do que ela mais fugia: noivado. Ela se despediu com um beijo. Nada a faria mudar de ideia, nem mesmo seu coração que doía, pedindo que ficasse.

Polônia, 1940

Em 1940, o centro acadêmico da Universidade coordenava os estudantes para que ajudassem num "serviço de férias". Entre eles, auxiliar na transferência dos alemães da Wholynia (ou Volínia), uma parte da Polônia ocupada pelos russos, que seriam transferidos para a Polônia ocupada pelos alemães. Durante semanas, meses, as pessoas foram registradas na Volínia e na Galícia para mudar para a Alemanha. O *Reich* fizera muita propaganda para repatriar aqueles alemães perdidos, porque se permanecessem ali por muito tempo tornar-se-iam russos. Não se dizia por que eles deveriam, de repente, se tornar russos se estavam vivendo ali há mais de 200 anos sem terem mudado de nacionalidade. E também não se sabia onde colocar tanta gente, mas eles deviam "voltar para casa".

Os homens foram embarcados no que chamavam de grandes Trecks, carroças cobertas mas abertas ao fundo, como um grande cilindro. Cavalos puxavam a "carga", caindo esgotados pelo caminho, endurecidos pelo frio de aproximadamente doze graus negativos. As carroças quebravam, as filas paravam, os cavalos morriam. Mulheres e crianças tinham mais sorte (por enquanto), iam de trem. Os trens tinham calefação, amenizando um fator dentre tantos outros tão difíceis. Chegando a Lodz (para onde Annemarie tinha sido mandada), região central da Polônia, os vagões de trem russos são substituídos por vagões alemães de transporte de animais, sujos, infestados de pulgas, carrapatos e piolhos. A Alemanha estava em guerra, não havia escolha. Mulheres e crianças acomodam-se como podem, suportando o frio, a fome e a imundície. A chegada à fronteira alemã prenuncia o horror: pessoas imundas, se coçando, famintas. Oficiais alemães sentem nojo, mais ainda, sentem medo. Aquilo poderia virar uma epidemia. "Vamos fazê-los tomar um banho para se desinfetar." Homens, mulheres e crianças foram assim "despiolhados" em banhos de vapor, e ainda úmidos e quentes, retornam aos vagões, corpos quentes em choque com o frio extremo, uma pneumonia iminente. Faltava ainda percorrer 300 quilômetros, mas aquelas pobres pessoas não sabiam disso. A viagem prossegue, quarenta graus abaixo de zero. As crianças, mais vulneráveis e frágeis, sucumbem. O desespero toma conta das mães, algumas ainda com seus filhos ao peito. O trem não para, o vento gélido não é mais frio do que a expressão sombria de quem perdia um filho. Mulheres e crianças mortas jaziam pelos vagões, longe de casa, de seus parentes, longe da realidade. Frio, vento, morte, sujeira, desespero. Não se sabe quanto tempo mais a viagem durará. Onde sepultar os corpos? Quando? Não bastasse o choque da morte, da realidade que se vivia, ainda era preciso raciocinar. Pelas janelas, as mães despedem-se dos filhos mortos, atirados ao vento. Tudo que elas queriam era mantê-los ali, tudo que elas deviam fazer era afastar-se deles. Centenas de milhares de pessoas retiradas de seus lares, transferidas para uma "pátria" que não sabia onde colocá-los. Homens, mulheres e crianças morreram e agora quase não tinham quem assentar, e a apatia toma conta tanto dos futuros colonos quanto das autoridades.

Ainda há mais por vir. Nos exames médicos, descobriram que muitas pessoas vindas da Volínia tinham adquirido tracoma, uma doença dos olhos com referências que remontam ao Antigo Egito. A inflamação crônica, causada por uma bactéria, deixava os olhos muito inchados, e um inseto poderia ser o vetor de sua disseminação, pousando nos olhos para suprir sua necessidade de umidade. De Berlim vem a ordem de mandar todos os infectados a Hamburgo, onde existia o único instituto europeu que cuidava de doenças tropicais. Bisavós de noventa anos e crianças de dois e três anos foram separadas de suas famílias e postas em "campos de tracoma". Como leprosos, foram cercados por arame farpado e uma tábua alertava os de fora: "Cuidado! Tracoma".

Annemarie estava no reassentamento em Lodz, esperando a chegada dos trens. Ela tinha que encaminhar a seus destinos as pessoas que sobreviveram, literalmente. Lodz era suja e feia, e o gueto abrigava judeus de várias cidades. Numa cidade vizinha ainda mais suja e feia do que Lodz, com canais largos e abertos levando o esgoto, os jornalistas escreviam: "Pabianice, a Veneza da Polônia". O mau cheiro era extremo, como se estivesse impregnado nas pessoas, e mesmo onde não fedia mais, o cheiro permanecia entranhado na memória olfativa das pessoas. Lodz não se parecia em nada com o que Annemarie imaginara... A Polônia era agora uma terra ocupada pelos nazistas, e o trabalho que se prontificara a fazer exigia um senso prático que ultrapassava os limites. A chegada dos trens, o semblante das pessoas, a dor, o medo e a desumanidade daquilo afetavam Annemarie, que em momento nenhum deixava transparecer seus sentimentos.

Os estudantes que trabalhavam nesse reassentamento sentavam-se e fumavam, enquanto os campos estavam cheios de pessoas transportadas da Volínia e Galícia. Annemarie esperava e ouvia, observava e sentia-se impotente, parte de uma engrenagem à qual não queria pertencer, mas da qual não tinha como escapar.

A burocracia alemã dificultava ainda mais a situação daquelas pessoas. A transferência da população começava a parar, porque faltavam documentos. Poloneses eram deslocados de suas aldeias para ceder lugar aos alemães da Polônia. Faltava a papelada, mas em compensação, acumulavam-se as estatísticas. Por toda parte poloneses tentavam se orientar. Retirados de suas propriedades e entregues ao destino, ameaçavam e tumultuavam, andando em bandos e tornando a região insegura. Fazendas foram abandonadas e os campos deixaram de ser cultivados. O assentamento das pessoas viria acompanhado, ainda, da falta de trabalho, de um ofício, de uma atividade. Os candidatos a colonos não tinham as carteiras de identidade e sem elas o assentamento não podia ser realizado. O problema era que durante muito tempo, esses imigrantes tinham apenas fichas para sua identificação. Assim se desenhava o cenário: perambulando pela cidade ficavam os poloneses desalojados; sentados, impotentes, os estudantes a observar e apreender as agruras da guerra. E os alemães da Polônia tentando dar algum sentido a tudo aquilo.

Wulle & Co.

Por causa da guerra, o sistema de ensino foi modificado: cursados os dois semestres oficiais do ano, as aulas continuavam nos períodos de férias, o que significava um terceiro período por ano, agilizando a graduação dos estudantes. Após esses três períodos, só era possível continuar o curso trabalhando por três meses nos territórios ocupados, ou em fábricas. A cada férias, os alunos eram obrigados a ir para um local nas áreas ocupadas.

Annemarie já cumprira um período de férias na Polônia. Findo o ano letivo, era hora de novamente "cumprir com súa obrigação".

O trabalho compulsório devia agora ser feito em Viena. Os estudantes deviam fazer algo "pelo povo", o que na verdade significava trabalhar nas fábricas. "Quem não participar dos trabalhos em fábricas não poderá continuar estudando nas Universidades" – sorri sarcasticamente o dirigente da linha de frente dos operários. Os estudantes, além do trabalho compulsório, deviam arcar com os gastos de estadia e transportes e, acima de tudo, orgulharem-se por tamanha "nobreza de espírito". Quem não pudesse pagar não ia, mas também não poderia retornar à faculdade, uma situação desejada pelo *Reich*, que odiava acadêmicos.

A fábrica de vinhos chamava-se Wulle & Co. Os operários foram reunidos para ouvir o oficial encarregado: "Camaradas! Logo chegará uma leva de estudantes para trabalhar aqui. Queremos avisá-los de que são pessoas orgulhosas, antissociais, que se autointitulam intelectuais e, portanto, se acham melhores do que nós. Eu os convoco, camaradas de trabalho e homens do povo, a fazerem de tudo para 'dobrar' esses infelizes e torná-los pessoas direitas. Qualquer método é válido para alcançarmos nosso objetivo."

Annemarie entrou retraída e introspectiva na fábrica para a qual fora designada. Os operários a receberam friamente e sorrisos irônicos acompanhavam todo movimento seu. Como ela poderia ter a habilidade de fazer o que um trabalhador fazia há quarenta anos? Engarrafar e rotular. Nove horas por dia. Todos os dias. O mesmo movimento, a mesma mesa, o silêncio. Como em *Tempos Modernos,* de Charles Chaplin: trabalho repetitivo, entediante e alienante. Seus pés doíam de ficar tantas horas em pé, mas o pior era o estado de espírito, fazer aquilo e nada mais. As operárias eram rudes e maldosas. Tinham sido preparadas para aquilo, mas quanto delas mesmas se revelava ali? Por sorte, Annemarie não entendia as palavras ordinárias e os palavrões. Ela era xingada, isto percebia. Os outros se contorciam de tanto rir, mas ela não os entendia, muito menos as palavras ordinárias. Depois de cinco dias, tinha certeza que ia enlouquecer. Seus olhos se enchiam de lágrimas quando ela carimbava cartão de ponto no relógio, e o porteiro percebeu: "Não chore, menininha, você consegue. Eu estou aqui há quarenta anos e não faço outra coisa a não ser folhear as etiquetas para ver se todas estão colocadas do mesmo lado". Annemarie impressionou-se: quarenta anos! O problema não era o trabalho ser pesado, mas ser infinitamente monótono e os funcionários muito hostis.

Ao seu cumprimento, como sempre, ninguém respondia. Ela ficava calada em seu lugar. O tempo não passava, parecia uma eternidade. "Mais rápido, mais rápido você aí!", gritava o controlador. "Você acha que por sua causa toda a mesa de trabalho vai ficar parada, esperando?" Todos riam, e somente uma senhora, mais velha, a observava.

"Assim você deve fazê-lo", sussurra ela, "anda mais depressa". Annemarie olhava para ela agradecida. Na pausa para o almoço, a senhora passou por Annemarie timidamente e sussurrou: "Você não é desse jeito". "De que jeito?" "Assim, orgulhosa, arrogante e má, como nos disse o homem da fábrica." "Mas ele me conhece, por acaso?" - Annemarie quis saber, começando a perceber tudo. "Não, mas ele fala que todos os estudantes são assim." De repente, o gelo havia se quebrado. Um a um, pouco a pouco, os trabalhadores da fábrica foram se convencendo de que tudo o que ouviam não era verdade. Uma semana tinha se passado. O trabalho continuava o mesmo, mas Annemarie não se sentia mais tão odiada.

No aniversário da velha senhora operária Annemarie deu-lhe um vaso com flores. Era simples. Bombons e um livro bonitinho, nada extraordinário. Um gesto simples, sincero, uma demonstração de afeto. "Nunca ninguém me deu alguma coisa pelo meu aniversário", emocionou-se a velha senhora, a mesma que ajudara Annemarie pela primeira vez. O livro não tinha mesmo nada de especial, mas significava tanto! Ela o leu e durante muitos dias não pensava em outra coisa senão no que tinha lido. "É verdade tudo aquilo que está escrito lá?" "Onde?", Annemarie foi tirada de seu estado hipnótico, em meio aos movimentos repetitivos que executava. "Nesse livro". Annemarie não sabia. Disse que achava que sim. E um olhar amoroso acompanhava sua resposta. Com um gesto delicado, tinha alimentado aquela alma humilde e faminta de saber. Um momento de lucidez em meio a quarenta anos ou mais de trabalho automático.

Annemarie cumpriu seus três meses de "detenção", um aprisionamento mental, intelectual, físico e emocional. Na despedida, os operários choraram, porque gostaram daquela moça, se afeiçoaram a ela. Cada um trouxe uma lembrancinha e pediram desculpas por terem pensado mal dela. Annemarie também chorou, grata. Também aprendera a gostar deles.

O Ahnenpass

Ter um "passaporte de ascendentes" (antepassados) era o requisito mais importante naquele período. Annemarie tinha dor de cabeça só de pensar no assunto. Todas as pessoas deveriam apresentar tal documento, algo não muito complicado, se o governo não estivesse exigindo um levantamento dos antepassados de cada um, até o ano de 1800. Arrumar um "passaporte de antepassados" para os austríacos era mais complicado. A parte central do país fora muito grande antigamente, mas agora contava com uma área muito pequena em relação ao que era. O antigo Império Austro-Húngaro não existia mais e a Áustria tornara-se apenas uma parte do que fora o grande Império. "Era uma vez um país enorme (o segundo maior depois da Rússia) e agora conta somente com uma fração do que era." Além disso, não existiam computadores que a auxiliassem nessa pesquisa.[*]

---

[*] Até 1867, a Áustria era um grande território na Europa, governada pela família dos Habsburgos. Em 1867 as nobrezas austríaca e húngara selaram um compromisso, formando o Império Austro-Húngaro (mapa 2), mantendo os Habsburgos no poder, com a diferença de que agora um rei governava os dois países, que formavam um único Império. Entretanto, outros grupos, como os eslavos, queriam a sua autonomia, e quando em 1914 o arquiduque austríaco Francisco Ferdinando e sua esposa foram assassinados em Sarajevo, por um sérvio, o Império declarou guerra à Sérvia, desencadeando a I Guerra Mundial. Ao fim do conflito, a Áustria saiu perdedora e, paulatinamente, os vários povos que tanto queriam autonomia proclamaram sua independência. A Áustria se tornou um país com pouco mais de 83.000 km^2, quase oito vezes menor do que era.

A questão principal não era onde se nascia, e sim onde todas essas crianças, os antepassados, tinham sido batizadas. Podia-se nascer em qualquer lugar, mas o registro era feito nas igrejas, e não era raro nascer em um lugar e se mudar para outro. Os registros eram feitos onde a criança se fixava, mas agora era preciso tê-los, um a um, e provar que de 1800 até então não haviam judeus como antecedentes parentais. Além da ascendência alemã, era preciso também provar que eram arianos para ingressar ou permanecer nas Universidades ou conseguir emprego. De varredores de rua a médicos, advogados e engenheiros, não importava o que se fosse, o *Ahnenpass* devia ser apresentado.

Annemarie tinha conseguido, em alguns casos, chegar a registros ancestrais até 1400, mas em outros somente até 1870. Era desesperador. Começava com o problema relacionado ao pai. Ele tinha nascido em Trieste, mas os italianos isentavam-se dessa responsabilidade. Ele não tinha lutado no Exército austríaco? Então era austríaco. Já os austríacos diziam que ele era de Trieste e portanto era italiano, e também não tinham nada a ver com isso. Finalmente, ela conseguiu o atestado de batismo (naturalmente em italiano) e agora precisava de provas de que tinha sido naturalizado austríaco, caso contrário seu passaporte ancestral não seria reconhecido.

Seu bisavô paterno, o arquiteto Domenico Pulgher, nasceu e morreu em Graz, porém vivera boa parte da vida no estrangeiro. Era uma pessoa de difícil convivência. Mudou-se para Constantinopla após desavenças com seus superiores, e lá construiu diversas embaixadas como a russa e a francesa, transformou igrejas bizantinas em mesquitas e construiu um telhado de vidro com basculantes no Bazaar, tornando-se um arquiteto de renome. Condecorações começaram a chegar da França, Rússia e Turquia. Domenico vivia um momento especial em sua carreira, mas ao mesmo tempo devia sentir-se só. Era hora de ter uma companheira. A escolhida foi Ida, uma antiga namorada sua em Veneza.

Casaram e foram morar em Constantinopla, o que não era de muito gosto de sua esposa. Ela não se acostumara com as mulheres usando véus e muito menos com a falta de saneamento na cidade. Além de tudo, Domenico tinha um gênio difícil. Era duro e rude, sem meias palavras.

A expectativa era sempre a de ter um filho homem, mas primeiro veio Lídia (que seria avó de Annemarie). Quando Ida engravidou pela segunda vez, Domenico pensou em vários nomes (todos de meninos), e quando a pequena Eboli nasceu, recebeu o nome de uma cantora a qual Domenico achara muito bonita e que, no entusiasmo do registro, não parara para pensar que a tal cantora do teatro não era "muito honrada". A terceira filha, Elsa, seria a última filha do casal. O menino não viria.

Apesar da difícil missão de mapear seus ascendentes, a tarefa possibilitou a Annemarie descobrir muito sobre uma parte da família que não conhecera. Claro que isso era positivo, porque até ali ela não precisaria se preocupar com antecedentes judeus. Isso devia ser muito difícil para quem os tinha, ainda mais por saber que consequências traria um registro daquele. Finalmente ela chegou a 1800, ano em que sua avó Lídia nasceu, mas onde havia ficado o avô? Ele não aparecia em nenhum registro de igreja. Naquela época somente quem era católico tinha registro, e este era feito nas igrejas por ocasião do batismo. Judeus não eram batizados e portanto não tinham registro. Essa era a tática para "pegar" judeus. Os *Ahnenpass* eram uma forma bem concreta de saber onde os judeus estavam ou quem eram.

Annemarie consultou livros na pinacoteca de Viena. Lá encontrou registros de histórias de seus ascendentes, documentos amarelados, cartas e anais, e conseguiu montar boa parte da árvore genealógica da sua família. Num dos registros, constatou que o bisavô, filho de uma aristocrata da Baváría e de um comerciante na Renânia, nascera na Polônia em 1772, tinha registro.

E era judeu.

Era estranho. Como o pai dele podia ter recebido um título de nobreza em 1784 do *Kaiser* Joseph II, um inimigo ferrenho dos judeus? Como um judeu tinha esse registro? Foi então que ela pôde conhecer melhor a história de seu tataravô, Adam Albert Hönig.[*]

---

[*] Ver árvore genealógica de Annemarie.

Adam Hönig vivia na Renânia mas os negócios não iam bem. As guerras frequentes entre a Áustria e a Prússia afetaram seriamente o comércio, e mesmo os comerciantes mais bem estabelecidos se queixavam. "Vá para a Polônia", sugeriram seus cunhados, que possuíam negócios com os bancos de Viena, Munique e Paris. Adam decidiu ir, e em Lublin abre uma casa de comércio em sociedade com um amigo também comerciante da Renânia.

A Polônia dava à Hönig inúmeras oportunidades de crescimento no comércio e ele as aproveitava ao máximo. Logo os negócios deslancharam e ele aprendeu a lidar habilmente com as finanças. Tornou-se um negociante influente e de prestígio, conseguiu obter o monopólio de sal do país e também tornar-se fornecedor de mantimentos para o Exército austríaco. Mas havia um problema. O Estado austríaco não tinha dinheiro. Como faria para alimentar seus soldados? Hönig precisava de mais dinheiro para fornecer tudo o que o governo austríaco precisava, e o governo precisava pagar o fornecedor. O impasse foi resolvido com a cessão de direitos concedida pelo governo austríaco a Hönig para negociar o fumo. Ele ia pessoalmente com as patrulhas austríacas fiscalizar as fronteiras para conter o contrabando, e logo ninguém mais podia concorrer com seus negócios.

Joseph II, imperador da Áustria e que acumulava a regência com sua mãe, Maria Teresa, observava os passos do maior fornecedor de alimentos do Exército, e mesmo Hönig sendo judeu, era dele que o governo dependia para alimentar os soldados. Joseph vivia um impasse. Admirava aquele bem-sucedido comerciante, principalmente por sua coragem. E ao mesmo tempo detestava-o. Fora sua a ordem de dar a todos os judeus nomes estranhos, como Rosengold (rosa de ouro), Tannengrun (verde de pinheiro), Silberbush (arbusto de prata), aproveitando-se do fato de que judeus não tinham registros oficiais de sobrenomes, pois não eram batizados. Mas para Hönig ele abriu uma exceção, tornando-o seu conselheiro, o único judeu que tinha entrada livre em seus aposentos. O gênio financeiro Hönig sempre conseguia encontrar uma forma de arrumar dinheiro para o caixa do Estado, que vivia em situação crítica, assim como conseguir dinheiro para o imperador.

Joseph insistia para que Hönig fosse batizado. Como poderia ele justificar-se perante seus súditos, possuindo um conselheiro que não fosse cristão? Hönig não aceitou. De forma alguma queria abrir mão do que era. O imperador, mesmo assim, mandou imprimir o seu certificado de nobreza. Hönig não cedeu. Disse que nunca havia pedido aquele emprego e que podia muito bem viver sem ele. Mas foi em vão. Hönig foi vencido pela autoridade do imperador.

O título de nobreza saiu em 1784 (Edler von Henikstein) e em 1807 ele tornou-se Adam Hönig Ritter von Henikstein (Adam Hönig Cavaleiro de Henikstein). Mesmo com o título de nobreza, Adam, como preferia ser chamado, abriu mão do monopólio do fumo para o imperador, o que garantiu a renda do país por muito tempo. O gesto de Hönig não fora pela honraria do título concedido, e sim pela coragem do imperador em demonstrar sua gratidão àquele conselheiro fiel e competente, judeu, amigo. Hönig von Henikstein, agradecido pelo gesto do imperador, ainda permitiu que seus seis filhos (com Keile Karoline Seligmann) fossem batizados (Josefa, Joseph, Karoline, Karl, Johann e Albert). Karl (casado com Theresia Hochstetter-Burgwalden) seria antepassado de Annemarie por meio de sua filha Eugenie Henikstein casada com Gustav Conrad, avô de seu pai Sigmund, o último nome a ser registrado em seu passaporte de antepassados. O nome de um parente distante, mas completo, com sobrenome, batizado e registrado na igreja. O ano desse registro: 1784. Dezesseis anos antes de 1800, a data limite para o levantamento dos antepassados. A amizade entre o imperador e seu conselheiro-amigo renderia frutos, inimagináveis para eles, mas que salvariam a vida de vários judeus e de seus descendentes.

Inclusive a de Annemarie.

***

Mesmo sendo ainda início da guerra, durante o tempo em que Annemarie estudou em Viena, os alimentos já eram escassos e racionados, mas poucos se queixavam, por acreditarem que a guerra não iria durar muito e tudo ia melhorar. Morando em um quarto alugado, Annemarie alimentava-se basicamente fora de casa, em restaurantes não muito caros, mas que forneciam comida saborosa. Porém, Viena começava a ser bombardeada, e com o avanço do conflito o racionamento aumentou. Conseguir alimentos passou a ser uma tarefa complicada. Foi numa dessas noites que ela e uma colega de curso resolveram ir a Grinzing, um bairro boêmio fora de Viena, procurar um lugar onde pudessem jantar. Com uma garrafa de conhaque que Annemarie tinha trazido de casa, perguntaram ao garçom: "Vocês têm alguma coisa para comer?" A resposta negativa não as desanimou: "Bom, se não tem nada para comer pelo menos traga três copos que vamos tomar esse conhaque". O garçom perguntou: "por que três copos se vocês são só duas?" "É, mas o senhor não vai tomar também? Se vocês não têm nada a oferecer, então senta aqui, toma um conhaque conosco." O homem sentou-se, mas levantou-se de repente. As duas se entreolharam, sem entender nada, e eis que apareceu outro garçom com dois pratos com bifes enormes e ainda uma porção de salada. As pessoas que estavam no restaurante gritaram: "nós queremos também!" O garçom as repreendeu: "Não, essas senhoras tinham cartões de ração para carne, por isso têm direito a elas". Naquele período, recebia-se cartões de racionamento onde se especificava quantos gramas de cada tipo de alimento tinha-se o direito de comprar. As meninas não possuíam cartão nenhum, mas tinham conhaque – uma raridade e uma preciosidade naquela época.*

---

* Apenas aqueles que tinham cartões de racionamento de alimentos podiam oficialmente comprar comida. Cada pessoa recebeu um cartão onde estavam indicados diversos alimentos e a quantidade que podia ser adquirida por semana. Ao adquirir um alimento, o pedaço do cartão correspondente era recortado. Quanto mais tempo a guerra durava, mais difícil ficava conseguir comida suficiente. Quem vivia no campo, tinha mais vantagens, podendo plantar e colher para seu sustento. As rações alimentares iam diminuindo no decurso da guerra: um adulto nos anos iniciais da guerra tinha direito de adquirir 2.250 gramas de pão, 500 gramas de carne e 270 gramas de gordura; no ano de 1945, já eram 1.700 gramas de pão, 250 gramas de carne e 125 gramas de gordura por uma semana. Gestantes e crianças recebiam um pouco mais de calorias como leite integral, enquanto os adultos recebiam leite magro.

O treinamento

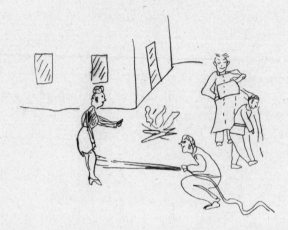

"Aulas suspensas por motivo de treinamento dos professores em situação de ataques aéreos." A tábua preta afixada na parede e que costumeiramente anunciava recados dos professores aos alunos anunciava uma mensagem tão incomum quanto ver as portas e janelas fechadas. Os alunos chegavam, liam a placa e davam meia-volta. Em tempo de guerra, tudo saía da rotina.

Não seria difícil uma bomba cair em um prédio da Universidade. O *campus* era muito grande, quase uma cidade, e era melhor prevenir com treinamento do que remediar. A conclusão foi lógica e a ideia elogiável, mas a surpresa era que toda essa iniciativa não partira da organização acadêmica, e sim do chefe do partido nazista da localidade. Era preciso ensinar "aqueles intelectuais a se movimentar, ou melhor, a se comportar numa situação de bombardeio".

Tudo estava correndo conforme o programa e o instrutor do partido estava encantado em ver como todos, do reitor ao último laboratorista, apareceram obedientes e humildes para o "curso". Ninguém faltou. E se o instrutor às vezes não encontrava a palavra correta, todos ficavam impassíveis. Ele começou a ter simpatia por aquela classe pouco apreciada. Os professores não pareciam ser tão maus quanto se dizia, o que lhes faltava era orientação correta, e poderiam até ser úteis se estivessem nas mãos certas para serem formados.

"Meus senhores, suponham que o alarme soe e bombas estejam caindo." Todos correram como mandado e só os guardas de incêndio andavam assoviando pelos corredores. Em seguida ele gritou: "Meus senhores, uma bomba incendiária caiu". Uma fogueira de fato queima no pátio para imitar o incêndio e era tarefa dos professores apagá-la.

"Você! Aqui!" gritou o instrutor, ordenando que o professor de administração dirigisse a mangueira de água diretamente sobre o fogo. A assistente de zoologia usava uma saia curta, e entre a fogueira e as pernas da professora, o jato a encharcou. Ela gritou e ainda tentou evitar o gelo da água em suas pernas, mas era tarde. O instrutor ainda berrou e gesticulou, mas toda a ordem e polidez de seus "alunos" se fora. Agora, o pessoal tinha que formar uma fila por onde baldes iam sendo passados de mão em mão, até chegar ao local do incêndio imaginário. O professor de anatomia, em um canto, exibia-se em seu uniforme de Oficial da Marinha e dirigia a ação com gritos estimuladores. O professor de botânica gritou: "O rato de água tem que nadar!", e o professor de uniforme recebe um balde d'água sobre a cabeça, assim como outro que vestia o uniforme de médico da marinha. O grito é geral: "Rato de água tem que nadar!" O instrutor andava de um lado para o outro tentando conter a bagunça de seus "alunos" e pulava ao redor do fogo que já começava a se apagar, mas era tudo em vão. "Não, não, por favor, é para cá!", ele gritava, mas as mulheres assistentes se apoderaram da segunda mangueira que recebia água da bomba de reserva caso a instalação de água fosse bombardeada. E o reitor, que tentava depois do pedido desesperado do instrutor devolver a calma ao pessoal, caiu no tonel de água, o que levou o 'médico da marinha' a se jogar sobre ele e ainda enfiar a cabeça dele debaixo d'água. Queria saber quanto tempo o outro aguentaria e anunciava cada segundo conforme seu cronômetro. O professor de sociologia pegou um gancho com a intenção de resgatá-lo, enquanto o professor de química defendia o seu laboratorista que jogava os baldes vazios contra os que os atacavam. O instrutor já tinha desistido e teve certeza de que o curso tinha sido um fiasco, quando viu aparecerem cada vez mais alunos. O treinamento para situação de bombardeio estava encerrado. Para os alunos e professores, a quebra do comportamento protocolar naquele ambiente descontraiu pelo menos um pouco a tensão geral.

Padre Fridolin

Cada vez que Annemarie achava que tinha encontrado o lugar mais bonito do mundo, ao voltar para casa nos períodos de férias da Universidade sempre sofria um choque. Em nenhum lugar as árvores eram tão verdes, as macieiras tão carregadas de flores ou frutos. O caminho pedregoso entre o parque e as árvores frutíferas sempre parecia de novo um milagre. Tão bonito como a sua casa não existia lugar nenhum. Podia se falar o que fosse do velho castelo - que era pouco prático, caro para ser mantido, com muitos e enormes quartos, lareiras também enormes, mas era ali que o aconchego morava, era ali o seu lar. Lá vivia a mãe com as suas flores, o pai com a criação de vacas, os amigos vinham e a vida tinha um gosto de paz.

Capitão da Marinha de longa viagem, Wuff era um dos amigos que frequentava a casa. Seu nome era outro, mas assim como Agnes, a governanta, que se tornou definitivamente Felko, "tio Wuff" teria para sempre esse nome. O velho capitão amava o Oriente e conhecia o Alcorão como um verdadeiro muçulmano, talvez melhor ainda, e a profunda sabedoria das religiões orientais o impressionava. Para todos os amigos fazia tapetes com padrões antigos e versos persas. Trabalhou anos num tapete que tinha uma quantidade enorme de nós por centímetro quadrado. Tio Wuff falava dezesseis línguas mas não se vangloriava disso. "Como eu seria bobo se me vangloriasse do que sei", dizia. E por ter sido muito pobre quando criança, queria era ajudar os outros. Em certa época de sua vida trabalhou como tradutor turco enquanto a Turquia ainda conservava a sua escrita, mas saiu desse trabalho no consulado quando o Cônsul comunicou-lhe que os turcos agora usavam também as letras latinas.

Tio Wuff se casou, mas nunca mais viu a mulher. Conheceu-a no dia em que ela apareceu e pediu ajuda. Era turca e vivia na Áustria, e era esse justamente o problema, ela não tinha permissão para estar ali. Ele a olhou demoradamente e disse: "Se você me prometer que nunca mais vai aparecer na minha frente, eu posso lhe ajudar". A turca prometeu. Ele levou-a ao cartório, casaram e se despediram, indo cada um cuidar da sua vida.

Além de tio Wuff, outro amigo querido frequentava Pichlhofen: o padre Fridolin. Filho de agricultores, sua mãe cismou que ele tinha que ser padre, mas por ele teria sido muito melhor ser caçador ou mesmo monge e andar de porta em porta pedindo doações. Por seus anseios, percebia-se que ele não tinha muita vocação religiosa, mas tinha o essencial, a bondade e a vontade de ajudar o próximo. Isso não bastou a seus superiores no mosteiro, que nunca lhe entregaram uma paróquia. Padre Fridolin andava de mãos dadas com seus "objetos", como ele chamava as crianças que o cercavam por onde quer que fosse. Logo a casa da paróquia estava vazia: nem lençóis nem roupas existiam mais. Os armários estavam vazios, Fridolin doara tudo. Havia tantos pobres, e quando nada mais havia para doar, lá ia ele visitar seus conhecidos na esperança de que lhes dessem alguma coisa. Nem bem sentava, começava: "Eu conheço um homem velho que ficaria muito feliz com essa cadeira". "Eu conheço um homem que gostaria de ter um carrinho de mão, se fosse meu, eu levaria imediatamente para ele." Olha pela janela e vê a roupa secando no varal: "Ah, quantas camisas, por que vocês precisam de tantas? 'Fulano' de tal iria se alegrar se eu levasse algumas para ele". Por isso, nem a sua ordem nem os outros padres gostavam dele, mas os pobres o adoravam e se beneficiavam de suas ações. Sempre encontrava pessoas que lhe davam esmolas para seus pobres, e num domingo fizeram uma campanha de coleta não só para os pobres, mas para ele, porque a camisa que usava já estava um horror.

Foi numa noite que a vida do religioso mudou. Um homem bateu insistentemente em sua porta e pediu para entrar, encontrando-o sonolento com roupa de dormir. O tal homem não parecia muito confiável, mas um sacerdote pode se permitir pensar isso? Não tem que ajudar a todos que são pobres, perseguidos, necessitados? O homem se disse comunista e que por isso estava sendo procurado. Uma noite era só o que ele queria, porque estava muito cansado. Padre Fridolin o acolheu e o alimentou. No dia seguinte, com olhar triste, ele constatou que o homem se fora, sem despedidas. A casa estava revirada, o dinheiro das doações sumira. Ele ficou triste, não pelo dinheiro, mas porque ele não podia mais salvar a alma daquele homem – chegara à conclusão de que não era comunista, mas sim um assaltante.

O assaltante não fugira do lugar. Mal-intencionado, precavendo-se de uma futura queixa que pudesse fazer contra ele, o homem foi ao juiz e fez uma denúncia: tinha pedido para pernoitar na casa do padre e ele o assediara. Depois, entregou-lhe o dinheiro da coleta. As acusações eram tão incríveis que o padre nem se defendeu. "Aconteça o que Deus quiser, talvez eu tenha feito alguma coisa errada na minha vida e agora estou sendo castigado", foi o que ele conseguiu dizer em sua defesa. Padre Fridolin foi levado para um campo de concentração, onde permaneceu por três anos até que sua inocência foi provada: o homem que o acusara era um criminoso procurado por toda parte.

Ele estava livre, mas sua fé no mundo estava abalada. Morreu poucos dias depois de sair da prisão, já desapegado da vida.

A morte do padre Fridolin foi uma profunda tristeza para a mãe de Annemarie, que inconformada lamentou: "ele era bom demais para esse mundo".

Artur

    Havia poucas garotas na Universidade em Viena. Annemarie sofria um assédio acima do normal, mas sentiu que estava entrando numa "enrascada", porque estava envolvida. Os flertes aconteciam e eram, de certo modo, "inocentes", olhares e comentários, saídas em turma, nada mais. Mas com Artur era diferente. Ela gostava dele. Naquele frio início de semestre, ela não tinha saído com mais ninguém e esse amor ia se apoderando dela, de forma que mais uma vez a possibilidade de fugir começara a tomar forma. Quando a convocaram para o "*Studenteneinsatz*" ela teve a chance de escapar. Sem avisar ou deixar qualquer indício de onde estaria, Annemarie parte com um grupo de estudantes para a França para coletar amostras de solos na região de Lorena (Lorraine), cuja capital, Metz, no nordeste da França, estava ocupada pela Alemanha.[*]

    Artur era dois anos mais velho do que Annemarie. Tinha olhos azuis, cabelos castanhos escuros e porte elegante, refinado. Fazia o mesmo curso que ela, Engenharia Agronômica.

    Não se podia dizer que Artur era um estudante exemplar. Gostava de curtir a vida com motos, futebol, festas, garotas, e eram famosas suas histórias de noivados, nos quais se

---
[*] Ver mapa 3.

tornou um especialista. Na faculdade quase nunca aparecia, e se tivesse ido às aulas com o mesmo ânimo com que ia a um bairro de Viena chamado Grinzing talvez tivesse tido melhor desempenho como estudante.* Não o teve, pois estava ocupado demais com os noivados que arranjava. Sabia que seria mais fácil se livrar das garotas quando noivava, porque assim elas se sentiam seguras no relacionamento e ele podia prolongar a relação. Mas nunca pensava em se casar de fato.

Certa vez, ao ficar noivo de Helga, viu-se em uma grande encrenca. Seu "futuro" sogro era um fabricante de artigos de couro e um homem muito sério. E se sua filha estava noiva, ali estava um compromisso a ser honrado. Artur, como fez com todas as outras noivas, deixara Helga em Viena (ela teria tempo suficiente para esquecer essa história de noivado) e foi para o castelo de seu tio Otto Klobus, na Polônia, aproveitar a hospitalidade e participar das mais fantásticas caçadas nos bosques quase intocados da propriedade. Solteiro e avesso a muita companhia, tio Otto contava com a fiel cozinheira Japonka, uma japonesa bastante feia e algumas criadas para limpar e organizar Lodygowitz, como se chamavam o castelo e a cidade (atual Lodygowice). Artur trocava o dia pela noite e lá permanecia durante o verão, porque assim estava protegido de noivas.**

"Artur, o que significa isso?", o tio perguntou, mostrando-lhe um radiograma (telegrama enviado via rádio). Ele balançava o papel, mas Artur deu de ombros: "Como eu haveria de saber?" "Pois então vou lhe dizer o que é: uma 'noiva' telegrafou e comunicou que vai chegar no próximo trem, ao meio dia com pai e mãe. Mas vou lhe dizer outra coisa: aqui em casa, ninguém vai chegar." "Eu sei", Artur mal respondeu, correndo para o carro e mandando o motorista seguir direto para alcançar o trem ainda, em Oderberg.

---

* Grinzing produz um vinho local que pode ser degustado em muitos locais típicos com música ao vivo. Um lugar muito agradável.
** Ver mapa 4.

O expresso entra na estação quase no mesmo momento em que ele chega.

"Estão nos chamando pelo alto-falante", disse o pai da moça, animado. "Que gentil da parte de seu noivo nos esperar aqui." "Que surpresa!", diz a mãe radiante. "Aí se vê o que o amor pode fazer, e se ele é tão rico como te ama, então você verdadeiramente ganhou na loteria!", gaba-se a mãe. O trem estava superlotado, as pessoas demoravam a descer e a máquina já tinha começado a andar de novo quando uma mala foi lançada pela janela, e depois mais uma e mais uma e de repente o trem para de novo, e a família da moça se precipita para fora. Artur, nesse ínterim, teve tempo de encontrar o seu administrador, Pellhammer, e de instruí-lo adequadamente. Sem mais, volta sozinho para Lodygowitz: "desta eu me livrei", Artur pensou satisfeito. Mas ele não conhecia bem o "futuro sogro": "O quê? Você quer nos levar para Krotendorf? (onde Artur nascera, na República Tcheca). Ninguém nos impedirá de irmos para onde quisermos. Se eles não nos levam de carro, vamos no próximo trem". Pellhammer está constrangidíssimo. Tinha recebido ordens expressas de não levá-los de jeito nenhum a Lodygowitz. Ele telefonou para Artur: "Não posso fazer nada, eles vieram assim mesmo. Artur começou a suar. O que devia fazer? "Então você os leve para a minha casa na cidade!" ordenou o tio.

"Querido paizinho, querida mãezinha, que alegria!", Artur os abraçou parecendo muito feliz. O pai da menina estava desconfiado. "Me diga uma coisa, por que você não queria que viéssemos para cá?" Artur respondeu compenetrado: "Não é nada disso, eu só achei pouco adequado que eu levasse vocês para casa sem ainda tê-los apresentado aos meus pais". Agora a mãe entra na conversa: "Sim senhor, ele tem toda razão, primeiro temos que conhecer seus pais". "Fica quieta", repreendeu o marido. "O que você entende disso? Eu quero saber o que ele tem e por que nós não devemos entrar no castelo". "Paizinho", Artur tenta contornar a braveza do homem, "o castelo não me pertence, pertence ao meu tio Otto, e ele não gosta de receber visitas". "Ah é?", disse a mãe da noiva. "Quanto tempo este tio Otto ainda vai viver?" "Se Deus quiser ainda muito, porque apesar de seus 73 anos, ele está bem conservado." Artur acha engraçado o realismo da futura sogra.

Duas semanas se passaram e os três visitantes estavam cansados de andar pelas matas da propriedade. Caçadores eles não eram e o dia todo só se alimentar de cogumelos também não dava mais. Estavam prontos para viajar para onde moravam os pais de Artur, em Krotendorf.

Numa das salas do castelo, o pai inquire Artur: "De novo, outro noivado?" A mãe, Margarete completa: "Coitado do menino, temos que ajudá-lo", disse cheia de dó. Porque quando era o caso de evitar o casamento de qualquer um de seus dois filhos, ela era sempre muito prestativa. Era horrível como as moças perseguiam seus meninos! O pai ficou calado, porque sabia que a perseguição não era à toa e que seus filhos não eram tão inocentes. A recepção fora muito agradável, mas os dias passaram e ninguém mais falou sobre noivado. Artur quase nunca estava em casa e os donos da casa se revezavam para dar-lhes alguma atenção. Todo esse jogo foi demais para o "sogro". "Para que estamos aqui? Não era para passar férias de verão, e sim para o noivado de nossa filha. Quer dizer, noiva ela já é, até publicamente, com cartão e tudo, agora só falta o casamento!" Mas nada acontece, ninguém toca no assunto. Finalmente os três vão embora, para profundo alívio de Artur e de sua mãe. O pai, na primeira oportunidade, conversa duro com o filho. "Não me traga nunca mais noivas se você não estiver disposto a casar".

Alsácia-Lorena (Lorraine)

Com ruas estreitas, casas altas, antigas e bonitas e uma catedral majestosa, a velha cidade medieval romana de Metz, capital da Lorena, também exibia à porta da igreja a imagem do imperador Guilherme como santo, e a inscrição: "Qualquer fama é passageira", numa tábua de pedra. A esplanada avançava até chegar ao rio Mosela, abraçando-o em seu contorno, formando uma ilha onde ficava a sede do clube de regatas. Montanhas cobertas de neve circundam a cidade de habitantes alegres, mas reservados.*

Nos subúrbios, grandes muros cercavam os jardins e as casas tinham janelas voltadas só para os fundos. Nas aldeias havia o costume de amontoar esterco em frente às casas, o que em dias de chuva transformava o local num córrego fétido e escuro. Metz era a capital, mas nas suas pequenas cidades não existiam cafés nem restaurantes, no máximo um bar onde se podia tomar uma cerveja em pé, porque os franceses eram muito caseiros, pouco saíam de casa.

Annemarie falava francês sem se preocupar se cometia erros ou não e isso era possível na Lorena porque lá quase todos falavam francês com "germanismos". Só a população residente falava de

---
* Ver mapa 4.

fato francês "puro". Ninguém ali perguntava de onde se vinha ou para onde se ia, não havia preconceito. Todos se entendiam.

Território alemão antes da I Guerra Mundial, a região da Alsácia-Lorena foi cedida à França pelo Tratado de Versalhes. Isso explicava o fato de a população falar alemão e francês, ou a presença do sotaque germânico.

Na praia do Mosela, o povo de Metz tomava seu banho de sol e xingava as tropas de ocupação. Por que não? Ora, se xingaram a ocupação francesa, não fariam o mesmo com a alemã? Todos queriam paz. A Alsácia-Lorena queria sua autonomia. "Você é de onde, senhorita?" "Da Áustria", ela respondeu. Seria uma espiã da Gestapo, a polícia secreta de Hitler? Não, somente gente. Todos estavam rindo e todos se entendiam.

O prefeito em Chateau-Salins, uma das cidades da Lorena, era uma pessoa fina e que conseguira construir parques, redes de esgotos, desenvolver o comércio e fazer daquele lugar um bom lar para os seus moradores. Ninguém amava Chateau-Salins como ele e por isso seu mandato já durava quinze anos. Mas com a aproximação da guerra, *adieu* cidade natal. Contra a iminente invasão alemã pensava-se em explodir as pontes do rio Mosel.

Os alemães passaram por lá rapidamente e deram ordem de expulsão dos franceses. Aproximadamente três quartos da cidade mais próxima da fronteira francesa foi evacuada, e os que restaram, mesmo falando exclusivamente alemão, foram colocados em campos de concentração, acusados pelos nazistas de terem iniciado a guerra. O prefeito, a princípio, foi poupado, porque era um um homem bom e tinha ajudado os alemães. Ele podia ficar, mas sua esposa e seus filhos, franceses, deveriam ser expatriados. "Se minha ação foi política, então traí meu próprio país e devo ser morto", ele disse. Dois dias mais tarde, em Nancy, já expatriado, é morto por um pelotão de fuzilamento alemão sob a acusação de traição.

Artur escreve. "Você está louca, Annemarie? Agora finalmente descobri onde você está." Ela sentiu o coração palpitar, mas a carta tinha mais uma surpresa: ele estava noivo. Ela sentia, mas nem tanto mais. Ele era assim mesmo e noivados não eram necessariamente algo novo na vida dele. Engraçado, se fosse para se incomodar, ela não teria prometido ao René que iria remar com ele. Ela estava decidida a não se aborrecer nem deixar que a notícia estragasse sua estada. Metz era tão bonita e pacífica, e ela não tinha viajado para se incomodar. Encostou-se na pequena ponte que passava sobre o rio ao lado do jardim, e viu os cisnes que passavam graciosos, tranquilos.

A luta entre a SS e a população era permanente.[*] Como Annemarie falava francês, logo fez amizade com muitos habitantes da Lorena e conheceu os *maquis*, que formavam a resistência francesa e que abertamente, nas praças e praias, combinavam assaltos aos nazistas que os maltratavam. Na praia do Mosel, combinavam seus planos de assalto em frente aos oficiais alemães, que não entendiam francês.

"Nós precisamos de uma casa!", disse Annemarie ao homem que vestia o uniforme da SS. "Mas minha filha, onde posso arrumar isso? Todos os lugares livres já confiscamos e ocupamos!", respondeu com paciência. "Mas como o senhor pode imaginar as estudantes morando nos campos de passagem?", insistiu ela, altiva. Era preciso ser firme. Os meninos já estavam "instalados": o prédio era de uma escola, mas agora parecia um grande cortiço. O primeiro andar trepidava sob os passos do terceiro e último andar e a gritaria fazia tremer as paredes. O banheiro, se é que se podia chamá-lo assim, possuía um buraco sem fundo e dois apoios para os pés. A descarga deveria ser dada com cuidado, caso contrário poderia encharcar o mais desavisado e tudo se esvaía diretamente para o rio. Como coordenadora do grupo das estudantes, Annemarie não se conformaria em ficar naquele lugar.

Foram procurar uma casa para as estudantes. O alemão que a acompanhava era velho e gordo, e suava em bicas. Pudera, fazia bem uns quarenta graus e não ventava. Ele secava o rosto o tem-

---

[*] Inicialmente era a guarda pessoal de Hitler e de outros líderes do partido, depois estendeu-se como uma força policial militar de um milhão de homens por todas as regiões ocupadas pelos nazistas. A Gestapo fazia parte da SS.

po todo, gemia e resmungava: "Se não fosse você e as outras eu não estaria andando aqui nesse sol". E a cada bar que aparecia, ele entrava. "Preciso tomar uma cerveja". Annemarie percebeu que ele podia andar mais se estivesse de "goela fria", mas a busca por uma casa em que pudessem se acomodar não seria tão improdutiva se ele não entrasse em todo bar que encontrasse. Ela também estava cansada e o calor a afetava. "*Obersturmführer* (como hierarquicamente ele devia ser chamado), o senhor acredita que perto da cerveja vai ter alguma casa para alugar?" ela perguntou, tentando demonstrar calma. "Onde, então, vamos encontrar isso, sabichona?" responde o homem mal humorado. E a busca continuou. No quinto bar ela pensou: "Aqui é o fim". Numa mesa de canto, algumas pessoas bebiam e festejavam algo. "O que vocês estão festejando?" o oficial perguntou. "Festejamos nossa mudança de casa", respondeu um deles, ao mesmo tempo em que levantava a sua caneca. "E a outra casa?" agora foi a vez de Annemarie entrar na conversa, agitada. "Ela está abandonada". "Vocês me dão a chave?" Ela toma a frente do oficial, que não percebe o atropelo, feliz em se livrar daquela situação. "Não é assim tão fácil", o homem a encara. "Só se você beber uma rodada de cerveja com a gente". Sem muita alternativa, ela recebe um copo cheio, que não demora muito consegue trocar pelo copo vazio do oficial sem que ninguém perceba.

A casa era encantadora. Estava suja e descuidada, mas ficava num lugar bonito e estava mobiliada. Pertencera a uma pintora de muito bom gosto e apenas os quadros com mulheres nuas em todos os quartos não agradaram muito a Annemarie. O homem gordo, por sua vez, estava enfeitiçado por aquelas pinturas. Tantas moças nuas de uma vez só ele nunca tinha visto. Annemarie estava aliviada. Ela e as doze estudantes tinham onde ficar. O oficial se apoderou de quatro quadros para colocar em seu alojamento. Não fariam falta.

"Na Páscoa temos que ir a Paris!", as estudantes se entusiasmaram. Paris era Paris e a Páscoa coincidia com a chegada da primavera. Os bancos não trocavam pequenas somas de dinheiro, por isso elas se juntaram para que o montante fosse trocado. Annemarie colocou numa bolsa o dinheiro de todas, cem notas de mil francos.

A estação de trem na *Place de l'Ópera*, em Paris, estava movimentada, mas não ruidosa. Apenas algumas pessoas da Saxônia conversavam bem alto. As avenidas largas e quietas passavam por Paris, não havia bondes barulhentos, carros buzinando nem ciclistas tocando suas campainhas. Algumas ruas eram cobertas por tacos de madeira e não por pedras, o que amortecia qualquer barulho. Como Paris era quieta e tranquila em toda a sua forma e beleza! Mesmo em frente ao Louvre estava vazio, e observavam-se as janelas das igrejas sem vidro, com tapumes*. Havia muitos pescadores nas margens do Sena e inúmeras banquinhas de mercadorias estavam nos boulevares, em frente às lojas, mas sem vendedores, que contavam com a honestidade dos passantes. A maior curiosidade era visitar os ossos de Robespierre e os guias gritavam a plenos pulmões: "Vocês já visitaram o túmulo de Robespierre?" Paris era barata, mas apenas para os estrangeiros. Para os franceses, somente os ricos tinham poder de compra, principalmente com a chegada dos navios que traziam alimentos que eram prontamente adquiridos e não se preocupavam muito com os menos abastados. Tudo acabava antes de ser descarregado. Uma mulher vinda de Vichy, ao Sul da França, mostra o cartão que lhe dá direito à alimentação. O que ela tinha direito para uma semana, Annemarie podia comprar em um dia.

O dia estava ensolarado e bonito, o que fez crescer a saudade de Viena. "Por que se faz a guerra se o mundo pode ser tão bonito, quieto e alegre?" Ela se perguntava quando chegariam à linha Maginot**. A "Linha Maginot" era um mila-

---

* Na iminência da guerra, os vitrais foram retirados e guardados para evitar que se quebrassem, e em seus lugares foram colocados tapumes.
** A Linha Maginot era uma rede de fortalezas subterrâneas interligadas, inicialmente construída pelos franceses, em 1929, ao longo da fronteira com a Alemanha, com o objetivo de impedir o avanço dos alemães. Com cerca de 200 km de extensão, a cada 15 km havia um forte. André Louis René Maginot, Ministro da Guerra Francês e natural da Lorena, testemunhara a destruição dessa região na I Guerra Mundial. Morto em 1932,

gre da técnica, com seus geradores de energia, locomotivas Vetra, ou metrôs, como diziam seus soldados, casas, lazaretos, depósitos, torres de canhões, trincheiras, paióis de munição e outras construções. Havia somente duas entradas, ambas voltadas para a França, em meio a bosques. Contava-se que Mussolini teria ficado preso por três horas num poço de elevador, porque uma torre giratória emperrou. Pior ainda: a rainha Juliana da Holanda ficou "emperrada" em algum lugar, e ninguém sabia se era permitido empurrar (diga-se: desentalar) uma rainha por trás. O mais grotesco estava na forma com que os franceses pensavam em livrar-se dos corpos caso houvesse de fato baixas entre seus soldados na Linha: eles seriam dissolvidos por uma substância química e seus corpos como espuma, jogados no esgoto, uma ideia fria e que não teve a adesão dos seus compatriotas. Ninguém queria mais lutar para depois ser dissolvido. "Morreremos sim, mas dissolvidos depois, não!"

Annemarie estava perdida em pensamentos e seu professor, um francês de certa idade, acompanhava-a nas caminhadas de manhã até a noite, sobre os campos do vale do Mosela e até a floresta para fazerem o levantamento de solos de vinícolas, "Weinberge". O trabalho não era fácil, o sol era muito forte, mas era para isso que ela viajara, mesmo que motivos pessoais fizessem parte da jornada. Por todo lado, máquinas agrícolas enferrujavam, porque os colonos alemães não tinham o costume de utilizá-las. Outros plantavam alfaces e tomates em caixas em frente às janelas de suas casas. Além disso, aqueles que antes eram operários industriais e receberam suas terras na reforma agrária, não se acostumavam com o duro trabalho no campo, do alvorecer ao anoitecer, no solo de argila pesada e ainda sonhavam com o dia de trabalho de oito horas. A Lorena, que outrora tinha sido o celeiro da França, mas agora com seus campos abandonados, precisava de ajuda. O devaneio

---

não conseguiu ver o fim das obras nem testemunhar que o esforço seria em vão, pois os alemães invadiram a França contornando a linha ao Norte e entrando pela Bélgica.

de Annemarie, mesmo fincando o bastão de amostragem no solo, olhando a terra e anotando na carta a sua qualidade, foi quebrado um dia pelos gritos do velho professor. Correndo como nunca, subiu na árvore mais próxima e de lá gritava mais ainda, gesticulando como louco. "Coitado, decerto ele está delirando com o calor", ela pensou, mas ao olhar ao redor, uma mãe javali e seus doze filhotes andavam em sua direção. "É um javali atacando! Corra ou morra!"

O Pimpinela Escarlate

Em novembro de 1942, Annemarie, com 22 anos, diplomou-se, tendo prestado gradualmente os exames. Em um deles, o professor, recém-chegado do *front* russo, chegou à sala onde seria realizada a prova final e disse aos estudantes que precisava ir ao dentista antes da prova, porque estava com uma terrível dor de dente. Saiu da sala e ela folheou os livros que estavam sobre sua escrivaninha, a maioria deles sobre agricultura russa. Os estudantes homens haviam estado na guerra e voltado só para fazer seus exames. O professor, quando voltou, esmerou-se nas questões, todas em relação à agricultura russa. A prova era oral, numa dinâmica de grupo em que ela respondia às questões e os colegas tinham a chance de dizer, quando perguntados pelo professor, se concordavam com as respostas que ela dava ou não. "Fui a única que conseguiu responder às questões, porque eu tinha lido aquilo alguns instantes antes." Como todos concordaram com as respostas, a nota valeu para o grupo, e todos foram aprovados. Tempos depois, quando foi trabalhar como agrônoma na Crimeia, utilizou o que aprendera naqueles livros, sem dificuldades. Annemarie tinha boa memória e encontrava respostas rápidas em situações de estresse. Um dom invejável.

A guerra avançava, mas Annemarie seguia determinada a continuar seus estudos acadêmicos. A Universidade a enviou novamente para um trabalho fora de Viena, ao Sul da Estíria, em Reichenburg, para novas amostragens de solos. Esta região era eslovena, e os eslovenos que haviam recebido as tropas alemãs com sal e pão (sinal de amizade) logo se decepcionaram amargamente com a administração civil alemã, e aderiram aos *partisans*, também chamados de *tschetniks*, que faziam parte da resistência local.*

As fazendas e os sítios foram abandonados pelos seus proprietários e tomados pela administração alemã. Eram especialmente vinhedos. A Gestapo batia nas portas e por toda parte ouviam-se as sirenes dos carros de polícia. Começava a deportação, que durou dois longos e tristes dias. No terceiro dia, quando ocorreu a segunda leva de detenções, as pessoas já tinham fugido. Para onde? Tinham se tornado *partisans*, angariando a simpatia da população por onde quer que fossem, porque lutavam pela pátria e não aceitavam ir para campos de concentração.

Milhares de anêmonas brancas e cíclames cobriam as colinas e o primeiro verde das faias coloria os vales. Os pessegueiros se cobriam de cor rosa por todas as montanhas, numa paisagem deslumbrante. Foi nessa época, 1942, que Annemarie chegou a Reichenburg. A princípio ela queria ir para Krim (Crimeia), no Sul da Rússia, com seus palácios fantásticos, grutas e campos de roseiras ladeados pelas estepes onde reinara Stenka Rasin.** Mas ela tinha que fazer primeiro o seu doutoramento, depois viajar, e o Sul da Estíria era mais perto do que a Crimeia, ao Sul da Rússia.

---

* Os *partisans* eram homens que lutavam contra a dominação alemã, e o termo era aplicado a todos os que lutavam contra o Eixo, seja na França, Rússia, Iugoslávia ou em outra parte da Europa. Os *tschetkniks* dedicavam-se especialmente à libertação de eslovenos detidos que teriam como sentença a morte por fuzilamento

** Camponês, líder cossaco que liderou uma rebelião contra a nobreza ao Sul da Rússia. Ao ser capturado e torturado por quatro dias, foi levado à Praça Vermelha juntamente com seu irmão mais novo, Frol. Foi esquartejado, seus membros exibidos em picos do outro lado do rio Moscou e o resto do corpo jogado aos cães.

Reichenburg ficava em cima de um rochedo e havia sido propriedade dos condes de Cilli. Mais tarde, tornar-se-ia um convento trapista, com seus monges de barbas compridas e extremamente trabalhadores, como mostravam a fábrica de chocolate, de licor e de molho de páprica, o empacotamento de chá, o grande pomar e os estábulos. Os trapistas são monges beneditinos que vivem em grande austeridade e silêncio, na busca contínua da união com Deus. Sustentam-se com atividades agrícolas e o nome – trapista – não está relacionado a trapos, como se confunde pela similaridade com o termo "trapos" da língua portuguesa, mas sim porque o seu primeiro mosteiro foi a Abadia de La Trappe, na Holanda.

Os monges trapistas são conhecidos pelas cervejas que produzem, já que não são proibidos de consumir bebidas alcoólicas, e alguns mosteiros produzem suas próprias marcas da bebida. Com a ocupação alemã, os abades e monges fugiram para o Sul e só uma parte deles botou roupas civis e cuidou do mosteiro. Em seu lugar, foi fundada a Companhia da Colonização.

Na base da montanha de Reichenburg, fluía largo e vagaroso o rio Save, que era atravessado permanentemente por uma balsa. Pela segunda vez, Annemarie enxergou o gigante loiro que tinha lhe chamado atenção na estação de Gurkfeld. "Quem é ele?", perguntou. "É um dos proprietários de terras aqui da região e foi tão inteligente que deu voluntariamente seu castelo para os nazistas e agora é o chefe da SS para toda terra desapropriada. É um homem sempre prestativo. Nunca temos dificuldades com ele."

Como num sonho encantado, Annemarie andava por toda parte, colhendo e analisando amostras de solo por semanas, meses. Era um lugar lindo e estar ali, consigo mesma, era o que ela mais desejava, por isso evitava encontrar pessoas. Não queria saber de ninguém, ver ninguém, queria estar só. Via árvores de samambaias, como nos tempos pré-históricos, plantas que nunca vira ou ouvira falar. Em cada lugarzinho por onde o sol penetrava, inúmeras flores brotavam, o ano inteiro. Os outros não gostavam muito do encanto dela. Pudera, "a senhora engenheira agrônoma era melhor que todos os outros mortais". Artur estava longe, em qualquer lugar do estrangeiro, e Annemarie começou a esquecê-lo. Esquecer não era a palavra exata, ela pensava nele, mas não sentia mais tanta saudade. Aquele homem loiro suscitava-lhe medo, mas ao mesmo tempo a atraía. Medo do quê? Do estranho nele. Ela gostava dele, mas não sabia por quê. Ou sabia? Mas ele era da SS! Sua voz era grave e os olhos bondosos. Todos o adoravam. Devia ter uns trinta e poucos anos, todos o requisitavam o tempo todo e às vezes parecia que ele era o centro de tudo, ou será que era a atração que sentia por ele?

Perdida em pensamentos, de repente ela sentiu que alguém lhe dirige a palavra. "Oi, senhora esquimó. Não está começando a derreter a carapaça de gelo ao redor de seu coração?" Annemarie virou a cabeça e sentiu-se corar. Faça algo e não seja mole demais, ela pensou. "Não fale bobagem", rebateu Annemarie. Ele pegou a sua mão com dureza e uma luz fria saiu de seus olhos. "Ah, você me machuca", ela puxou a mão. "Desculpe, eu não queria isso." Nandi, o homem loiro da SS, autoridade na região, adorado por todos, fazia Annemarie sentir-se incrivelmente inferior quando estava a seu lado. Ela aprendera alguma coisa sobre mecânica de motores, a curar sarna de ovelhas, a enxertar vinhas e pessegueiros e sabia que tudo o que aprendera ali tinha sido por amor a ele. Besteira! Quem sabe hoje sobre todos os filósofos ou conhece todos os músicos como ele parecia conhecer? "Você é louco! Por que você lê tudo isso e sabe tudo isso?" Ele ri. "Porque eu gosto, mas o que eu quero saber mesmo é se você vai nadar comigo." "Onde?", ela perguntou, já não importando a resposta. "Mas lá têm cobras", ela respondeu insegura, depois de vê-lo apontar para as costas do rio. "É, mas especialmente por causa disso conseguimos ficar sozinhos. Meu cachorro vai com a gente e ele sempre dá um sinal se vir alguma cobra, então não se preocupe, não vai acontecer nada."

As ondas batiam nas margens e Strupp, o cachorrinho de Nandi, piscava sob o reflexo do sol. "Quem é você, finalmente?

ela indagou. "Como você chegou a essa pergunta?" "Eu só queria saber por causa do seu olhar duro e frio." "Desculpe se eu a olho assim." "Não peça desculpas, eu quero saber." "Eu sou um homem que ama você acima de tudo." E Nandi segurou o rosto de Annemarie entre as mãos: "Eu sou... se você quer chamar assim...Eu sou o chefe deles, o 'Pimpinela Escarlate' dos perseguidos".* Nandi usava o uniforme nazista como um disfarce. O que ele fazia era ajudar quem estava sendo perseguido ou fugindo.

Os dois se calam. Ela precisava falar a coisa certa, sem se entregar. Ele não podia perceber seu encanto por ele. Ele finalmente falou primeiro: "Agora você sabe quem sou. Minha vida está em suas mãos. E eles pagam muito por mim", disse sarcasticamente.

"Nandi!", ela exclama. Jamais ela o entregaria. Ela também estava começando a amá-lo. O rosto do oficial se descontraiu e seu sorriso bondoso voltou. "Agora você sabe mais do que todos os outros. Ninguém sabe, nem minha mãe, nem meus irmãos, só dois dos meus homens. Acredita agora que eu te amo?" Ele a beija e a afasta dele: "Vamos". Ao entrar no carro, ela diz: "Eu sempre achei que o veterinário fosse o chefe aqui!" Nandi riu: "Bom, vou contar isso para ele".

"Vocês já ouviram?" diz o administrador das fazendas de Gurkfeld. "Temos finalmente uma pista do guerrilheiro. Ele deve ser um grande amigo dos chefes das autoridades daqui, mas agora vamos pegá-lo." O homem ri, triunfalmente, e Annemarie bota as mãos nos bolsos para que ninguém note seu nervosismo. "Vocês já sabem quem é?", pergunta, tentando não transparecer seus sentimentos. "Não, mas esta noite eles terão uma reunião e vamos surpreendê-los". Então ainda havia uma chance. Esse homem insignificante ia prender Nandi? Nun-

---

* Pimpinela Escarlate é uma história que se passa na época da Revolução Francesa; as cabeças de nobres aristocratas, camponeses e pastores rolavam sob o peso da lâmina implacável da guilhotina, mas um misterioso cavalheiro consegue salvar a vida de uma grande número de pessoas: Pimpinela Escarlate é o pseudônimo de Sir Percy Blakeney, que sob vários disfarces resgatava muitos da morte. Sempre que salvava alguém, deixava um cartão com a foto da flor escarlate.

ca! "Eu só preciso pegar o telefone e avisá-lo." Mas ela não o faz. Não faz nada, e isso é o pior. Fecha-se no quarto e começa a chorar. Mas a reunião não ocorrera. Em vez disso, o grupo de Nandi incendiou um ônibus, não sem antes pegar a gasolina de que precisavam e pernoitaram ao lado das chamas, assando batatas no fogo que ardia sem parar. Os *partisans*, com aquela "reunião" alegre, mandaram buscar vinho na aldeia mais próxima e festejaram. Nandi estava a salvo.

O comando geral das tropas alemãs ficava em Reichenburg e todos os dias, ao se apresentar para o trabalho e tentar saber onde deveria ir, Annemarie tinha seus documentos inspecionados por cossacos (que lutavam junto aos alemães). Os papéis deveriam parecer velhos e conter um carimbo redondo e vermelho no canto. Esse era o requisito para passar, já que o homem que controlava a passagem só sabia ler as letras cirílicas (russo) e as letras latinas eram um enigma. As tropas que também passavam por ali tinham que dizer uma senha que mudava todos os dias, o que na verdade não era garantia de segurança; todos a gritavam ao mesmo tempo, de modo que a uma boa distância ainda se podia ouvi-la. Annemarie passou e teve que aguentar os gracejos e comentários dos homens, mas não se virou para trás. Seu ar superior criava nos soldados dúvidas sobre quem de fato era ela. Sabiam que estava ali para o trabalho da Universidade, mas o que eles não sabiam era com quem ela se relacionava, e isso fazia toda a diferença. E se ela tivesse algo com o capitão? Não tinham como saber e não iriam se arriscar. Assim ela passava, e era melhor ouvir as "gracinhas" dos oficiais do que ser abordada por eles.

Naquele dia ela tinha sido avisada sobre um ataque, mas não deu muita importância. "Todos os dias alguma coisa devia acontecer e depois não acontecia nada." Ela tinha combinado jogar bridge com Nandi e mais dois amigos, uma partida que valia a caminhada de quinze minutos pela floresta de faias.

Os passos faziam barulho sobre as folhas secas e o ritmo era sempre o mesmo. As faias, altas, davam a sensação de proteção, uma camuflagem acolhedora, mas ao mesmo tempo, nem tanto. Alguém podia estar escondido por ali. Annemarie não pensava nessa segunda hipótese. Seus passos firmes marcavam o compasso, mas um solavanco de susto a fez tremer. Tiros de metralhadora. Do outro lado, outra rajada. Fogo cruzado. Sua mente disparou: o que teria acontecido? Era preciso pensar rápido, agir rápido. O que fazer nesse caso? "Deitar, teriam dito os soldados." Ela não parou, nem com o susto inicial. Como um autômato, manteve o ritmo da caminhada com os clarões dos tiros ao seu redor. "Se me matarem é porque isso estava predestinado". Atrás de si ouviu comandos à meia voz, e agora sabia que eram os cossacos, pois entendia cada palavra.

"Meu Deus! Como eu tive medo por você!" Nandi a pegou pelo braço e a empurrou para dentro da casa. "Você é louca de andar numa noite dessas lá fora?" "Eu não achei que seria muito sério e não aconteceu nada", ela respondeu. "Não aconteceu, mas é um verdadeiro milagre." O aborrecimento de Nandi era notório. Os cossacos andavam por toda a região, atiravam em todos pelo caminho e depois saqueavam os mortos.

Já passava da meia-noite e os tiros ainda eram ouvidos pela região. "Não, você não pode ir para casa, é inviável. Vem cá, eu lhe arrumo uma cama", disse sua amiga Vera. Annemarie olhou para os rapazes. "Ficar aqui eu também não posso." Nandi se exasperou. "Por que não?!" "Porque a resposta é muito óbvia" e Nandi compreendeu que ela tinha medo dele, do que poderia acontecer entre eles. "Você pensa mal de mim", ele murmurou. "Não, não é só isso, nós somos somente humanos." Os olhos dele estavam tristes. "Você sabe que eu coloco tudo que é bonito, grande e bom que existe nesse mundo dentro de você? Você acha que eu iria quebrar o meu ideal só por alguns minutos de prazer? Eu te amo e te protejo como algo sagrado."

Annemarie não sabia o que fazer com uma declaração de amor que nascia da máxima dignidade humana. Mas sabia que esse amor era um perigo para ele, porque ela era austríaca e ele esloveno, o que para o povo dele era uma traição. Ela não arriscava nada, mas poria em risco a vida dele.

***

A luta dos *partisans* era cada vez mais intensa. Os ingleses mandavam as armas e os *partisans* italianos, a coragem. Os italianos fizeram uma retirada para o outro lado e a luta se incendiou com muita força. Unidades de *Panzer* da SS apareceram para combatê-los, e tão rápido que conseguiram prender um grupo grande. Os italianos recuaram rapidamente carregando os mortos e feridos, enquanto os tanques iam atrás deles, mas a pequena ponte sobre um afluente quebrou-se sob o primeiro tanque que tentou passar e, com isso, a perseguição literalmente afundou. O Sul da Áustria (Iugoslávia) pediu a entrada dos cossacos. A artilharia aliada veio de Laibach (que faz parte do município de Dörzbach, antigo Reino de Württemberg, atualmente Baden-Württemberg, Alemanha).

Annemarie estava cansada. "Era tudo tão burro e estúpido. Eles convidavam os chefes dos grupos de *partisans* para verem como os *partisans* seriam combatidos." Aquilo a enojava. "Você vai amanhã conosco, Annemarie?", Nandi pergunta. Teriam uma reunião ou uma ação do grupo. "Não, volto hoje à noite para Viena". Ela gostava de Nandi por causa da sua humanidade. Nunca mais existiria uma pessoa como ele. Atraía-a sua cultura, sua maneira quieta e determinada, seu porte elegante e seus ideais de liberdade. Mas ela o odiava como chefe dos *partisans*. Guerra e política, ódio entre as nacionalidades, e todos eram somente GENTE. No Sul da Áustria, as rivalidades eram mais acirradas, e apesar de nunca ter ficado explícito, as diferentes nacionalidades faziam de Annemarie e de Nandi, no mínimo, opositores. Ele esloveno. Ela, austríaca. Nunca aparecia uma rivalidade em suas conversas, mas ela sempre existiu. Se ela ficasse, a rivalidade podia dominá-los e por isso era melhor que fosse embora.

Nandi a encarou com severidade. Não demonstrou desagrado ou desespero. "Hoje você não pode viajar." "Por que não?" – Seu lado feminino talvez esperasse uma resposta pessoal, mas ele rebateu: "Porque o trem da noite vai descarrilar". "Mas ele pode descarrilar qualquer dia e isso deixarei para o meu destino", fez-se de desentendida. Ele a segurou bravo pelos ombros: "Não fala besteira, eu sei do que estou falando! Amanhã, se você quiser mesmo ir, eu vou com você até Graz, e se ainda assim você quiser ir embora, tudo bem." Ela sentiu um arrepio. "Haverá mortos hoje?" "Não, porque o condutor da locomotiva é homem nosso. Só dois vagões em frente à locomotiva vão descarrilar para que possamos pegar as armas e uniformes de que precisamos." A revelação do plano reforçou ainda mais sua determinação em ir embora. Até quando seria assim? E por quê? Por que se luta, para conseguir o quê, em nome do quê? "Nandi, você me promete uma coisa?" "Tudo o que você quiser." Seria uma maneira de ela dizer que não iria mais? Estaria apenas conjecturando partir? Talvez, por um instante, um fio de esperança tenha surgido em seu peito. Da mesma forma prática com que ele tratou sua perspectiva de ir embora, ela disse: "Me prometa que nas suas ações não terão mortos do nosso lado? A guerra já exige tantos sacrifícios e tantos mortos, chega! Prometa-me que se vocês ganharem a guerra vão ajudar os alemães aqui do Sul?" Nandi percebera que perdera a batalha. "Prometo." Seu rosto perdeu a expressão e a luta perdia sentido. De que valia vencer, se ela não estaria mais por perto? Devagar ele pegou a mão dela e a beijou cerimoniosamente. Annemarie e Nandi nunca mais se viram. Ela ainda soube que aquele homem de alma nobre e boa salvara muitos fugitivos da região de Rann e Cilli, sacrificando-se em nome da justiça pela qual sempre lutara. Nandi era, acima de tudo, humano.

Ar frio

Annemarie, como assistente do professor Sekera, foi enviada pela Universidade para fazer estudos sobre a geada. Ela achava o plano de pesquisa entediante, mas tinha opção? O que era ar frio? Tudo o que se encontrava na literatura era que o ar frio era mais pesado que o ar quente e sempre se encontrava no ponto mais baixo da região. Mas o ar não era visível, então como saber exatamente o que ele faz? Não dava para botar centenas de termômetros nos três metros acima do solo para estudar seu comportamento, ou a cada vinte metros instalar um aparelho de medição. "Mas uma pessoa normal não é um maratonista" que pudesse correr e checar a todo momento os pontos de medição e aquilo deixava Annemarie irritada. Ela visitava as estações meteorológicas e agora começavam as viagens pela Europa Central, para as regiões de pântanos e vinhedos, as regiões de geleiras e picos de montanhas, para que as leis da natureza fossem observadas *in loco*. Todas as estações meteorológicas haviam sido avisadas e Annemarie visitava uma atrás da outra, mas não encontrara nada de novo. A de Giessen (Alemanha) era a mais moderna. Lá, na estação de trem, ela aguardava o carro que a buscaria. Annemarie se aproximou das únicas pessoas que restavam na plataforma e perguntou: "As senhoras são aqui da estação?" "Sim, nós esperamos por uma senhora. "Dra. Conrad" ela se apresentou, esticando o braço para o cumprimento.

As duas mulheres ficaram de boca aberta. "A senhora é a dra. Conrad?" "E por que eu não deveria ser?", ela perguntou polidamente. "Meu Deus! Nós imaginamos uma senhora que parecesse uma pesquisadora de ar frio, velha, magra e de óculos, e agora encontramos a senhorita!", disse uma delas, cheia de espanto. "E vocês estão muito decepcionadas porque não me pareço com o que vocês esperavam?", Annemarie divertiu-se. "Agradavelmente decepcionadas, mas desculpe a pergunta, quantos anos a senhora tem?" "Vocês acham que eu não tenho cara de doutora e membro do Conselho Nacional de Pesquisa? Mas ainda há pesquisadores que não são esclerosados."

Annemarie fez um cálculo rápido: se dissesse a verdade, que estava com 23 anos (mesmo que já doutoranda), elas não a respeitariam e nem a levariam a sério.

– Tenho 29 anos.

A estação meteorológica de Giessen era de fato moderna, com uma enorme quantidade de aparelhos sob a terra, em longos túneis subterrâneos com registros automáticos, que mediam a temperatura dos diversos tipos de solos. Além de moderna, contava com pessoas inteligentíssimas, mas todas qualificadas para outras áreas: o chefe era um especialista em vermes intestinais. Outro era matemático, até que seria útil para montar as tabelas e classificar os dados, não fosse o fato de estar ali por não ter ido à guerra e nada, nada do que ele dizia era aceito pelos colegas. Outro era astrônomo. Annemarie estava frustrada, pois contava com aquela estação para obter maiores e melhores dados para sua pesquisa. A visita aos vinhedos compensava um pouco sua frustração e ela conheceu as plantações na Bélgica e nos vales dos rios Mosela (entre os limites da França, Luxemburgo e Alemanha), Main (Alemanha) e Reno (Alemanha e França), com suas adegas enormes e diariamente borrifadas com água para manter a umidade do ar. Enormes depósitos de vinhos de 120 anos de idade, que aguardavam em garrafas empoeiradas a sua vez de serem deliciosamente degustados. Muitas dessas adegas de vinho ficavam com certos fungos em suas paredes que influenciavam divinamente no sabor final da bebida. Foi nesse período que Ana adquiriu a habilidade de detectar o tipo de solo em que foi plantada a uva de cada vinho europeu. Ao degustá-lo, ela percebia no fundo em que tipo de solo fora cultivado.

As montanhas de Rhön (Alemanha) formavam um bloco imponente, e na base havia maravilhosos terrenos usados para a caça, principalmente de corças, veados, lebres e outros pequenos animais. Lá em cima havia um pântano natural, que se estendia pelo topo das montanhas. Antigamente, uma floresta de faias cobriu esse maciço, transformando a montanha de Rhön numa enorme "lanterna" que brilhava sobre os pés da Turíngia. Atualmente, são montanhas inóspitas, as tentativas de reflorestamento não funcionaram. Noite após noite saem de lá enormes massas de ar frio, e se uma arvorezinha ensaia botar algum broto fora, a geada logo trata de queimá-lo. "O vento é o irmão do pântano", como se diz. Dia e noite ele passa com seus "dedos" gelados e é tão permanente que as pequenas árvores mal conseguem respirar. Annemarie contemplava aquilo, pensando no que o homem provocara ali, que destruir era muito mais fácil do que construir.

Ela precisava de dados e sua pesquisa emperrava, ou porque não havia registros, ou os poucos que existiam eram inconclusivos, ou a pesquisa não tinha tido continuidade. Havia também uma "guerra" entre os pesquisadores, principalmente os alemães. Os dados descobertos não eram compartilhados, divulgados, porque todos queriam para si o mérito da descoberta, o que fragmentava a pesquisa, a coleta de dados, e não havia consenso. Nesse ambiente pouco amigável, pesquisadores russos foram convidados a demonstrar seus resultados numa estação austríaca na cidade de Neusiedel. Os russos eram os únicos a compartilhar dados e a não omitir informações. Os resultados desses pesquisadores surpreendiam, e por isso o convite fora feito.

Um especialista russo tinha plantado 200 variedades de fumo a partir da Machorka,* do mais cheiroso até o tabaco turco, mais fino. Pesquisadores especialistas em cereais obtiveram, a partir das espigas de cevada do Chernozen** plantas com espigas de 20 centímetros de comprimento. As pesadas cevadas de inverno até as cevadas do polo norte pareciam trigo bíblico, e Annemarie olhava para aquilo extasiada. As tonalidades de algodão colorido – branco, amarelo, rosado e até vermelho com botõezinhos verde claros – são encantadoras. Ela pediu ao tradutor para explicar o que ela queria dizer, mas ele não o fez. Ela o mandou embora e ficou entre aquelas pessoas simples, acolhedoras, amáveis, modestas e inteligentes. Estavam sempre prontos a mostrar tudo o que descobriram e sabiam, mas seus colegas em Viena os menosprezavam, tratando-os como inferiores, dizendo que o seu trabalho "parecia uma brincadeira boba desses russos". "... e esses idiotas criaram um trigo de estepes que foi cruzado com outra gramínea e deu como resultado apenas 600 kg por hectare". O colega riu, mas Annemarie não achou graça. Os 600 kg por hectare que eles colhiam, todo ano, sem lavrar ou plantar mais uma vez, não dependiam das chuvas raras das estepes para germinar e crescer. Além disso, o trigo crescia como mato, e frutificava. E o algodão colorido? "Ah, isso é outra besteira desses russos. Qual é a novidade? Cada fábrica tem as tintas que quiser para tingi-los." Annemarie se incomodava. "Por que os outros não reconhecem nada de bom nos russos, por que somente os alemães e austríacos se acham importantes?"

De volta a Viena, sua colega Burgerin chega entusiasmada ao laboratório. Sua pesquisa sobre a estrutura granular do solo, que demorara três anos, poderá ser publicada. Faltavam alguns dados e ela os obteria com a ajuda de outro professor, Johannes Görbing. Ele não era muito bem visto pelos outros

---

* Tipo de fumo que se usava apenas para cigarros, não para cachimbos. Era também chamado de "tabaco de agricultor", e foi amplamente usado pelos russos, principalmente na II Guerra Mundial.
** Tipo de solo com alto teor de húmus, rico em nutrientes e excelente para a agricultura.

professores, sendo até chamado de charlatão por muitos deles. Burgerin não ligava: "Ele está na Turquia, mas eu o convidei para passar por aqui na volta, e olha aqui, olha, ele escreveu que vem!" – a moça estende a carta, eufórica. Annemarie a encarou e sorriu. Burgerin parecia uma criança prestes a abrir seus presentes de Natal.

Eureka!

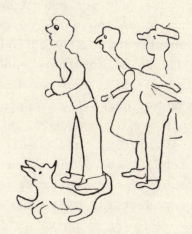

Annemarie ficou muito feliz quando Burgerin a convidou para participar da excursão com o professor Görbing. Estava cansada de ouvir sobre guerra, de falar sobre guerra, de viver em tempo de guerra. Ir ao campo era o que mais gostava de fazer e o convite chegou em boa hora. Além disso, tinha visto o entusiasmo da colega e não sabia que aquela excursão seria muito mais importante para ela do que para qualquer outra pessoa do grupo.

O velho professor andava por todos os lados e não se cansava de admirar os campos de cereais e a observar como as plantas se comportavam. Admira-se com a quantidade de adubo aplicado ali e como estavam aparecendo várias doenças novas. Observava que uma parte das plantas se deitava após uma chuva. "Por que só algumas, não todas?" E como queria saber o porquê das coisas, passava a desenterrar as plantas, primeiro secretamente, à noite, depois os próprios donos pagavam para que o fizesse. Görbing era requisitado por muitos e suas determinações seguidas à risca, mas seus métodos, pouco "ortodoxos", não lhe traziam boa fama entre os colegas de profissão.

Johannes Görbing estudara farmácia, mas o que o atraía mesmo era a botânica e a química, principalmente a química dos alimentos. Seu espírito aventureiro o levou a viajar pelo mundo e quando voltou dos Estados Unidos, já não conseguia mais ficar na Alemanha. Na Ásia Menor, residiu em Aleppo (Norte da Síria), onde, num período turbulento na região, trabalhou como médico de um regimento. O confronto com os turcos não chegou a acontecer, mas um episódio despertou a curiosidade sempre a postos de Görbing: tendo roubado trigo para fazer pão, os turcos que o comeram ficaram "meio loucos". "O que vocês têm no seu cereal?" perguntou Görbing, pois como médico do regimento era o responsável pela saúde dos soldados. "Não é nada", respondiam, "não é muito agradável essa sensação, mas pelo menos temos o que comer". O trigo continha fungo e estava misturado com uma outra planta. "Mas o que Alá mandou não se pode tirar da comida", um conformismo que não o satisfazia. Görbing estudara as plantas e as utilizava como remédios. E vinha a pergunta: "Se o homem ingere tudo por meio das plantas, direta ou indiretamente, por que ele não dá mais importância a elas? E se o homem sofre de problemas de circulação, dos nervos, do coração e de outras coisas, ele não consegue perceber que apenas aplicar calcário nos campos não é suficiente para que o solo mantenha sua saúde?"

Annemarie seguia o grupo e sorria. Agora o mundo se abria, um mundo desconhecido e muito rico. Não se podia dar à natureza o que ela necessitava se não a compreendessem. Não era só o entusiasmo que tomava conta da jovem pesquisadora, era o despertar de uma paixão! Tudo era tão simples, tão lógico, e mesmo assim era um segredo para a maioria.

Görbing passava pelos campos a cavalo. Mais adiante desceu, cavocou a terra grudenta e puxou uma raiz deformada, que recebeu seu diagnóstico. Montou novamente e seguiu, Annemarie atrás, extasiada. Mais adiante ele disse: "Aqui vocês colheram apenas 1.600 quilos de cereal porque se esqueceram do fósforo." Todos o olhavam, surpresos. De onde ele tirava isso? Como? "Görbing é meio vidente", comentava-se. O professor arrancou um tufo de mato e perguntou ao grupo: "O que foi plantado aqui? Alfafa. Mas não deu nada, morreu e a terra foi lavrada para que não pudéssemos ver o seu fracasso." O pessoal que o acompanhava estava boquiaberto. O dono da fazenda também. Ele queria que aquele homem, aquele profeta, o ajudasse a planejar o que plantar. Annemarie sorria. Ela tinha entendido completamente como ele tinha feito aquilo, mas não disse nada. Não é um disparate, pensou consigo. Os campos têm culturas homogêneas com colmos fortes que são embalados pelo vento. As batatas são grandes e lisas, bem diferentes das ásperas e doentes de antigamente. Não eram variedades diferentes. O SOLO ERA DIFERENTE! Como um milagre, a natureza pertencia ao homem e o homem a ela, mas Görbing era maior do que todos os outros, porque conhecia as suas leis.* Annemarie começava a compreender muitas coisas, inclusive as incompreensíveis, porque agora ela tinha o caminho, a direção.

Görbing conseguira desenvolver seu trabalho e mudar a vida dos que se interessavam por agricultura, mas ele também vivera as perdas da guerra. Quando ela terminou, o velho Johannes tinha perdido o seu campo de trabalho e não aguentava mais não fazer nada. Nos distúrbios do pós-guerra, doente de saudade do seu trabalho no campo e da natureza, ele não conseguia mais substituir a dor pela paixão do que tanto o preenchia. "Assim morreu um grande apóstolo, mas seu legado caiu em terra fértil", escreveu Annemarie. Por toda a Europa Central, e também em solos tropicais, seus alunos continuam

---

* Dentre muitos materiais encontrados nos pertences de Ana Primavesi, estão livretos de no máximo 40 páginas cada e que tratam de aspectos mais específicos da agronomia, como por exemplo: "Combate biológico da erosão acelerada", ou "Diagnóstico bio-físico da terra". Neste último, Ana escreveu: "Andando a cavalo pelos campos, (Gorbing) percebeu que em certos trechos o trote do animal era mais duro do que em outros, e que quando andava com a sua bengala, esta, em certos lugares, afundava facilmente, enquanto que em outros quase não penetrava na terra. Outrossim, notou que nos lugares onde a marcha do cavalo era mais suave e a bengala afundava mais, as plantas eram mais abundantes." Numa outra parte do livreto, intitulada "O diagnóstico com a pá – os implementos", vimos que existe a "Pá de Gorbing", uma pá que possui medidas exatas, mundialmente padronizadas: "deve ser de aço forjado porque tem de sofrer fortes pressões e contusões e não resiste quando é de material inferior. Apresenta largura de 20 cm, o comprimento de 30 cm e a espessura de 3 mm. Na frente, a pá é completamente plana, sem cava. Na costa, é reforçada por uma saliência até dois terços do comprimento. A pá com cabo tem o comprimento de 107 cm. No extremo do cabo encontra-se uma travessa de 16 cm de comprimento, que deve ser muito bem colocada para facilitar o manejo da pá." (descrição feita por Annemarie).

a sua obra de combater a erosão e tornar novamente os campos férteis, entendendo os "porquês" antes dos "como". Lições de um mestre que desbravou a estrada por onde hoje trilham todos aqueles que se interessam por agroecologia.

***

F. Sekera, outro professor muito importante na vida de Annemarie, percebeu que a análise química da terra não proporciona esclarecimentos de valor absoluto sobre a fertilidade do solo. Devia existir, pois, um fator de maior importância que o valor efetivo em sais minerais. Procurando por este fator, que determina a fertilidade da terra, Sekera encontrou-o por meio do tubo de ensaio, do microscópio e da estufa, por meios absolutamente científicos e de laboratório, na fofice do solo e na microvida do mesmo, o que Görbing encontrou simplesmente pela prática no campo.

Annemarie escreveu: "Os dois homens sabiam um do outro mas alimentavam desconfianças mútuas, considerando-se respectivamente demais cientista e cientista de menos. Somente em 1943, 25 anos depois da introdução do diagnóstico da pá (desenvolvido por Görbing), eles se encontraram pela primeira vez, mas não se gostavam e se criticavam ferozmente, e a essa crítica é que devemos agradecer o aperfeiçoamento que obtivemos."

Em 1943, o Professor Sekera fundou o Serviço de Higiene do Solo com o objetivo de recuperar as terras arruinadas. Já Görbing vivia folgadamente dos rendimentos de suas 13 fazendas nas quais era conselheiro, e conseguiu recuperá-las de tal maneira que se tornaram umas das fazendas mais ativas e prósperas da Alemanha. Sob grande influência e com todo o aprendizado que recebeu destes dois mestres, Annemarie redigiu em 1962 a seguinte conclusão numa de suas publicações:

"O maior bem que os homens já deixaram a seus herdeiros foi o de J. Görbing e F. Sekera. Não é em dinheiro mas sim em sabedoria profunda quanto às verdadeiras razões da decadência dos nossos solos, do ressecamento do globo terrestre, dos surtos de fome, das inundações e estiagens, finalmente de catástrofes naturais e miséria. Sua sabedoria eles não a levaram para o túmulo. Deram-na para nós – os seus herdeiros: deram para o mundo inteiro o meio de saber como remediar isso tudo, como recuperar as terras, evitar todas as catástrofes e desesperos, a decadência dos povos e o seu desaparecimento; e este meio é tão simples, tão inacreditavelmente simples, que hoje não podemos compreender como ninguém teve antes tal ideia."

"Mas também aqui se pode fazer a pergunta de Fausto[*]: 'por que ir passear longe, quando o belo está tão perto?' Mas essa é infelizmente a mania do homem: procurar algo ao longe, por todos os lados e recantos, exceto na própria casa. Somos por isso gratos a esse farmacêutico e a esse químico que lançaram mão da pá para perscrutar o que acontece na terra. Hoje sabemos que o segredo que eles revelaram é o da própria vida terrestre. Vamos por isso usá-lo e vamos revelar pelo exame da pá o que a ciência química pura nunca pôde descobrir."

"Hoje em dia, tão rara é uma pá em nossa vida que custa muito encontrá-la. Tão moderna é nossa agricultura que quase esquecemos dos implementos singelos de nossos ancestrais. Mas quando pegamos de novo a pá para conhecermos as causas do nosso fracasso na agricultura, sentimos também que a técnica tem limites e que esses limites são estabelecidos pela própria natureza."

"Ficamos cientes de que, onde a técnica se choca com as leis naturais, a natureza é que prevalece e domina."

"Devemos, portanto, reconhecer e aceitar esses limites, fazendo o máximo possível em favor da nossa terra. É bela a agricultura e a amamos mais ainda quanto mais vamos conhecendo a natureza. Acabamos com a ideia de que a terra é apenas fábrica de alimentos. A terra não é fábrica e não produz ilimitadamente. Amemos nossa terra e procuremos saber o que

---

[*] Lenda alemã que Goethe apresentou em poema.

ela é capaz de produzir quando a tratamos carinhosamente. Tudo corre melhor quando feito com amor."

"Peguemos nossa pá, perguntemos a nossa terra o que lhe está faltando e tratemo-la depois convenientemente dentro dos limites que a natureza nos impõe, e a antiga exuberância voltará aos nossos campos e a prosperidade aos nossos lares."

Um lugar impossível

    Krchischze é uma pequena aldeia nas montanhas da Iugoslávia. Era uma aldeia de viticultores, com cinco casas, uma igreja e oito pequenas capelas, uma em cada morro. Uma igreja e oito capelas é muita coisa para somente doze famílias, mas assim era. Ali, os vinhos não se deixavam fermentar, não, os vinhos da baixa Estíria são famosos porque cada um tem a sua receita herdada dos antepassados, guardada com muito segredo e ciúme. Em Krchischze, o vinho era aquecido, ou acrescido de fermentos especiais, resfriado, aquecido de novo, misturado a ingredientes secretos, ora para ser clareado, ora para melhorar seu paladar. Este era justamente o segredo de cada um e os melhores vinhos eram colocados em tonéis de carvalho e enterrados por 15, 20 anos. Para cada criança que nascia, um tonel era enterrado para o vinho ser depois saboreado no seu casamento.
    Foi nesta aldeia que a SS resolveu "desovar" uma mercadoria que não tinha serventia para eles, mas que poderia, ou "certamente" seria muito útil aos moradores dali: penicos. Na guerra distribui-se o que se tem, e dessa vez foi essa mercadoria que sobrara. O governo nazista achava que deviam "fazer um agrado" a esses agricultores eslovenos. O agrado não era tão de graça assim. O único comerciante da aldeia

tinha a obrigação de comprar toda a carga e não adiantava protestar ou implorar. O Ministério da Cultura mandava e a SS transmitia a ordem de que todas essas "vasilhas culturais" tinham que ser vendidas.

"O que vou fazer agora?" disse o comerciante, com a mão na cabeça. "Nunca na minha vida vi uma coisa dessas. E onde vou arrumar um depósito para guardar tudo isso? Deus ajude que as pessoas comprem essas peças como vaso de flores."

Toda a remessa foi descarregada e o infeliz comerciante foi se queixar ao prefeito. Nem dinheiro tinha para pagar pelos penicos. O prefeito ficou pensativo: "Penicos? Mostra-me a carta que acompanha a remessa. Ah, eles dizem que é um objeto cultural..." "Você acredita?" – o comerciante o interrompe, indignado. "Duzentos penicos para 12 famílias? O que eu vou fazer?" O prefeito estava pensativo, e de repente seu rosto se iluminou. "Eu vou arrumar um jeito".

Mais tarde, as pessoas começaram a formar uma pequena fila em frente ao pequeno negócio. Não eram só as famílias da aldeia, mas também as da comunidade vizinha, e enfim de toda a região. Crianças dançavam alegres com penicos na cabeça, e uma mulher se vangloriava por ter conseguido três peças. "Eu quero cinco desses potes culturais!" outra gritou. O incrédulo comerciante tentava organizar a fila: "Por favor, entrem em fila, por favor". Um homem tentou furar a fila e foi repreendido. Os penicos foram rapidamente vendidos e o prefeito sorria.

Toda semana, parte da colheita e também dos animais abatidos devia ser entregue ao governo. A fiscalização revirava as casas, checava se nada havia sido ocultado. Não era raro que se matasse um porco e fossem destinadas duas pernas traseiras direitas ao governo, que não conseguia verificar caso a caso se cada família destinava, de fato, a parte do abate que lhe cabia. Se dois porcos tivessem sido abatidos, tentava-se de todo jeito ocultar um deles para consumo próprio.

A inspeção prometida pelo governo se iniciou. Casa por casa, vasculharam tudo, principalmente em busca de uma mercadoria preciosa naquela época: gordura de porco. A cota andava baixa e naquela semana nada havia sido entregue. Os soldados vasculharam cômodo por cômodo, lata por lata, vasilha por vasilha. Aos penicos, nenhum soldado deu atenção, um lugar impossível de pensar em guardar um alimento. De casa em casa, a busca foi infrutífera.

O prefeito "não soube" explicar o acontecido.

O bombardeio

No verão de 1944, Annemarie foi convidada pelo professor Sekera para trabalhar como uma de suas assistentes no Instituto de Ciência do Solo e Nutrição Vegetal da Universidade de Viena. Combatido por suas ideias, que contrapunham-se ao que a literatura americana e inglesa apresentavam como eixo norteador na agricultura, Sekera teve papel muito importante na formação acadêmica de Annemarie. Com ele, ela concluiu seu doutorado, e com o trabalho remunerado como sua assistente ampliou seu conhecimento no laboratório. No Instituto de Ciência do Solo, aprofundou seus saberes sobre micronutrientes e deficiências minerais, e consequentemente sobre a nutrição vegetal. Incorporou o princípio de se considerar o todo, integrando os diversos fatores, não os isolando como faz a ciência analítica. "O solo não é um suporte para adubos, água de irrigação e culturas, mas um organismo vivo, cujo esqueleto é a parte mineral, os órgãos são os micróbios que ali vivem e o sangue é a solução aquosa que circula por ele. Respira como qualquer outro organismo vivo e possui temperatura própria. Necessita tanto das plantas como as plantas necessitam dele." Com o professor Sekera Annemarie compreendeu o íntimo entrosamento entre a raiz, a estrutura do solo e os micro-organismos.

Um dia, o chefe do Departamento de Química e Biologia do Solo precisava de um voluntário que fosse buscar documentos que tinham chegado ao Conselho Nacional de Pesquisa em Berlim-Dahlem. Não havia um único dia sem que a capital da Alemanha fosse bombardeada e ninguém queria ir. Isso foi comunicado ao professor, afinal ele tinha que entender que ninguém queria arriscar a vida por causa de documentos, mesmo que fossem muito importantes. Annemarie ouvia os colegas, tentando contra-argumentar. Decidida, levantou-se: "Não sou do *staff* do seu instituto, sou apenas uma estagiária, mas me prontifico a buscar os documentos". Todos a olharam. "Você está louca?" "Nem tanto", ela respondeu olhando para o chefe. "O senhor quer que eu vá?" O professor a olhou surpreso. "O que você espera?" "Exatamente por bombas e documentos." Todos riram e a tensão foi quebrada.

Annemarie tomou essa decisão porque acreditava que ninguém morria antes do tempo previsto pelo destino. "Todos morrem na hora determinada por Deus, e se era para eu morrer, morreria também em Viena. Se não era para eu morrer, até debaixo de uma chuva de bombas eu iria escapar. Era Deus quem guiava os meus caminhos."

O avião aterrissou num campo de batatinhas. A cidade estava sendo bombardeada. "O agricultor não deve ter ficado feliz, porque o avião arrancou plantas que se preparavam para abrir suas flores e socava a terra. Mas guerra é guerra. Ele ia perdoar."

Annemarie conseguiu chegar ao centro da cidade e achar o hotel sem nenhum contratempo. Na manhã seguinte, ao sair do hotel, o porteiro a avisou de que já tinha sido dado o pré-alarme, haveria um bombardeio violento porque ingleses, americanos, franceses e russos estavam chegando, cada um de seu lado, exatamente em Berlim-Dahlem. "Olhe, senhorita, essa semana terminaram de construir, aqui no centro da cidade, um abrigo antibombas moderníssimo com capacidade para receber cinco mil pessoas. Eu a aconselho a ir para esse *bunker*, porque ele tem uma laje de dois metros de concreto armado e lá as bombas não passam." Annemarie considerou essa possibilidade, mas tinha viajado para buscar os documentos e não para inaugurar um *bunker*. Além disso, seu senso de orientação não era dos melhores e se fosse buscar os documentos depois do bombardeio, como saberia se orientar, sem ônibus nem metrô? Decidiu ir o mais rápido possível à sede do Conselho Nacional de Pesquisa, em Dahlem. Pegou o metrô e um ônibus e não eram nem onze horas da manhã quando chegou, mas o céu estava escuro como a noite por causa da fumaça densa, quase palpável. O prédio da sede estava com a parte de cima bastante danificada, as janelas fechadas com tábuas e as portas trancadas. Ela bateu numa porta que parecia ir para um abrigo subterrâneo: "Me deixem entrar!" E uma voz vinda lá de dentro respondeu: "Você está louca! Como pôde vir para cá sabendo que haveria um bombardeio?" "Agora eu já estou aqui, me deixem entrar, não me deixem aqui fora onde ainda estão caindo bombas." Pegou os papéis e viu que a volta não seria fácil. A cidade estava sob escombros. Havia corpos empilhados nas calçadas, dentro de sacos. Tudo estava em chamas e não havia transporte. Annemarie passou por um lugar que parecia ser um clube, bem danificado. Estava escuro e lamparinas de querosene iluminavam parcialmente o ambiente. Pessoas dançavam e riam! Uma moça apareceu na porta: "Você quer entrar? Nós rimos e dançamos hoje, porque amanhã pode ser que sejamos nós a estar naqueles sacos". Annemarie declinou do convite. "Eu ainda não tinha chegado a esse ponto."

Metade do hotel tinha ruído. Quando o porteiro a viu, gritou e se escondeu atrás do balcão da recepção. Por fim ela soube que os ingleses jogaram bombas que transpassaram os dois metros de concreto armado, explodindo o *bunker* e todas as pessoas no abrigo morreram. O porteiro estava certo de que ela estava morta e que aquela imagem devia ser assombração. Achava que Annemarie tinha ido para o abrigo e que seu espírito estava ali para se vingar, por tê-la mandado para lá. Quando percebeu isso, ela disse: "Olha, o senhor pode sair daí de trás do balcão, porque eu não sou um espírito, estou viva".

A tática de destruição inglesa reunia três formas de ataque: primeiro com bombas explosivas, que giravam como uma broca e penetravam no alvo. As explosões causavam pânico e as pessoas corriam para se protegerem sob os abrigos. Segundo, com bombas incendiárias que obrigavam as pessoas a sair dos abrigos para tentar apagar o fogo. E o terceiro, pulverização com fósforo líquido. Nessa fase, bastava o contato com a pele para que uma pessoa de 1,70 m de altura, em vinte minutos, ficasse desse tamanho (e Annemarie aponta para o chão mostrando a altura de 1,20 m, aproximadamente).* "Era horrível, horrível. As pessoas gritavam, gritavam..." Annemarie conta.

Quando chegou ao Instituto, todos estavam tristes. "O que aconteceu?" "A Susana..." Annemarie não tinha se dado conta de que ela não estava ali. "O que aconteceu com a Susana?" "Está morta." Susana fora também buscar documentos em Innsbruck, no Tirol (Estado austríaco), que ainda não tinha sido bombardeado nenhuma vez. O trem em que viajava, assim que entrou na estação, foi metralhado por aviões americanos e Susana morreu.

Por causa dos bombardeios diários, o Instituto foi transferido, em março de 1945, para fora da cidade. Trabalhar não era mais um serviço e sim um ato de sobrevivência. Aproveitando as férias, ela voltou para casa.

---

* O fósforo branco em contato com o ar entra em combustão e gera queimaduras de até terceiro grau, chegando aos ossos. A pessoa atingida contorce-se de dor de tal forma que parece estar, de fato, encolhendo.

Volksturm

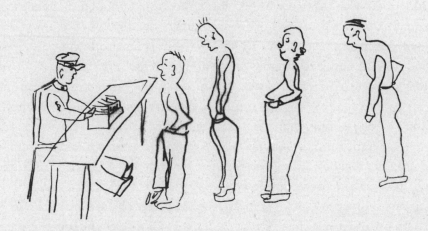

Um ano antes, Sigmund, pai de Annemarie, recém-saído do hospital, tinha sido recrutado para comandar o *Volksturm*, unidade de "soldados" velhos, acima de 50 anos, aleijados, mulheres e crianças, que deveriam tentar impedir o avanço das tropas russas. Como? Colocando-se na linha de frente para servirem de escudo aos soldados mais jovens, que ficavam atrás. Precisava-se de gente, mas onde as encontrar? Quantos morreram em Stalingrado, Ilmensee e Leningrado (atual São Petersburgo)? Na Alemanha, muitos civis foram chamados pelo exército para escavar valas, para a população se proteger contra aviões atiradores. Não era mais guerra, era uma matança louca de jovens quase crianças, de velhos, e finalmente de mulheres e crianças. Homens sem um braço ou a mão, ou sem uma perna. "Ele pode ficar em pé?", perguntava o capitão responsável pelo recrutamento. "Então está habilitado, pode recrutar." O médico do regimento empurrava o homem para frente. "Esse homem com as costas deformadas, não", dizia um oficial. "Como?", o capitão retrucava: "Está perfeito para servir nas montanhas, pode carregar uma mochila em suas costas! Próximo...", o capitão chamava, enquanto Sigmund assistia a tudo. Era esse o tipo de gente que ele comandaria? Era preciso recrutar pessoas, mas elas não existiam. Restaram mutilados, doentes, deficientes, mulheres e crianças. Sigmund, vendo o grotesco e a loucura da situação, mandou seu batalhão de *Volksturm* para casa. E foi ao governador nazista, dizendo: "Você pode mandar me matar, mas não vou concordar nunca que pessoas sejam sacrificadas sem sentido nenhum!"

Por essa ocasião ocorreu um fato curioso e que mostra como, às vezes, a notícia chega atrasada. Um senhor que morava nas montanhas apresentou-se a Sigmund para se alistar para a guerra, pois ouvira dizer que o *Kaiser* estava precisando de gente. Estava tentando se alistar para a I Guerra Mundial.

Em Pichlhofen, a situação era complicada. O irmãozinho de Annemarie, Gerhard, com apenas seis anos de idade, tinha sido alvo por três vezes de rajadas de metralhadoras de aviões ingleses: uma vez ao sair da escola, outra vez brincando no jardim e outra na ladeira ao lado da casa. Os ingleses vinham todos os dias, às nove horas da manhã, atirar nas pessoas no campo, achavam que se faltasse alimento, ganhariam a guerra. Os aviões *Tiefflieger* apareciam voando baixo, atirando em tudo que se mexia. Ainda hoje as marcas dos tiros disparados pelos aviões podem ser vistas perto das janelas do castelo[*].

O pai não estava (por ser obrigado a lutar no "Volksturm") e a mãe estava sozinha tomando conta de tudo. Os empregados também tinham ido embora, chamados a lutar, e era muito difícil encontrar quem quisesse ou pudesse trabalhar na fazenda. Clara, a outra irmã de Annemarie e que na época tinha onze anos, conta que muitas crianças morreram ao sair da escola, metralhadas pelos aviões ingleses. Em suas memórias, guarda a cena de crianças famintas perambulando pela cidade e implorando por comida, cujos pais tinham sido mandados para o *front* e as mães estupradas e mortas, tanto por soldados russos quanto por ingleses. No pior dia de sua vida, conta, ouviu no *bunker* em que estava (saíra da escola e fora para lá por causa das bombas) que o castelo Pichlhofen tinha sido bombardeado. Com o coraçãozinho batendo tão alto que pensava que iria ser ouvida, tomada pelo terror e pelo desespero voltou para casa,

---
[*] Ver foto da página 46.

andando sozinha pelo breu da noite. Chegando a Pichlhofen, ao ver o castelo intacto, teve uma crise de choro. A mãe, Brita e Gerhard estavam bem. Mesmo hoje, ao contar tais histórias, é possível perceber o medo que sentiu.*

A situação era dramática e o medo de que as crianças pudessem morrer nos ataques aéreos levou Annemarie a tomar uma decisão drástica: mandar todos, menos sua irmã Brita, de quinze anos, para o alto das montanhas. "Havia duas casas nos Alpes que pertenciam a amigos dos meus pais. Uma casa ficou com a minha mãe e os meus irmãos, a outra estava ocupada por uma amiga nossa com seus filhos." Perguntada sobre como a mãe foi para lá, esclareceu: "Fugitivos que vinham da Romênia estavam de passagem pela Áustria. Nós deixamos que repousassem em nossa casa e depois pedimos para o cocheiro os levar para as montanhas". A decisão de levar a mãe e os irmãos se baseava no simples fato de que eles somente seguiriam em frente, não voltariam a passar por Pichlhofen, evitando que essas mesmas pessoas, ao retornar, contassem a alguém o paradeiro de Clara e das crianças.

"Nessa viagem, além de minha mãe e meus irmãos Clara e Gerhard, também estavam a esposa e a filha de um conhecido do meu pai". Começa a rir, ao se lembrar: "... O cocheiro era um homenzinho velho, daqueles que nos causam piedade, e que chamamos lá de *mochterl*, que quer dizer homenzinho miserável, coitadinho. Minha mãe tinha feito um almoço no meio do caminho e falou para essa senhora: chame o *mochterl* para comer! E a outra foi lá e disse: senhor "*Mochterl*", por favor, vem almoçar!" diverte-se. "Graças a Deus ele não sabia o que aquela palavra significava. Levantou-se e veio almoçar".

***

Clara e as crianças permaneceram quase dois anos naquela casa no alto das montanhas dos Alpes. Annemarie e Brita

---
* "Tia Clara, assim chamada por mim, chora e me abraça, em busca de um consolo que nunca virá. E repete: 'Foi o pior momento da minha vida'."

mandavam os suprimentos por meio de pessoas que estavam de passagem pela região, sempre tomando o cuidado de orientar quem fazia as entregas para deixar os mantimentos num certo ponto do caminho, nunca revelando realmente para onde se destinariam, ou a quem.

Sozinhas naquele castelo enorme, a pergunta óbvia era como, em pleno período de guerra, duas moças conseguiram tomar conta de um lugar daquelas proporções? E mais, como preservaram sua integridade, como puderam controlar tamanha situação, sozinhas e vulneráveis? "Com coragem, mas no fim não tinha como ser diferente, simplesmente tinha que ser daquele jeito, não havia opção", diz Annemarie. Havia também cães pastores alemães dentro de casa, uma cozinheira e um cocheiro, que acabou indo para a guerra. A cozinheira vinha de dia e voltava para o povoado à noite, distante quinze minutos a pé do castelo. "Nós combinamos de colocar um tecido numa janela que ela podia ver logo ao chegar. Se o pano estivesse lá, era sinal de que os russos não estavam por ali, mas se não estivesse, eles estariam por lá e ela deveria voltar. Numa de suas lembranças conta que ela e sua irmã pegaram rojões e os soltaram a pouca distância do castelo. Foi assim que conseguiram simular um grupo de artilharia e fazer com que tanto russos quanto ingleses recuassem. As lembranças são esparsas e muito do que Annemarie viveu nesse tempo não foi registrado. Um trauma de que procura não se lembrar.

Annemarie e Brita faziam todo o serviço sozinhas: de manhã tiravam o leite do gado com a ordenhadeira, dirigiam o trator para diversas operações, carregavam a colheita para dentro, limpavam o estábulo, enfim, faziam as tarefas mais urgentes que a fazenda exigia.

Uma noite, Annemarie escutou um barulho nas escadas que davam acesso ao *hall* do segundo andar. Dois homens tinham entrado. Ela subiu pela escada e os surpreendeu, colocando-os para fora, não sem antes xingá-los. "Quem entra assim numa casa não sabe quanta gente tem, o que vai aparecer e o que vai acontecer. A casa tinha ecos e eles ficaram com medo, lógico!" Ainda pergunto: "Mas como a senhora conseguiu colocar os dois para fora?" "Peguei eles aqui (e levanta a camisa no lugar da nuca, pelo colarinho) e dizia: 'Vamos sair por aqui, vamos descer por aqui'. Descemos as escadas e fomos para a porta, eles foram quietinhos e saíram." Depois de meia hora, a polícia apareceu procurando pelos dois indivíduos. Ao ser perguntada onde eles estavam, ela respondeu que não sabia, pois os tinha posto para fora. O oficial fez a mesma pergunta que eu acabara de fazer, e imagino que o seu semblante tenha se assemelhado ao meu, em surpresa e também divertimento. A cena daquela menina segurando dois homens pelo colarinho e botando-os para fora, no meio da noite, em meio à guerra, era surreal. Depois ela ficou sabendo que eram ladrões que costumavam entrar nas casas, esconder-se durante o dia e à noite roubar o que quisessem, e muitas vezes matar.

Annemarie tinha aprendido a falar russo pois era iminente a ocupação russa na Áustria. Ela aprendeu o idioma com uma russa que lhe dava aulas em Viena, havia dois anos, com destaque para os palavrões, pois só respeitavam ordens dessa forma. Já na primeira aula a aluna explicou: queria aprender os piores palavrões, os mais pesados, pois se sabia que os russos atendiam a comandos de seus superiores sob gritos e xingamentos. Era assim que reagiam ou obedeciam. "Estava claro que os russos iam ocupar a Áustria. Francês e inglês eu falava, então eu tinha que aprender russo."

Os alemães estavam perdendo a guerra, o que significava mortos, medo e ocupação. Soldados alemães que recuavam deixaram um canhão com caixas de munição no pomar da propriedade. Quando descobriram, as duas irmãs resolveram: "Vamos atirar um pouquinho". A diversão começara e os projéteis iam a quatro, cinco quilômetros de distância. "Por fim, apareceram uns ingleses e pediram para pararmos de atirar, porque eles nunca sabiam se eram ou não os russos e se teriam que recuar."[*]

---

[*] Mesmo não sendo o fim da guerra a ocupação inglesa e russa era iminente naquela região de Pichlhofen.

Os ingleses em território austríaco não sabiam quem era o inimigo e a aviação não poupava ninguém: animais ou pessoas, onde percebiam movimento, atiravam. "Faziam isso porque tinham medo, atiravam para acabar com todo mundo e para ninguém se voltar contra eles." Por isso só se podia plantar à noite, com lanternas acesas, e o gado levado ao pasto apenas com a luz dos faróis, que eram apagados assim que se ouvia o ruído de aviões. À noite, em meio ao silêncio, era fácil ouvir os roncos dos aviões se aproximando. Nessa hora, tudo se apagava e os movimentos cessavam. Annemarie conta que, por muito tempo, os buracos feitos pela explosão de bombas permaneceram no pasto. Uma delas caíra exatamente no pátio interno da casa, ao lado de uma polonesa de dezoito anos que estava ajudando no trabalho; a moça caiu de susto e começou a gritar: "Eu tô morta! Eu tô morta!" Annemarie, pela janela da casa, dizia: "Não, minha filha, você não está morta! Levanta daí e entra logo, não adianta ficar aí!" E a moça continuava: "Tô morta, tô morta!" A bomba caíra muito perto, tão perto que os estilhaços voaram por cima dela e não a atingiram. Ela se diverte com essa lembrança, mesmo que trágica.

A guerra entrou na fase do "tudo ou nada".

"Dresden, uma cidade cultural e que não tinha nenhum alvo militar, foi arrasada pelos ingleses no momento em que estava superlotada por centenas de milhares de fugitivos do leste, quase exclusivamente mulheres e crianças, especialmente da Polônia, fugindo das tropas russas que avançavam rapidamente, matando quem estava no caminho. Após o bombardeio de Dresden, havia oitenta mil sacos com mortos, sem contar os que foram completamente despedaçados nem os queimados, e dois ou três cabiam num saco, tão encolhidos ficaram. Meu tio avô Konrad, o que tinha me ajudado quando fui presa injustamente e morava lá, dizia que queria morrer antes que Dresden fosse bombardeada. Todos riam dele. Como iria morrer antes? Ninguém podia saber quando haveria um bombardeio, muito menos o dia de sua própria morte e menos ainda quando e se bombardeariam Dresden. Mas ele faleceu dois dias antes do bombardeio e da destruição da cidade. Quando a filha dele, minha tia, voltou do enterro, sua casa havia desaparecido numa enorme cratera aberta por uma bomba. Todos se perguntavam: Como ele conseguiu isso, morrer antes do bombardeio? Todo mundo fala de Coventry, a cidade inglesa que foi arrasada por um bombardeio alemão, mas a destruição de Dresden parece que foi bem pior."

Muitos anos depois da guerra, a rainha da Inglaterra visitou a cidade e passou pela placa comemorativa do bombardeio inglês que relembrava seus mortos, e disse: "Tirem esta placa que eu lhes dou um telhado folheado a ouro para a sua catedral destruída". O povo de Dresden respondeu: "Fique com o seu telhado de ouro e nós ficamos com nossa placa comemorativa. Porque é verdade, vocês destruíram a cidade, vocês jogaram as bombas, vocês mataram mais de cem mil pessoas naquela noite."

Ana, por ocasião do casamento de sua neta mais velha Renata, na Áustria, em 2002, fez um *tour* pelo país visitando pessoas queridas e lugares de recordação, e esteve em Dresden. Não encontrou mais o lugar em que seu tio avô morava. Havia uma avenida bem larga no local. A igreja (Frauenkirche) estava sendo restaurada como um quebra-cabeças, com cada pedacinho original que sobrara, repondo só o necessário com material novo. "Em Dresden não tinha nada, nada, nada, era só uma cidade cultural e todo mundo achava que nunca ia sofrer bombardeio, porque não tinha nada para bombardear. Mas chegaram 200 a 300 mil refugiados da Polônia, não poloneses, mas alemães que moravam por aqueles lados e, então, vieram os estadunidenses bombardeando tudo por temerem a defesa antiaérea. Os ingleses jogaram bombas nos refugiados e destruíram a cidade completamente", conta Annemarie.

O terror, o medo e o desespero tomam conta da população, fosse ela de qualquer nacionalidade. Não se podia confiar em ninguém, nos ingleses, nos alemães, nos russos, nas pessoas. O que as pessoas eram capazes de fazer? Além do que se via, boatos corriam e assombravam a vida dos sobreviventes. Tudo estava destruído, principalmente o íntimo das pessoas.

O Engodo da Cruz Vermelha

No final da guerra, os russos avançavam à medida que os ingleses recuavam. Mesmo aliados, russos e ingleses temiam-se reciprocamente. Já não era mais guerra; era uma caçada a soldados, mulheres, crianças, vacas, tudo o que vivia e se movia. O barulho dos bombardeios e dos aviões era ouvido sem parar, mas as pessoas já tinham se acostumado a eles, menos aos tiros que tentavam acertar vacas, cavalos, crianças e adultos, escolas e casas. "Deviam ter muita munição sobrando, ou não poderiam fazer tudo isso antes de a guerra terminar", comentava-se. Quando não havia para onde atirar, por não detectarem movimento, lançavam panfletos dos aviões "com a sua propaganda estúpida". Fugir era uma opção burra na concepção de Annemarie. Todos queriam fugir porque tinham medo, principalmente as mulheres. Os homens que sobraram iam para o *Volksturm* e ficar sozinhas nas fazendas era impossível para elas. "Isso é uma burrice", Annemarie argumentava, "a guerra está por toda parte e do mesmo jeito terminará por toda parte. Vocês podem fugir até a próxima aldeia, e lá estarão em perigo tanto quanto aqui". Mas era inútil. Não era possível usar a razão quando o medo reinava.

Agora todos deviam fazer o curso da Cruz Vermelha. Annemarie gostava de ajudar e não se negaria a atender ao apelo de ajuda. "Claro, se não demorar muito, eu vou", disse solícita. O curso era em Admont, uma cidade austríaca nos Alpes da Estíria, onde havia um mosteiro de beneditinos, uma preciosidade medieval.

Nas barracas da Cruz Vermelha juntaram-se algumas meninas, quase todas chefes do serviço de trabalho, alguns também que eram simplesmente aventureiros, sem pátria, e ainda aqueles com espírito solidário. A maior parte eram "somente sujeitos bobos", como Annemarie os definiu. Erika, a amiga que a acompanhava, cochichou: "Alguma coisa está errada". No dia seguinte, deveriam vir os oficiais do Exército e começar a ensinar as meninas a atirar e jogar granadas de mão. Annemarie sabia fazer isso melhor do que os homens, mas não gostava. "As pessoas precisam de ajuda nas fazendas e estamos aqui perdendo tempo e fazendo besteiras", dizia.

Um cabo muito loiro fez as listas. Para que listas? E esse novo regulamento? "Regulamento do corpo de guerrilheiros". "Ah, agora somos guerrilheiros?" Erika tinha razão. O homem loiro era o encarregado de guardar as armas, fazer os registros, as contas e mais uma porção de coisas. Estava agitadíssimo, porque no dia seguinte começaria o curso de quatro dias, com o juramento. "Vamos embora", sugeriu Erika. Ela parecia muito aborrecida. Annemarie fez que não com a cabeça. "Para quê? Você nem quer prestar juramento? Por que não? Eu acho tudo muito interessante e não vemos isso todos os dias. Se já fomos enganadas uma vez, e já que estamos no ninho do diabo, então quero ver também o final". Erika exaltou-se, e Annemarie completou: "Mas prestar juramento a quem? Hitler já está morto há três dias!" Era isso o que ela queria ver, sem imaginar os problemas que estavam por vir.

O dia estava ensolarado quando o corpo de voluntários apareceu para o juramento. A maior parte era de soldados e oficiais que já não tinham mais pátria, porque sua terra natal estava no Oriente, ocupada pelos russos. Em parte, eram chefes do serviço de campo e também alguns agricultores e trabalhadores fanáticos por Hitler. O chefe da organização era um sujeito gordo e miserável chamado Robert Ley. Todos estão contrariados.

O primeiro tenente ditou as regras: "Qualquer traição será punida com a morte. Também é proibido qualquer tentativa de namorar as meninas do corpo de voluntários. Homens e mulheres estão entregues aos seus ideais e amor no corpo de voluntários não existe. Qualquer um que burle as regras será punido com a morte". Cada ordem tinha de ser executada cegamente. Cada voluntário tinha que ostentar uma braçadeira de identificação. Alguns rapazes eram atiradores da SS; muito seguros de si, atiravam com pequenos revólveres, escalavam paredes e eram campeões em organização. Eles se separaram de suas casas e suas famílias e nunca mais puderam vê-las novamente.

Erika ficou pálida. "Annemarie, este é um jogo muito perigoso. Escuta, como um corpo de voluntários pode existir num país ocupado pelos inimigos?" "Isso é tudo besteira", Annemarie cochichou.

Todos se reuniram na sala de refeições da caserna, em Admont, falando e rindo ao mesmo tempo. Ley, o chefe da organização do *Reich*, gordo e flácido, de olhar medroso e lábios grossos, chegou. Todos se sentaram e ele andava de mesa em mesa. De repente, parou em frente a Annemarie, e com um movimento de mão retirou o Primeiro Tenente que estava sentado em frente a ela. Começou a falar sem parar: "Quem são vocês? Como se chamam?" O homem era grotesco e bebia sem parar. Annemarie estava enojada e quase não conseguia mais ficar ali. O homem ficou tão bêbado e seus olhos tão vermelhos que ela duvidava que ele pudesse estar enxergando direito, e finalmente ele se levantou. Mesmo bêbado, tinha guardado em sua mente a figura daquela jovem bonita à sua frente.

No outro dia, ainda de manhã, um carro parou em frente ao prédio do campo de voluntários para buscar Annemarie. Erika segurou a mão da amiga: "Parece que vem coisa ruim por aí".

A sala de espera estava cheia de gente e Ley esperava por ela ansiosamente. As pessoas perceberam a situação, afastaram-se, calaram-se. Annemarie entrou na sala onde ele andava de um lado para o outro, nervoso. Queria escolher as palavras certas, o tom certo, havia até ensaiado para aquela ocasião, mas agora o nervosismo o vencia, e atropeladamente ele começou: "Minha esposa era muito bonita e me amou muito. Mas faleceu". Os pensamentos de Annemarie dispararam. Onde ele queria chegar? "Não, pelo amor de Deus, não", ela pensou. O homem seguia falando, fazendo propaganda da sua personalidade adorável. "Será que ele acha que vou me encantar por ele? – ela pensou ainda mais cheia de repulsa. Ele continuou: "... e agora vou me retirar do serviço e escrever um livro sobre a vida de Hitler. Vou preparar a Revolução para salvar a Alemanha..."

Annemarie sentiu um pouco de alívio, mesmo frente a tanta insanidade. Mas era cedo para isso. Ley, percebendo que ela ainda não demonstrava estar encantada por seus novos projetos, arrematou com voz penetrante: "Agora quero saber se você quer casar comigo". O coração de Annemarie parou de bater por um momento. Ela empalideceu e quase caiu. Ódio e repugnância apareceram em seus olhos, mas ele nem percebeu. "Acredite, mocinha: sou muito tolerante. Dou-lhe oito dias para pensar. A senhorita não precisa responder agora, mas garanto que posso lhe encontrar em qualquer lugar. Se a senhorita não me der uma resposta satisfatória, mando lhe buscar e vou lhe obrigar..." A frase não foi concluída, pelo menos para ela, que saiu correndo da sala aos prantos. Sem saber como, chegou ao corpo de voluntários. "Estou pronta para morrer, mas não para casar com esse sujeito horrível!", desabafou à amiga.

"Camarada!" disse ela, quase sem voz. "Você tem um momento para mim?" Os outros saem e só o chefe do corpo de voluntários ficou no escritório. "O Ley, aquele porco, quer casar comigo. Ele também não está sob as leis do corpo de voluntários?" Do lado de fora, os outros escutam. A sala se encheu de novo e todos falavam, agitados. "Ele não pode te obrigar! Ele não vai chegar perto de você a não ser que seja imune a balas! Ele não vai te tocar enquanto eu estiver vivo!" – grita um tenente cheio de ódio, girando a pistola no dedo.

Annemarie agradeceu e saiu da sala, mas ainda pôde ouvir o comentário à suas costas: "Uma coisa não se pode dizer do gordo, ele tem bom gosto".

Fora de Admont, começava a fuga para Oeste em direção à Alemanha. Canhões ficaram nos campos. Ninguém sabia o que fazer com eles e durante dias e noites as tropas seguiam para Oeste. Os soldados estavam famintos, cansados, tão cansados que alguns caíam dos cavalos e eram pisoteados por eles. A guerra havia terminado, mas a loucura se instaurou. Um silêncio agourento cercou a cidade, e de repente, já tarde da noite, dois regimentos da SS chegaram com seus cavalos empapados de suor. Os russos voltaram e ocuparam a ponte. "Somos os últimos". De fato, não veio mais ninguém. A população correu para as estradas, agora cheias de pacotes de alimentos, *kits* de primeiros socorros, açúcar, toucinho. O burburinho só aumentava, porque sempre havia a expectativa de se encontrar algo melhor, mais valioso, mais raro. Mas era aquilo mesmo, e os saques continuavam. Do outro lado da rua, um russo estava jogado no chão, inconsciente. Alguém disse, lacônico: "Este burro vai morrer de qualquer jeito. Comeu um pote inteiro de pomada contra brotoeja achando que era manteiga". A casa de um agricultor ardia em chamas. A mulher tinha dado aos russos e poloneses pacotes com carne, toucinho e pão, mas eles acharam pouco e queriam mais, então começaram a saquear, entraram na casa, violentaram as mulheres e as pequenas meninas, e saquearam tudo. Suas mãos estavam cheias de sangue, e o transe passou, ou não... Quanto mal se fez, quanta dor e desespero. Com medo, incendeiam a casa, como se as labaredas que subiam carregassem para longe a barbárie que haviam cometido.

***

Annemarie voltou para Pichlhofen. Ela, sua irmã Brita e uma amiga eram as únicas pessoas naquele castelo imenso.

Oficialmente, a guerra havia terminado, mas veio a ocupação: uma parte da Áustria foi tomada pelos estadunidenses, franceses e ingleses, e, outra parte, pelos russos, situação que durou até 1955. A região em que ficava o castelo foi ocupada inicialmente pelos ingleses, mas os russos exigiram a fábrica de laticínio, o que significava que ali seria zona de ocupação russa.

Os oficiais ingleses, que tinham se instalado na fazenda, pediram para Annemarie fugir com eles, alguns até com lágrimas nos olhos. "Sai daqui, vem conosco, os russos estão vindo". O coronel mandou um mensageiro: "colocamos um caminhão à sua disposição e meia companhia de soldados para levar máquinas e móveis, você pode levar até o seu gado. Venham conosco". Annemarie abanou a cabeça. "Não, estou na minha casa. Vou ficar".

Tudo silenciou. O vento, o som vindo das copas das árvores, a paisagem ainda eram os mesmos, mas com outros tons. O rio Mur, correndo lá embaixo, as montanhas e o castelo tão grande, tão vazio, oprimiam Annemarie. Ela se lembrou da sua mãe e dos irmãos menores, da algazarra que havia naquela casa quando todos ainda estavam juntos. Mas, pelo menos, estavam a salvo. Brita havia se juntado a eles, pois precisava levar-lhes alimento. Eram agora duas meninas no final da guerra, que oficialmente terminara, mas isso não era garantia de que tudo voltaria ao normal. Paz. Seria possível senti-la novamente? Mesmo com o final da guerra decretado, as coisas não eram tão simples. Com a saída dos ingleses, a rotina da fazenda precisava ser cumprida, um trabalho pesado, mas bem-vindo, devolvendo à vida a normalidade necessária, um recomeço.

Dia após dia, ela estava lá, cuidando do gado que restara, da horta, do pomar. Quanta coisa tinha se passado! E, de repente, ela pensava no significado dessa palavra, "passado". Sim, todos tinham passado por momentos difíceis. E era passado. Ela queria olhar para o futuro. Seus pensamentos a distraem, o som do vento, das folhas, seus passos na terra. Ela conta os passos, entretém-se consigo mesma, e de repente um novo som destoa do que era natural ouvir. Um som pesado, arrastado, violento. Eram as esteiras dos tanques de guerra que adentravam a propriedade e o barulho de uns vinte soldados que vinham a pé. "De novo, não", pensou. O coronel russo saiu do tanque e sorriu: "Não tenha medo, mocinha. Não somos piores do que os outros. Ele puxou conversa e notou que aquela menina não demonstrava medo. Estaria fingindo? Gostou dela. Menina valente. Erika apareceu, mas não entendeu nada. Não falava russo e também não percebeu que estavam em perigo. A amiga perguntou: "O que ele disse?" "Que nós devemos esconder todo o álcool, porque se bebem, ficam perigosos". Ao mesmo tempo em que respondia automaticamente, Annemarie arquitetava o que faria com as garrafas que ainda restavam na casa.

No depósito do castelo havia grande quantidade de aguardente de ameixa, feita na propriedade e que era consumida no inverno pelos empregados. As duas correram para lá e para cá, escondendo as garrafas como gatas carregam seus filhotes, e prepararam sacolas com alimentos e roupas, que esconderam no mato. Se tudo ficasse muito perigoso, teriam, no mínimo, uma reserva de emergência. Os russos estavam do lado de fora, e as garrafas foram amontoadas atrás da porta da frente, um lugar tão ruim de se esconder quanto perfeito: elas não seriam tão burras para esconder as garrafas num lugar tão óbvio.

Um dia, quando Annemarie e Erika voltavam do estábulo, a cozinheira que as ajudava estava assustada, esperando por elas na porta da casa. Indignada, contou que os russos haviam entrado e simplesmente se sentaram nas salas de estar e de jantar, "esses mongóis sujos que nem sabem falar alemão". Os joelhos de Annemarie tremeram, porque até agora ela só escutara coisas ruins dos "queridos visitantes."

O medo aumenta a coragem do outro, isso ela havia aprendido. Ela sorriu: "Como estou feliz que vocês chegaram". Eles levantaram as pistolas e metralhadoras e as olharam desconfiados. "Por que você não tem medo?" Annemarie observou que a pele amarela dele ficava um pouco mais pálida. "Porque vocês são pessoas boas, muito melhores do que os ingleses e outros."

Os *muschiks* (soldados russos de origem rural) não sabiam o que pensar.

"Escute aqui, moça. Se você não trouxer imediatamente vinte litros de aguardente para nós, toda a carga da minha pistola automática vai parar na sua barriga."

Annemarie riu alto. "Irmãozinhos, nós não temos nenhuma garrafa mais, nem para uso médico. Os ingleses que estavam aqui antes de vocês tomaram tudo".

"E vinho?" – perguntou o desconfiado russo.

"Mas o que vocês pensam? Eles não deixaram nada para nós."

"Vamos fazer uma busca pela casa, e se acharmos alguma coisa, pombinha..." e mostraram as armas ameaçadoramente.

"Se vocês acharem alguma, me tragam também porque eu queria beber com vocês", foi o que ela conseguiu responder, sentando-se em seguida para evitar que eles percebessem o quanto suas pernas tremiam.

Os russos desceram, cavocaram o chão de terra do porão e passaram pela porta que escondia as cinquenta garrafas de aguardente etiquetadas como *Emmerquelle*, uma água mineral que engarrafavam na região. Uma hora de busca e nada. Nada. "Bem, então nos traga o dono da casa imediatamente, caso contrário nós levamos você." "Ele não está aqui!" E, no mesmo instante, ela agradeceu a Deus por ter conseguido convencer o pai a ir para as montanhas e ficar junto da mãe e dos irmãos. Ela sabia que ele poderia ser morto, preso ou mandado para a Sibéria.

"Se ele não aparecer dentro de duas horas, nós vamos lhe prender."

"Não fala besteira!" ela reagiu, brava. "Ele morreu! Vão ao cemitério e procurem o túmulo dele!"

Ainda muito desconfiados, num primeiro momento, eles pensaram em ir, mas dois aspectos os fizeram desistir: primeiro, o cemitério estava na zona inglesa; segundo, os túmulos tinham letras que eles não entendiam.

"Vamos beijar a menina" decidiu um deles. Annemarie desferiu-lhe uma bofetada no rosto. Essa atitude os freou. "Você é um bichinho violento!"

Dava até para se acostumar com a presença constante dos russos no castelo, que entravam e saiam, iam e vinham, e ninguém mais olhava para eles. Andavam pela casa toda, mas pelo menos não mexiam com as meninas. Elas conviviam com certa naturalidade com a situação, menos Julie, a cozinheira, que morria de medo daqueles homens estranhos e mal-encarados.

Annemarie e Erika tinham as mãos grossas de trabalho. Naquele dia, limpavam a horta e, ao levantarem os olhos, oito russos estavam à sua frente. Dessa vez, eles não queriam nada demais, não queriam ameaçá-las. Eram somente homens sem destino, longe de casa. Estavam de passagem.

A noite estava tão quieta que dava medo. As portas dos armários e dos quartos estavam abertas para não provocar quem eventualmente entrasse na casa. Era preciso pensar em tudo, precaver-se. Os russos estavam lá fora, tramando não se sabia o quê.

Quatro horas da manhã. Hora de levantar. Quem, a não ser elas, tiraria o leite do gado? A rotina se mantinha mesmo com os russos acampados do lado de fora. Um dia, as duas se demoraram um pouco mais no campo, e quando decidiram voltar para casa, os russos também quiseram entrar. Além de não serem bem-vindos, representavam um perigo para as duas. "Eu sabia que os soldados russos estavam acostumados a ter sempre alguém gritando com eles, dando ordens. Então eu podia gritar e isso era um comando ao qual obedeciam. Também tinham muito respeito por coisas antigas, e o castelo era tombado como monumento. Em outros castelos, os proprietários cobravam entrada quando os russos queriam entrar. Eram ensinados a não entrar em museus com sapatos, então aproveitei e ordenei: 'Aqui em casa ninguém entra com sapato, por favor, tirem os seus'. Obedientes, tiraram os sapatos e entraram nas pontas dos pés. E saíram logo depois".

***

"Quem geme tão horrivelmente?" Erika perguntou, ao entrar na cozinha: "Estou ouvindo isso o tempo todo." Annemarie também tinha escutado e não tinha dado muita importância, mas agora parou e prestou atenção. Elas procuraram por toda parte, mas não acharam ninguém. "Eu acho que tá vindo lá de cima e a comida está toda queimada." "Socorro! Tirem-me daqui!", a cozinheira Julie gritava. A velha mulher estava pendurada no telhado. "Como você conseguiu subir aí?" Annemarie estava incrédula. "Eu também não sei", ela respondeu, "porque se eu soubesse, poderia descer também!" "Pelo amor de Deus, por que você subiu no telhado?" A cozinheira contou o pavor que sentiu ao ver chegar um caminhão russo e o medo de que eles as quisessem levar. A operação de salvamento foi difícil. Com uma corda fizeram a mulher descer e quando tudo estava resolvido, de repente alguém as chama por trás: "Bom dia, pequenas damas". Annemarie enxergou sobre os ombros as caras de dois oficiais russos em uniformes impecáveis, um pouco perfumados demais. "Podemos ajudar em alguma coisa?" um deles perguntou, sarcástico. "Ah, sim", disse Annemarie imediatamente, "vocês podem capinar as verduras, é muito importante". Ela não tinha medo. Os dois olharam desconfiados para as meninas. Só Annemarie conversava, Erika não entendia russo. "Vocês são as filhas da casa?" - perguntaram. "O que vocês estão pensando? Somos apenas trabalhadoras". Os soldados abanaram a cabeça. "Vocês não parecem trabalhadoras, mesmo com as mãos duras e calejadas". "Bem, nós somos estudantes de trabalho". Isso eles compreendiam. "Então, de noite viremos visitar vocês". "De noite, nós estamos cansadas e vamos dormir". "Não faz mal, vamos entrar nas suas camas e conversar."

"Pessoas simpáticas", Erika comentou, sem entender a gravidade da situação. Annemarie não disse nada. Correu para o estábulo e pegou seu cavalo. "Volto logo", disse à amiga, e saiu a galope.

Tirou um pano branco da bolsa e o abanou, já de longe, quando se aproximou do limite da linha de demarcação da ocupação russa e inglesa, logo após cruzar a ponte sobre o rio Mur. O guarda russo não estava em seu lugar, e os ingleses a reconheceram e retiraram a barreira. Ela passou a galope e só levantou a mão em agradecimento. Quase sem fôlego, chegou ao hotel em que estavam hospedados os ingleses. Dentro era escuro e dois deles estavam deitados de pernas para o ar.

"Giff! Você tem que me ajudar!"

O capitão levantou-se. "O que aconteceu, *darling*?"

"Os 'irmãozinhos' querem nos visitar esta noite".

Os dois ingleses riram. "E vocês estão muito ansiosas por esta visita?" perguntou irônico. A brincadeira não tinha a mínima graça. Annemarie o encarou. "E o que você quer que nós façamos?" - perguntou meio sem graça com a expressão séria dela.

"Nos resgatem".

Giff e Tim começaram a pensar. "O coronel vai ficar muito indignado com esse negócio, vamos ver o que dá para fazer". Olharam o mapa e comentaram: "meu anjo, esses dois quilômetros são terra de ninguém. A sua casa está nessa terra, temos o mesmo direito de mandar as patrulhas. Levante a cabeça, *darling*, e tenha confiança".*

Na mesma tarde veio a patrulha inglesa. "Queremos ver como está tudo por aqui."

À noite apareceram caminhões, jipes e caminhonetas, formando um parque de carros considerável. Giff estava radiante: "O que você diz agora?" Annemarie contou: quatorze oficiais ingleses da 8ª Armada gloriosa do exército. Carros como se fossem atender um regimento inteiro. "Acredito que seja suficiente."

Às duas da manhã, os ingleses simplesmente desistiram. "Podem ir para casa", disse Giff aos outros, "Tim e eu vamos ficar. Vamos dormir no quarto que dá para a entrada para que

---

* Naquele momento, a região em que morava Annemarie estava ocupada pelos russos e ingleses. Na região ocupada pelos ingleses, os russos não podiam circular, e na ocupada pelos russos, os ingleses também estavam barrados. Alguns locais não "pertenciam" a nenhum dos dois, sendo "livres" tanto para um ou outro circular e atuar como quisessem, como o que o capitão Giff apontou no mapa. Russos e ingleses tinham sido aliados na Tríplice Entente, porém com o fim da guerra, o medo do estranho e a disputa pelas melhores terras criava uma relação extremamente frágil e perigosa entre eles.

possamos ver seus amigos imediatamente quando chegarem. Mandem somente uma patrulha de meia em meia hora", ordenou. No dia seguinte, sem que os russos tivessem dado sinal de vida, os ingleses, sob as ordens de um major, começaram a vasculhar a área ao redor da casa. O major era um homem duro. Por muito tempo tinha sido prisioneiro de guerra e agora era um homem cheio de ódio e desejo de vingança. Ele acusava Giff de ser "fraterno demais" com as moças, o que gerou um clima de tensão entre os homens. Mesmo assim, os ingleses permaneceram na região. Não queriam ser acusados pelo que poderia acontecer às duas meninas se os russos permanecessem no local. A linha de ocupação russa foi mudada para Semmering, nas montanhas entre a Estíria e Viena, e os soldados russos não mais estariam ali, onde passava o rio Mur.

***

O dia estava frio e chuvoso. Entrando em casa, Annemarie sentiu o cheiro de queimado. "Isso não pode ser coisa boa." Entrou na sala de jantar e não acreditou no que viu. "Meu Deus, o que estão fazendo? Vocês podem incendiar a casa toda!" Uma grande fogueira ardia no meio da sala, e os oficiais ingleses, ensopados e friorentos, sentavam-se próximos às labaredas. "Meus soldados têm que se secar", disse o major. "Mas vocês não poderiam acender a lareira? Precisam pôr fogo no chão?" O major retrucou: "Se você assinar uma garantia e ficar parada ao lado da lareira enquanto nós acendemos o fogo, eu apago a fogueira." Annemarie riu alto e assinou o papel. Quanto medo eles tinham de tudo. A tropa se instalou no castelo.

No dia seguinte, o major chegou triunfante: "Pegamos um guerrilheiro". "Impossível, eles não existem mais!", Annemarie disse. Seus olhos buscaram o prisioneiro, que vinha escoltado por quatro oficiais. Um homem velho, apoiando-se em duas bengalas entrou cambaleante. Levado para Viena, o "único e perigoso guerrilheiro" nunca mais foi visto, nem nunca mais se soube dele. Na lógica da guerra, ele não era nada. Só mais um para matar.*

---

* Nesse trecho traduzido do diário de Annemarie, ela explica que o caso do "guerrilheiro" era o retrato do que viviam naquele momento. A guerra acabara, mas ingleses e russos, ocupando territórios austríacos, tinham medo do que poderia lhes acontecer. Eram estrangeiros impondo toques de recolher, ocupando residências e abusando do seu poder. Qualquer pessoa que aparentasse reação contra a ocupação, era presa. Não se confiava em ninguém.

Fim da Guerra

Os vencedores dividiram a Alemanha e sua capital, Berlim, assim como a Áustria, em quatro zonas de ocupação, uma para cada aliado. Na Áustria, os ingleses ficaram com a parte Leste, os estadunidenses com o Norte, os soviéticos com o Sul e os franceses ocuparam a parte Oeste do país. Em St Georgen ob Judenburg, russos e ingleses tentavam marcar território e mesmo tendo lutado do mesmo lado, era com estranheza e desconfiança que lidavam entre si.

A guerra acabara, enfim. Mas havia deixado dor, destruição e medo. Conta-se que certa vez, com a chegada dos russos em uma casa, os ocupantes fugiram rápido com medo de estupro e outras barbaridades usuais cometidas por esses invasores e esqueceram uma mulher na cadeira de rodas no primeiro andar. Ela já não andava mais, mas naquele momento o medo deu-lhe tal força que ela pulou a janela e fugiu, não se sabe como.

Os irmãos de Annemarie, Sigmund e Wolfgang, estavam mortos. Morreram no *front* da Rússia. Esta é uma das partes mais difíceis de fazê-la lembrar-se. Sentada no sofá da casa da filha Carin, recuperando-se de uma cirurgia na perna na qual foram colocados pinos de metal, Annemarie conta, voz e cabeça baixas, e as mãos mexendo no sofá: "Como meus irmãos eram muito inteligentes, faziam um ano de ginásio o que normalmente se fazia em dois anos, e terminaram o ensino médio com pouco mais de quinze anos de idade. Como terminaram antes, foram logo alistados no Exército e convocados para a guerra. Não voltaram mais, morreram na Rússia. Wolfgang entrou com dezesseis no Exército e morreu com dezoito anos." Notícia de morte sempre vinha do chefe local do partido que recebia a informação e ia de casa em casa informando as famílias. Quando ele apareceu, todo mundo ficou apavorado, chorando. Minha mãe não conseguiu superar isso." Perguntada sobre Sigmund, já não consegue falar: "Vamos parar com isso, tá?"

Gerhard, o irmão caçula, contou um pouco sobre esse período. Mesmo com cinco anos de idade na época, a lembrança do que viveram ainda aparece no tremor da voz e na escolha das palavras que lhe fogem e que tentam dar forma a algo tão profundo: "Seu filho morreu na guerra defendendo a pátria", disse o oficial à sua mãe. Gerhard chora.

As marcas da guerra permanecem e a memória dos irmãos perdidos é lembrada pela placa de mármore encomendada pela mãe, Clara, afixada no fundo do jardim de Pichlhofen, e também pelo grande livro encadernado em couro vermelho, com o título "Primavesi-Conrad", confeccionado por Annemarie: com muitas fotos e cuidadosamente datilografado, conta a história de cada ramo da família. Annemarie o montou, com todos os detalhes: cartas, fotos, árvores genealógicas, recortes de jornais. Existem apenas quatro exemplares: um para cada uma das netas, filhas de Carin: Renata, Gabriela e Paola; e outro que está com Carin, que lê o alemão impecável da mãe:

> Sigmund nasceu em 30 de abril de 1922. Na escola, não era muito bom em humanística, que dava muita ênfase ao latim e ao grego antigo, mas era excelente em esportes, desenho técnico e artístico e em química, física e biologia. Na classe de latim não conseguia fazer amizades, e foi para a escola de Engenharia em Graz, onde aprendeu a pilotar planadores. Com 1,86 m, magro, pés e mãos estreitas, louro, de olhos azuis, muito vivo, falava bem. Era muito musical e tocava bem a cítara e o acordeom. Era companheiro de todos e bem conhecido, em Graz, pela sua maneira correta de ser. Antes de fazer os exames finais de Engenharia, foi convocado para o exército nazista, para a artilharia.

Annemarie completou:

Quem tinha só um filho homem podia entrar com um pedido para não ir à guerra, e vários moradores da região não conseguiram evitar a ida dos filhos, por terem três. Mas de nada adiantou. Aqueles que não foram, morreram mesmo assim: um caiu com o carro numa valeta, outro o trator atropelou, outro um touro espetou, parecia ser o destino. Não morreram na guerra, mas morreram mesmo assim.

Carin continuou lendo:

A seu próprio pedido foi para a tropa dos *Gebirgsjäger* (caçadores alpinos), e depois da sua formação em Admont foi para a Noruega, que, nesse ínterim, tinha sido invadida. Era amado por seus colegas e superiores e assim recebia algumas regalias. Vencia todos os campeonatos de tiro ao alvo, mesmo atirando de um cavalo a galope. Por isso, mais tarde, nem o deixavam participar dos campeonatos porque não tinha graça.

De navio, sua unidade foi à Finlândia e depois ao *front* de Wolchow (Rússia), onde ficou famoso por seu sentido de orientação no pântano. Apesar de estar ferido no bíceps, liderou sua unidade e a dirigiu até sua substituição, por outro turno. Chegou em Mödling, perto de Viena, no lazareto, e por causa do braço ferido foi encaminhado a uma unidade de recuperação, em Salzburg, esperando melhorar para voltar ao *front*.

De janeiro a abril de 1943, fez a escola de oficiais em Wiener Neustadt, uma cidade perto de Viena, e foi mandado depois para o *Hochgebirgskurs* (escola de oficiais para liderar unidades nas montanhas) em Mittenwald, na Baviera. Como tenente, no outono de 1943, foi para o sul da Rússia no *front*, e sabia que isso era um "comando de morte" do qual ninguém voltava.(Stalingrado estava perdida para os alemães, já naquela época). Morreu no domingo antes do Natal, no ataque dos russos na cabeceira da ponte do Nikopol, onde cobria a retirada de seus companheiros. Seu corpo foi achado três semanas mais tarde e enterrado. Nas últimas férias em que foi para casa, ele sabia que não voltaria mais. Tinha 21 anos.

Wolfgang nasceu em 08 de outubro de 1923. Morreu um ano antes de Sigmund, em 1942. Tinha 1,73 m de altura. Era delicado, cabelos louros avermelhados, com sardas, olhos azuis acinzentados. Era calmo e tinha muita determinação. Como criança falava pouco e raramente, mas o que falava era sempre significativo. Não brigava, mas quando era atacado, defendia-se bravamente. Desde pequeno queria ser agricultor e a guerra, para ele, era um pesadelo. Estudava muito e tinha facilidade em aprender, era responsável e aplicado, e assim fazia dois anos de escola em um só, tanto que nossos pais tiveram que pedir autorização para o governo para ele fazer a *Matura* – prova de conclusão do colegial – por ter terminado o curso muito antes dos colegas.

Achava que era uma obrigação lutar na guerra por patriotismo e depois da *Matura*, em 1940, foi enviado para o RAD (*Reichsarbeitsdienst*) – trabalho obrigatório – em Olmütz, e depois foi convocado para os *Gebirgsjäger*, onde foi treinado em Leoben e Marburg. Era o integrante mais novo do regimento. Numa inspeção do general Haesner, famoso pela severidade e muito temido, perdeu a hora de partida da tropa e estava atravessando a praça da caserna, exatamente quando o general apareceu. Wolfgang fez continência e disse: 'Soldado Conrad, dormiu demais!!!'. Mas quando o general viu o rosto de Wolfgang, tão infantil, um menino soldado, não teve coragem de puni-lo. Apenas falou: "Vem comigo de carro para o regimento, senão você vai chegar atrasado", não o penalizando.

Antes de sua convocação para o *front*, na Rússia, ainda teve férias e foi para casa. A despedida foi muito dura e difícil. E quando sua mãe o surpreendeu olhando pela janela com lágrimas nos olhos, ele disse: 'Nunca mais vou ver isso de novo'.

Em março de 1942, foi mandado ao *front* no Ilmensee, perto da fronteira com os países bálticos, que naquela época já era 'um moinho de morte'. Num ataque precipitado, pois o seu ambicioso comandante queria ganhar a 'Cruz de Cavalheiro' por sua coragem, Wolfgang morreu com uma rajada de tiros nas costas, disparados por aviões de caça russos. Era Domingo de Ramos, uma semana antes da Páscoa.

Os corpos de Sigi e Wolfi foram enterrados em algum lugar da Rússia, provavelmente junto com outros soldados. A família nunca soube onde.

Para Clara, a morte dos filhos na guerra "quebrou-lhe o coração". Como não podia mostrar isso, porque Sigmund não a queria triste, tornou-se uma pessoa calada e com expressão distante. Tio Gerhard conta que a mãe passou um tempo sem saber o que fazer, num alheamento completo. Lidou com a dor da perda dos filhos e com a incerteza da volta do marido, que na época ainda enfrentava as infecções causadas pelo ferimento na guerra. Os poucos pertences dos dois filhos lhes foram entregues: medalhas e um canivete. Era-lhes insuportável lembrar. Um membro do partido nazista era incumbido de trazer a notícia da morte aos familiares, junto com a plaqueta de identificação que os soldados carregavam no pescoço. Para os pais, uma parte deles também morria junto. Brita, Clara e Gerhard, os irmãos menores, não puderam mais contar com pais tão presentes, criativos e dedicados. A morte de Sigmund e Wolfgang levava com eles toda a alegria de viver que ainda restara àqueles pobres pais.*

---

* Dos vinte e um primos de Annemarie, somente um voltou. Annemarie escreveu: "Hitler perdeu a guerra e quem pagou por sua loucura foi o povo alemão, com milhões de mortos e o país completamente destruído por bombas." Continua: "Todo mundo sabia que atacar a Rússia era a maior loucura, porque se ele não tinha conseguido vencê-la em quatro semanas... Agora, com a chegada do inverno, os russos se salvariam, como aconteceu com os hunos e com Napoleão. A neve era a aliada russa mais poderosa naquelas vastas imensidões..."

O exército cossaco de Vlasov

Fazia dois dias que caminhões ingleses carregados com soldados da cavalaria cossaca de Vlasov, da Rússia, que tinham lutado ao lado dos alemães contra os comunistas, passavam sem parar na estrada perto da casa de Annemarie, sendo "repatriados" para as tropas soviéticas. Os homens tinham um semblante triste, quase gélido. A falta de expressão dava um ar de que eles nem estavam ali, em seus próprios corpos. Annemarie olhava para a estrada e acompanhava o "cortejo" com lágrimas nos olhos. Centenas, talvez milhares rumavam para a morte. Os homens jogavam para fora do caminhão seus pertences: relógios, anéis, carteiras, fotografias, cartas, que enchiam as estradas e ruas. Notas de dinheiro voavam pelos ares e muitas pessoas tentavam "garimpar" o que tivesse mais valor. Ninguém olhava para aqueles homens, ninguém pensava que eles podiam estar arremessando o que lhes restara de mais precioso: a referência de quem eram, as fotos dos que mais amavam, a esperança de que alguém soubesse que estavam ali, ou que passaram por ali. Como abutres em meio à carniça, as pessoas se empurravam e disputavam tudo que viam, alheias ao sofrimento daqueles soldados. Annemarie via tudo com repugnância e revolta, e à sua frente um senhor está de quatro, juntando o que seus braços alcançavam. "Porco sujo!

No seu coração não entra nem um pouco de piedade?" - ela o chutou, mas ele não reagiu. Estava mais preocupado em pegar tudo o que podia.

Em Judenburg, a fábrica de aço estava com as caldeiras acesas. O general russo segurava um relógio de pulso na mão: "Em cinco minutos chegam os primeiros caminhões com os soldados cossacos. Vamos mostrar a eles que não se trai a mãe Rússia". A medalha da Ordem de São Jorge brilhava no peito do general, ao lado de outra medalha, a de Primeira Classe dos Heróis da União Soviética.

"Hipócritas! Covardes!" As pessoas da rua gritavam para os russos e os ingleses. "Vocês lavam suas mãos como se elas estivessem limpas, mas elas pingam sangue!"

Os ingleses buzinavam na ponte sobre o rio Mur e os russos abriram a barreira, dando passagem aos caminhões. Os prisioneiros cossacos foram amarrados nos pés e nas mãos pelos russos, enquanto os guardas ingleses mascavam sossegadamente os seus chicletes. Os prisioneiros olhavam para a fábrica de aço, mas não entendiam nada. Alguns tentaram fugir e foram metralhados. Isso barraria a iniciativa dos outros, pelo menos até que o próximo caminhão chegasse. Os ingleses acenderam mais um cigarro e bateram nos ombros dos camaradas russos. Cumpriram a ordem de entregar o pessoal de Vlassov aos russos. Como se fossem fardos de capim, os cossacos foram amarrados de dez em dez, e lançados no interior da fábrica. Iam ser queimados vivos nos fornos. Muitos foram simplesmente fuzilados.*

Annemarie ainda estava na beira da estrada. Sua descrença na raça humana era absoluta. Perdida em seus devaneios, nem percebe que Giff, o oficial inglês, parou o carro em frente a

---

*. A cavalaria Vlassov foi comandada por Andrey Vlassov, general russo que lutara contra a invasão alemã. O exército de Vlassov defendeu Leningrado em 1942, mas com o avanço alemão na Rússia, Stalin não permitiu que Vlassov se retirasse para uma posição mais favorável, o que o levou à derrota e à sua prisão. Sentindo-se traído em seu próprio país, ele ficou do lado dos alemães, alegando ter se indisposto com Stalin e com o comunismo, que dizia ser pior que o nazismo. Vlassov passou a difundir propaganda antissoviética, com o objetivo de derrubar Stalin e o comunismo.

ela. "Annemarie, estou arrasado, transtornado. Nunca na minha vida me envergonhei tanto de ser inglês. Me diga, *darling*, quantos homens o seu imperador Carlos Magno matou?" Giff falava com Annemarie, mas olhava para frente, e ela ficou em dúvida se ele realmente queria uma resposta ou se falava consigo mesmo. "Não sei, talvez uns cinco mil" ela respondeu. "Bom, neste caso, a Inglaterra tem o recorde mundial, porque nós matamos trinta mil."

Giff olhou para o nada com seus olhos inflamados. Finalmente disse: "Estive na Caríntia e lá havia um acampamento da cavalaria Vlassov."

Andrey Vlássov e seus oficiais foram presos como criminosos de guerra e enforcados por alta traição. Os civis que serviram em seu exército tornaram-se prisioneiros, e os soldados entregues à própria sorte. Ficaram com suas armas, receberam suficiente comida, e o chefe do exército inglês teve a ideia de usar esses homens como soldados nas tropas, porque eles eram mais corajosos que suas tropas indianas, os Gurkha. Mas os homens de Vlassov começaram não somente a saquear a população mas também a roubar os veículos do Oitavo Exército Britânico.

Giff continuava olhando para frente. Seu relato saía automaticamente, sem nenhuma expressão do que sentia... O general Montgomery não queria mais saber desses russos, e mais, tinha informado à Corte sobre os crimes de guerra que vinham cometendo. Agora estavam ali, parte nos caminhões, e a outra parte seguindo para Villach, Áustria. Iriam ser entregues por trem ao exército russo.

Na estação, vinte vagões se encheram de soldados desarmados pelos ingleses. As portas foram chumbadas pelo lado de fora. Ninguém mais entrava nem saía. Tudo estava pronto. O trem apitou e pôs-se em movimento. Os cinco primeiros vagões tinham algo estranho. Um líquido escuro e viscoso escorria pela fresta da porta. O maquinista recebeu ordem de parar e os oficiais abriram as portas. Dentro dos vagões, todos os homens estavam mortos. Os oficiais correram para os outros vagões, que também pingavam sangue. E para o outro, e para o outro. Aqueles homens buscaram a morte por suas próprias mãos. Não iriam esperar por ela. Eram russos, tinham coragem. E contando com a última gota dela, deram fim às próprias vidas.

O coronel mandou um radiograma para Londres e pediu resposta. Foram fotografados os cinco vagões com os cadáveres dos soldados do exército cossaco. Era preciso mostrar que a situação chegara ao limite do humano, do bestial. Mas, em Londres, não houve movimentação. Nenhuma resposta. O coronel inglês não teve alternativa senão autorizar o trem a partir. O trem saiu e foi ficando pequeno à medida que se afastava. O general tirou seu boné, ajoelhou-se na plataforma e rezou. Enquanto as lágrimas corriam pelo choro que não podia controlar, Annemarie também se ajoelhou, e com ela os que ali estavam, para pedir por um milagre para os que foram entregues aos russos.

Dias depois, as tropas inglesas do general Montgomery vindas da África se assentaram em Pichlhofen. Ficaram dentro do castelo, separados por uma porta que se manteve trancada e que não se abriu por nenhum momento. Eram oficiais, homens de altas patentes, que estavam de passagem e precisavam de um lugar para ficar. Os soldados ingleses, ao contrário dos russos que respeitavam e admiravam aqueles lugares, decidiram que queriam pintar de branco o imponente *hall* de entrada do castelo, com seu afresco de quase 400 anos de idade. Depois de muito xingamento de Annemarie e de lhes dizer que não tinham cultura nenhuma, acabaram desistindo. No andar térreo do castelo, guardaram fuzis e muitas metralhadoras. Desconfiavam tanto de tudo e de todos que, mesmo ali, dentro do castelo, os oficiais armavam camas e evitavam usar qualquer coisa que ali se encontrasse. Assim como chegaram, foram embora, deixando as armas para trás. Sem ninguém entender por quê, as tropas tinham partido sem as armas, que permaneceram intocadas até que outros soldados ingleses chegaram e, ao verem as armas no porão, desconfiaram, porque achavam que as armas eram dos "guerrilheiros" que estavam preparando algo contra eles. "Dizíamos que as armas não eram nossas, nem de nenhum grupo guerrilheiro, mas eles não acreditavam, porque tinham medo, não acreditavam em nada, desconfiavam de tudo e de todos o tempo todo." As armas inglesas tornaram-se o álibi perfeito para que os mesmos ingleses acusassem Sigmund de colaboração. Haviam conseguido pegá-lo, finalmente.

A prisão de Sigmund

Foi um dia triste e de desespero quando Sigmund, recém-chegado do Volksturm, foi levado como refém dos ingleses. Ninguém sabia por que, ninguém sabia para onde o haviam levado, ninguém dava informação. Com muita luta, a família conseguiu saber que ele estava sendo acusado de apoiar os *partisans*, e a "prova" estava no andar térreo do castelo: um cômodo cheio de armas! Todos no castelo se desesperaram.*

Nunca Annemarie esperou tanto por Giff como naquele dia. Por fim, ele chegou, mais cedo que de costume. As notícias já o haviam alcançado.

"Não fique triste, *darling*, vou lhe ajudar. Mas me diga..." – ele ficou quieto e olhou para ela com seus olhos inflamados e seus cílios cheios de pus. Seus olhos causavam certa repugnância e ela sabia o que vinha pela frente. Sabia o que ele ia dizer, e sabia também o que devia dizer, porque tinha que ser assim.

"Me diga, *darling*, você me ama?"

---

* Apesar de os *partisans* terem lutado contra os alemães, ao final da guerra as pessoas que tivessem participado do movimento de resistência, qualquer que tivesse sido o "lado" eram presas, pois representavam um perigo em potencial contra a ocupação, podendo usar de sua experiência contra os aliados.

Annemarie colocou os braços em seu pescoço e mentiu: "Mas que pergunta boba, é claro que eu te amo". Ela se sentia mal também por ser pouco convincente. Giff percebia, mesmo assim insistiu: "Me jura *darling*, que você quer casar comigo". "Eu lhe prometo tudo o que você quiser", disse evasiva. Ela não queria mais que ele continuasse falando, e o calou com um beijo rápido.

Annemarie sentia nojo de si mesma, mas sabia que precisava encontrar o pai, o quanto antes. Nunca se sabia o que poderia acontecer e não se podia contar com leis, lógica ou sensatez. Giff a ajudaria no que precisasse, e se fosse preciso se sacrificar para livrar o pai da prisão, ou para salvar a sua vida, ela o faria.

"Não seja burro!" – Bill e Timmy brigam com o colega. "Larga essa moça! O pai dela está preso, ninguém sabe por que e você a está cortejando! Pode ser acusado de conivência!" O capitão abanou a cabeça. "Bill, agora eu não a deixo de jeito nenhum. Tenho que ajudá-la". "E você acredita verdadeiramente que ela te ama?" "Não fala besteira, ninguém sabe quando uma mulher ama você, mas eu a amo. Vocês escutaram isso? Eu a amo".

Giff procurou por Sigmund, até encontrá-lo numa prisão.

"O que vocês têm contra ele?" – perguntou o capitão inglês.

"Não temos nada mais que nada. Sabemos que é muito estimado em toda região e tem uma influência enorme sobre a população, por isso resolvemos matá-lo para dar um exemplo a todos" – resmungou o coronel, colocando mais ainda suas botas em cima da mesa.

Giff apelou: "Escute, Charlie, nós sempre fomos amigos. Você pretende fazer uma merda dessas para depois nenhum homem honrado olhar para você?"

"Por que merda? Um ex-inimigo a mais ou a menos, que diferença faz?"

"Na guerra, sim, mas depois da guerra isso não vale mais! A segurança da tropa vem antes de tudo" insistiu Giff.

"Por que você se importa tanto com esse homem?" – o coronel quis saber.

"Por nada. Mas a filha dele me pediu que ajudasse a salvar seu pai. Pensa, Charlie, cada um que você mata é só um número para você, mas cada pessoa tem um pai e uma mãe que ama, uma mulher, filhos. Para cada um que você mata, uma comunidade inteira te odeia". Persuadido, o coronel aceitou receber Annemarie.

Era o tudo ou nada. De suas palavras seria definida a vida de seu pai. Ela tinha que ser perfeita, meticulosa. Sabia que os soldados ingleses não conheciam uma pessoa de melhor nível, porque eram praticamente párias, considerados a pior classe na Inglaterra. Sabia também que havia praticamente um ano os oficiais não viam uma mulher distinta. Decidida, vestiu-se com cuidado: um vestido de verão, delicado. Sapatos com salto, não tão altos. Cabelos presos num coque. A verdadeira representação de uma *lady*, como nos livros ilustrados ingleses. Ela era a filha de um barão, e era assim que queria que a reconhecessem.

A espera foi longa, proposital. O coronel estava com os pés em cima da mesa e um cigarro na boca. Ela ficou muito quieta, parada à sua frente, e enfim ele disse: "O que você quer?" Ela respondeu: "O senhor está falando com uma *lady*, então por favor, tire os pés de cima da mesa e componha-se." Ele se levantou e se desculpou, e essa foi a base para conversar. Se ele tivesse ficado com as pernas para cima, estaria numa posição superior a ela. Por fim, Annemarie disse: "Quero um processo em que vocês provem suas acusações e só depois, se puderem, condenem meu pai, e não simplesmente que o levem e matem. Vocês não dizem que com os ingleses essa terra está melhor do que quando estava nas mãos do alemães? Então provem."

A negociação não foi fácil. O coronel não gostava da personalidade de Annemarie, mas ao final fez concessões. "Seu pai não será executado sem processo. Vamos levá-lo à Corte Marcial sob a acusação de posse de armas, mas para que o processo corra, é preciso que ele tenha um advogado".

Em Judenburg havia seis advogados. O primeiro alegou estar doente; o segundo disse que por princípio, não trabalhava com

Corte Marcial; o terceiro tinha que viajar; o quarto mandou dizer que não estava; o quinto reclamou do prazo e negou-se a pegar um caso em que não tinha tempo para se preparar. Chegando ao sexto, Annemarie estava desesperada. Ele lhe disse que, para poder exercer sua profissão, teve que filiar--se ao partido nazista, e que por este motivo não poderia representá-la pelas leis existentes. Aqueles homens todos não diziam, mas tinha medo. Recuavam pelo mesmo motivo, com desculpas diferentes.

Annemarie percorreu a pé os quinze quilômetros que separavam a próxima cidade da fazenda. Não havia ônibus, nem trem, nem nada. O carro havia sido confiscado e ela caminhava sozinha para casa. Era uma jovem de 24 anos prestes a perder o pai que tanto amava, mas não era só isso. Era a injustiça, a raiva, a covardia que a incomodavam. Pensava em muitas coisas, lembrava-se dos irmãos, da mãe e de si própria. O que seria de todos sem a figura do pai? Como ia conseguir um advogado, ou convencer um advogado a assumir uma causa tão difícil? Ela poderia ir a Viena, tentar um contato, mas não daria tempo. Não queria desistir, mas ao mesmo tempo não conseguia mais ter esperança. O que mais poderia fazer?

Dias depois, apareceu um homem em Pichlhofen. Queria falar com a senhorita Annemarie. Ela o reconheceu prontamente. Era o último advogado a quem procurara. Seu coração pulou no peito, parecia um milagre. O homem tinha conseguido um registro para trabalhar no caso. "Onde estão as armas?" perguntou. Annemarie as mostrou. A primeira providência tomada foi registrar tudo na prefeitura. O Exército de ocupação deixou armas e medicamentos, mas levou roupas de cama e mesa e outras coisas da casa. O advogado pediu que ela encontrasse testemunhas. O prefeito organizou o confisco das armas, mas se escondeu quando viu Annemarie chegar. Ele também queria se envolver o mínimo possível.

Andando pelas calçadas quase desertas do vilarejo, ela procurou pelo padre, que a recebeu na porta da casa paroquial, mas não a deixou entrar. "Eu só quero um pouco de consolo", ela pensou. "Todos me abandonaram e eu estou lutando pela vida do meu pai." "Padre..." ela disse, mas ele a interrompeu: "Eu não posso lhe ajudar, por favor, pense que a minha situação como padre é muito delicada, eu não quero me comprometer." Ela saiu. Tentou entrar numa loja de alimentos para comprar mantimentos para o pai na prisão. O dono da loja abaixou a porta. Ela foi embora e as ruas vazias a faziam sentir-se ainda mais só. "Quantas coisas boas meu pai fez por essas pessoas... elas são só criaturas covardes... Annemarie tentava organizar seus pensamentos, mas era tudo muito confuso. "... ele ajudou a todos e ninguém quer ajudá-lo... ironicamente, a única pessoa que agora me ajuda é um inglês..."

Mas Giff não estava mais em território austríaco. Tinha sido transferido para Verona, na Itália. Em sua carta, ressaltava seus sentimentos, dizendo que a ajudaria sempre e pedia que ela não falasse em inglês no interrogatório do pai para ganhar tempo. "Se vocês falam alemão, eles precisam traduzir, e você terá tempo de perceber a reação deles sobre o que falou". O problema era que ninguém queria ser testemunha de seu pai. O advogado estava surpreso: "Não há testemunha?" Ninguém. O único que queria dar testemunho não estava mais lá: Giff. O advogado partiu para Verona e Giff deu seu depoimento. A vida de Sigmund estava salva, por enquanto.

Clara nem sabia o que estava acontecendo. Ela ainda estava no alto das montanhas com os filhos pequenos e Annemarie tornara-se a dona da casa, a pessoa responsável pelas decisões mais importantes. Erika, sua amiga, não percebeu que Annemarie, de repente, sumiu. Já era tarde, ela deveria estar fazendo alguma coisa. E estava. Num canto da casa, ela chorava, de medo e desespero, de solidão e saudade, um choro doído, que não encontrava braços para consolá-la. De noite, quando ninguém enxergava mais nada, tudo ruía e não sobrava nada, a não ser uma menina aos prantos, desesperada com o mundo.

Annemarie finalmente pôde ver o pai. Nem sequer enxergava os seis guardas que o escoltavam, somente os cabelos que nas últimas três semanas ficaram grisalhos, e o rosto branco e encovado pela magreza. "Tenha coragem", ele disse baixinho. Ela mostrou a comida, os livros e o pacote de chocolate que Giff mandara da Itália. "Você falou com o advogado?" "Sim, mas ele tem pouca esperança. A audiência é depois de amanhã." Annemarie se calou. Mais uma palavra e desabaria num pranto sem fim. "Pai, vou mandar seu melhor terno para você se apresentar ao juiz. Você tem que estar bem vestido e não parecer um preso ou um criminoso." E a um sinal do guarda, ela entendeu que os seus cinco minutos estavam encerrados.

Os interrogatórios não tinham fim. Todas as vezes que parecia que os fatos iam se esclarecer, o juiz recomeçava as perguntas. "Mas acharam armas na sua casa..." E Sigmund repetia sua história, exausto. Annemarie não podia entrar.

Do lado de fora da sala de audiências, ela falou com algumas pessoas e também com homens do serviço secreto inglês. "Sim, fomos convocados para depor contra ele." Mas nada impediria aquela filha de querer salvar a vida de seu pai. O flerte era a sua arma, e ali já começava a fazer efeito. O pai passou no corredor. Os depoimentos do dia estavam encerrados. "A sua filha está flertando com seus carrascos", foi-lhe dito. "Então minha situação não pode ser tão grave", consolou-se. E foi levado de volta à cela. Annemarie seguiu para casa, acompanhada dos oficiais que testemunhariam contra seu pai. Mal entram na sala e um oficial da artilharia os flagrou: "Vocês estão fazendo uma visita particular?" A descompostura é geral. "Não senhor", disse um deles, envergonhado, "nós viemos fazer um interrogatório", e rapidamente mostraram suas credenciais. O oficial se retirou e Annemarie providenciou um lanche caprichado. Ela sabia que se eles comessem o lanche servido por ela em sua casa, seriam acusados de confraternização. Os homens avançaram sobre a comida e agora não havia mais como retroceder. Se eles dissessem alguma coisa contra seu pai, ela os acusaria de terem confraternizado. Ao saírem, um deles disse: "Então, estamos quites. Ninguém fala nada do outro, *ok*?" Ela riu alegre. Eles talvez pensassem que Annemarie não soubesse que comer em casa de civis configurava crime de confraternização. Mas não importava, tudo estava feito.

    No dia seguinte, não só os homens não depuseram contra o seu pai, como mudaram o depoimento que tinham dado. O juiz pediu que repetissem o que lhe haviam dito, enquanto o procurador sorria. Os interrogatórios continuam por toda a manhã. Annemarie passou de cabeça erguida por dois ingleses e subiu a escadaria. Uma alma maldosa comentou: "Ela ainda está de cabeça erguida, mas à tarde vai estar de outro jeito quando o pai for condenado à morte." Ao ouvir isso, percebeu que aquele povo não tinha nada no coração. Queriam a emoção da condenação, o espetáculo final. Para eles, a justiça não valia nada, muito menos a vida. Annemarie sentia-se incrivelmente abandonada, e chorou. Nesse momento, viu uma velha mulher encurvada que a encarava. Talvez ela a entendesse, talvez fosse uma alma caridosa mandada por Deus para consolá-la.

    Chegou a hora do veredito. Annemarie rezou e tremeu, implorando intimamente a Deus por ajuda. Suas mãos estavam geladas e ela sentia frio. De repente, a notícia surpreendente, deliciosa, redentora: Sigmund foi absolvido! Annemarie chorou, chorou tanto que nem se deu conta de que estava chorando nos braços do procurador, dos tradutores, dos secretários do juizado, que riam e se congratulavam com ela. A emoção tomou conta de todos, menos dos compatriotas. Eles tinham perdido o espetáculo. "Não entendo", disse o juiz frente à emoção que tomava conta de todos, "esses todos são seus parentes?" "Não, Excelência, em princípio não, mas neste momento eu acredito que sim!" O juiz não entendeu nada. Uma hora mais tarde veio a ordem de soltura. Não foi fácil, porque era muito tarde e o juiz teve que ser interpelado no caminho de casa para assiná-la. Nunca uma viagem de carroça foi tão bonita. O sol se punha, os cavalos trotavam e seu paizinho estava ao seu lado. Ela não se conteve e disse eufórica: "Está vendo, ainda existem pessoas boas, exemplares da espécie humana que verdadeiramente podem ser chamadas de humanas". "Eu não acreditava que seria libertado, porque conheço as cortes marciais: fazem o processo como uma farsa para que a injustiça pareça justiça" Chegando a St Georgen ob Judenburg, muitas pessoas os esperam nas ruas, tentando se fazer ouvir: "Como estamos alegres!" "Como nos preocupamos!" Annemarie afrouxa as rédeas dos cavalos, dando-lhes ordem de irem mais depressa. "Por que, Annemarie?" Ela não estaria feliz porque todos se preocuparam? Ela olhou para frente, sem realmente prestar atenção ao que via.

"Eles são nada mais do que uns covardes."

Os Primavesi

A origem da família Primavesi vem das cidades de Laglio, Pognana, Nesso, Palanzo, Lecco, Quarzano, Careno, todas situadas nas margens do lago Como, e também de Milão e Torino, na Itália.* No ano 1200, já se tinha conhecimento dos Primavesis nessa região, que eram condes vindos de Lugano e possuíam o nome de Prevost (em 1063 d.C.). Primavesi quer dizer "os primeiros" que se assentaram nessa região italiana.

Os Primavesis tinham um tino comercial apurado. Onde quer que se fixassem, a região se desenvolvia com destaque. Era algo tão excepcional que, em 1974, foi feito um trabalho de doutorado na Universidade Erlangen-Nürnberg (Alemanha) sobre: "O desenvolvimento econômico e social dos imigrantes italianos da família Primavesi na Alemanha na primeira metade do século XIX". Em princípio, tinham o "toque de Midas".

Muitos emigraram para a Alemanha e se espalharam por diversas cidades: em Bremen havia um que era armador no século XIX; para a Holanda, Áustria e Suíça. Artur é descendente do ramo que foi para Ölmutz, pertencente ao eixo Áustria-Silésia (século XVIII).

Paolo Antonio Primavesi emigrou de Careno para Ölmutz, em 1794. Lá, ele abriu uma casa de comércio de seda, linho e telas. Em seguida, construiu suas próprias instalações de fiação de linho e tecelagem. Quando Napoleão barrou a importação continental de açúcar, Paolo, agora Paul, com perspicácia

---
* Ver mapa 4.

percebeu que plantar beterrabas para produção de açúcar seria "o negócio" do momento. Comprou terras e plantou-as. Construiu duas refinarias de açúcar e uma destilaria de álcool. Ganhou muito dinheiro e o aplicou em fornos para produzir cal, aproveitando a demanda por material de construção.

Paul também adquiriu minas de ardósia na região. Em pouquíssimo tempo, passavam por suas mãos somas de dinheiro tão elevadas que se viu obrigado a abrir um banco, no início do século XIX, que se chamou *Banco Primavesi*.

Um século depois, os Primavesis que administravam o banco financiaram artistas austríacos e fundaram o "Wiener Werkstätte", um sofisticado atelier de artes. Gustav Klimt (que pintou Eugenie Primavesi e Mäda Primavesi, respectivamente esposa e filha do banqueiro e industrial Otto Primavesi), Hoffmann (arquiteto que construiu a Villa Primavesi em Viena, atualmente um museu), Anton Hanak (escultor, com uma escultura no túmulo dos Primavesi em Olmütz), arquitetos Franz von Kraus e Josef Tölk (projetaram a vila Primavesi em Olmütz, atual Oloumuc, ponto turístico na região), Szlesak, Czeschka, Löffler, Luksch, Kolo, Moser, Powolny e outros tantos tinham lá o seu ponto de encontro.

Paul Anton teve quatro filhos e Artur é descendente de um deles, Anton Thomas Ritter von Primavesi (1805-1883). Ele seria bisavô de Artur Primavesi. O avô chamava-se Paul Emilian (1836-1926), e o pai, Artur (1875-1963).[*]

Artur pai era oficial da cavalaria e tornou-se tenente coronel. Em sua carreira, o que mais gostava era ensinar a cavalgar e foi, entre outros, professor de Sigmund Conrad, pai de Annemarie, quando esse começara na carreira militar. Artur fora sempre muito disciplinado e dedicado, por isso recebeu a Cruz da Ordem dos Cavaleiros de São Leopoldo, a mais alta das condecorações da Cavalaria, atribuída por Decreto Real. Mas nem sempre tinha sido assim. Entrara para a vida militar por ordens do pai, também oficial. Não teve escolha, mesmo tendo implorado ao pai para trocar de posição com um dos sete irmãos. A tradição ditava: o primeiro filho tinha que ser militar, o segundo juiz, o terceiro agrônomo, os seguintes trabalharem na indústria ou comércio, ou seja, os filhos nasciam com as profissões já definidas. Artur pai queria ser engenheiro florestal, o que estava completamente fora de cogitação. O pai era irredutível, mas não completamente insensível ao sofrimento do filho. Na tentativa de agradá-lo, deu-lhe cavalos de raça, acertando em cheio. Os cavalos tornaram-se a paixão de Artur, e a vida militar deixou de ser um fardo tão pesado.

---

[*] Ver árvore genealógica de Artur Primavesi.

Com o fim do Império ao final da I Guerra Mundial, Artur desligou-se da vida militar, já que não havia mais exército imperial. Instalou-se na propriedade da família em Krotendorf, perto de Jägerndorf (antigo Sudeto alemão, hoje República Tcheca), uma linda Villa que sua esposa Margarethe Happack herdara. Plantou trigo e beterrabas de açúcar, ambos dando fartas colheitas. Agora, poderia dedicar-se ao que realmente gostava: lidar com a terra.*

Artur pai era um homem muito bem-sucedido. Era coproprietário das tecelagens nas cidades de Lichtenwerden, Würbenthal, Messendorf e Freudenthal e do banco em Olmütz, que quebrou em 1926. Possuía também o restaurante "Zum Goldenen Stern", em Jägerndorf. Ana diz que "Artur pai era um dos últimos cavalheiros verdadeiros que conhecera, com extraordinária cultura, bondoso, justo, honesto, prestativo e corajoso."

Grete, como era chamada sua esposa, adorava o parque de Krotendorf, que tinha uma montanha e dois grandes lagos artificiais, uma coleção de coníferas que vinha do mundo todo, muitas azaleias e flores das mais exóticas. O parque era um dos mais lindos parques privados da Europa Central, e onde havia uma raridade: os faisões de Artur. Ao escutarem o chamado de seu dono, apareciam no meio do prado para receber a ração de uvas passas. Todos se admiravam que ele desse uvas passas aos faisões, mas ele tinha dinheiro suficiente para tal excentricidade.

A família de Grete Happack era uma família abastada e influente, com propriedades rurais, e também possuíam o direito de serem juízes, pois a nobreza da época herdava esse direito.**

Artur pai teve dois filhos. Paul que nasceu em 1908 e Artur Maria Anton Ritter von Primavesi, em 9 de fevereiro de 1918, em Krotendorf, município de Jägerndorf quando seu pai ainda estava no fronte oriental, lutando na I Guerra Mundial.*** Grete não gostava de cuidar de filhos e foi Toni, a governanta, quem criou e mimou Artur. Quando ele ficava doente, Grete só

---

* Na Villa de Krotendorf funciona atualmente um orfanato e o grande parque tornou-se um "parque nacional".

** Grete tinha um tio que era professor na Universidade de Breslau. Morreu pela mordida de um cão raivoso e como era solteiro, doou sua considerável fortuna à Universidade, Fundação Kaluza, com a condição de que todos descendentes diretos de sua irmã pudessem estudar sem ônus na Universidade, o que nunca foi usufruído.

*** Jägerndorf, atual Krnov, outrora Império Austro-Húngaro, com o fim da I Guerra Mundial e o esfacelamento do Império, fez parte da Tchecoslováquia, e só depois essa área habitada por alemães foi anexada à Alemanha com o nome de Sudeto.

espiava pela porta "para não pegar a doença". Aos 17 anos, Artur contraiu tuberculose e permaneceu internado por dois anos em um sanatório nos alpes tchecos, a cadeia montanhosa do Tatra, nos Cárpatos com mais de 2.500 m de altitude (em altitudes acima de 800 m a fixação do cálcio é melhor). Artur saiu de lá com 2/3 de seu pulmão direito dissecado. Desta forma, não precisou lutar na guerra, mas trabalhou na diplomacia.)

Dos dois filhos, Artur era quem tinha uma aparência física eslava bastante acentuada, e sua beleza era de chamar a atenção. Era muito admirado e, aos quinze anos, trouxe a primeira "noiva" para casa. Noivara oito vezes antes de casar com Annemarie.

Paul seguiu a carreira militar, como o pai. Artur filho entrou na Faculdade de Agronomia aos dezenove anos em Tetschen-Liebwert, pertencente à Universidade de Praga, onde estudou por três anos, quando soube que sua namorada, (para ela, eram "noivos") a filha do conde mais importante de Praga, fugira do Sacré Coeur para ficar com ele. O pai de Artur queria evitar escândalos, e sugeriu que ele fosse terminar seus estudos em Breslau (atual Wroklaw, na Polônia), onde havia a fundação com usufruto da família, mas Viena era mais instigante. Além disso, havia a guerra, e Viena era uma região mais segura do que as fronteiras da Tchecoslováquia com a iminência da invasão dos comunistas.

Artur transferiu-se para a Boku, em Viena. Lá, conheceu aquela que seria sua futura esposa: a senhorita Conrad; uma jovem austríaca do primeiro ano, de olhos azuis cinzentos, personalidade forte e que não demonstrava nenhum interesse por ele. Na Boku Artur concluiu a faculdade e também fez seu doutoramento, cuja tese está na Biblioteca Nacional da Alemanha: "Estrutura e tendências da comercialização do açúcar no mercado oriental" datado de 1941, Viena. Como a família, há gerações, vinha investindo no plantio de beterrabas para produção de açúcar, em sua industrialização e venda, este era um assunto de grande interesse para ele.

Ao terminar a Universidade, Artur entrou para o serviço diplomático como consultor de agricultura na Eslováquia, com sede em Pressburg (atual Bratislava), de dezembro de 1941 a março de 1944.[*] Em uma viagem para Bucareste (Romênia), em missão diplomática, atrasou-se para pegar o trem,

---

[*] A diplomacia era, segundo muitas pessoas que conheceram Artur, a atividade perfeita para ele: polido, educado, agradável e muito culto, era difícil resistir a seu charme e não se afeiçoar a ele.

como era seu costume e grande desagrado de seu pai, que vivia brigando com ele por causa disso. Mas dessa vez, o atraso lhe beneficiou. Esbaforido, ao entrar na estação de trem, uma grande explosão o lançou longe. Era um atentado contra uma comissão alemã, em que todos os passageiros morreram. Artur ficou muito tempo em coma. Quando recobrou a consciência, o embaixador alemão o olhou e disse: "Se você tivesse chegado um minuto antes, teria feito seu despertar no além". A explosão lhe deixou sequelas por muito tempo, como um zumbido na cabeça e gagueira, justificados pelo médico: "Um descontrole dos nervos."

***

As pessoas da região onde nascera Artur, o Sudeto alemão, tiveram que ir embora, principalmente os homens, que, se ficassem, seriam levados para a Rússia para engrossar o exército das pessoas que trabalhavam nas minas.

Todas as propriedades da região estavam sendo tomadas pelos russos, e a fazenda do pai de Artur não seria exceção. Artur estava livre da gagueira e do zumbido na cabeça, mas ainda convalescia da explosão que o atingira. Ele conversava com os pais, pois sabia que a chegada dos russos era iminente.

"Que bobagem é essa?" disse o pai, bravo.

"Papai, não é besteira! Os primeiros tanques russos estão chegando a Breslau!"

O velho coronel abanou a cabeça. "Se você quiser ir, vá. Nós ficaremos aqui. Faz quase trinta anos que moramos nesta propriedade. Nosso coração, nossa vida estão aqui. Além disso, você não pode viajar, os médicos te proibiram!"

A mãe de Artur está sentada em outro canto. De vez em quando dizia: "É claro que você não vai. Olha o que os médicos disseram..." Mas ela sabia que Artur pai e Artur filho não a escutavam... Estavam focados em convencer um ao outro de sua posição.

Mas a discussão não levou a nada. O pai bateu jovialmente nos ombros do filho e disse: "Se você quer sair, vá. Mas nós não pensamos nisso. Se for necessário, vamos lutar."

A despedida foi curta. já estava com os cavalos atrelados e ele podia sair imediatamente. Artur ainda tentou dizer algo pela última vez: "Nós não temos nenhuma influência sobre o desenrolar da guerra!" Também não adiantou. O

enfermeiro que iria com ele estava sentado no trenó mas, tremia de medo.*
Eles partiram, mas logo o enfermeiro desceu do trenó e voltou a pé para casa.
Se uma patrulha os pegasse na estrada e ele não tivesse os papéis suficientes,
especialmente o *laissez-passer* (passaporte), valia a lei marcial. Mesmo Artur,
com todos os seus atestados médicos e o passe diplomático teve dificuldade
em prosseguir a viagem em cada controle da estrada.

Ao contrário das previsões médicas, a permanência naquele ar frio e fresco
não piorou a saúde de Artur, muito pelo contrário. Ele se sentia melhor a cada
dia, e mais disposto. E logo Artur chegou ao castelo Kottingbrunn, próximo a
Viena, um castelo muito bonito que o imperador Francisco José construiu para
sua neta, a princesa de Windisch-Graetz, mas como ela era do Partido Social
Democrata, não queria morar num castelo mesmo sendo uma arquiduquesa.

O castelo estava sendo visitado por gente de todos os lados. Principalmente do Leste, chegavam parentes, amigos e refugiados de guerra que pediam
pousada. A atmosfera enfumaçada pelos cigarros das pessoas incomodava
Artur. As mulheres o olharam com desejo, mas ele não estava interessado.
Logo, ele saiu. Ali não era um bom lugar para ficar.

***

O barão Otto von Klobus, o tio Otto, neto da irmã da esposa do bisavô de
Artur, Anton Thomas Primavesi, e filho de Clementine, cujo avô era irmão
de Anton Thomas, era um solteirão convicto. Não se casou e também não
queria se casar. Seus três castelos, na atual Polônia: (Lodygowice, Buczkowice
e Wilkowice), tinham, juntos, 2022 hectares, sendo: 1703 ha de florestas, 127
ha para agricultura e 192 ha de entorno.

Na propriedade havia uma serraria que cortava, em média, quinze mil
metros cúbicos de tábuas por ano. A leiteria tinha vinte funcionários e produzia seis mil litros de leite por dia. O leite era vendido em Bielitz para as
escolas e hospitais.

Lodygowice também tinha uma destilaria de vodka de batata, com capacidade de destilar cem mil litros por ano. Havia também uma metalúrgica e
um restaurante. Jablonka era a governanta desse castelo, uma mulher muito
feia mas com um coração de ouro. Era quem cuidava de tio Otto e também

---

* Era um trenó puxado a cavalos sem teto que levava duas pessoas na frente e duas atrás.

de Artur, que ficava muito lá. Ambos viajavam juntos muitas vezes e se entendiam muito bem. Otto não teve filhos, e como adorava Artur, acabou adotando-o. Precisava fazer isso, porque não queria que seus bens ficassem nas mãos da SS de Hitler.

***

Os russos chegaram. Artur pai e Grete duvidavam da invasão, mas quando finalmente viram acontecer, mandaram um pedreiro cimentar joias e ouro no porão.

Um grupo de tchecos comunistas adentrou o castelo de Krotendorf. Dão 5 minutos para Artur, Margarete Primavesi e a cozinheira abandonarem o local. Artur, aturdido em meio a toda a agitação da expulsão, pegou a mochila com charutos que havia ganho em seu aniversário. Margarete pegou um cesto de roupas a remendar. Emma, a cozinheira, foi a única que teve sangue frio naquele momento: pegou o dinheiro que havia guardado como poupança. Todos deveriam ir para o acampamento de refugiados em trânsito na cidade de Lichtenwerden, que hoje também pertence à República Tcheca.

Artur pai ainda conseguiu ir escondido a Krotendorf, e com a ajuda de sua fiel governanta Toni, que era irmã de um padre tcheco, pôde pegar algumas roupas. Nada mais sobrara de seu lindo castelo, tudo tinha sido roubado. O pedreiro delatara o esconderijo.

De Lichtenwerden, depois de uns meses de custódia, foram despachados, como todos que falavam o idioma alemão, para uma Alemanha totalmente bombardeada e empobrecida, onde não havia moradia nem para os seus habitantes. Do acampamento de refugiados do Leste em Memmingen,[*] foram finalmente alocados em Roggenburg, município de Neu-Ulm no Estado da Baviera (Alemanha), onde a condessa e o conde Mirbach-Geldern, amigos da família, lhes cederam uma pequena moradia no castelo, isto é: dois quartos e um banheiro no segundo andar, uma cozinha e quarto de empregada no térreo. Nos primeiros tempos, viveram da poupança de sua fiel cozinheira Emma, até Artur filho encontrar os documentos dos arquivos do Exército

---

[*] Ana os visitou algumas vezes ali e em uma grande coincidência, em 2012, ao receber o prêmio da IFOAM na cidade de Legau, Ana, sua filha Carin, as netas Paola e Carina, ficaram hospedadas em Memmingen! Ana ficou muito emocionada ao se lembrar de quando visitou os sogros no acampamento de refugiados naquela cidade.

em Viena que provavam que Artur pai era tenente coronel e conseguir uma pensão de cerca de 800 marcos alemães.

Tio Otto foi preso pela SS, em 1942, e no ano seguinte foi morto na prisão, apesar de todos os esforços de seu sobrinho Artur para libertá-lo.

Em 1943, após a morte de seu tio Otto, Artur filho entrou no movimento de resistência austríaca (*maquis*) sob o número 101. Ao final de 1944, os russos invadiram a parte oriental de Bielitz, atualmente Bielko-Biala e a propriedade de Lodygowice não pôde ser salva. De Breslau, Artur ainda conseguiu salvar sua poupança de oitocentos mil marcos. Isso foi tudo, o resto foi perdido. Durante a noite ele fugiu de trenó com sua tia Lexi, condessa Alexandrina Demblin-Happack, e seu marido, Hans Happack, irmão da mãe de Artur, atravessando a Tchecoslováquia. Ficaram no castelo Schönau, em Tristing Günseldorf, perto de Viena, pertencente à tia Lexi. A Tchecoslováquia fora ocupada pelos estadunidenses até Praga, mas depois entregue aos russos. Tia Lexi seria eternamente grata ao sobrinho por tê-la levado para lá, salvando sua vida.

Schönau era frequentada por barões, príncipes e pessoas ligadas à aristocracia europeia, que no pós-guerra vinham caçar os faisões e patos que criavam por lá. A caça esportiva em voo dava-lhe bom lucro e os animais abatidos eram doados a orfanatos, pois o objetivo não era comer a carne e sim caçar. E foi lá, no final da guerra, que Artur testemunhou a ocupação russa e o estupro de quase todas as mulheres do castelo. Mesmo assim, não acreditou que essa situação fosse demorar muito. Mas, quando um carro militar russo bateu violentamente contra o seu – eles não sabiam dirigir muito bem –, todos os russos do outro veículo e também os ocupantes do carro em que estava Artur, exceto ele, morreram. Artur machucou-se gravemente com um grande buraco na cabeça, mas precisou fugir da zona de ocupação russa porque poderia ser fuzilado "por ter matado seus homens".

Ele foi para Hohenems (Estado de Vorarlberg, extremo Oeste da Áustria, na fronteira com a Suíça),* onde se hospedou no castelo da condessa Waldburg-Zeil, cuja filha Clea era noiva de seu irmão Paul. No outono de 1945, ainda viajou para a Tchecoslováquia, porque acreditava poder salvar pelo menos a propriedade do pai em Jägerndorf. Essa viagem foi relatada no diário de Ana, e está descrita no capítulo: "Tchecoslováquia".

---

* Ver mapa 5.

Tempos depois da guerra, Tia Lexi transformou o castelo de Schönau em um "campo de passagem"; recebia os judeus refugiados saídos da antiga União Soviética que emigrariam para Israel. Estima-se que mais de setenta mil emigrantes em trânsito passaram por lá. Estes ocupavam não só os cômodos do castelo, como também os alojamentos feitos mais tarde pelo governo austríaco ao redor do castelo. A essa altura tia Lexi era viúva e vivia numa "casinha pequena", mas "fácil de limpar e de aquecer no inverno".

Os refugiados judeus ficavam lá até juntar uma lotação de avião, que os levaria a Israel. Um dia, ao tentar passar de carro pela entrada da propriedade, tia Lexi quase foi decapitada por um cercado de arame farpado. Ela não sabia que no dia seguinte haveria uma saída para Israel e também não vira a cerca feita de arames por toda propriedade. O choque espatifou seu para-brisa. Furiosa, entrou bradando no campo: "O que significava aquilo?" Os responsáveis pelo campo desculparam-se, não sabiam que haveria um voo no dia seguinte. Uma leva de refugiados chegaria na sexta-feira e no sábado teriam que arrumar as malas às pressas para prosseguirem viagem no domingo. Mas os judeus ortodoxos não podiam trabalhar no sábado, (shabbat)! Então o rabino teve uma ideia brilhante: cercou o acampamento-castelo com uma cerca de sete fios de arame farpado e após algumas orações, ele excluíra o sábado do acampamento, permitindo aos judeus preparar suas bagagens tranquilamente para voar para Israel no domingo.

Em 1973, Annemarie e Artur foram visitar tia Lexi no castelo e uma grande surpresa os esperava: Golda Meir, na época primeira-ministra israelense, estava lá, fazendo uma visita. Ana a descreveu: "Golda Meir, uma judia russa de Kiev, pequena, velha mas com uma energia que dava para três homens jovens e fortes". Ela estava ali inspecionando o campo de refugiados e era de uma simplicidade cativante. "Não fez cerimônia nenhuma, sentou-se comigo e tia Lexi, em bancos na cozinha, para um café, em meio a uma bagunça tremenda de móveis, roupas, panelas e colchões que tia Lexi tinha retirado dos castelos e conversamos ali mesmo, uma vez que os castelos estavam ocupados na maior parte pelos judeus a caminho de Israel. Era uma mulher fantástica que não se importou com luxo e muito menos com o fato de sermos *góis* (não judias)", Ana conta. Depois da visita de Golda Meir, o governo austríaco também passou a visitar o *campus* de tia Lexi, uma forma de politizar a situação.

Após o término do êxodo dos judeus da Rússia via Schönau, tia Lexi alugou seus castelos para o Exército austríaco.

Tchecoslováquia

"O senhor está louco! Querendo ir agora para a Tchecoslováquia!"

O coronel sabia que estava apenas dando sua opinião, mas que Artur não mudaria de ideia. "Eu já lhe expliquei, coronel, lá eu tenho ainda meus parentes e minhas propriedades."

Era outono de 1945. Com o *laissez-passer* (passe livre necessário para poder circular de uma zona de ocupação para a outra, no pós-guerra), Artur deixou Salzburg, mas ainda tinha que pegar o visto e o carimbo dos oficiais russos, firmes em sua zona de ocupação. Outro amigo, o capitão Jean Pierre, tentou dissuadi-lo da ideia: "O senhor acha que eu lhe protegi de entrar na legião de estrangeiros para que o senhor acabe trabalhando numa mina na Sibéria? Tire essa ideia maluca da cabeça, nenhuma pessoa com o mínimo de bom senso vai para a Tchecoslováquia ou para a Polônia. O ministro do exterior é meu amigo e talvez me ajude a retirar algumas coisas. Então pense bem!"

Artur conseguira o visto estadunidense. Faltava o russo, mas os funcionários não estavam lá, e ele teve que seguir sem essa parte dos documentos. O dia estava ensolarado e naquele outono a neblina cobria os campos. Todos o aconselharam a ir por Pilsen (fronteira da Alemanha com a Tchecoslováquia), porque até lá a ocupação estadunidense não oferecia tanta dificuldade. Os estadunidenses eram alegres e amigáveis, apenas batiam continência, cumprimentavam e mascavam seu chiclete ao abrirem passagem: "*Good luck*". O carro passou sem nenhuma cerimônia.

Em Pilsen, tudo estava estranhamente calmo e quieto. Muitos campos não haviam sido plantados, muitas casas desmoronadas e abandonadas e distritos inteiros estavam desertos. Cegonhas pousavam sobre as casas, de passagem em seus voos migratórios. Pilsen era o limite da zona de ocupação estadunidense. A barreira foi levantada, e agora Artur estava frente a frente com um guarda russo. Apresentou-se como um barão que morava na região. "Barão! Hum, muito bem, mas o senhor precisa de um carimbo, sem ele o senhor não pode passar." Artur voltou para o lado dos americanos e perguntou: "Onde eu acho esse carimbo que os russos querem?" O americano começou a rir. "Não precisa ser um carimbo específico, qualquer carimbinho serve, porque eles não sabem ler. Qualquer carimbo pequeno, vermelho e redondo serve."

No dia seguinte, lá estava Artur, documento carimbado nas mãos. O carimbo era de uma casa de distribuição de leite, redondo, vermelho e pequeno, como queriam. Estava escrito "¼ litro leite magro", que era a ração diária de um cidadão. Todas as estradas entre Pilsen e Praga estavam ocupadas por militares. Os russos dormiam ao relento e tinham de ser exercitados todo dia até a exaustão enquanto estavam acordados, caso contrário, ninguém os dominava. As estradas eram esburacadas. Quando o carro chegou a Praga, muitas peças estavam soltas e fazendo barulho.

Por toda parte, os tchecos contavam as histórias mais horríveis sobre a guerra. As atrocidades foram tantas que até os russos intercederam para interrompê-las. "A gente pode prender pessoas quando o Estado o exige, mas torturá-las por simples prazer de vê-los morrer..." O advogado da família, dr. Cervenka, o aconselhou: "Você não pode continuar entrando nesse país, aqui termina a última civilização. Mais para dentro ninguém poderá garantir a sua vida." Artur não ouvia. Estava determinado a retomar suas propriedades, joias, dinheiro. Seu tio, entre os anos de 1920 e 1938, tinha feito doações no valor aproximado de três milhões de *zlotys* para que se fizessem reformas em sua propriedade. Na verdade, tio Otto nunca mexera com política, e quando, em 1918, suas fazendas foram incorporadas à Polônia, ele submeteu-se às leis polonesas. A ele importavam suas fazendas e a caça. Era disso que gostava, e era isso que o ocupava. Eram essas terras também que Artur tentava reaver, além das muitas joias que Otto havia cimentado entre as paredes do castelo, mas os russos andavam com detectores de metal e acharam tudo. Tio Otto foi morto pela SS, que agora desejava utilizar suas propriedades durante a invasão, porque o tio tinha sido considerado traidor ao passar para a cidadania polonesa.

O dr. Cervenka acompanhou Artur até a fronteira. Mährisch-Ostrau, na Tchecoslováquia, é uma cidade cinza sob céu azul. Tudo se acinzentou: o estuque das casas, as roupas das pessoas, a atmosfera do lugar. "Aqui não é mais Mährisch-Ostrau", disse perplexo o advogado. "Eu sou de Ostrau, mas se alguém na rua me perguntar onde estou, digo que não sei mais. Se eu não soubesse com certeza que aqui é Ostrau, ia pensar que me enganei." Um homem de alta patente os recebeu, surpreso. "Que bom recebê-los, raramente alguém de Praga vem até aqui. Todos acreditam que nos tornamos antropófagos", o homem brincou. "O que nosso jovem amigo quer aqui?" "Ele quer visitar os seus tios." "Bem, lá não tem muito o que visitar, mas podemos ir."

O homem acompanhou Artur e dr. Cervenka. Passaram por muitas casas e fazendas abandonadas. O lugar estava completamente despovoado. De longe, avistaram o castelo branco entre as árvores. Artur, apesar de tudo, se sentia em casa, e a emoção tomou conta dele. Ele se lembrou das festas realizadas no jardim, das caçadas, dos dias de liberdade e da alegria que compartilhara junto ao tio. Tinha também a tia Suse e tio Fritz, irmão de Otto. "Eles não moram mais no castelo", o homem explicou, agora moravam numa das casas dos empregados. Artur avistou sua tia Suse e a filha, Trude. Buscavam comida nos silos para os porcos. Andavam descalças, com roupas desbotadas e faces encovadas. Tio Fritz não estava. Tinha sido preso e açoitado até a morte, contou o homem. Alemães e austríacos não possuíam direito algum naquela região, sendo saqueados, violados, espancados ou deportados pelos russos sem a mínima compaixão. As torturas podiam se estender por dias, semanas, anos. Quanto mais lentamente o prisioneiro morria, mais contentes ficavam os torturadores. Assim morrera tio Fritz. Açoitado, mal alimentado e sem condições de se recuperar das feridas abertas, suportara tudo por dois anos, e não deu tempo de o consulado austríaco em Praga ajudá-lo. Morreu na prisão.

"Você quer falar com as mulheres?" – o homem perguntou. Artur sentiu-se mal em seu terno bom, seu carro novo e sua aparência normal. Mas não podia fazer nada. O advogado pegou depois os dados exatos delas para tentar fazer a transferência das duas para Praga, o que não era tão simples assim. Era melhor que elas não o vissem, decidiu.

Cansados e preocupados, Artur e dr. Cervenka procuraram um lugar em que pudessem se hospedar. Os hotéis estavam cheios, mas eles encontraram uma vaga numa das muitas pensões particulares abertas nos últimos tempos, uma forma que as pessoas encontraram de fazer algum dinheiro em tempos tão difíceis. A dona da casa parecia ordeira e o quarto era limpo. Exaustos, os dois logo caíram no sono. No meio da noite, parecia haver alguém se movimentando no quarto. Dr. Cervenka viu a dona da casa, que também percebeu que ele a tinha visto. Ela disfarçou e mexeu em algumas coisas perto do armário, pediu desculpas e saiu do quarto. O advogado acordou Artur: "Devemos nos revezar, um dorme e o outro vigia. Aqui não é seguro." Algum tempo depois, a porta se abriu novamente. A mulher entrou. Um brilho metálico em sua mão fez os cabelos de Artur se arrepiarem. A faca longa e pontuda escondia-se debaixo do avental. Artur saiu da cama e num golpe rápido bateu na faca, que caiu ruidosamente no silêncio da noite. A velha gritou assustada e Artur se abaixou, pegou a faca e a arremessou pela janela. "Vamos", diz ao amigo, "aqui não é muito agradável para dormir". "Mas vamos para onde?", perguntou dr. Cervenka, bêbado de sono. "Para a Polônia". "Então, boa viagem. Eu vou voltar para Praga".

Artur chegou a Oderberg e se encontrou com um de seus homens. "A sua viagem para lá, no momento, é completamente impossível. Um escritório russo está instalado no seu castelo e todas as casas de administração estão ocupadas. Os últimos carros que a SS deixou, tratores, máquinas e gado foram confiscados e levados para a Polônia. A serraria, a fábrica de móveis e de álcool também foram desmontadas e levadas. Artur fez algumas recomendações ao capataz e retornou a Praga. Pelo menos, agora ele sabia em que mãos exatamente estavam as propriedades, e de que forma estavam sendo ocupadas.

"O Barão Primavesi está aqui? Deixe-o entrar!"

O ministro, um homem alto e gordo, recebeu Artur na porta. "Meu querido, meu querido, que ventos loucos lhe trazem aqui? Tragam cigarros e uma bebida. Temos que comemorar." O homem ocupava o cargo de ministro tcheco do exterior. Conversaram animadamente e o homem entusiasmou-se em contar vantagens. Disse que mesmo os russos se comportaram melhor que seus compatriotas durante a guerra. "Os tchecos barbarizaram de tal forma que nem os hunos foram tão cruéis e selvagens." Artur o ouvia atentamente, e não mencionara nada sobre suas propriedades. O homem também não tocou no assunto, a não ser na despedida: "As suas propriedades na região tcheca da Moldávia, o senhor esqueça. Daqui a uns dez anos, talvez, possamos falar de novo sobre isso, mas durante esse tempo ainda vai correr muita água na Moldávia e muito sangue na Tchecoslováquia. Depois, esperamos que tudo seja melhor esclarecido, pois a ocupação estará no fim e então poderemos nos falar novamente."

As palavras de Jan Masaryk[*] pareciam proféticas, e de fato, muito sangue ainda foi derramado na Tchecoslováquia. O

---
[*] Filho do fundador da República Tcheca.

ministro do exterior só não conseguira prever o seu próprio fim. Levou um tiro e foi jogado pela janela do palácio do governo. A defenestração era uma prática comum que parecia ser parte da história daquele país.*

O dia de outono estava bonito em seu colorido. Era a véspera da partida de Artur de Praga. Ele desceu com seu amigo as escadarias do Palácio Hradschin. "Como Praga é linda", pensou. O dia seguinte, 28 de outubro, seria feriado nacional, aniversário tanto da Primeira quanto da Segunda República Tcheca. Por toda parte, se viam os preparativos finais para a tão esperada festa. Artur observava a juventude marchando pelas ruas, boa parte ainda vestindo uniformes da juventude hitlerista. "Como nos tempos de Hitler", ele pensou, "as canções são em tcheco e a marcha é menos disciplinada e mais barulhenta que na Alemanha, mas é a mesma coisa. Parece uma mudança apenas de pessoas, não de sistemas".

Ele voltou para a Áustria. Nunca mais conseguiria reaver suas propriedades.

Artur reencontrou seus pais apenas em 1946. Com o *laissez-passer*, viajou como jornalista pela Alemanha à procura deles. Começou pela Tchecoslováquia, perguntando por eles e indo atrás das pistas, e conseguiu encontrá-los no verão de 1946, em Roggenburg, Estado da Baviera.

Aos 75 anos de idade, Artur pai recebeu a bagatela de 0,4% do valor total dos imóveis, como indenização da Alemanha pelas propriedades perdidas devido à guerra. Grete já havia falecido. Um pouco surdo, meio cego e sozinho, pois seus dois filhos haviam emigrado, tinha como única ocupação procurar lenha na floresta. Ele era um poeta de mão cheia e fez muitas poesias que Ana guarda com muito carinho. Ela gostava muito de seu sogro e ia visitá-lo sempre que podia. Clara, irmã de Ana que mora em Viena, visitava frequentemente Artur pai em Roggenburg, principalmente quando ele já estava sozinho. "Era uma pessoa adorável e uma companhia muito agradável", diz.

---

* Ato de jogar alguém pela janela; a palavra vem de "fenêtre", que é janela em francês.

Paul, o irmão mais velho de Artur, fora mandado como oficial da SS para o *front* Leste lutar contra os russos. No final da guerra, ainda estava com sua unidade no Báltico. Numa última investida heroica, a marinha alemã trouxe todos os sobreviventes das tropas no Báltico para a Alemanha Ocidental e, com isso, salvou a vida de muitos alemães. Quando Artur filho o encontrou, ficou tão feliz que lhe deu grande parte do dinheiro que ainda salvara para ele reconstruir sua vida. Paul também emigrou para o Brasil, onde ficou só por 10 anos, retornando à Alemanha, para perto de Hannover, onde viveu até seus últimos dias. Casou-se com Dorothea, mas não tiveram filhos.

Relógio, relógio

Annemarie viu pela janela um homem se aproximar. Nunca se podia imaginar quem era, de onde vinha. Sem pensar muito, pegou o pequeno despertador que tinha e o enfiou no vão da poltrona da sala. Ela sabia que para os russos relógios eram artigo valioso e não podiam ser deixados à vista. Eles adoravam relógios. Principalmente os de pulso. Exibiam dez, doze deles em cada braço, como sinal de *status*. Um médico cirurgião da cidade, primo de Annemarie, fora procurado por um deles que queria transformar um relógio de mesa em relógio de pulso. Mas não adiantava discutir ou argumentar. O homem disse: "Me opera esse relógio de mesa em relógios de pulso". O pobre médico dava um jeito, trocando ou comprando relógios para não ser morto.

O russo sentou-se exatamente na poltrona em que ela escondera o relógio: Tic-tac, tic-tac, o barulhinho ritmado deixava Annemarie desesperada. Ela falava alto, tentando disfarçar.

"Você não tem um relógio?" – o homem perguntou desconfiado.

"Não!" – ela respondeu alto.

"E como você sabe a hora se você não tem um relógio?"

"Venha comigo, eu lhe mostro". Era a deixa para tirá-lo do sofá. Ela entrou na sala de jantar e mostrou o enorme relógio em cima do móvel.

"Como se pode levar esse relógio?"

"Esse não se leva, você tem de vir aqui olhar."

O russo a olhou desconfiado. "Você mora nesta casa tão grande e não tem nenhum relógio de pulso? O que adianta essa casa toda se não tem um relógio?" Ana riu. "Você não é do Exército Vermelho? Pois então você pode me trazer um!"

O homem se deu por vencido. Na saída, cruzou com uma motocicleta. Mandou o condutor parar e olhou deslumbrado para o velocímetro. Um relógio de ponteiro na moto! E saiu em disparada, mal equilibrando-se naquela geringonça.*

---

* No castelo de Spielberg, tia Anne – irmã de Clara, mãe de Annemarie – passou por situação semelhante. Ao ver a chegada dos russos, pegou o despertador e o escondeu na barriga, por debaixo da roupa. O russo entrou no castelo e logo o despertador tocou. Imediatamente, tia Anne colocou a mão na barriga. "O que é isso?" O russo perguntou. "É a minha barriga, eu estou com uma doença terrível!" O homem saiu depressa. Aquilo devia ser contagioso.

POW (Prisioner of War) Camp

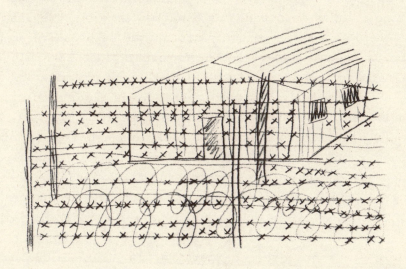

"A senhora está presa!" "O senhor está preso!"

Trezentas mil pessoas escutaram essa frase nos dias que se seguiram do pós-guerra na Áustria. Por que eram presas? Ninguém sabia. Tropas inglesas prendiam muita gente como medida de prevenção. O medo imperava, principalmente se houvessem *partisans*. "A prevenção é a mãe da sabedoria", já dizia o ditado. Para efetuar as prisões, andavam pelas ruas e contavam as casas: uma, duas, três, quatro... na vigésima, entravam e todos eram levados. Ao saírem, a contagem recomeçava: uma, duas, três... E assim iam prendendo, aleatoriamente. Pichlhofen fora a vigésima casa, e Annemarie, sua irmã Brita, Érica e Sigmund foram presos.

A prisão em Judenburg era fria, úmida e suja. Dali, todos os prisioneiros seguiriam para os campos de concentração. Brita, com quinze anos, foi logo liberada. Érica também. Annemarie podia ir para casa, mas recusou-se. Não voltaria sem o pai.

As prisões eram uma forma de tirar de circulação pessoas que poderiam se revoltar contra a ocupação, e mostrar à população "quem mandava". Os campos de concentração eram para prisioneiros, não chegavam a ser como os campos nazistas, mas continuavam a ser terríveis e desumanos.

A cela da prisão se encheu. Mais quatro meninas usando meias de nylon rasgadas entraram, cheias de piolhos nos cabelos ondulados, unhas desbotadas de esmalte vermelho. "Meninas de chocolate", Annemarie pensou. Garotas que se prostituíam por uma barra de chocolate. "Que droga estar presa com mulheres desse tipo", indignou-se. Outra mulher jogou sua maletinha no catre e começou a rir histericamente. Era a líder do distrito das mulheres do partido nazista. Seu nome era *Frau* Baal. Ela passou o dia inteiro sentada, olhando para baixo. À noite, chegou o rumor de que os homens estavam sendo levados para o campo de concentração em Wolfsberg, na Caríntia (Áustria). Cada prisioneira, em sua ingenuidade, tinha a esperança de ser interrogada e liberada, como se a lei e o direito ainda existissem. *Frau* Baal começou a chorar e a gritar, e a sua histeria era tanta que o carcereiro apareceu. "O que aconteceu?" A mulher gritava: "Meu pobre marido vai ser levado para longe!" "Não fala bobagem, ele não vai ser transportado sem a senhora!" "Não? Então eu chorei por nada!" e olhou para os lados procurando pelo sujeito que tinha dito aquilo, mas ele não estava mais.

A prisão durou dois dias. No terceiro dia, os prisioneiros foram levados ao campo de St Stefan, na Caríntia. Era um lugar de passagem, não o local definitivo para todos. "Depois do presídio, parecia um paraíso", Annemarie contou. O lugar não era assustador. Os homens moravam em velhos celeiros e as mulheres em pequenas barracas. Ninguém falava inglês, e o comandante britânico parecia divertir-se com o chicote que segurava. Não era preciso haver motivo para as chibatadas, desferidas com vontade naqueles que ele julgava "terem cara de problemas". O carcereiro também não entendia nem uma palavra senão o inglês. Ele foi justamente à barraca de Annemarie: "Senhorita Conrad, apresente-se imediatamente ao comandante chefe". "Ele me chama?" "Não, mas é melhor ir, caso contrário acontecerá um desastre." O comandante do campo apontava a pistola para um preso e gritava: "Você é meu inimigo e eu vou te matar agora". E só não atirou porque no fundo queria que o prisioneiro entendesse o que ele dizia, mas o homem só abanava a cabeça, demonstrando nada compreender.

"*Sir*!", diz Ana entrando na sala. O tenente olhou para ela completamente surpreso. "Diga a este porco que ele é meu inimigo e que vou matá-lo agora!", gritou fora de si. "Isso só pode ser um engano", ela tentou argumentar, "porque ninguém aqui quer lhe matar". "Mentira! Peguei esse covarde conversando com sua mulher por cima da cerca de arame farpado, estavam combinando me matar!" Annemarie ficou séria. O homem estava fora de si. Ele tinha medo, medo das pessoas, medo da vingança, medo de que o matassem. Seu desvario tinha que ser contido. Mantendo a voz calma, Annemarie disse: "Se ele conspira contra sua vida, mande-o para a cela dos castigos e o observe. Mas se o matar, *Sir* – e dá bastante ênfase ao *Sir* –, o senhor vai ser degredado, porque o senhor o recebeu vivo e deve entregá-lo vivo aos seus superiores. O senhor quer estragar a sua vida por uma coisa dessas?" O homem abaixou a pistola. "Por que a senhora me diz isso? Porque quer defender o preso ou porque gosta de mim?" Annemarie conhecia o preso. Era um pequeno agricultor com cinco ou seis filhos. "Apesar de tudo, porque eu gosto de você." Ela olha para baixo, mas o comandante não raciocinava. O foco mudara. "Você gosta de mim mesmo?" e a pega pelos pulsos. Ela manteve a cabeça baixa e não respondeu, o que fez com que ele tomasse seu gesto como um "sim". Ele continuou: "Se isso é verdade, então posso avisar ao meu superior que a senhora foi presa por engano, vou soltá-la, e a senhora não irá para o campo de concentração. A senhora quer?" Ela não respondeu. "Há apenas uma condição". Agora Annemarie gelou. "Que a senhora fique antes à minha disposição. E se a senhora não quiser, vou lhe obrigar, porque aqui eu sou o comandante."

Os dois guardas expiavam a conversa pela janela e escutaram tudo. Eles odiavam o comandante e viam o olhar de desespero dela, que, pouco a pouco, tentava ganhar a porta. "*Sir*..." – os guardas falaram algo e ela já estava correndo para fora.

"O que você vai fazer? – perguntaram os guardas à Annemarie.

"Ficar doente. Não vou mais sair da minha barraca e vocês cuidem que ninguém entre também".

E assim fizeram. O comandante mandou chamá-la, mas recebeu a notícia de que ela estava de cama. "O médico foi lá?" "Sim, senhor, foi o médico do campo". "E daí?" "Ela está em tratamento". O comandante chamou outro médico, o do regimento, para examiná-la. Chegou a noite, era hora da visita aos doentes. Annemarie estava apreensiva. E se esse médico perceber tudo? Mas ele fingiu não ver, e ainda receitou mais comprimidos.

Três dias depois os prisioneiros foram transportados para o KZ (*Konzentrationslager*) em Wolfsberg no Lavandtal, um antigo campo de concentração de Hitler. Antigo, porque não era mais um campo dos nazistas, e sim um campo que havia pertencido ao *Reich* e agora estava sob o comando dos ingleses. Para lá, eram mandadas as pessoas influentes e "perigosas", capazes de cometer algum ato contra a presença inglesa. Este campo agora se denominava *POW-Camp* (*Prisioner of War*).[*]

As barracas eram sujas e abandonadas. As janelas não existiam mais, como também parte dos telhados. A sujeira se acumulava no assoalho e as camas estavam empesteadas de percevejos e carrapatos, tantos, em todo o lugar e em todas as junções do assoalho que as paredes e o chão pareciam se mover, com a visão do traseiro dos bichos. As camas não tinham colchões e a dureza de dormir ali fazia com que se sentisse cada osso do corpo. As picadas inchavam a pele e coçavam. A ideia de fazer uma dedetização encontrou na mulher mais velha do quarto, a sra. Baal, a única resistência: "se vamos passar de oito a quatorze dias aqui, não há necessidade de nos arriscarmos a sermos intoxicados pelo veneno. Não quero que matem os percevejos!" "Bom", disse Annemarie impaciente, "... se a senhora cresceu com percevejos, sorte sua, mas eu,

---

[*] Ver mapa 5.

não. Eu não aguento mais." Enquanto discutiam, as tropas de dedetização já estavam no quarto vizinho. Annemarie juntou os pertences de *Frau* Baal e levou tudo para fora, inclusive ela. A mulher desmaiou. Das barracas vizinhas, Annemarie ouvia as críticas: "Coitada da mulher", "que desrespeito", "onde já se viu fazer isso com a pobre mulher..." Mas Annemarie não se deixou impressionar, muito menos se influenciar pelas críticas. *Frau* Baal foi posta num quarto ainda não dedetizado, junto com seus pertences.

A alimentação no campo era pouca e ruim. De manhã, chá com petróleo. A mancha de óleo e o cheiro eram inconfundíveis, não se entendia o porquê daquilo. Na hora do almoço, café com bolachas, e à noite, o mesmo chá da manhã. A comida ainda era excelente se comparada à que veio quando o governo austríaco assumiu o comando do campo: pela manhã, chá de ervas do pasto; no almoço água com pimenta e casca de batatas e 40 gramas de pão. Seis mil pessoas alimentavam-se dessa maneira e, em pouquíssimo tempo, estavam esquálidas ou moribundas. Um dia, uma comissão de senhoras da Cruz Vermelha veio visitar o campo. A visão daquelas pessoas magras, feridas por inúmeras picadas e roupas sujas era perturbadora e elas passavam pelos prisioneiros rapidamente. Uma delas, muito sem jeito, perguntou: "As senhoras recebem sabonete suficiente?" Não entendeu a risada geral. Sabonete era o único produto em abundância no campo, pois tentava-se assim conter epidemias.

Não bastasse o constrangimento da situação, a direção do campo resolveu passar um filme para os prisioneiros mostrando o que era um campo de concentração cruel e desumano: discorria sobre campos nazistas. A revolta se instalou: "Vocês querem mostrar como vai ser a situação aqui, em algumas semanas? Pelo menos os nazistas não mostraram aos prisioneiros como eles ficariam depois!" O cinema foi cancelado e os prisioneiros mandados de volta aos alojamentos. No caminho, um deles caiu morto. Na mesma noite morreram mais duas pessoas. Os prisioneiros se mobilizaram. Não sairiam para trabalhar. Os guardas informaram ao general, por meio de seu chefe, que

se não houvessem melhorias, eles também entrariam em greve.
O general inglês foi informado e ficou alarmado. Como conseguiria prender seis mil fugitivos? Ele viajou para o campo.
"Vocês têm alguma queixa?" A cena é familiar a Annemarie.
Déjà vu... Não, aquela vez foi em Masuren... Ninguém disse nada. Em grupo, todos tinham coragem, mas ninguém queria ser o que reclamava. Chegando à barraca das mulheres, era a hora da distribuição da comida. De novo, água com pimenta, e a recusa de muitos em comer aquilo. O general perguntou se os prisioneiros tinham queixas, e novamente ninguém diz nada, mas quando o assunto foi a comida, as mulheres do partido hitlerista disseram que a comida era muito boa e que não se podia reclamar. Annemarie quase chorou de raiva e se aproximou do general com sua caneca de "sopa" na mão: "Se o senhor chama isso de comida, então experimente para ver como é." O general era observado por todos num silêncio ao mesmo tempo constrangedor e curioso. Annemarie continuou: "Eu também adoeci. Ou o senhor acha que em seis semanas perdemos quinze quilos por nada?" As mulheres do partido hitlerista puxaram Annemarie para trás e tentaram contornar a situação. Começou uma gritaria, um falatório geral, mas o general não entendia alemão e aquilo o estava incomodando. "Você foi a única que reclamou", disse, olhando para Annemarie. "Por quê?" "Porque os outros têm medo de falar". O general assentiu com a cabeça. "Se a senhora não tivesse falado, eu não poderia fazer nada, porque não é suficiente que as queixas partam do chefe do campo, elas têm que vir dos prisioneiros. Se eles não reclamam, nada posso fazer". Doze horas mais tarde, o KZ foi devolvido para o comando dos ingleses, e 24 horas depois apareceram os primeiros caminhões com comida.

Lore

Lore era a líder do partido das mulheres hitleristas da região. No campo de concentração, era difícil para ela entender que o seu poder de mando desaparecera, e que além de obedecer, ela não tinha mais nada a fazer. Não havia quem se deixasse mandar, não era mais possível comandar. Lore era jovem e sua participação na política não lhe permitira investir em uma formação acadêmica, mas era exatamente isso que ela não queria ter. O treinamento físico era de suma importância, um "esporte" que valia muito mais do que o conhecimento acadêmico. Com ar de superioridade, lá estava Lore, a ex-líder do partido hitlerista feminino, a ex-comandante.

"O que você foi?" – perguntou Lore à Annemarie com seu ar arrogante.

"Engenheira agrônoma".

"Não, quero saber por que você está presa".

"Fui acusada de ser guerrilheira".

"Só por isso?"

"Só."

Annemarie já não existia para Lore. A nova prisioneira a ignorava, uma menina sem importância que não se preocupara em militar no partido, e sim cuidar de seus interesses pessoais. Engenheira agrônoma! E ainda por cima mulher!

Um dia, Annemarie foi chamada para trabalhar como datilógrafa intérprete para os ingleses, um trabalho que seria, a partir daquele momento, permanente enquanto estivesse presa. Os interrogados eram pessoas muito simples, semianalfabetas, sem noção do que se queria ouvir deles.

Dentro do campo, ela era uma das poucas a falar inglês, e era sua função datilografar as "audiências", como chamavam os interrogatórios. Por um lado era bom, porque o tempo passava e ela tinha com o que se ocupar, e se não estivesse no "escritório", trabalharia no campo, sem muita condição física para isso. Já tinha emagrecido um pouco mais do que os quinze quilos ditos ao general, e ainda era uma das poucas mulheres que se mantinham firmes apesar de tudo. O lado ruim, claro, era presenciar as acusações e injustiças cometidas contra as pessoas, presas sem saber por quê, detidas simplesmente porque poderiam representar algum risco àqueles que se impunham. Todos os dias, quando voltava para sua barraca, Lore dizia raivosa: "Amiga dos judeus". Annemarie se calava. Primeiro, porque seguia ordens de nada revelar aos outros. E depois, porque na condição de intérprete poderia ajudar muitas pessoas inocentes. Lore confabulava com as outras companheiras presas, algumas também representantes do partido, mas não sob seu comando, contra Annemarie. Era sempre desagradável passar por elas e ouvir os xingamentos e comentários maldosos que faziam.

Certa vez, o capitão inglês comunicou às prisioneiras: "A prisioneira Lore foi ao médico porque está grávida do chefe da matança dos judeus em Lublin (Polônia). Imaginem, um filho desse monstro, que se matou no último dia da guerra. Esta criança eu quero ver, decerto nascerá peluda e com uma granada na mão".

Foi no verão de 1944 que Lore G. e dois de seus subalternos resolveram ir à Itália, em missão do partido. Os papéis eram falsos, a documentação arranjada. Não era fácil circular pela Europa naquele tempo de guerra, mas ela queria tentar mesmo assim. No Sul da Áustria, na Caríntia, uma patrulha do

Exército a prendeu e os três foram entregues a um general da SS chamado Odilo que verificaria melhor a validade dos documentos. O general viu de cara a Fraude, mas como era também da Caríntia e simpatizara com a moça, não os mandou de volta. Assim começaria essa história. O general Odilo G. era um homem estranho. Não demonstrava seus sentimentos, e isso confundia Lore. Ele queria se casar com ela, Lore aceitara o seu pedido, mas estava confusa. Às vezes, não tinha nem certeza de que ele queria mesmo casar com ela. Um dia ele pediu: "Visite minha mãe". E não disse mais nada.

Lore bateu na porta da senhora G. e pediu para se hospedar. Mentiu que havia perdido o último ônibus e que não poderia voltar naquele dia para casa. Mas ela acabou ficando um, dois, três dias. Ajudou a velhinha na casa, contou histórias e conversou, e a velhinha se afeiçoou a ela. Lore foi embora, mas sempre aparecia com presentinhos e mimos, e nunca tocava no nome do filho dela. Um dia, inesperadamente, o general G. apareceu e comunicou à mãe que ia se casar. "Odilo...", disse a mãe desapontada, "eu me alegro em ver você e de saber que você quer casar, mas eu conheço uma menina da qual gosto muito e queria lhe apresentar, mas pelo jeito agora é tarde para isso..." O general sorriu, e expressando uma alegria rara, respondeu: "Eu já trouxe a minha noiva." E chamou por Lore. Os dois se casaram em seguida, em março de 1945. Mas em abril ele se envenenou.

No escritório do campo de concentração, Annemarie e sua colega Senta conversavam. "Não é possível que Lore tenha o filho neste campo. O bebê precisará de cuidados e não vai ser muito bom ter um bebê gritando à noite, a convivência ficará insuportável." "Vamos falar com os ingleses." "Não, já falei, e eles não nos deram nenhuma esperança." "Mas ela tem que sair!" Annemarie pensou mais um pouco: "Você fala com o capitão Sanitat, e eu com o capitão Leslie. Temos que descobrir como ela pode sair daqui, porque soltá-la por vontade própria eles não vão."

"Capitão Leslie, o que vai ser da Lore G.?" - Annemarie perguntou.

"Não me fale sobre isso! Para mim, escutar esse nome é pior do que balançar um pano vermelho em frente a um touro! Ela merece é ser morta, junto com o seu bebê!"

"Mas que culpa tem ela pelos atos do marido?"

"Uma mulher que se casa com um sujeito desses não é melhor do que ele, é até pior! Nunca consentirei que ela fique livre!" E quando Annemarie ainda tentou falar alguma coisa, ele fez um gesto brusco e se afastou.

"Lore deve fazer uma petição", diz Senta, que tinha tido mais sorte. O capitão Sanitat lhe dera algumas instruções. "Isso seria o certo, mas se essa mulher histérica souber que estamos tentando tirá-la daqui, ela vai estragar tudo."

Annemarie estava pensativa. Finalmente disse: "Quanto tempo ainda ela tem?"

"Acredito que três semanas."

Annemarie foi ao "hospital" do campo falar com o médico responsável. "Não posso fazer nada. O general é capaz de me punir se eu disser a ele que a prisioneira é incapaz de se manter aqui. Ele já deu ordens para que ela tenha o filho aqui, na prisão."

Mas Annemarie tinha pensado em algo. Algo que poderia ser decisivo. Seria a última chance de conseguir tirar Lore dali.

O dia do parto chegou. No "hospital", tudo estava preparado. Os médicos aguardavam apreensivos a paciente, cujo filho "nasceria com pelos negros pelo corpo e uma granada nas mãos." O capitão chegou. Annemarie o esperava: "Capitão, que enorme prazer vocês devem estar sentindo pelo nascimento de mais um cidadão inglês!"

O capitão perdeu o fôlego. "Como?"

"Simples... o KZ é um território inglês fora da Inglaterra. Portanto, qualquer criança que nasça aqui terá cidadania inglesa. Não existe uma lei inglesa que diz que todos que nascem na Inglaterra são ingleses?"

O capitão perdeu a cor. "Charlie! Charlie! Tome providências já para que a mulher desse monstro tenha seu bebê fora daqui!"

Lore não sabia de nada. Em sua teimosia, recusava-se a ir para o hospital se não recebesse também a ordem de soltura. "A soltura não é possível...", disse Annemarie, "... e engula a sua raiva". "Naturalmente! Vocês não querem que eu saia, porque querem agradar aos judeus, me mantendo prisioneira, aqui!"

Annemarie saiu do quarto. Para que escutar todas essas coisas dessa mulher? Em pouco tempo, um carro chegou para levar Lore. "Ela ficou feliz?" Senta quis saber. "Feliz?" Annemarie olha maliciosamente de lado. "Ela disse que nós todos seríamos culpados se ela não fosse bem tratada como merecia". E voltou para a sala de audiências.

O Bloco 4

    O bloco número 4 abrigava presos que tinham sido altos funcionários do regime nazista. Com o passar do tempo o campo começou a ficar superlotado e outros prisioneiros de patentes inferiores também acabaram indo para lá. Estes se contentavam em servir aos seus "superiores" de quarto. Os antigos não faziam nada, e não se sabia se não faziam, porque se achavam superiores ou se não sabiam fazer nada mesmo. A exceção era um advogado muito conhecido que não se importava em trabalhar e aprender. Na prisão, aprendeu a fazer chinelos e os vendia a quem tinha os pés frios. A moeda de troca do campo eram bolachas. Com seus chinelos, ele não só as conseguia, como também podia comprar cigarros. No início do mês todos recebiam 50 cigarros, e dois cigarros valiam uma bolacha americana. Com o passar do mês, o custo era de um para um, e no fim do mês, quando os cigarros já tinham terminado, pagavam-se duas bolachas por um cigarro.
    Quarenta bolachas por um terno. Dez por uma pintura em aquarela. Vinte por um par de sapatos. Estes eram preços fixos em todo o KZ. Por um sabonete não se pagava mais do que uma bolacha, porque era um produto até abundante no campo. A comida voltara a ser horrível: os prisioneiros recebiam chá de ervas pela manhã, ao meio dia um café ralo com oito bola-

chas e à noite chá feito com ervas do campo. Dessa forma uma bolacha era um meio de pagamento muito importante, porque a fome atacava também a cabeça, que doía tanto que nem mais enxergar se conseguia. Quem podia, ou conseguia, trabalhava para ganhar algum dinheiro a mais.

O campo tinha todo tipo de gente: nos blocos menores, artistas esculpiam e pintavam. Dos ferros se faziam bonecos e animais, de trapos também nasciam bonecas e animais. Todos trabalhavam para o tempo passar e para ganhar alguma coisa, que podia ser trocada pelas bolachas ou cigarros. Os "mais importantes" não faziam nada. Sentados, olhavam para os buracos das paredes. Um ex-deputado federal ficava sentado dia e noite em cima de sua mala esperando a libertação. Não fazia a barba, não tomava banho, não se penteava e até a comida os outros tinham que buscar para ele. Não demorou muito para ficar parecido com um homem das cavernas e como não tomava banho, seu cheiro chegava até três barracas adiante. Finalmente, veio uma ordem da direção do campo, determinando que ele tinha que tomar banho, querendo ou não. Para piorar, o homem se enrolou em um papelão e o costurou à sua volta. Piolhos e percevejos "o habitavam", e quando os bichos começaram a andar por cima das outras pessoas, o homem foi retirado de seu invólucro de papelão e devidamente "dedetizado". Também neste bloco fino e requintado, cheio de gente tão importante, foi o único bloco em que a polícia do KZ teve que atuar, pois os roubos nunca terminavam.

Para que as pessoas pudessem manter contato entre si e irem ao pátio tomar sol, só com um parente. Annemarie, além do pai, encontrou um conhecido, e o registrou como seu filho. Era mais velho do que ela, mas foi registrado como "filho de criação". Todos riram, mas ela não era a única. Irmãos, tias e cunhados apareceram em massa, e quem é que podia comprovar ou investigar? Era tanta gente, uma terra e uma língua tão estranhas, que era mais fácil manter as pessoas "contentes" do que criar caso. Esse filho de criação de Annemarie (*foster child*) começou a namorar uma moça que pertencera à Gestapo, até o dia em que ela foi levada para um *bunker* e interrogada.* A temperatura era de dez graus abaixo de zero, e ela dormia no cimento, sem cobertor. Quatorze dias durou a sua detenção, tempo suficiente para torná-la velha e doente, até que foi levada para a barraca do lazareto. Os interrogatórios continuavam e ela era espancada brutalmente, mas nada falava. "Não fiz nada, não vi nada. Deixem-me em paz, estou tão cansada!"

Annemarie estava na sala de audiências quando a menina entrou apoiada por dois guardas ingleses. O primeiro-tenente James a recebeu. "Entre menina, aqui tem um cafezinho, tome alguma coisa, porque você parece estar um pouco cansada. E agora, os nomes. Diga os nomes". "Mas o senhor já sabe, eu já disse o que eu sabia! Eu só conhecia o chefe do correio e um agente que se matou no fim da guerra!" O tenente se irritou: "Não minta, sua porca nazista! Nós sabemos que você sabe muito mais, nós sabemos tudo. Fale e você estará livre!" A menina quase chorou. "Eu iria falar, mas não sei o que vocês querem!" O tenente deu um soco nas costelas da moça. Ele batia e gritava, enfurecido, e de repente parou e falou com doçura. A menina estava desacordada, seu sangue escorrendo pelo chão. "Levem-na para o lazareto! Eu quebro a resistência dela. E me tragam aquele que anda com ela."

O homem entrou na sala seguro de si e sentou-se em frente ao tenente, que disse: "O senhor me disse que essa menina conheceu toda a organização de espionagem". "Certo, já lhe dei muitas indicações valiosas." James o olhou desconfiado. "Mas a menina diz que não sabe de nada." O homem sabia que ela não tinha mais nada a dizer, mesmo assim era dessa maneira que ele se dava "bem." "Estou acreditando que ela não sabe mesmo de nada, caso contrário não seria tão obstinada", diz o tenente. "Bem, vocês dizem que ela não sabe de nada. Então eu vou dizer o que eu sei dela, e seus cabelos vão se arrepiar."

---

* Annemarie explica que a palavra *bunker*, nesse caso, designava lugares de castigo.

Neste momento, Annemarie saiu da sala, enojada. Ela não queria mais ouvir o que ele ia dizer e sua indignação aumentou quando viu que, andando pelo KZ, ele se tornava novamente o homem charmoso o qual ninguém tinha a mínima ideia do que fazia, ou era capaz de fazer.

Dr. Buckert

Os aviões estadunidenses estavam lançando bombas há aproximadamente cinco horas. Dr. Buckert olhou para o céu e aquilo já não o chocava mais, não como antes. As pessoas já haviam se "acostumado" ao barulho, ao tremor do chão, aos destroços e finalmente aos mortos. Não era fácil levantar, ter ânimo para trabalhar, principalmente quando se era médico. Ninguém perguntava se ele queria, ou podia. Ser médico era um tipo de sacerdócio, e naquela época, 1944, o trabalho era incessante. Não eram muitos os médicos na região, e os que existiam estavam tão sobrecarregados que quase nunca conseguiam um momento de descanso. Dia e noite correndo e atendendo as pessoas, sem nunca saber quando poderiam dormir.

Uma nuvem de fumaça e fogo se levantou em direção ao céu. Ainda era fevereiro e toda a comida de inverno do gado havia sido queimada e provavelmente o gado também. Mais tarde veio outro ataque, uma, duas, três horas, sobre uma cidade pequena que não tinha mais do que dez mil habitantes. Em St Michael (Áustria), a terra tremeu sem intervalo, mas os aviões não conseguiram destruir o alvo: a oficina de reparação da estrada de ferro, a única construção que se mantinha de pé. A cidade estava completamente arrasada após três horas de bombardeio.

Na mesma St Michael, todos se ajudavam. Médicos, corpo de bombeiros, trabalhadores, voluntários, de todas as partes chegavam pessoas para ajudar e tentar salvar quem sobrevivera. Centenas, talvez milhares de pessoas estavam mortas, e nem um único avião estadunidense fora abatido.

Dr. Buckert era austríaco, 100% austríaco. Não gostava dos nazistas e nem da guerra. Seu rancor era ainda maior quando testemunhava diariamente a perseguição dos aviões contra as mulheres e crianças. Aviões de voo baixo atiravam em crianças que saíam das escolas, em mulheres na fila para comprar um pouco de verduras ou leite para seus filhos, e assim cidades inteiras desapareciam sob escombros. "Isso não é mais guerra, é uma matança sem sentido que determina a diferença entre o homem e o animal; o homem é mais cruel do que qualquer besta não domada. Os nazistas o fizeram no início da guerra na Inglaterra, agora os ingleses o fazem na Alemanha", relata Annemarie.

Dr. Buckert se aprontou assim que escutou as batidas ansiosas em sua porta. "Doutor, venha por favor, minha mulher está morrendo!"

"O que aconteceu?"

"Bombardearam nossa fazenda e minha mulher se agitou tanto que o bebê está nascendo prematuro. Mas ele está 'emperrado' e a parteira não sabe como fazer para ele nascer."

O médico tirou o seu pequeno carro da garagem, o agricultor sentou-se ao seu lado e saíram rapidamente.

Na estrada um homem acenou para que o carro parasse. "Venha rápido, doutor, dois ingleses pularam dos aviões que estavam com defeito no motor e estão sangrando! Eles precisam ser enfaixados e medicados!" "Mas enfaixar os veterinários também podem" e o dr. Buckert pisou no acelerador. O homem, a seu lado, tinha as mãos postas em sinal de prece, rezando para que pudessem chegar ainda a tempo. A mulher agonizava, mas tudo deu certo, para a mãe e para o filho. Mas os dois ingleses acabaram morrendo. O veterinário chegou tarde demais.

Três meses mais tarde, dr. Buckert foi preso como criminoso de guerra. "Por quê? O que eu fiz?" Ele estava confiante de que havia algum engano que logo seria esclarecido.

Annemarie não suportava mais assistir aos interrogatórios. "É horrível o que o ódio cego pode fazer com as pessoas, um ódio sem motivo. Sem motivo porque o dr. Buckert nem pertenceu ao partido nazista, nem era contra os judeus, ele nunca fez outra coisa a não ser o seu dever de salvar uma mulher em trabalho de parto."

"Você é um assassino, um porco, um canalha!" gritou o primeiro-tenente James. "Confesse que é um assassino!"

"Não sou!"

"O senhor matou dois aviadores ingleses! Não foi ajudá-los!"

"Mas eu estava a caminho para ajudar a salvar outra pessoa num caso de vida ou morte, era de extrema urgência!"

Annemarie traduzia a fala do médico para o inglês e tentava passar a mesma emoção em sua voz. Ela se sentia emocionalmente esgotada, extremamente esgotada.

O tenente continuou: "Mas o senhor não deveria dar prioridade aos ingleses?"

"Por quê?" o médico respondeu aflito. "Para um médico, todos são iguais, não existe preferência".

"Mas o senhor disse que um veterinário também podia fazer as bandagens!" gritou um deles.

"Sim, eu disse, porque isso eles sabem fazer tão bem quanto eu!" Ele recebeu um chute no estômago e caiu.

"Levante, seu porco, quando fala comigo!" E um soco inglês em seu ombro o derrubou novamente. O médico não se mexia mais.

"Então o senhor acha que os Aliados são animais?"

"Eu não quis dizer isso..."

O interrogatório continuou. O médico negou sua culpa até que os oficiais colocaram-no em frente a uma barraca. Ele não podia se mexer, nem beber ou comer. Qualquer movimento que fizesse, era agredido. A temperatura caiu a menos dez graus, chegando a menos vinte. Dr. Buckert estava sem casaco e seu corpo sacolejava de frio. Ele tinha que admitir ser um assassino, mas não o faria. "Não sou assassino! E se vocês me matarem, não sentirei culpa nenhuma!"

Annemarie saiu, era insuportável ouvir mais. "E se a mesma coisa tivesse acontecido na Inglaterra?" ela perguntou ao capitão Leslie. "O médico teria deixado morrer a mulher e cheio de entusiasmo teria corrido para salvar o alemão, para salvar a vida de um destes que, agora mesmo, destruiu uma cidade inteira e matou centenas de mulheres e crianças?"

"Cale-se!" gritou o oficial. "Isso é bem diferente! Neste caso o dr. Buckert teria que provar que ele é antinazi!"

"Mas ele foi somente médico!" ela ainda tentou argumentar.

O capitão riu com seus dentes sujos. "Se você não fosse verdadeiramente uma *lady*, e o orgulho desse escritório vagabundo, eu teria lhe dado um murro na cara que você iria se lembrar por meses."

O médico continuava ao relento. De vez em quando desmaiava, e era colocado novamente de pé à base de outra surra. Assim fizeram até que o pobre médico tinha suas costelas e braço quebrados, e as feridas pelo corpo eram tantas que, ao chegar ao lazareto, tiveram que deitá-lo numa banheira cheia d'água, porque ele não conseguia se deitar. Seu intestino fora rompido e aquele trapo de gente gritava por morfina. Finalmente o dr. Buckert pediu para que chamassem os ingleses. O tenente James apareceu e sem aparentar a mínima piedade daquele pobre homem, gritou: "Seu porco imundo, e agora, vai confessar?"

"Eu sou um assassino", disse baixinho. "Mas, por favor, me matem, me matem, eu não aguento mais..."

"Hurra!" - gritou o capitão Leslie. "Ele está reconhecendo seus malfeitos. Vamos matá-lo na forca."

Dois dias depois, dr. Buckert foi enforcado como criminoso de guerra.

O Sargento Roth

   Se havia uma pessoa que odiava profundamente os prisioneiros, este era o sargento Roth. Judeu de Kapfenberg, na Estíria, teve o pai, um comerciante bem-sucedido, e outras pessoas da família levados para o gueto de Lodz, sem saber por quê. Roth fugiu e tempos depois recebeu a notícia de que seus pais e irmãos haviam morrido nas câmaras de gás. Seus bens foram confiscados e, sem mais nada, foi para a Palestina, engrossar o número de judeus que perderam tudo na guerra. Tornara-se agricultor e plantava com máquinas russas em solos árabes. Veio a guerra, e Roth se tornou um homem cheio de ódio. Entrara para o Oitavo Exército Britânico e trabalhara no serviço secreto. Ao final da guerra, podia voltar à sua terra natal e fazer o que seria mais do que compreensível: vingar-se daqueles que mataram sua família e que destruíram sua felicidade. Cada sentença dada era uma fração de sua vingança. Mas ele viu, também, o sofrimento e a miséria, iguais ao tempo em que os judeus foram presos e deportados. Viu a fome das famílias em que os pais eram levados presos. Viu mulheres desesperadas e crianças órfãs. Mães sem seus filhos. A dor. A dor que ele sentia, e sentiria para sempre em seu peito.

Era noite. Seus colegas aproveitaram para convidar as moças para dançar, mas Roth pegou outro caminho e bateu na porta de *Frau* Egger.

"Meu Deus, quem será a essa hora da noite?" Magra e cansada, com olheiras escuras e ar triste, ela abriu a porta. Sentia muito medo e seu coração batia com tanta força que ela podia ouvi-lo. Seu marido estava preso havia algum tempo e seus bens confiscados, assim como a conta no banco. Ela não tinha mais nenhum dinheiro e o apartamento era um gelo, porque a lenha acabara e ela não podia mais comprá-la. *Frau* Egger encostou o ouvido na porta, mas não ouviu nada. A campainha tocou, e ela levou um susto. Ao abrir a porta, um oficial da *FSS* (*Field Security Service*) a encarou. Com um passar de olhos por cima dos ombros dela, ele percebeu a situação difícil da mulher e disse: "Amanhã, nessa mesma hora eu volto. Por favor, deixe a porta destrancada para que eu não precise tocar a campainha".

No dia seguinte, entregou a ela um pacote de comida e, sem dizer palavra, desapareceu.

"O que ele quer de mim?" Ela se lembrou das "meninas de chocolate". Quis correr atrás dele e dizer que ele havia se enganado, mas o homem desaparecera.

Na tarde seguinte, antes do horário combinado, a mulher já esperava pela estranha visita. Cheia de medo e inquietação, aguardava o homem de uniforme. Não podia perguntar nada a ninguém, porque ninguém falaria com a mulher de um ex-nazista. Passos pesados e a porta se abriu. O homem carregava um saco nas costas. Ela tinha feito um buraco na porta, por onde viu o homem chegar lentamente. Ela destrancou a porta e se escondeu no escuro. Os passos pesados se aproximaram, a porta se abriu devagar e o pesado fardo foi empurrado para dentro. Assim como chegou, o homem sumiu. *Frau* Egger quase não respirava de tanto medo. No escuro, não sabia se ele tinha ido embora, ou se fechara a porta e estava dentro do apartamento. Ela tentava respirar e se acalmar, e acendeu a luz. A sala estava vazia, e a um canto estava o saco, cheio de carvão.

Assim como ajudou *Frau* Egger, Roth ajudou muitas outras pessoas. Gastava o seu salário ajudando as famílias cujos homens ou mulheres estavam presos, e cujos filhos poderiam ser os culpados de seus pais terem sido mandados para o campo de concentração. Quem saberia? E o sargento Roth foi chamado de "O anjo de Wolfsberg".

Ara

Ela tinha esse apelido pelas cores de seu xale. Rubro com botões pretos, destacava-se em meio ao cinzento das roupas e do semblante das pessoas. Muitos sabiam que, na América do Sul, uma ave de nome arara tinha penas vermelhas que se sobressaíam, e o apelido de Ara "pegou". Ela não dera a mínima importância a isso.

Ara tinha participado da resistência russa junto aos *tschetniks*, e mesmo os oficiais do KZ tinham certo medo daquela mulher, cujo corpo era coberto de cicatrizes, além de estilhaços de granada que não podiam ser retirados de sua pele.

Antes de tudo acontecer, ela vivia em Belgrado, no bairro das embaixadas, com o marido e os dois filhos. Sua mãe era russa e o pai sérvio. O emprego como desenhista/ilustradora de jornais ajudava no orçamento da família, de forma que nada faltava a eles, e Ara podia ser considerada uma mulher comum numa cidade tranquila. Mas a guerra chegou, a ocupação também, e tudo virou do avesso. Discutia-se política violentamente e muitos que tinham o sangue quente juntaram-se ao grupo de Josip Broz (Tito), um grupo de resistência que vivia no mato.*

---

* Josip Broz, que usava o codinome "Tito", criou um grupo de guerrilheiros que organizou a resistência armada na Iugoslávia. Broz era um sargento da K.u.K. - *Kaiserlich und Königlich* - Exército do Império Austro-Húngaro e lutara na I Guerra Mundial.

"Ei, Franko!" - disseram ao marido de Ara. "O Josip está mobilizando tropas em Belgrado, e se você é um sérvio fiel, também está convocado!" Franko abanou a cabeça em negativa: "Tenho mulher e filhos, quero ir para casa. Além disso, posso ajudar mais em Belgrado do que embrenhado no mato. Eu não sou um soldado."

"Se você é soldado ou não, para nós tanto faz. Aqui está sua carta de convocação."

Franko seguiu com as tropas e Ara nunca mais teve notícias do marido. Um dia, ele foi jogado morto no quintal de sua casa, a cabeça estraçalhada por tiros. Tempos depois, Ara soubera que o marido tinha pedido aos companheiros para voltar para casa, pois queria ver sua família, mas seus "companheiros" acharam que ele queria desertar, então o fuzilaram. Ara chorou e sofreu pela perda do marido, e o luto foi gradualmente transformando seu íntimo. Ao fim de duas semanas, a Ara de antigamente não existia mais. Decidida, entregou seus dois filhos aos cuidados de sua mãe e se juntou aos *partisans*, porém não os *partisans* de Josip, mas os dos *tschetniks*, adversários das tropas de Tito. "Vou vingar meu marido", foi a última coisa que disse à sua mãe, e desde então tornara-se a mais dura, a mais violenta e a mais impiedosa entre os homens. Nenhum *tschetnik* foi igual a ela. Ara parecia não ter mais humanidade, tamanha frieza ao matar ou encarar a morte, mas essa humanidade perdida foi definitivamente sepultada quando deu de cara com seus dois meninos jogados no campo com os pescoços cortados. Sem uma lágrima derramada, essa mulher sepultou os filhos e dali em diante, ela era apenas uma "máquina de morte e sombras."

Ara galgara o posto de primeiro-tenente e sua fama se espalhara por toda a Croácia até Trieste, na Itália. "Quem vai levar esta ordem até Trieste?" o major perguntou. Ninguém se mexeu. "É loucura. Ninguém pode passar por lá, há mais de quatro mil homens de Tito, além dos aviões dos aliados e das tropas alemãs, que devem estar nas cercanias de Trieste." O major olhou para seus soldados. Ninguém se prontificou. "Terei que escolher alguém?" Ara acendeu outro cigarro. Era o terceiro, um acendido no outro. Impassível, seus olhos nunca demonstravam nada, ela nunca demonstrava nada. Esse jeito imprevisível era amedrontador, perigoso. Ela pisou no cigarro, exalou a última fumaça e deu um passo à frente: "Me dá." O major fez um gesto com as mãos para lhe entregar os papéis. "Não", disse ela, curta e grossa. O major a encarou. Sabia que não devia medir forças com aquela mulher, muito mais homem do que qualquer homem de sua tropa. Ele esperou ela falar. "Me diz o que está escrito. Se eu chegar viva, digo a eles. Se não chegar..." dá de ombros, "... então vocês têm má sorte." O major assentiu com a cabeça. "Me dê um pacote de cigarros e eu vou." Todos a olharam. "Não será grande perda. Já estou morta há muito tempo", ela pensou. Checou a pistola automática, colocou um segundo *Colt* no cinto, pegou a munição e saiu sem dizer nada. Um soldado comentou com o outro: "Será que ela volta?" "Claro que volta. Ela é o diabo."

Ara conseguiu passar pelas tropas de Tito, apesar de seu casaco azul claro, mas um avião *Tiefflieger*, de voo baixo, jogou granadas que explodiam no ar e lançaram estilhaços ao redor. Ara fora atingida. Seus joelhos e pernas estavam cheios deles, as costas e um ombro também. Ficou deitada no chão por um bom tempo, consciente de tudo, fumando um cigarro atrás do outro. Sua mente vagou pelo passado, ela lembrou-se dos filhos, do marido e de si mesma. De repente, deu-se conta de que se lembrava mas não sentia mais nada. Suas emoções estavam mortas, assim como ela estava, ou logo iria estar, jogada sozinha naquela terra que não era sua pátria e que também não tinha importância nenhuma. Tentou se levantar, seu corpo não obedeceu. Tentou engatinhar, mas os estilhaços penetraram ainda mais na sua carne. Oito quilômetros mais e ela chegaria onde estavam as tropas alemãs, outro obstáculo em seu caminho, mas preferia ser pega pelos alemães do que pelas tropas de Tito. Arrastou-se, num esforço sobre-humano, o corpo pesando sobre si mesmo, o atrito com o chão, as mãos feridas e os estilhaços penetrando cada vez mais em sua carne. Nem uma gota d'água para beber, nenhum alimento. Aquele escombro de pessoa seguiu rastejante, um movimento atrás do outro, sincronizado, centímetro por centímetro.

"Major, tudo em ordem." Nenhuma expressão, nenhuma palavra a mais. Nenhuma explicação. O major encarou a mulher com o cigarro no canto da boca. A postura encurvada mostrava algum indício de dor, mas ele não perguntou nada. O olhar que antes nada demonstrava agora parecia vidrado, fora de órbita. Ela estava ali e a mensagem fora entregue. Não era isso o que interessava, afinal de contas?

Para se manter, Ara desenhava e fazia caricaturas. No KZ, lia a sorte nas cartas, habilidade aprendida com uma cigana grega, mas não gostava muito disso, porque logo depois da leitura sentia-se exausta. "Você vai casar ainda este ano com um homem de quem, no momento, não se lembra muito, mas que lhe escreveu uma vez", ela disse a Annemarie.

"Por que você não foge daqui, Ara? Você tem prática nisso", Annemarie perguntou. "Bom, se eu soubesse para onde ir, já teria fugido. Por que eu devo ainda pensar em alguma coisa? Eu vivo o que o presente me traz. Minha vida terminou. Por que me preocupar com o futuro?" E Ara acendeu mais um cigarro.

Noite Feliz

Chegou o Natal no campo de concentração. "Não vou a lugar nenhum. É tudo besteira, me deixem em paz", disse *Frau* Baal. "Nós vamos celebrar o Natal, a senhora participando ou não", Annemarie a enfrentou. "Para quê? O que há para celebrar? Aqui no meu quarto é que não", e *Frau* Baal deixou o lábio inferior pender mais ainda, emburrada. Annemarie perdeu a paciência: "A senhora pode ficar durante esse tempo na privada." A velha senhora tentou agarrar as pernas daquela atrevida, penduradas no segundo andar do beliche. Annemarie foi mais rápida.

Com uma garrafa de licor escondida sob o casaco, Annemarie voltava de seu dia de trabalho. O ânimo de todos era péssimo. Além disso estava frio e a lenha não era suficiente para aquecer a todos.

"Bebam!" Annemarie fez um brinde.

"Eu não", resmungou de novo a velha mal-humorada.

"Então nós vamos apertar o seu nariz e a senhora vai beber de qualquer jeito!" À medida em que o ânimo crescia, a garrafa se esvaziava. Cada um bebia um pouco e o calor do ambiente começava a contagiar as pessoas. Havia presentes! Cuidadosamente, cada um providenciara uma lembrancinha para o outro, e havia velas na árvore, que os parentes haviam mandado. Até parecia um Natal feliz, as horas passando rápido e o ódio e o rancor escondidos na embriaguez coletiva.

O gongo bateu com um som baixo, mas todos ouviram. Era meia-noite, noite de Natal. O coro começara a cantar, e bloco por bloco, o canto se avolumou. Os oficiais ingleses se aproximaram, afinal era Natal, e a comunhão estava presente, pelo menos naquela noite. As vozes se uniram e cantaram a mesma letra, a mesma melodia. A neblina fria cobria as barracas, o arame farpado continuava lá, mas havia calor humano, ali. Os corações batiam rápido, intensos, emocionados. Muitos, muitos choravam, um choro que estava contido há meses.

Era Natal, mas mesmo assim um grupo de pessoas fora designada para fazer a limpeza das escadas de um castelo próximo, onde um oficial de alta patente estava hospedado. Sem se importar muito, Annemarie e um grupo de pessoas pegaram baldes e vassouras. Um dos guardas olhou os faxineiros encostados na parede e, por fim, perguntou a um: "Você já lavou uma vez essas escadas?"

"Não."

"E o que você faz?"

"Sou professor de radiologia."

"Famoso?"

"Bom, depende de como se olha."

"Como o senhor se chama?"

"Meyer."

"Meyer?" o guarda gritou. "Então você é o famoso professor Meyer, aquele que pessoas do mundo inteiro vêm só para se consultar?"

O soldado escocês que ouvia a conversa se aproximou e pegou o rodo das mãos do professor. "Me dá licença, professor, que eu vou fazer isso para o senhor. Sou estudante de medicina."

"E o que vocês são?" Perguntou o soldado para outro preso. Este riu. "A mim, vão deixar que eu esfregue a escada inteira", pensou. "Sou somente um advogado."

O outro guarda pegou a vassoura dele e começou a esfregar as escadas. Todos do grupo riram, solidários entre si. Era Natal.

No campo de concentração de Wolfsberg, havia professores, médicos e cientistas renomados. Muitos estavam lá simplesmente porque não fugiram ou porque eram cabeças "pensantes" demais. Mesmo aprisionados, não era raro chegarem requisições de Klagenfurt para que doentes fossem levados a Wolfsberg para serem examinados pelos médicos que estavam presos.

O professor Erwin Aichinger era um dos prisioneiros. Famoso no mundo inteiro por ser o pioneiro nos estudos de sociologia vegetal, ele segurava os convites de duas Universidades americanas e uma inglesa, mas não podia ir porque estava preso. Por quê? Porque não fugiu dos nazistas e continuou a lecionar na Universidade. As fronteiras caíram e agora queriam levá-lo para os Estados Unidos, mas ele se recusou. "Eu fico onde estou. Quem me garante que do outro lado do oceano não vão me achar perigoso, também? Sou um cientista, não um joguete político."

Um cirurgião que estava preso no campo também foi chamado para ir para a América. O convite era mais uma determinação do que propriamente uma escolha. "O senhor tem que vir, um avião particular já está esperando!" O médico se recusou. "Nem pensar! Aqui sou o prisioneiro 17521, não posso voar para Detroit! "Mas o senhor precisa vir! O homem pode morrer e ninguém poderá salvá-lo!" Ele abanou a cabeça: "Estou desconfiado de que sou um criminoso, não um médico. Tanto faz. Sou o que quer que seja, e até agora não descobri por que me prenderam, por que não me interrogaram, por isso eu fico onde estou." Mas a paixão por ajudar era maior do que a ofensa a que fora submetido, e ele acabou indo. Seus companheiros o questionaram: "Mas você vai e depois volta para a prisão?" O médico não sabia e não se importava.

Fevereiro. Numa barraca sem janelas, a poeira estava tomando conta do chão, o dia era frio e duzentos presos, enrolados em suas cobertas, ouviam a Sinfonia Inacabada de Schubert. Nunca esta sinfonia fora tocada com tanta maestria e dedicação como naquela noite, e talvez nunca a alma das pessoas estivesse tão necessitada de música, da poesia do som. Não se percebia o escurecer do dia, nem o vento frio. Todos ouviam, fascinados e imóveis, os suaves acordes até a última nota.

A música havia terminado há tempo, mas todos continuavam sentados, imóveis. Sob um torpor coletivo, ninguém se movia ou dizia algo. Ninguém queria destruir a beleza daquele momento, ou o que ele tinha sido. Um a um, os prisioneiros foram se levantando em silêncio, mas ninguém se olhava, porque todos estavam com lágrimas nos olhos. O maestro estava de pé, testemunhando a marcha daqueles prisioneiros, a emoção sentida. O aplauso transmutava-se em lágrimas, e elas expressavam um reconhecimento único.

Fim do diário de Annemarie

Lar, "doce" lar

No mês seguinte, março de 1946, Annemarie foi liberada para voltar para casa, mas seu pai, não. Firme, ela disse que sem o pai não iria. Um mês e meio depois os dois foram libertados, o pai antes, ela depois. Nove meses de prisão, quase vinte quilos perdidos, inúmeras histórias e aprendizados, e ela sobrevivera. Aos 26 anos, Annemarie tinha a liberdade à sua frente. A saída dos prisioneiros do campo deveu-se à pressão da ONU, que exigiu provas contra as pessoas, algo que definitivamente não existia.

Na Alemanha não restou nada, só um monte de cacos e entulhos. Tudo precisava ser reconstruído. As cidades, das quais tantas fotografias haviam sido feitas antes da guerra e que agora serviam como modelos para a reconstrução; as famílias, despedaçadas pela perda de milhares de entes queridos.[*]

Em casa, o problema agora era encontrar quem quisesse trabalhar na propriedade. Com a guerra, os empregados não voltaram mais, e em Pichlhofen conseguiu-se com muita dificuldade algumas pessoas para trabalhar no campo e no estábulo, porque ninguém queria mais trabalhar nas casas ou nas plantações. E muitos, mas muitos mesmo, perderam a capacidade de trabalhar. Simplesmente não o sabiam mais, ou não conseguiam. Tornaram-se uma massa desempregada, desocupada, não por falta de trabalho ou de vagas, mas por falta de qualificação e até mesmo de disposição para tal.

---

[*] Devido ao inverno rigoroso na Europa, seus habitantes trabalham duro plantando seus alimentos para os colherem ao final de setembro e outubro, caso contrário, não terão o que comer no inverno. Foi com essa força e determinação que o povo da Alemanha reconstruiu seu país. A Alemanha se refez e se tornou, em pouco tempo, um país moderno.

Mesmo assim, Sigmund, pai de Annemarie, conseguiu que um ex-funcionário voltasse para lidar com o gado, e que trabalhou lá até se aposentar. De resto, Sigmund se virava como podia: plantava aveia, trigo, centeio e batata. Ele tinha se tornado uma parte da Estíria. Conta-se que até mesmo a polícia rodoviária fingia não ver quando ele excedia a velocidade em seu fusquinha. Ao ligarem o radar, telefonavam para ele e pediam que ficasse em casa, caso contrário teriam de multá-lo, mesmo a contragosto.

Clara, uma mãe com o coração amputado pela perda dos filhos, pouco a pouco retornou à rotina familiar, cuidando da casa, dos filhos pequenos e do marido. Voltara para casa assim que Brita fora ao seu encontro nas montanhas, contando da prisão do pai. Amparou-se mais ainda em sua fé, buscando superar ou pelo menos administrar a dor.

Sigmund, mesmo muito respeitado e querido na região, era um homem dilacerado: a morte de seus filhos Sigmund (1922-1943) e, especialmente, Wolfgang (1923-1942), por sua ligação com a terra e a intenção de seguir a carreira de agrônomo, sepultou-lhe qualquer esperança no futuro. Morreu aos 83 anos, de infarto no intestino. Em seu enterro, um orador falou: "A família perdeu o seu pai. Nós todos, porém, perdemos, sem dúvida, um pedaço da Estíria".

Annemarie estava apresentando uns trabalhos em um congresso na França quando seu pai fora hospitalizado em estado terminal. Ela conseguiu chegar a tempo de ficar com ele em seus últimos momentos. Sigmund fora enterrado com todas as honrarias locais, com centenas de pessoas vindo de todos os recantos. O cortejo também fora acompanhado por suas vacas vencedoras de prêmios, balançando os sinos no pescoço e com guirlandas de flores na cabeça.

Clara viveu até os 79 anos. Sofreu um ataque do coração no meio da estrada entre Pichlhofen e o vilarejo St Georgen e foi levada para o hospital; seu cão pastor alemão, que a seguia por onde quer que fosse, ficou do lado de fora, esperando por ela. Após o enterro, ia todos os dias ao cemitério e deitava-se sobre seu túmulo. Só voltava para casa no começo da noite.

Com o pai, seu grande ídolo, em 1935.

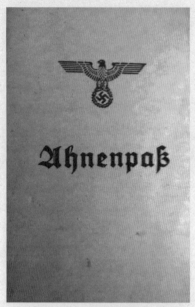

Ahnenpass: o "passaporte de antecedentes". Annemarie teria que provar aos nazistas que não tinha judeus na família até 1800.

Registro de Domênico Pulgher no Ahnenpass de Annemarie.

Registro de Gustav Conrad no Ahnenpass de Annemarie.

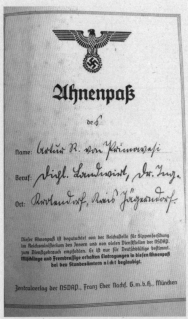

Ahnenpass de Artur escrito em letra gótica.

Registro dos primeiros Primavesi.

Universidade Rural para Agricultura e Ciências Florestais (BOKU).

Annemarie, aos 20 anos de idade.

Professores de Annemarie, Kubiena e Kasera.

Professor Stiegler.

J. Gorbing retirando e fazendo amostras de solos. Foto de Annemarie Conrad.

J. Gorbing, o "profeta". Em uma excursão com esse professor, Annemarie descobre um novo olhar sobre a natureza, que a influenciará definitivamente.

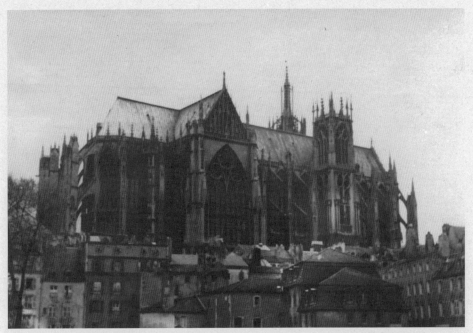
Catedral de St Etienne, Metz. Foto reproduzida por Annemarie em seu diário.

FORT A 105 da Linha Maginot, com 200 km de extensão e um forte a cada 15 km; foto tirada por Annemarie Conrad, em 1941.

Treck, carroças que levavam os alemães que viviam na Polônia para as regiões ocupadas pelo Exército alemão. Foto tirada por Annemarie em Lodz, 1940.

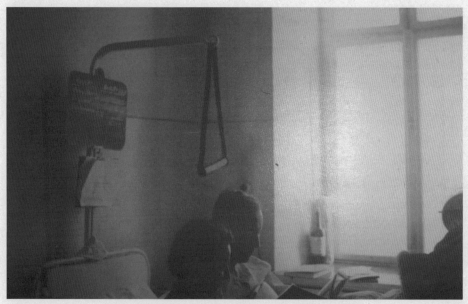
Annemarie visita o pai no lazareto (hospital de guerra).

Rio Save, onde Annemarie encontrou-se com Nandi, "O Pimpinela Escarlate". Foto tirada por Annemarie Conrad em 1943.

Montanhas de Reichenburg, citado no capítulo "O Pimpinela Escarlate". Foto tirada por Annemarie Conrad em 1943.

Sigmund Conrad durante o período do Volksturm, em 1937.

Sigmund e Clara, pais de Annemarie, idosos.

Arquiteto Domênico Pulgher, bisavô de Annemarie por parte de pai.

Ida Pulgher, bisavó de Annemarie que criou Sigmund, 1900.

As irmãs Brita (companheira de Annemarie em Pichlhofen durante a guerra), Annemarie e Clara, da esquerda para direita, em 1990.

Annemarie e seu irmão caçula Gerhard, em 2003.

Wolfgang, falecido em 1942 aos 19 anos e Sigmund, falecido aos 21 anos. Fotos feitas na última estada deles em Pichlhofen.

Lápide dos filhos, encomendada por Clara, que nunca pôde receber os corpos enterrados na Rússia (16/05/2010).

Cartão de visita dos pais de Artur, com brasão da família Primavesi, além da residência e os faisões estimados pelo pai.

Aquarela do campo de concentração POW Camp, no pós-guerra, pintada por um prisioneiro e ofertada a Annemarie. Escrito atrás da pintura: "Konzentrationslager Wolfsberg/Kämten/Áustria."

Artur e Margrete (Grete), pais de Artur Primavesi, em 1908.

Artur pai, major na cavalaria do K.u.K. (Kaiser und König) armada imperial e real da Primeira Guerra Mundial.

Os irmãos Paul e Artur Primavesi, em São Paulo, 1954.

Artur Primavesi.

Artur filho em Krotendorf, dirigindo o veículo colhedor de trigo.

Um canto do jardim da propriedade dos Primavesi, em Krotendorf.

Castelo que pertencia à condessa e ao conde Mirbach-Geldern, amigos da família. Artur e Grete ocuparam dois quartos e um banheiro no segundo andar, uma cozinha e um quarto de empregada no térreo. Eles viveriam ali até morrer.

Annemarie em carro anfíbio, 1944.

Cortejo de Sigmund Conrad.

"Última vez que nós estivemos todos juntos, no final de agosto de 1940, porque em 28/03/1941 Wolfgang morreu e em 19/12/1943, Sigmund", escreveu Annemarie atrás da foto. Atrás: Sigmund filho e Annemarie. À frente: Sigmund, Clara, Gerhard no colo, Wolfgang, Clarinha e Brita.

FLORADA

Até que enfim!

Artur tinha o telegrama de Annemarie nas mãos. Seis meses! Durante seis meses a tinha procurado por todos os lugares, mas ela sumira. "Seis meses e agora ela me manda um telegrama dizendo que está em casa." Sua raiva desapareceu no mesmo instante em que leu que por nove meses ela estivera presa no campo de concentração em Wolfsberg. "Durante esse tempo todo ela me fez de bobo, mas não vou continuar mais desse jeito. Agora eu vou casar com ela", pensou determinado. Não pensou nas inúmeras "amigas" e noivas que tivera, por toda parte, e como isso afastara Annemarie. Ela também o amava, mas não seria mais uma em sua vida. Se fosse preciso abrir mão dele em nome de sua dignidade, assim o faria. Mas agora ela estava livre, e não sabia ao certo como ele estava: seu telegrama era um reconhecimento de que sentia saudade. "Na Páscoa, eu chego", e ela aguardou a chegada do seu "futuro noivo."

O ar estava agradavelmente morno e o reflexo do rio Mur brilhava num prateado ofuscante. A água era agradavelmente gelada, mas a areia estava quentinha, macia. Annemarie olhou para Artur e o admirou. Ele tinha a pele meio bronzeada, e era realmente um homem muito bonito.

"Vou sair por um tempo da Europa", ele disse.

"Eu também" ela disse, dando uma pirueta na água.

"Então, vamos juntos", Artur riu.

"Para onde?"

"Para a Abissínia." (Atual Etiópia).

"Por mim, tudo bem", e ela rolou de novo na água. Artur deu um passo para trás e a água molhou apenas os seus pés.

"Mas na Abissínia não poderemos casar", ele explicou, "porque os príncipes de lá têm precedência."*

"Muito obrigada pela honra!" ela brincou.

Eles se olharam e ela saiu da água. "Então temos que pensar nas consequências", ela disse.

Artur se levantou e segurou seus cabelos, puxando-a para perto. "Bobinha, isso quer dizer que nós temos que nos casar aqui."

Annemarie não disse mais nada. Ficou feliz quando ele a beijou. Ela sabia que não havia homem melhor e que a amasse mais do que ele, e ele sabia que não existia mulher mais importante em sua vida.

"... mas, não vamos ficar noivos", ela disse.

E de braços dados, voltaram para o castelo Pichlhofen.

***

A mãe Clara estava de volta das montanhas com os pequenos Gerhard e Clarinha chamada por todos de Putzi. "Mas então não é oficial!" comentou-se. Mas Annemarie dizia, decidida "Com as noivas oficiais ele não casou, então deixaríamos uma impressão ruim se quiséssemos noivar." Os convites foram enviados e os parentes se alegraram com a notícia, mas se frustraram pelos mexericos que não poderiam fazer. "Como podem ser tão sem cerimônia, simplesmente casarem sem noivar?" era o comentário geral.

Artur precisava providenciar as alianças, o que nessa época era quase impossível conseguir. Em Judenburg e nos arredores não havia nenhuma joalheria que tivesse sobrevivido à guerra e nos arredores também não. Foi em Pforzheim, no Sul da Alemanha, que ele encontrou quem as fizesse.

Era setembro de 1946. Havia muita neblina, chuva fina e nenhuma flor. O noivo encomendara as alianças com antecedência e pagara caro por elas, um artigo tão raro quanto a realização desse casamento, o primeiro depois da

---

* Artur referiu-se ao "direito de primícias", ou "direito da primeira noite", costume da Idade Média, que dava ao senhor feudal o direito de desvirginar a noiva de seus servos na noite de bodas.

guerra naquela igreja católica. A dois dias da cerimônia, as alianças estavam prontas e o noivo foi buscá-las. Na volta, nenhum trem, caminhão, nenhum meio de transporte funcionava. Não havia combustível, principalmente carvão para as locomotivas. Na véspera do casamento, quinhentos quilômetros separavam Artur de Annemarie. Sentada em sua escrivaninha, ela olhou o monte de telegramas que recebera de tios, tias, amigos, primos e conhecidos comunicando que seria impossível comparecer, porque não tinham como pegar um trem ou outra condução.

Artur recorreu a um amigo: "Você não poderia me levar até Salzburg? Tenho que ir a um casamento." O amigo desconversou de cara. "Acho que os noivos vão te desculpar pela ausência, porque não há trens." Artur estava muito aflito. "Vai ser muito complicado, porque eu sou o noivo e não quero deixar minha noiva esperando". E de carona em carona, perguntando aqui e ali, pagando por condução em cada trecho, às nove da noite da véspera de seu casamento, Artur conseguiu chegar.

Amanheceu. Aquele 26 de outubro se abriu num lindo dia de sol, e, depois de duas semanas de chuvas e neblina, o sol de outono iluminou a terra. Annemarie estava pronta, e as testemunhas, que também não conseguiram chegar, foram substituídas por amigos. Oito anos de obstáculos precederam este casamento.

Sigmund não levantou da cama naquela manhã alegando estar doente. Gripe forte. Bem no dia do casamento da filha! Annemarie percebera a dor do pai. Ele não queria que ela casasse, que fosse embora. Perdera Sigmund e Wolfgang e agora sua menininha estava indo embora. Sua companheira de conversas, a filha amorosa, a parceira nos momentos difíceis, a filha que o surpreendeu, que mostrou ser forte e determinada em tantos momentos. A filha que poderia tocar aquela propriedade.

Annemarie não falou nada. Pediu que um amigo vizinho a levasse ao altar. Ela sentia pelo pai, mas amava Artur. Foram tantos descaminhos até chegar ali...

Ela ajeitou o véu e segurou o braço do padrinho. Até o último instante, ainda tinha esperança de que o pai aparecesse, mas ele não foi à cerimônia nem à festa. Apareceu mais tarde, quando percebeu que ela não desistira.

Mesmo percebendo tudo isso, Annemarie estava muito feliz.

Casara-se com o homem de sua vida.

O Brasil, definitivamente

A guerra acabara. Em sua passagem, levara Titi, Wolfi, primos, amigos, parentes. Matara, sim, uma parte de seus pais. Aniquilara inúmeros lares, destruíra tudo por onde passara, coisas físicas, aspectos da vida dos que sobreviveram. A guerra se fora, mas estava perpetuada no íntimo de Annemarie. Tornou-se uma moça muitas vezes dura, circunspecta. De poucos sorrisos, mas sinceros quando expressados. "A guerra destruiu meus nervos", dizia, em momentos extremos. Annemarie tinha sobrevivido à fome, ao campo de concentração, às adversidades. Tinha mesmo? "Vocês nunca vão saber o que é uma guerra", ela diz, com voz quase inaudível. Mas uma coisa é certa: Annemarie poderia enfrentar qualquer outra batalha. E elas viriam, com toda força. Nada se compara a uma guerra. Um grande estrago se instalara em seu íntimo, mas ela reagiria, determinada. A presença de Artur a fortalecia. Agora, era hora de planejar um novo futuro.

Depois de casados, passaram a morar no castelo, mas os dois agrônomos precisavam refazer suas vidas.[*]

Dois anos depois do casamento, nasceu Odo. Uma criança em casa, depois de tudo que haviam passado, era um sopro de alegria. Era o primeiro filho,

---

[*] No Brasil, muitos anos depois, Artur Primavesi guardou trancados num cômodo da casa recortes, fotos e jornais que o remetiam à sua terra. Colados às paredes ou empilhados sobre a mesa, esses materiais refletiam seu inconformismo frente às perdas que tivera. À família, nunca foi permitida a entrada naquela sala, nem para a limpeza rotineira. Apenas depois de sua morte puderam abrir aquela porta, literalmente.

o primeiro sobrinho, o primeiro neto. Os cuidados com o filho ocupavam Annemarie, mas e quanto a Artur? Pichlhofen poderia ser uma possibilidade de trabalho, mas era a casa de seus sogros, não a sua. Além disso, ele jamais se esquecera de suas propriedades das atuais República Tcheca e Polônia e de tudo que se perdera. Pudera, não era pouco. Ele não se conformava e Annemarie sabia disso.

Foi então que surgiu a ideia de tentar a vida em outro lugar. Annemarie não queria que uma guerra levasse seus filhos também. Queria recomeçar sua vida com Artur em paz. Inicialmente, pretendiam ir para o Chile, numa região ao Sul de Santiago povoada por alemães. Lá não seria difícil se fazer entender. Mudaram de ideia quando, numa viagem a Munique, Artur conheceu o então governador de São Paulo Adhemar de Barros, por meio de dr. Erich Mostny-Kirchmayer, que havia sido colega de regimento do pai de Artur e na época era cônsul geral da Áustria, em São Paulo. Adhemar o convidou para trabalhar em São Paulo, o que acharam interessante. Decidiram que Artur iria primeiro, conhecer o lugar, as pessoas, verificar as possibilidades. Depois viria buscar a esposa e o filho.

A Europa estava devastada e milhares de pessoas queriam sair de lá, mas viajar era caro e não havia lugar para todos.

Artur ainda dispunha de algum dinheiro. Como a fila das pessoas que queriam emigrar era enorme e eram poucos os lugares nos navios, Artur usou de uma artimanha para poder passar na frente, presenteando o comandante com uma de suas paixões: um canário, uma ave rara e cara. Durante a viagem, conheceu um casal de húngaros com quem logo fez amizade e que também queriam imigrar para o Brasil e recomeçar a vida. Vinham, como se diz, "com uma mão na frente e a outra atrás". Ele era engenheiro mecânico e ela condessa. Eram os "Vojnits", que acabaram sendo grandes amigos da família Primavesi.

Saindo de Gênova com destino ao Chile, o navio fazia escala no Brasil, onde Artur desembarcou e se entusiasmou. Foram duas semanas importantes para tomar a decisão. Retornou à Áustria para buscar sua esposa e filho. Gastou quase todo o dinheiro que tinha e ainda precisava comprar as passagens.

Quando desembarcaram no porto do Rio de Janeiro, em 15 de outubro de 1948, ficaram uma semana na casa de Pölsler, o antigo estudante de engenharia que havia sido professor das crianças em Pichlhofen quando elas estudavam em casa e só iam à escola fazer as provas finais. Ele também havia se mudado para o Brasil, estava casado, tinha dois filhos e trabalhava como engenheiro.

Viajaram para São Paulo. Naquela época, as pessoas tinham o costume de passear na Praça do Correio. Foi lá que encontraram, "coincidentemente", o casal de húngaros com os quais Artur fizera amizade no navio, quando de sua primeira vinda ao Brasil. O casal os hospedou por umas semanas, até que conseguissem se estabelecer melhor.

Com poucos recursos, Artur e agora Ana Maria, seu nome aportuguesado, recomeçariam suas vidas. Ao chegarem, fizeram primeiro a carteira de identidade de Artur, porque o dinheiro não dava para as duas carteiras de uma só vez.

Artur foi contratado pelo governador de São Paulo na Secretaria da Agricultura como superintendente para o plantio de trigo, e viajava frequentemente para o interior do Estado, principalmente para Itapetininga, para onde se mudaram. Ficaram no mosteiro de monges alemães conhecidos de Artur. O casal fez grande amizade com o agrônomo Ciro Albuquerque, que foi prefeito de Itapetininga e deputado estadual. Ciro tornou-se um dos maiores amigos de Artur no Brasil. O cargo de Superintendente da Cultura de Trigo para o Estado de São Paulo dava-lhe a responsabilidade de plantar o cereal para o pão de cada dia, pois, embora todos nas cidades consumissem pão, o trigo não era plantado nesse Estado nem no Brasil.

O trabalho ia bem, mas Artur não estava plenamente satisfeito. O serviço público tinha suas dificuldades e foi em boa hora que, em visita a outro mosteiro, em Itaporanga, Ana e Artur receberam o convite de Joaquim Mário Meirelles, que plantava cana-de-açúcar e tinha uma usina em Passos, Minas Gerais, para irem trabalhar lá.

Artur, que plantara beterrabas de açúcar na propriedade de seus pais em Jägendorf e tinha defendido seu doutorado sobre esse assunto, animou-se com essa perspectiva.

Dessa maneira, a família se mudou para Passos, onde ficariam por dois anos e onde nasceria Carin, o segundo filho do casal. Joaquim Mário seria o padrinho dela.

Annemarie e Artur, 1946.

Os noivos, Artur e Annemarie, em frente ao castelo Pichlhofen, em setembro de 1946.

Ao centro, o casal Annemarie e Artur, casamento em St Georgen, 1946. Na segunda fileira, da esquerda para direita, o primo Stoffi, a prima Greta Arbesser, a tia materna Anni, o padre Jäger, a cunhada de Clara tia Grete Arbesser, Carl Arbesser e Schlossmar que entrou com Annemarie na igreja. Na primeira fila, junto ao casal, da esquerda para a direita, o irmão caçula Gerhard, a irmã Clara, a irmã Brita e os pais, Sigmund e Clara.

FRUTOS

Odo

Odo Maria Artur Siegmund Pedro Rudolfo Barão Primavesi nasceu a 15 de fevereiro de 1948, no castelo de Pichlhofen, como sua mãe. Um domingo, também um *Sonntagskind*,* como Ana. O nome do bebê fora escolhido por Sigmund, um avô apaixonado pelo neto que acabara de ganhar e que homenageava o santo Odo de Cluny, na França. O poeta Artur avô compôs uma poesia lindíssima para o neto, que emocionou a todos.**

Ainda pequeno, Odo viajou com os pais para o Brasil. Ana lembra que, quando foram de trem de Pichlhofen a Gênova, todos no trem ficavam encantados com seu "picolo", um menino muito loiro, de olhos azuis. Fizeram uma parada em Milão e ficaram na casa do tio Fúlvio Pulgher. Finalmente, embarcaram em Gênova e após quinze dias de viagem, desembarcaram no Rio. Era outubro de 1948. Odo era observador e inteligente ao extremo. Apontava fascinado com o dedinho as novidades para os pais, que sorriam. Tudo era novo para todos.

Uma vez, no mosteiro em Itaporanga (a maioria dos irmãos e o abade eram alemães), Odo foi junto com o agrônomo irmão Franz ao campo e voltou radiante: "Mãe, a gente fez *hacki, hacki* (capinar) e uma grande surpresa: um enorme "*appelxi*" (abacaxi)!" Ele começava a misturar os idiomas, e aprendia

---

* Na cultura germânica, quem nasce em um domingo é uma pessoa de muita sorte ou muito talentosa. Para ela até mesmo as situações que parecem muito ruins se tornam positivas. Ana sempre acentuava esse detalhe do *Sonntagskind*.
** Ana Maria guarda essa poesia até hoje.

rápido o português, mesmo com poucas palavras. Suas misturas de idiomas eram de tal forma fofas que acabaram virando histórias contadas pela família.

Logo após a chegada no Brasil, Ana precisou urgentemente ir ao médico pois sentia dores abdominais muito fortes. Ela estava sozinha em casa pois Artur estava viajando, então pediu a uma vizinha para olhar Odo enquanto ela ia à consulta. Era apendicite. Voltou correndo para casa para organizar sua ausência e, ao se aproximar da residência, havia um aglomerado de pessoas em frente. O que será que havia acontecido? Chegando mais perto, viu Odo jogando tudo que achava pela janela: panelas, brinquedos, travesseiros, vasos, roupas... Ele não gostou nem um pouco de ter que ficar sem os pais. E foi essa vizinha que cuidou dele enquanto Ana foi operada. Quando Ana voltou para casa, a vizinha não queria devolver Odo, porque ele era muito bonzinho.

Dois anos depois de chegarem ao Brasil, Odo soube de que o bebê que ele havia "encomendado" para não ficar sozinho, tinha chegado.

Era uma menina.

Carin

Carin Anne Claire Margarete Baronesa Primavesi nasceu em 27 de julho de 1951, na fazenda em que seus pais moravam em Passos. O nome foi escolhido por seu pai. Anne por causa de sua mãe, Claire da avó materna. Margarete pela avó paterna.

Quando Carin nasceu, Artur não estava em casa. Estava em Cuba, para estudar o cultivo de kenaf, uma planta fibrosa que servia para confeccionar sacos. Naquela época, Cuba era praticamente uma colônia norte-americana – a Revolução Cubana aconteceria em 1959 – e qualquer pessoa suspeita de conspirar contra o governo era presa. Como Artur não voltou no tempo prometido, Ana apelou ao governador de São Paulo na época, Lucas Nogueira Garcez, para saber o que havia acontecido. Artur tinha sido preso! Só por meio de relações diplomáticas Ana Maria conseguiu ajuda para libertá-lo.

De seu quarto, Ana podia ouvir o falatório das vizinhas que esperavam na sala o nascimento da nenê, ansiosas. Perciliana, que trabalhava na casa, logo se apaixonou pela menina. Era uma mulher de uns quarenta anos, de uma beleza incomum. Sua mãe era uma índia que, aos quatro anos, se perdera no mato, ao fugir dos homens brancos. Fora encontrada por uma negra escrava, que compadecida com a situação da criança, a adotara. O irmão de sua mãe de criação se apaixonou pela menina, e ela, aos doze anos, se casou. Perciliana nasceria desta união de raças.

Seus cabelos, negros, lisos e muito compridos, viviam trançados e enrolados na cabeça. Era alta e esguia, pele cor de ébano. Todos os que a conheciam logo gostavam dela. Viúva e com três filhos criados, todos casados, quando chegou para trabalhar para Ana, que estava grávida de Carin, foi uma alegria. Ana precisaria mesmo de ajuda. Logo queria mostrar a casa. "Já sei, estou vendo..." Perciliana disse. Ana não entendeu, porque a moça tinha acabado de chegar. "Vou lhe mostrar onde estão todas as coisas da cozinha" e novamente ela disse: "Já sei, estou vendo." Ana estranhava aquilo, afinal, como ela podia saber? "Era uma ajudante perfeita", conta Ana, "... mas pelo jeito vivia de café porque nunca a vi comer algo."

Perciliana não era uma pessoa comum: ela tinha o dom de ver além das paredes, a longas distâncias. Quando Carin nasceu, magra e feinha, não só Odo a adorou, mas também Perciliana. Na mesma semana, tinha nascido seu neto e algumas semanas depois sua filha o trouxe para que ela o conhecesse, mas ela quase não ligou. A filha quis passar a criança para os seus braços, mas ela não quis. Ana ficou sentida. Como uma avó podia ser tão pouco afetuosa? Depois que a filha foi embora, Ana perguntou: "Por que você não pegou seu netinho? Uma criança tão rechonchuda e bonitinha..." Perciliana olhou para Ana com uma expressão de profunda tristeza: "Não quero me apegar a esta criança, que vai morrer antes de fazer um ano." Ana assustou-se. "Por que esta criança tão saudável e bonitinha deve morrer?" "Porque não tem vida. Não viu? Quando dei a ele uma flor, ele a olhou encantado e ficou com ela na mão. Quando dei uma à sua filha, ela a destruiu quase imediatamente." Ana não acreditou muito naquela explicação. Por que uma ação destrutiva de um nenê era sinal de vitalidade? Em todo caso, calou-se.

Passados alguns meses, um dia Perciliana veio correndo: "Posso ir ao ponto de ônibus? Minha filha está trazendo meu neto, ele está doente. Ana a encarou. Um muro de dois metros e meio de altura protegia a casa contra a poeira da estrada, e ela podia saber que um carro, um ônibus ou um caminhão passara por causa do barulho que faziam, mas não dava para saber quem estava dentro. Era impossível. Ana concordou e seguiu Perciliana até o portão do jardim. A filha chegava, com a criança nos braços. O menino estava com bronquite e foi logo levado para o hospital, mas acabou morrendo. Ana ficou sentida e não conseguia compreender como Perciliana podia ver meses antes, num nenê saudável, que ele iria morrer.

Outros casos ocorreram durante os quase dois anos em que eles viveram em Passos, e Perciliana foi uma presença ao mesmo tempo bem-vinda e inquietante. Certa vez, ante a demora de Artur em chegar em casa, Perciliana tranquilizou a patroa: "O motor do jipe quebrou, mas seu Artur já chamou o mecânico e agora ele está vindo". "Como você sabe?" "Estou vendo..."

Numa madrugada, sob chuva e vento forte, alguém bateu na janela. "Alguém bate", Ana cochichou para o marido. Ficaram quietos, mas continuaram batendo. "Quem é?" Artur perguntou. "Pelo amor de Deus, me leve até minha filha mais velha, ela está morrendo!" Perciliana disse, sufocada pelo choro. "Alguém lhe avisou?" "Não, estou vendo..." Artur não estava convencido. E também não queria sair de casa com aquele tempo horrível. "Não dá para ir amanhã cedo? Numa noite dessas é difícil passar pelos caminhos molhados da mata e pelos riachos sem pontes." Perciliana fez que não. "Tem que ser agora, de manhã ela estará morta". "E você acha o caminho numa noite destas?" "Acho", ela disse determinada. Foram duas horas e meia de viagem, sob chuva forte, estradas escorregadias e córregos transbordando, no breu da noite. Quando chegaram, a luz de um toquinho de vela iluminava precariamente o quarto, onde a jovem lutava contra a morte. "Mãe..." foi o que a jovem mulher conseguiu balbuciar. Perciliana colocou uma mão na testa febril da filha e a outra no coração, já fraquejando. Saiu e colheu algumas ervas, e com elas fez um chá, que foi dado de colher em colher. Tomada uma xícara, a moça relaxou. "Morreu?" Artur perguntou. "Não, ela está melhorando. Podemos ir, ela não morre mais." O jipe chegou quase ao amanhecer. "Salvamos a filha dela", foi o que Artur conseguiu dizer, caindo na cama sem escutar mais nada.

Todas as tardes, lá pelas cinco horas, Perciliana aparecia pronta, de banho tomado e perfumada para passear com a pequena Carin. Era a hora mais feliz para as duas, que se amavam profundamente. Perciliana adorava sair com aquela nenê de cabelos loiros, parecia que as duas viviam o dia esperando chegar a hora do passeio. Ana via o amor com que Perciliana cuidava de seus filhos e ficava feliz em poder contar com uma pessoa tão boa em casa. Atarefada com as crianças e com a casa, ela ainda conseguia ajudar o marido. O trabalho com a cana-de-açúcar era algo novo não só para Artur, mas para a maioria das pessoas, porque naquela época a cana não era a cultura mais comum de se plantar. Mesmo assim, eles não encontraram muitas dificuldades e a plantação seguiu bem, sem grandes percalços.

Odo ficou encantado com a irmã. Quando ela nasceu, correu para o quarto e trouxe quase todos os seus brinquedos para a cama da irmã. "É meu nenê", ele disse. Toda vez que a parteira vinha em casa cuidar do bebê e saber se estava tudo bem, ele a mandava abrir a bolsa antes que ela fosse embora. Um dia, disse: "Mãe, não deixa mais esta mulher vir, porque toda vez que ela vai embora eu tenho que olhar na bolsa dela para ver se ela não está levando o meu bebê." E depois: "Mãe, eu acho que você vai ter que ajudar a criar o meu nenê, porque sozinho não vou conseguir". Acreditava que a irmãzinha era responsabilidade dele. E ao ver, um dia, Ana dar banho na menina, tomou um susto: "Eu sabia que não ia cuidar bem do meu nenê! Quebrou um pedaço!"

A febre amarela de repente se espalhou, e dezesseis pessoas em Passos haviam sido infectadas, dezessete com Artur. Queriam levá-lo para o hospital e mostraram uma lista de remédios que deveriam ser ministrados. "E isso cura?" Ana quis saber. "Não, febre amarela não tem cura." "E para que os remédios?" Por fim, ante a cara do homem, que não tinha nem a solução nem a resposta para suas perguntas, ela resolveu: "Vou pedir que meu marido fique em casa, mesmo. Pelo menos ele poderá morrer em meio à sua família."

Ana saiu à procura de ervas que pudessem curar febre amarela. Foi para o mato, procurou os índios, mas quando dizia "febre amarela", todos abanavam a cabeça: "Para isso não tem remédio, não tem cura." Ela percebeu que a pergunta tinha que ser diferente: "O que vocês fazem para problemas de fígado e bílis?" Ninguém tinha dito que o fígado era atacado, mas era evidente que por causa disso o doente ficava com aquela cor amarelada. E as receitas apareceram: xarope de agrião. Chá de raiz de jurubeba e pariparoba. Quebra-pedra, raiz de mentrasto e erva-tostão. Raiz de picão-preto e frutinhas de jurubeba. Chá de cabelos de milho. Chá de folhas de alcachofra. Suco de limão e de laranja doce. Sementes de veludinho colocados em vinho do Porto. Levedura de cerveja. Ana não distinguia a maioria das ervas, mas Perciliana sim, e mesmo duvidando da eficácia do tratamento, ajudou Ana a consegui-las o mais rápido possível. Ana fez de tudo e deu de tudo, e o milagre aconteceu. Artur sarou! O único, entre todos os que tinham sido infectados. Foi uma sensação, e o feito se espalhou. Vieram pessoas da Universidade de São Paulo e de Belo Horizonte para saber como tinha conseguido, mas ela não sabia responder. Podia ter sido uma das receitas, ou a combinação de todas elas, ou de algumas delas, ou a ordem em que foram dadas. O fato era que Artur estava curado.

Seus amigos, o barão austríaco Leitner e o príncipe Albrecht da Bavária, ao saberem do ocorrido, exigiram que Artur voltasse de Minas para São

Paulo. Eles tinham fundado a Companhia Paulista de Trigo, e o queriam trabalhando com eles. Ana e Artur aceitaram. Morariam em Itaberá.

Os Primavesis começam a organizar a mudança e tudo estava relativamente tranquilo, considerando-se a trabalheira que sempre envolve uma mudança, quando Perciliana apareceu. "Sua filhinha, a nenê e eu, não podemos mais ser separadas. Se isso acontecer, uma das duas vai morrer. Eu preciso ir junto, mas quero levar minha família também."

Agora a coisa tomava outro rumo. Uma coisa era encontrar uma casa para a família morar, mas era completamente diferente ter que levar Perciliana e arrumar lugar (e trabalho) para todos os outros. Ana e Artur prometeram buscá-la depois que conseguissem organizar tudo. Perciliana advertiu: "Não demorem".

O casal mudou-se e seis meses depois estava tudo preparado, as casas, os empregos... Ana estava feliz, porque considerava ter feito tudo em um bom tempo, afinal, não era fácil encontrar casa e emprego para todo mundo. Toda contente, Ana escreveu para Perciliana. "Podem vir todos, está tudo preparado." Mas ela não veio, somente uma carta de seu filho. "Faz duas semanas que minha mãe morreu, sem qualquer razão visível..." Ana chorou, chorou muito... Sentiu-se culpada por não ter preparado as coisas mais depressa... Não tinha acreditado que a ligação entre Perciliana e Carin era tão profunda...[*]

---

[*] Em uma de suas anotações no manuscrito deste livro, ao encontrar a história de Perciliana, Ana escreveu: "Será que me pode desculpar, querida Perciliana?"

Itaberá, terra de mistérios

A fazenda ficava numa região montanhosa que após muitos anos com a cultura do algodão, entrou em declínio. Com o trigo, esperavam revitalizar a região.

Como ainda não haviam encontrado uma casa na cidade em que pudessem morar, instalaram-se provisoriamente em um sítio que pertencia a um amigo de Artur. Ali, a família passou a conviver com um grave problema: cobras. De manhã, apareciam deitadas e enroladas nas cadeiras da cozinha, no cabo da vassoura, no cesto de frutas, na gaveta dos panos de prato, no volante do carro, embaixo da mesa, em cima das cadeiras, nos galhos das laranjeiras e até dentro do armário... Eram dezenas delas... Tinha cobra que não acabava mais, principalmente cascavéis. Ana, com duas crianças pequenas, grávida da terceira, não podia viver numa casa com aquele problema, e disse isso a Artur. Ele não pareceu muito preocupado, e contou que, naquela região, havia um "pegador de cobras" e que iria chamá-lo.

"Achei ridículo. Ia pegar uma ou outra cobra que no momento estaria fora de sua toca, mas nunca iria acabar com todas elas." Além do mais, Ana sabia como eles as capturavam, tinha visto uma vez no Butantan, pegavam um laço de couro e o movimentavam em frente à cabeça da cobra, e esta, irritada, mordia o laço, mas depois não conseguia mais retirar os dentes, que ficavam presos, então ela era capturada. Mas isso pegava uma cobra e outra, não uma infestação como aquela.*

Enfim, como não havia outra possibilidade e a casa na cidade que estavam reformando para morar ainda não estava pronta, Ana concordou em chamar o tal moço.

Eis que o "pegador de cobras" chegou, com duas caixas grandes de madeira, dizendo ali ser o lugar onde as cobras seriam guardadas. Ana observava aquilo sem dar nenhum crédito, pois como o homem conseguiria dar cabo de tantas cobras e de forma definitiva?

"O homem esfregou algumas ervas cheirosas nas caixas, ervas que eu não conhecia e que também não me interessavam, porque estava convencida de que esse pegador de cobras não ia resolver nada, um arrependimento que carrego até hoje. Depois de esfregar as ervas nas caixas, ele sentou-se na frente delas e começou a tocar numa flautinha de bambu, da qual não saiu som nenhum, ou eu é que não consegui ouvir. Mas tal como na história do Flautista de Hamelin, onde a cidade de mesmo nome foi vítima de uma praga de ratos e por meio de sua flauta um homem conseguiu que os bichos o seguissem e entrassem no rio, as cobras começaram a sair de todos os lugares; debaixo das tábuas, das moitas, do telhado, de todos os cantos e buracos. Todas saíam e iam direto para as caixas, obedientemente, e lá ficavam. O homem me assegurou que não tinha mais cobra nenhuma, fechou as caixas e as levou ao terreiro. Depois, pediu algumas galinhas para que servissem de alimento para as cobras. Quando os frangos estavam mortos e meio depenados, soltou toda a 'cobraiada'. Me apavorei e gritei: pelo amor de Deus, vai soltar todas outra vez? Eu estava tão feliz que estavam todas presas e agora ele as soltou de novo! Mas as cobras não saíram do terreiro, somente comiam os frangos para depois retornarem calmamente às caixas, que foram então fechadas. O homem justificou-se dizendo que a viagem até o Butantan era longa, e era preciso que elas comessem antes para não morrer de fome no caminho. Quando meu marido voltou à noite e perguntou se o pegador de cobras tinha vindo, eu respondi que sim, que ele tinha vindo e as levado. Eu podia viver muito bem com a bicharada que tinha ali, mas as cobras, pelo menos, tinham acabado e me senti um pouco mais confortada".

---

* O Instituto Butantan, localizado na capital de São Paulo, é uma instituição responsável por produzir imunobiológicos, soros e antígenos vacinais. É famoso por possuir uma estrutura destinada a abrigar ofídeos-serpentes.

Mas nem todas as cobras incomodavam Ana: na estrada que dava acesso a fazenda vivia uma cascavel, atocaiada numa moita. Sabia-se que era velha porque tinha muitos anéis no chocalho e porque vivia ali há um bom tempo. Cada vez que uma pessoa passava por sua moita, lá ia ela a sair da toca e abanar o chocalho. A cobra era conhecida por toda a gente dali e era comum ver conhecidos pararem em frente a ela, tirarem o chapéu e fazerem uma pequena mesura, dizendo: "boa tarde, dona cobra". Ela chacoalhava a cauda, se esticava exibida e só então voltava à sua toca, toda contente. Mas um dia veio um sujeito de fora, um vendedor de adubos, e por medo, a matou. O pessoal ficou tão bravo que quase bateu nele. Foi uma tristeza. "A cobra era mansinha, mansinha. Ela saía só para cumprimentar..." Ana relembra.

A vida do casal Primavesi mudara muito em relação ao que estavam acostumados, a começar pela língua – no Brasil, as pessoas mais cultas se expressavam em francês, que era mais difundido do que o inglês naquela época –, pelo clima – muito mais quente do que na Áustria – e, principalmente, pela condição financeira. Mas Ana estava feliz, e encarava as dificuldades com naturalidade. Carin conta que, quando ela e Odo eram pequenos, saíam à tarde para passear com a mãe, e pelo caminho Ana catava matinhos como dente-de-leão, beldroega, taioba e alguns tipos de ervas que iriam comer mais tarde, pois Ana os conhecia bem. Não tinham dinheiro para luxos como comprar roupas ou coisas do gênero. Ana nunca reclamou, ao contrário. Desmanchava suas roupas e transformava-as em peças novas para os filhos. Mantinha sempre o diálogo com eles; se os outros tinham coisas que seus filhos não tinham ou não podiam ter, convencia-os de que aquilo não era realmente necessário. Mas Artur ressentia-se das fazendas que perdera devido à guerra. Ele nunca se conformou.

O contato com as pessoas de Itaberá rendeu a Ana a fama de "curandeira". As pessoas a procuravam porque ela possuía o título de doutora, e não adiantava explicar que o título não era relacionado à medicina, e sim à agronomia. Os doentes chegavam e Ana tinha de ajudá-los como podia, com as ervas do lugar ou com o que já sabia por experiência própria, da medicina popular. Foi assim que conseguiu ajudar uma índia de 104 anos, filha de um pajé e que vinha sofrendo com eczemas nas pernas já há algum tempo. A pobre mulher tinha perdido praticamente toda a musculatura, e o médico não conseguia aplicar-lhe uma injeção, tamanha sua magreza. Apesar de Ana ser branca, a índia a aceitou, e Ana foi a única pessoa a poder ajudá-la.

Tornaram-se próximas, e sempre que precisava, Ana também recorria a ela, que acabou dando a Ana as receitas do pai. Ana aproveitaria muito o que aprendera com aquela índia.

Na fazenda, o trigo cresceu muito bem e a colheita foi farta, mas um problema persistia. As duas colheitadeiras novinhas em folha quebravam muito. Não dava para entender, nem o pessoal da Secretaria de Agricultura entendia. Aquilo era praticamente impossível. Impossível ou não, lá iam as duas máquinas para a cidade, que não era muito perto, para o conserto. Um dia, Ana comentou o caso com a amiga índia: "Repare se os motoristas têm alguma tatuagem." Tinham. Uma escrita esquisita no peito, algo que não dava para ler, muito menos entender, mas tinham. "É macumba" – a índia sentenciou. "Pega dois galhos de guiné e os amarre nas máquinas num lugar onde eles não os podem ver." – disse. Ana, mais uma vez, não acreditou que aquilo resolveria o caso, mas não custava nada tentar. De noite, quando as máquinas estavam encostadas num posto de gasolina na cidade, amarrou um galhinho de guiné em cada uma, bem embaixo do motor. As máquinas não quebraram mais. E quando ia para o campo com seu marido, percebia os motoristas falando dela pelas costas, mas não se importou, porque agora eles tinham que trabalhar, colhendo o trigo. Terminada a colheita, os motoristas fizeram uma revisão geral nas máquinas e acharam os galhinhos de guiné. Lançaram-nas fora, com raiva. A safra rendera caminhões e caminhões carregados de trigo, que foram entregues ao moinho. No último deles, estavam Ana e Artur, satisfeitos pelo seu trabalho.

Os relatos sobre fenômenos estranhos, relacionados a simpatias, uso de ervas e poderes paranormais não param por aí. Iniciaram-se quando chegaram em Passos. Ana conta que o administrador morava numa fazenda cheia de baratas: "Por onde se olhava, havia baratas. O homem de lá disse que tinha que chamar o encantador de baratas. As casas eram antigas, sem forro, com o teto de madeira, e as baratas andavam pela madeira, pelo chão, por todo lugar. O homem tinha nove filhos e não podia mais continuar a viver naquela situação. Foram ao encantador de baratas e este perguntou tudo exatinho como era a casa, onde ficava o córrego, e depois disse ao homem que ele podia voltar para casa. O administrador ficou nervoso, disse que tinha ido lá para buscar o moço e não contar somente sobre o problema e depois voltar para casa! O encantador de baratas disse a ele que não, que ele podia ir, mas o rapaz insistia. Por fim, ele foi embora, e quando chegou em casa, sua mulher veio a seu encontro, impressionada: "Você não imagina o que aconteceu! De uma hora para outra, caíram baratas de todos os lugares, se juntaram e marcharam para o córrego, morrendo afogadas!"

"Quando se trabalha no campo, todo dia pode acontecer uma coisa estranha." Também nessa época Ana conta que testemunhou outra situação misteriosa. Um dia, apareceu o administrador de uma fazenda dizendo que a plantação de cana estava sendo devorada por lagartas. Ele comentou que havia pedido para que a aviação agrícola pulverizasse a área, mas como as lagartas estavam por toda a área, somente dali a dez dias seria possível realizar o serviço. "Até lá elas já comeram tudo!", disse o homem desanimado. Veio então a ideia de chamar o benzedor.

Chegado o homem, eis que ele procurou pela redondeza umas ervas e as queimou numa fogueira na beirada do campo. Também começou a dançar "... e de vez em quando dava um pulinho e um grito e depois de uns vinte minutos disse: 'agora os lagartos vão morrer.' Eu e Artur achamos aquilo ridículo." O administrador sugeriu pagar a benzedura mas isso não se podia fazer, e o homem despediu-se calmo e satisfeito enquanto os três ainda falavam e palpitavam sobre o ocorrido. Ainda dava para ver o homem na estrada ao longe quando uma ou outra lagartinha caiu. "Podia ser que eram as lagartas mais velhas", Ana pensou. "Mas depois caíram mais e de repente parecia como uma chuva de lagartinhas que caíam: grandes, pequenas, todas. Era inacreditável. O administrador da fazenda achava aquilo tudo normal: 'benzedura sempre causa este efeito', e foi para casa". Para completar a história, um administrador de outra fazenda que veio ver a benzedura, pediu a Artur para chamar o benzedor outra vez para curar o gado de bicho berne porque naquele ano tinha demais e os remédios não estavam fazendo efeito.

Lá veio o homem benzer de novo. "Passou uns raminhos de ervas nativas sobre as costas de cada vaca, deu um gritinho e depois um tapa nas costas delas. Ficamos todos esperando," Ana conta, "parecia que não ia acontecer nada. Mas de repente por toda parte caíram as larvas dos bichos de berne. Era impressionante. O gado ficou cheio de furinhos mas sem bolotas e o chão estava cheio de larvas de berne." Era ridículo, mas funcionava.

Arturzinho

Artur Maria Oto Paulo Antonio Carlo Barão Primavesi nasceu na madrugada de 6 de abril de 1953, em Itaberá, uma segunda-feira depois da Páscoa. Finalmente, aquele menininho conseguira abrir os olhinhos azuis para o mundo, presenteando a todos com sua chegada. Finalmente, porque seu parto fora complicado. Nascera com o cordão umbilical enrolado em duas voltas no pescoço.

Odo chegou para ver o irmãozinho e disse: "Sabe mãe, por que que ele não nasceu ontem? Porque o coelho da Páscoa tinha que trazer ovos para muitas crianças, ele tinha trabalho demais e não podia trazer mais um nenê." Carin, com um ano e meio, olhava fixamente o irmãozinho. Ana disse: "Olha mais um nenê." E ela o olhou e disse: "Não, mãe, nenê, não. O nenê sou eu."

Todos vieram visitar o novo membro da família, mas nada de Artur pai. Onde teria se metido? Eram cinco horas da manhã, e por mais que o procurassem, nada. Ana ficou triste. Sabia que ele não queria mais um filho, mas achava que podia pelo menos estar ali para saber como ela passava. Finalmente, Artur chegou, todo contente e radiante. "Onde você estava?" ela quis saber. Surpreso, ele disse: "Naturalmente no cartório para registrar nosso último filho." Continuou: "E como às cinco da manhã ninguém estava de pé, tive que acordar o pessoal". Mas como ele podia ter registrado o menino se não tinham escolhido o nome para a criança? Ele prontamente respondeu: "Como? Naturalmente se chama Artur".

Se com o nascimento Artur não perdeu tempo com a papelada, com o batismo ele não teve a mesma pressa. O menino já estava com seis meses e nada. Foi Ana que marcou o dia. O abade de Itaporanga veio especialmente para batizar Arturzinho. De São Paulo, vieram dois aviões com amigos e políticos. Os supermercados distribuíram gratuitamente sorvetes para a população, a prefeitura declarou feriado e a maioria das mulheres da cidade, de uma forma ou de outra, colaborou no almoço que seria servido para tanta gente ilustre. A madrinha escolhida por Artur era ateia, mas se deixou batizar para poder ser madrinha, e embora Ana duvidasse da religiosidade dela, não se importou muito, porque não era ela que iria criar o seu filho. O batismo foi um evento e tanto, do qual não se esqueceriam por um bom tempo. Quando saíam da igreja, Odo, segurando a saia de sua mãe para não se perder em meio a tanta gente, comentou: "Mãe, por que foi um batismo tão pequeno?" Surpresa, Ana pergunta: "Pequeno por quê?" No que Odo respondeu: "Porque o abade usou tão pouca água para batizar meu irmãozinho."

"O que Artur pai achava mais importante nessa hora era ensinar a nossa filhinha de dois anos, a Nenê, como chamávamos a Carin, a dizer: 'Artur', uma vez que ela se negava decididamente a aceitar que este era o novo nenê. 'A nenê sou eu' – dizia resolvida." Então fala "Artur", pedia o pai, mas isso ela não conseguia dizer, somente "Ati", e então "Hati" ficou, e foi o nome pelo qual Artur foi chamado até que se formou na Universidade e se casou.

Arturzinho quando bebê frequentemente sofria com cólicas e diarreias. Ele estava começando a se alimentar com sopinha e aquilo era estranho, porque Ana fazia tudo igualzinho como tinha feito para seus outros dois filhos e nunca nenhum deles tivera qualquer problema. Ela pensava no que estaria fazendo de diferente, quando se lembrou que quando Arturzinho nasceu, ela ganhara uma panela de alumínio, onde fazia sopa. A solução foi imediata. Voltou às suas velhas e boas panelas de ferro e ágata, e ele nunca mais adoeceu.

Naquela época, Itaberá começou a crescer e a se desenvolver. Pela primeira vez na cidade haveria uma cerimônia de crisma na igreja. O bispo veio de Sorocaba, interior de São Paulo, e as crianças da escola desfilaram à sua frente, podendo ter a honra de lhe darem a mão. Arturzinho, ainda fora da escola por sua pouca idade, também queria participar de tudo. A diretora da escola, solícita, colocou-o na fila dos que cumprimentariam o bispo. Quando a fila andou e chegou a vez de Artur, em vez de dar a mão, ele disse, as mãozinhas para trás, olhando para cima: "Ah, você é o bicho de que todo mundo fala". O bispo (*bischof*, em alemão) riu, e depois comentou que Arturzinho não era a primeira criança a confundir as palavras. Mas foi o início de uma amizade que cresceu, e cada vez que o bispo queria alguma coisa do governo, pedia a Artur pai para lhe acompanhar e preparar o caminho no emaranhado da burocracia estatal. Odo, o filho mais velho do casal Primavesi, mais tarde enamorou-se e casou-se também com uma moça chamada Ana, sobrinha do bispo.

"Mãe sempre cuida mais do filho que tiver problema, pai somente quer filhos perfeitos e tem certa aversão a filhos com algum problema". Arturzinho se desenvolveu normalmente, mas demorou a falar. Enquanto os outros começavam a falar com menos de um ano, ele já tinha completado três e nada. Com quatro anos começou a dizer algumas palavras, mas não formava frases. O pai sempre dizia que o filho era burro e que não queria saber dele, mas Ana sabia que não era assim. O menino era estrábico e mancava um pouquinho da perna direita, algo quase imperceptível para quem não soubesse.

Assim, Ana dedicou-se de corpo e alma a esse filho. Procurando por documentos e fotos, já finalizando a feitura desse livro, encontramos um manuscrito (outro, depois do diário) escrito por ela que conta a história de Arturzinho. Na capa lê-se: "Hati, a história de um menino." E é esse material, absolutamente emocionante e comovente que é reproduzido adiante.

> Em verdade chama-se Artur. Enquanto os irmãos começaram a falar com um ano, ele já estava com dois e raramente falava. Nem papai dizia e quando falava alguma coisa, eram palavras desconexas, isoladas, como se lêssemos um telegrama. 'O menino é bobo', disse seu pai, o que os vizinhos também não diziam mas também pensavam.
> Ele mancava puxando sua perna direita e não conseguia dominar seus olhos principalmente quando estava agitado, olhando em todas as direções. Só de vez em quando aparecia o branco dos olhos. E não aprendeu a falar. Mesmo assim, não acreditei que era bobo. E quanto mais os outros o desconsideravam, tanto mais o amava. Às vezes, sentava e brincava com seus dedos. Contava-os. 'Gosto a língua dos números', ele disse. De resto falava pouco, aprendeu de fato somente os nomes dos números, pois por palavras pouco se interessava. Ele não sabia? Não conseguia pronunciar? Alguma parte de seu cérebro fora destruída por falta de oxigênio. Mas em crianças, quando ensaiam bastante, a outra parte do cérebro poderia se encarregar de substituí-la.
> Tratava-o igual aos outros, não fiz diferença, não mostrei que me preocupava que não falava, que mancava, que era estrábico. Nunca mostrei minha preocupação com ele nem aos irmãos nem para meu marido. Era igual, igual aos outros e ele tinha que fazer também o que os outros faziam. Nunca devia sentir que tinha defeitos, nunca dizia: 'Você não sabe ou não pode fazer isso.'

Um dia seu pai voltou com uma caixa pesada. Os dois irmãos pularam em frente a ele e perguntaram o que era. O pai fez uma cara de segredo e não disse nada. Aí veio o Hati, olhou a caixa e disse laconicamente: É whisky. Todos ficaram surpresos. Como sabia? Ele mostrou a coroa na caixa e depois mostrou a mesma coroa numa garrafa de whisky. E era whisky mesmo. Aí ele se tornou um segredo ainda maior para mim, como podia tirar conclusões que os outros não tiravam mesmo sem falar? Falar não tem a ver com inteligência. Falar os bobos também falam. Nesse momento, uma pedra caiu de meu coração: ele era inteligente, muito inteligente, mas tinha problemas físicos.

Fui com ele num especialista e ele me disse o que eu temia: O menino foi prejudicado ao nascer, mas iria se recuperar completamente por volta dos 15 anos. Até lá, ele e nós tínhamos que aguentar. Ele iria aguentar as zombarias dos outros, ridicularizando-o quando ia à escola? Meu coração doía quando pensava nisso, porque crianças são cruéis e não perdoam a mínima diferença. Para o pai, foi duro ter um filho deficiente e ainda com seu nome, que ele mesmo escolheu e registrou sem me perguntar, e por isso qualquer coisa no menino o irritava.

Como ele caía no chão inconsciente muitas vezes, chamei uma benzedeira, uma portuguesa velha, gorda e muito carinhosa. Fez as suas rezas e, para o menino ficar quieto, deu uns níqueis para ele depois comprar uns docinhos. Benzedeira não se pode pagar para não desvalidar o efeito, porque sempre imaginei que a pessoa tinha que acreditar nisso para melhorar. E o Hati era pequeno demais para acreditar em benzedeira. Para ele devia parecer uma brincadeira. Ou será que entendeu? Em todo caso, os ataques nervosos que ele tinha terminaram e nunca mais ele caiu inconsciente.

Um dia, um barulho ensurdecedor fez as vidraças tremerem. Seguiram-se uma série de pequenos estalos e depois o silêncio. O que foi? Todo mundo correu para fora. Aonde era? De onde veio este barulho? Uma mulher mostrou: 'Foi lá no fundo deste mercadinho'. O dono mostrou-se solícito: 'Podem entrar e ver'. Todos entraram de uma vez pelo portão do pátio, ou melhor, não entraram, se empurraram, pisavam nos pés dos outros, gesticulavam. Lá estavam, dezenas de caixas de verduras no chão. Um monte enorme de caixas tinha desabado e parcialmente escondido, debaixo de algumas caixas, jazia um menino, morto. Ou no mínimo parecia morto. Estava prostrado e não se movimentava. Os olhos estavam fechados e sua respiração estava tão fraca que nem se podia verificar.

Um grito desesperado me escapou: 'HATI!' Precipitei-me para frente. Nem sei como consegui tirar as caixas que estavam em cima dele e peguei o corpinho do meu gurizinho que não tinha ainda três anos. Ele caiu sem movimento em meus braços. Meu Deus, ele sangrava na testa, nas pernas, no ombro... E neste lugarejo nem tinha médico. O hospital mais próximo era em Itapeva, uns 20 km distante. Ali não tinha táxi e meu marido não estava em casa, mas na fazenda. Naquela hora, ninguém que possuía um carro estava em casa. O desespero tomou conta de mim. O menino tinha que ser socorrido, ele estava morrendo.

Chorei silenciosa e compulsivamente. Minhas lágrimas lavavam o sangue do rostinho dele. Muitas mulheres ao meu redor choravam também. Mas o que adiantava chorar? O que eu podia fazer? Gritei em desespero. 'Somente a farmacêutica pode ajudar', sugeriu uma moça.

A mulher era magra e aparentava certa idade. Tinha uma expressão de bondade. O jaleco branco mostrava que sabia algo sobre higiene, mas saberia algo sobre acidentes como aquele? Mas naquele momento era a única pessoa que podia nos ajudar. Deitei o menino inerte sobre o balcão. Ela olhava, pegava um estetoscópio e escutava. O coração ainda batia. Espreiava um líquido sobre as feridas para que parassem de sangrar. Depois deu uma injeção para estimular o coração e começou a tratar as feridas, que graças a deus não eram profundas, colocou ataduras, esfregou os braços com cânfora e finalmente o menino acordou de seu desmaio. Olhou surpreso ao redor de si, a farmácia, a multidão que se aglomerava ao seu redor e tentou levantar. Na segunda tentativa conseguiu, ainda um pouco tonto, mas ficou de pé. Todos festejaram o milagre. Agradeci efusivamente à farmacêutica enquanto todos falavam ao mesmo tempo. Nesse meio tempo, o Hati sumiu. Gritei, chamei, onde ele teria ido? Entramos outra vez no pátio do mercadinho, lá estava ele, outra vez em cima de um monte de caixas. 'Hati, você está louco? Não aprendeu? Já não desmoronou num monte de caixas e quase morreu?' Um sorriso ingênuo iluminava seu rostinho: 'mãe, não se preocupe, agora aprendi como fazer, agora sei como não cair mais.'" Com ele não tinha jeito mesmo.

Os irmãos já iam à escola e ele ficou ainda em casa. Eram horas tristes para Hati. Tinha que brincar sozinho mas não era muito inventivo. Catava folhas que caíram no gramado do quintal, arancava uns azedinhos que ali cresciam, colheu algumas flores para me presentear ou simplesmente sentava embaixo do varal com a roupa lavada pendurada e cantava dando um gritinho cada vez que uma gota lhe pingava na cabeça. Este canto solitário atraiu um menino do outro lado do muro. Ele assoviou e foi amizade à primeira vista. Um muro separava as casas, como ele ia subir? Não tinha escada. 'Suba na mangueira', o outro propôs. Hati nunca tinha tentado subir numa árvore mas o tentou e conseguiu. Dali em diante, os dois meninos sempre se encontravam no telhado. Levavam brinquedos, cantavam e eram horas alegres. Alegres porque era um momento só deles, onde ninguém reclamava, ninguém os espantava, ninguém deu palpites. Fizeram o que imaginavam, brincavam, cantavam, riam e eram felizes. Um mundo mágico que botavam pra fora todas as suas mágoas, preocupações, problemas e decepções.

Talvez essa temporada tenha permitido a Hati encontrar seu equilíbrio mental e espiritual, de formar sua personalidade. Mas um dia o menino não veio mais. Seus pais se mudaram. Hati ficou desesperado. Entrou pela janela da casa e viu tudo vazio. Nem o cão vigia corria mais no pátio, nem o papagaio o cumprimentou com seu grito rouco. Acabou tudo.

Passou os sete anos e Hati teria de ir à escola. Mas como não falava ainda direito, segurei-o mais um pouco. E não era só isso. Ele era meu último. Enquanto o filho está em casa pertence completamente à mãe. Mas quando vai à escola, parte da vida dele é fora da casa. Se não fosse deficiente, não teria me preocupado, mas imaginando tudo que iria acontecer, meu coração doía. Iria começar o seu calvário.

Todos me censuravam. Onde se viu, um menino já com 8 anos e que ainda não tinha sido alfabetizado? Faltava um mês para os oito anos quando Hati entrou no primeiro ano, sem poder formar frases, manco e vesgo daquele jeito. Os outros logo o repararam. Não somente que era deficiente mas também que era mais velho do que eles. E como um bando de coatis cai sobre um campo indefeso de milho, devastando tudo, caíram por cima dele. Cutucavam-no fazendo brincadeiras de mau gosto, roubavam seus lápis e cadernos, zombavam dele, jogavam coisas à sua frente para que tropeçasse, imitavam sua maneira de falar e cada vez que aprontavam com ele a turma toda se torcia de rir, sempre esperando que ele iria chorar. E se fosse 'menininho da mamãe', mimado e protegido, como muitas vezes ocorre com crianças deficientes, iria chorar mesmo.

Mas Hati não se incomodou. Não chorou, não bateu, não atacou e não correu. Ficou impassível. Nunca contou nada em casa, nunca disse não querer mais ir à escola, nunca se queixou. Fez suas letras, adorou os números e até pediu para a professora ensiná-lo a fazer pequenas contas. E no outro dia ia normalmente à escola, sem reclamar, sem nunca dizer nada.

Finalmente até a professora não aguentou mais. Era maldade demais com este menino... Ela chamou Hati e perguntou: 'Você quer que eu fale com os meninos para que te deixem em paz?' Hati balançou a cabeça: 'Não, obrigado. Tenho tanta pena deles.' A professora foi pega de surpresa. Ele continuou: 'Minha mãe é muito mais inteligente que eles e ela me ama', disse calmamente para a professora incrédula. Num outro dia, a professora me chamou para contar sobre o episódio: 'Como a senhora ama tanto esse menino a ponto dele possuir tanta força para resistir?' Se fosse mimado, não iria aguentar. Mimo não dá força, só cria egoísmo e medo. Cria uma situação irreal. Trato ele igual aos outros, com amor, com firmeza, com igualdade, com justiça. Nunca mostrei ter dó dele. Não queria criar este sentimento de comiseração em que ele mesmo se considerasse digno de dó, diferente, capaz de causar pena nos outros. Então a criança exige que todos tenham pena e se não a tem, sofre e se os outros ainda zombarem dele não mais quer ir à escola. E então nunca supera sua deficiência.

Finalmente, todas as malvadezas somente têm graça quando há alguma reação. Mas como esta nunca ocorreu, deixaram pouco a pouco de incomodá-lo. No segundo semestre, Hati era o líder da turma. Todos encontraram alguma coisa nele que admiravam: sua calma, sua alegria, seu talento para a matemática e a música... No fim do ano, tinha superado os outros nas matérias. Para estudar, a criança gasta muita energia. E estudar e crescer ao mesmo tempo é um esforço muito grande. Para Hati, o que tinha de estudar estava abaixo da capacidade de sua idade. O esforço era pouco, porque ele era um ano mais velho, e tudo que era difícil para os outros era fácil para ele. E isso ficou durante toda a escola, estudava brincando.

Arturzinho aprontou tudo que podia: ao príncipe da Bavária, que era seu padrinho de batismo, perguntou, olhando sua careca e seu bigode: "O senhor acha que está certo tirar todos os cabelos da cabeça e colocá-los debaixo do nariz?" Noutra vez, Ana foi chamada pelo diretor da escola. "O que foi que ele fez?" O diretor mostrou a cena: todos os alunos mancavam, arrastando a perna direita, tal como Artur. Ana perguntou: "O senhor perguntou a ele por que começou tudo isso?" e o diretor continuou dizendo: "Porque os outros ficaram rindo dele e ele se defendeu." Artur tinha convencido os colegas de que o certo era ele, e que o seu modo de andar é que era normal. O diretor nada podia fazer.

Quando tinha cerca de dez anos, já morando em Santa Maria, no Rio Grande do Sul, – a família mudou-se para lá mais tarde –, Arturzinho e um amigo resolveram destelhar a casa da vizinha. A mulher ficou muito brava, mas quando foi xingá-lo, ele falou: Puta. "Foi aí que ela explodiu, ficou violenta, me chamou e disse: seu filho me chamou de puta. Eu o chamei e disse: Artur, você chamou essa senhora de puta? Ele respondeu: Mãe, eu a chamei assim porque a senhora não tem ideia do sucesso que essa palavra faz!" Ana ri e continua: "Ele não sabia o que a palavra significava, só sabia que todo mundo explodia quando era chamado assim. A vizinha me olhou meio sem jeito e disse: Bem, se é assim, se ele nem sabe o que significa, não digo mais nada... Mas eu o proibi de falar esta palavra, cujo significado não era exatamente bonito."

Toco, seu amigo inseparável, era o companheiro das travessuras: os dois eram o horror do bairro. "Não tinha um dia em que não viesse alguém na porta de casa para se queixar: destelharam a casa da vizinha, inundaram uma cozinha, desmontaram uma ligação telefônica ..." Parecia que Arturzinho vivia para inventar modas, e se não tinha o que aprontar, andava pelas calçadas com o carrinho de rolimã que ele mesmo construíra, fazendo um barulho tremendo, exatamente quando os outros tentavam tirar uma soneca depois do almoço. Santa Maria toda conhecia Arturzinho: uns porque já tinham passado por alguma arte dele, outros porque riam de suas histórias, e outros porque seus filhos o adoravam. "Nunca consegui descobrir qual era o encanto do Arturzinho, mas todos os meninos o adoravam", comenta Ana.

Artur formou-se em medicina. Ser médico sempre fora seu desejo, e quando prestou o serviço militar já era médico formado. Foi mandado para o hospital militar de Campo Grande, Mato Grosso do Sul, que tinha fama de ser o pior hospital militar do Brasil. Imundo, com os aparelhos quebrados e com um pátio parecendo uma favela, cheio de entulhos. Arturzinho não perdeu tempo: anotou tudo e foi direto ao comandante: "Aqui está a lista de tudo que falta neste hospital e do que precisa ser reformado. Se não tomarem providências, vou pedir que me mandem como soldado raso para o interior, não vou ficar nessa bagunça servindo como médico". O comandante chamou seu superior, que não tivera coragem de dizer tudo aquilo ao general. Finalmente, o pessoal do Exército de Brasília foi chamado para inspecionar e o comandante disse a Artur: "Se não for tudo como você disse, você será preso e punido". Vieram, fizeram a inspeção, e o general mandou chamar o tenente Primavesi: "É muito pior do que você me comunicou. Não sabia de nada disso". O general, daquele dia em diante, chamava Artur para acompanhá-lo em eventos oficiais, porque este tinha lhe salvado de ficar com má reputação perante seus superiores. Os problemas foram resolvidos e Artur permaneceu por lá como médico, por aproximadamente um ano.

"O segredo do sucesso de Artur? Não sei, não descobri. Somente sabia que todos o conheciam e o adoravam, do homem mais simples até as maiores autoridades da cidade, para desagrado de meu marido, que também se chamava Artur Primavesi, diretor de um Instituto Universitário muito considerado, mas nem de longe tão conhecido e popular como o Hati", diz Ana.

***

A Companhia de Trigo ficou cada vez maior e as plantações se espalharam. Mesmo pequeno, Odo lembra-se dos sacos cheios de trigo no campo e no galpão. Moravam em Itaberá, em frente à praça central, do lado oposto à igreja. O quintal tinha galinheiro e horta. O vizinho era uma casa de secos e molhados, em que nos fundos eram guardadas as caixas com guaraná e outras bebidas. Não havia cerca separando os quintais. Odo e um amigo costumavam ir lá escondidos, e com um prego, furavam a tampa e bebiam o guaraná. Pura molecagem.

Certa vez, Artur pai, após ter usado um telefone público, teve um eczema violento que foi se espalhando pela face e pescoço no lado em que pusera o fone. Teria sido alguma coisa pega no aparelho? Ana pensou rápido e passou esmalte (incolor) em tudo, porque sem oxigênio o que provocara aquilo viria a morrer. Artur ficou com o lado do rosto e pescoço todo endurecido com a secagem do esmalte. Aquilo começou a rachar, e com medo de que o eczema piorasse, ele reaplicou o esmalte nas rachaduras. Ana, ao chegar da rua, teve um acesso de riso. Artur pegara o esmalte vermelho. O problema do eczema foi resolvido.

O trigo expandia-se em Itaberá e o governador de São Paulo na época, Lucas Nogueira Garcez, prometeu dar a Artur terra devoluta se ele e a Companhia Paulista de Trigo conseguissem tornar as terras de Sorocaba novamente férteis.

***

Os Primavesis mudam-se para São Paulo, em fins de julho de 1956. Foram morar na Vila Madalena, rua Harmonia 50, numa casa ampla com três quartos e um grande jardim. Artur ia diariamente a Salto de Pirapora, em Sorocaba, recuperar o solo e plantar trigo na Fazenda Modelo.

Odo estava feliz com a mudança: o professor de Itaberá tinha passado um monte de lição para as férias, e agora, ele estava exultante em jogá-las todas no lixo.

Quando chegaram à nova residência, a vizinha da frente olhava atenta os homens a descarregar o caminhão de mudança. Dona Palmira tinha feito o almoço e chamou toda a família Primavesi para almoçar, pois em dia de mudança não era possível cozinhar, e ela continuou fazendo isso nos dias subsequentes, até que estivessem instalados.

Dona Palmira era lavadeira, e seu marido, seu Alberto, jardineiro. Levavam uma vida simples e sacrificada, tinham por volta de cinquenta anos de idade e trabalhavam o dia todo. Dona Palmira ajudava Ana, olhando as crianças de vez em quando. Naquela época, os Primavesis não tinham geladeira, um artigo de luxo. Cozinhava-se apenas o que seria consumido. Ana usava uma caixa de madeira forrada por dentro com um tecido grosso e que conservava um pouco mais o alimento. Evitava ao máximo usar alumínio na cozinha. Suas panelas eram de ferro (gostava de fazer o feijão nelas), de cobre (cozinhava uma vez por dia algo nela como suplementação de cobre, ou arroz ou leite, sempre acidando para não ter zinabre[*]), esmaltadas, de aço inox. Quando fazia frango no forno, colocava-o dentro de um saco de papel do tipo de padaria, que havia sido inteiramente untado com gordura e amarrava bem a boca. O frango ficava macio e suculento, e mais uma vez ela evitava o uso do alumínio. Dona Palmira também não tinha geladeira, mas tempos depois foi presenteada pelos filhos com o artigo tão desejado, e sua felicidade só não foi maior porque logo percebeu que teria de arcar com as parcelas do crediário. Seus filhos deram somente a entrada. Ana era sempre muito grata à dona Palmira, uma boa alma que os acolheu com tanto carinho, e sempre dizia que na Europa isso nunca aconteceria.

Os vizinhos eram pessoas afetivas, e o bairro encantou Ana, era muito acolhedor. A casa em que moravam tinha no jardim um ótimo espaço para as crianças brincarem, com algumas árvores. Artur pai plantou alguns pés de cana e era onde as crianças adoravam brincar de casa. Esses pés de cana ficaram tão altos e grossos que as crianças subiam no telhado e de lá passavam para as plantas, que não vergavam com o peso. No jardim havia também um balanço que era uma alegria, e uma casa de bonecas que o seu Alberto havia construído e onde cabiam os três irmãos.

O quintal era ótimo para o novo habitante da casa, o coelhinho que as crianças tanto amavam. Mas o coelho gostava mesmo era de ir para a rua, brincar com os cachorros. "Acredito que os cachorros queriam pegar e comer o coelho, mas ele estava tão certo de que escaparia sempre, que sua maior felicidade era pular no meio dos cachorros não se deixando pegar" conta Ana, rindo. Arturzinho, seu verdadeiro dono, morria de medo que algum cachorro o matasse, mas isso não aconteceu. Em vez disso, o coelho adorava entrar nas casas dos vizinhos para fazer xixi nas camas, o que causou muito constrangimento, e então a família decidiu levá-lo para a fazenda em Soro-

---

[*] Camada verde formada a partir da oxidação do cobre.

caba. Arturzinho contou que ele "casou" com um coelhinho do mato, e um belo dia, quando a família chegou, quatro coelhinhos novos ali estavam. Foi assim que descobriram que o coelho era na verdade uma coelha. Arturzinho disse: "Eu vi onde ele mora. É um buraco de tatu. Pelo jeito casou com tatu, porque ele lhe deu sua casa".

As crianças estudavam perto de casa, na escola Estadual Godofredo Furtado. Iam a pé, cortando caminho por dentro do cemitério São Paulo.

Carin foi, pela primeira vez, à escola quando ia fazer 8 anos. Não falava uma única palavra em português. Ana e Artur não sabiam falar tão bem o português e não queriam ensinar errado o idioma aos filhos, então optaram por falar só o alemão em casa e deixar que os filhos aprendessem o português corretamente na escola. No primeiro dia de aula, Carin sentou-se nos fundos e não entendeu absolutamente nada do que falavam. Quando todos se levantaram e foram até a mesa da professora com o caderno na mão, ela fez o mesmo, sem saber direito por quê. Cedinho pela manhã Artur havia lhe ensinado escrever seu nome em letra de forma, o que ela rapidamente aprendeu. Terminou o ano, em terceiro lugar, só devido à pronúncia "alemanzada", embora ótima aluna.

No ano seguinte a professora mandou chamar sua mãe, porque Carin errara tudo na prova. Quando Ana viu a prova, riu muito. Numa série de perguntas, como Carin não entendia bem o português, foi criativa. O que é um rio? Rio é um índio. O que é um Índio? Índio é um horizonte. O que é um horizonte? Horizonte é.. ela sempre respondia com a palavra da pergunta seguinte. "Isso demonstra que ela tem lógica!" disse Ana rindo, e a professora ficou brava, pois queria que ela punisse a filha.

Numa mansão próxima à casa da rua Harmonia, vivia a tia Lita (Melitta Primavesi); cujo bisavô era irmão de Artur e seu marido, um engenheiro alemão. Ela se casou com Otto Scherb na Áustria e veio para o Brasil. Nunca aprendeu o português. Era prima de Artur, filha de Otto Primavesi, presidente do Banco Primavesi. Tanto sua mãe Eugenie quanto sua irmã Mäda tinham sido retratadas por Gustav Klimt.[*] Tia Lita montava uma árvore de Natal exuberante, que ia até o teto. Devia ter uns 4 metros de altura. Odo, Carin e Arturzinho muitas vezes ficavam lá com a tia Lita, quando Ana tinha que

---

[*] Otto Primavesi era um mecenas que durante a Primeira Guerra, frequentemente convidava artistas, inclusive Gustav Kimt, para ficar em sua casa de campo. Otto pediu ao artista para pintar sua filha mais nova, Mada em 1912. Em 1913 e 1914, o artista pintou a esposa de Otto, Eugenia Primavesi.

ir a algum lugar e não podia levá-los. No Pacaembu, morava Paul Primavesi, irmão de Artur, que era casado com tia Doddy. Paul trabalhava na *Hoechst* e o que mais marcou a memória das crianças eram os pés carregados de jabuticabas no jardim de sua casa.

Ana e as crianças iam para Salto de Pirapora no período das férias, e ficavam na sede da fazenda. Lá tinha as mangas Coração de Boi do vizinho, deliciosas, que ficaram na memória das crianças, principalmente de Odo.

Na fazenda Modelo, em Sorocaba, Ana conseguiu uma empregada para ajudá-la. Assim como Perciliana, a moça não só tinha uma "passagem livre para o outro lado da vida", como também atendia muitas pessoas com problemas espirituais. Por isso, Ana nunca sabia se tinha ou não tinha alguém disponível para ajudar em casa. A especialidade da moça era ser avisada pelos antepassados da pessoa de onde tinham enterrado seu dinheiro ou joias. Incomodados, os espíritos voltavam para avisar aos parentes. Ana já tinha testemunhado coisas estranhas e sem explicação, mas nisto não acreditava. Até que numa das vezes foi junto e a viu encontrar uma jarra cheia de moedas, então não duvidou mais. A moça trabalhava quando podia, sempre atendendo aos chamados daqui e dali, o que deixou Ana muitas vezes sozinha com todos os afazeres da casa.

Um dia, uma senhora veio à casa da fazenda trazendo o filho. Contou que o moço era policial, mas duas a três vezes por dia era acometido por um ataque epiléptico, o que lhe valera uma dispensa do posto. A mãe estava desesperada, porque era pobre e não podia manter um filho adulto e doente. Mais uma vez, Ana explicou que não era médica, mas doutora em agronomia, mas não adiantou. "Doutor é doutor, diziam", e sempre vinham com doentes para que os ajudasse. Ana usava ervas, porque se não curassem, mal não fariam. E assim receitou um remédio para vermes, mesmo sabendo que o moço já tinha tomado vermífugo, sem sucesso. A receita ela tinha ganhado de uma índia e continha nove plantas e substâncias muito difíceis de achar. A mãe do rapaz, em desespero e para surpresa de Ana, encontrou as plantas, até carvão de chifre de carneiro. Fez o preparado e obrigou o filho a tomá-lo. Dois dias depois, apareceu para contar que do filho saíram duas bacias repletas de vermes. Eram tantos que nem se podia acreditar que cabiam dentro da barriga da pessoa. O problema foi resolvido e o policial pôde voltar ao seu posto.

A fama espalhou-se e por toda parte vinham pessoas para que ela os ajudasse. "... e como dei de graça as receitas, segundo a Bíblia: 'De graça o receberam, de graça devem-no dar', todos vieram, porque acharam que era bom e de graça."

Logo apareceu uma moça que quase não andava. Seu problema estava no coração, uma vez por semana ela ia ao médico para receber uma injeção diretamente na veia coronária, porque seu coração ameaçava parar. Ana explicou, de novo, que não era médica, demonstrando seu receio: não entendia nada de coração, não podia receitar nada, e nem queria. Corria o risco, inclusive, de ser vista como charlatã. De novo, não adiantou. A família acampou em frente à casa, decidida a ficar ali o tempo que fosse necessário para amolecer seu coração. Quando Ana viu a moça mais uma vez, não aguentou: os olhos estavam afundados em buracos quase negros. Mas se os médicos não tinham conseguido nada, como ela ia conseguir? Penalizada, resolveu receitar um chá de folhas de abacate para os rins, e depois de dez dias, chá de cabelos de milho verde. Se não ajudassem, também não iriam prejudicá-la.* A família deu os chás e ela sarou. Um ano mais tarde, estava sadia e tinha ganhado um bebê, gordinho e saudável. Parecia milagre. Poderia ter sido a convicção de que Ana poderia curá-la? Ana dá de ombros e cita uma passagem do evangelho em que Jesus diz: "Tua fé te salvou".**

Carin reclamava com a mãe que suas amigas iam ao médico e eles nunca tinham ido. Mas Ana e Artur sempre tinham conseguido resolver as doenças em casa.

Carin tinha seus dentes encavalados por possuir uma arcada dentária estreita. Ana lembrou-se que havia lido uma reportagem que em uma tribo africana a população tinha os dentes todos sobrepostos e encavalados. O interessante era que as famílias que se mudavam e iam morar em um outro lugar em que o solo era muito rico em sais minerais, e à medida que as crianças cresciam, a arcada ia se expandindo e os dentes conseguiram encontrar espaço ficando retos, certinhos. Mesmo com as pessoas dizendo que havia casos iguais na família de Artur, Ana não se deixou conformar, e passou a

---

* Segundo Ana, essas folhas limpam o sangue, são diuréticos.
** Ana também usava muito óleo de copaíba para cicatrizar ferimentos. Aprendeu isso lendo escritos do padre José Anchieta, pois pesquisou muitas coisas sobre o Brasil. Uma vez, Artur pai teve a perna prensada entre a caminhonete e o muro de sua casa, formando uma lesão na coxa de um centímetro de profundidade e uns vinte centímetros de comprimento. Ana simplesmente despejou óleo de copaíba no ferimento e, na manhã seguinte, uma "casca" já estava se formando e o ferimento começou a fechar.

dar complexo mineral à filha. Aos poucos, a arcada aumentou e os dentes ficaram alinhados. A genética não era determinante.

Aos quatorze anos, Carin teve pneumonia e hepatite ao mesmo tempo, e o médico foi chamado pela primeira vez. "Se der o antibiótico para combater a pneumonia, ela morre por causa do fígado. Se cuidar da hepatite, ela morre por causa da pneumonia. Vamos interná-la e ver o que dá para fazer", disse o médico. "Não", Ana disse, "deixe que eu dou um jeito".

Infecção bacteriana ela sempre curou com cataplasmas de cebola. Ana costurou um colete com um tecido poroso do tamanho do pulmão, recheou-o com rodelas de cebola, e o vestiu na filha. Carin usou-o por três noites, tirando-o apenas para que as cebolas fossem trocadas por outras novas, todas as noites. Segundo Ana, a cebola tem a propriedade de desnaturalizar as enzimas que nutrem as bactérias, e assim, sem enzimas, as bactérias morrem de fome. A cada troca de cebolas, o cheiro forte de carniça mostrava o efeito da cebola, pois com a desnaturalização, a cebola perde seu odor característico. Infecção urinária e amigdalite também eram tratadas dessa maneira. No caso de meningite, raspava-se a cabeça e fazia-se uma touca com cebolas. A pessoa não ficava com sequelas. E Carin sarou da pneumonia e da hepatite.

Um dia a médica da escola mandou Carin de volta para casa com um bilhete dizendo que ela só poderia voltar a assistir às aulas quando suas amígdalas supuradas tivessem sarado, e que a menina precisava tomar um antibiótico. Ana sabia que amígdalas tem muito a ver com fígado e resolveu fortalecê-lo. Deu a Carin de duas em duas horas meio copo de suco de agrião com um pouco de mel. As amígdalas ficaram boas. No dia seguinte, Ana levou a filha à escola, e a médica a repreendeu: "Ela só entra curada!" "Pode examinar", Ana respondeu. E a médica não conseguiu entender como isso ocorrera tão rápido. (Naquela época, começo dos anos sessenta, havia nessa escola estadual dentistas e médico permanente pelos quais todas os alunos passavam).

Quando Ana suspeitava que algum filho estava com deficiência de cálcio, apresentando sintomas como suor excessivo na cabeça ou pálpebras tremendo, ela preparava o suplemento de cálcio. Colocava ovos lavados, limpos e inteiros em uma vasilha. Mergulhava-os com suco de limão caipira e cobria o recipiente com um tule. Quando o limão havia dissolvido todas as cascas dos ovos e estes ficavam apenas com a pele interna, Ana batia tudo no liquidificador, coava, acrescentava um pouco de mel e um cálice de rum ou licor e guardava numa garrafa. As crianças tomavam uma colher de sopa duas vezes ao dia. Os mais diversos sintomas da deficiência de cálcio desapareciam. Trata-se de um cálcio altamente assimilável, pois é totalmente natural.

Em Santa Maria, a feira livre era realizada por agricultores que vinham com suas carroças puxadas a cavalo. Eles dispunham a parte de trás da carroça para o sentido do fluxo dos passantes, comercializando os produtos da época. Às vezes, o agricultor podia ter encontrado um ninho cheio de ovos no meio da plantação e não sabia há quanto tempo estavam lá, e muitos estavam podres. Para garantir a compra de bons ovos, Ana sempre levava à feira uma vasilha com água e a cada ovo que escolhia, imergia na água. Aqueles que afundavam estavam bons, e os que boiavam estavam secos ou podres.

Quando ainda moravam em Itaberá, a chegada do circo causou enorme alvoroço entre as crianças. Um número com cinco cachorrinhos era parte do espetáculo, mas os animais adoeceram, e foi Ana quem os tratou. Agradecido, o dono do circo deu entrada de graça aos filhos de Ana em todas as apresentações.

Durante o tempo da chegada ao Brasil, adaptação à língua – Artur aprendeu o português mais rápido porque tinha contato com muitas pessoas – e ao novo lugar, Ana praticamente cuidava da casa e das crianças, além dos doentes que a procuravam, sempre esperançosos de que a "doutora" os ajudasse.

Na Vila Madalena nas épocas de chuva, as enchentes eram frequentes, pois moravam em frente a um córrego e quando chovia era um deus-nos-acuda; por isso recomeçaram a procurar outro lugar para morar, e foi no Brooklin Velho que o dinheiro deles podia pagar. Era um bairro distante, sem construções ao redor, bem em cima do morro para fugir de enchentes. Quando Artur comprou o terreno, como era muito grande e caro, dividiu-o em dois, e um amigo dele ficou com a outra metade. Na época era afastado da cidade, com chácaras ao redor. A casa foi projetada por Ana e construída pelo padrinho de crisma de Odo, tio Estêvão Vojnits, que no Brasil era construtor, mas era engenheiro mecânico de formação. Vojnits era amigo da família há anos, desde que conhecera Artur no navio que os trazia para o Brasil. A casa ficava entre dois córregos, canalizados bastante tempo depois, da Av. Roberto Marinho, antiga Águas Espraiadas e da Av. Vicente Rao, ambos somente atravessáveis por meio de uma pinguelinha em meio à mata. Os amigos perguntavam ao casal: "Por que vocês vão morar tão longe da cidade?" Para se ter uma ideia da lonjura, o aeroporto de Congonhas já era considerado muito afastado da cidade. O Brooklin Velho ficava mais distante ainda. Além da casa dos Primavesis, havia apenas outra em frente, e outra do lado.

Carin tinha agora um novo mascote: um pato da raça Peking de penas brancas e bico alaranjado, que ela amava de todo o coração. O amor era retribuído com leves beliscões, e o "tio Schnatt", como as crianças o batizaram, achou que devia proteger as crianças e a casa, como um "pato de guarda". Assim, beliscava (de verdade) todos que imaginava ameaçar seus protegidos. Artur pai construíra uma casa-fortaleza, com paredes grossas e portas sólidas, mas o "dono" da casa era mesmo o pato. Extremamente inteligente e amoroso, tinha um problema: arrancava todas as folhas que conseguia alcançar, e de manhã o jardim estava cheio de folhas espalhadas pelo chão. Ana o repreendeu e disse que era feio jogar folhas por toda parte. O pato a olhou, "desculpou-se", e no dia seguinte, tinha arrancado tudo do mesmo jeito, mas havia juntado todas, num montinho. Como era um pato grande e tinha ideia fixa de que tinha que proteger os donos, não deixava ninguém entrar pelo portão, que naquela época, no final dos anos 1950, era baixo, sem fechadura e vivia aberto. Um dia, Ana foi surpreendida por uma enorme gritaria no quintal da casa. O que seria? Ninguém tinha tocado a campainha, mas pelo jeito alguém havia entrado, sem avisar, e o pato: "nhac", mordeu o intruso na perna. Era um fiscal da prefeitura que queria ver o que havia no quintal, checar se não havia alguma construção irregular. No dia seguinte, receberam um aviso da prefeitura de que deveriam pagar uma multa porque "o ganso" tinha atacado o fiscal. Mas o fiscal tinha o direito de entrar na casa das pessoas, sem avisar? Artur respondeu que iria fazer queixa do homem que invadiu sua propriedade, e aí venceu o pato. Mesmo quando a rua recebeu os canos de esgoto, Schnatt ficava em seu murinho, observando tudo, mordiscando os operários que, pelo jeito, cavavam, cavavam e comiam todas as minhocas, "nunca dando nenhuma a ele."

Na nova escola das crianças, no Brooklin, lá ia o pato, rebolando atrás da sua dona. Ao chegar à escola, a três quarteirões dali, não tinha mais jeito, ele não podia entrar, então voltava para casa. Mas rapidamente descobriu que Carin voltava para casa pelo meio dia, quando a sirene tocava, então, um pouco antes, punha-se de guarda no murinho da entrada, esperando ouvir o sino. Assim que ouvia, Schnatt alçava um voo raso, aos berros, em direção à escola. Beliscava as professoras e os alunos que saíam, de modo que quando a aula terminava e o pato estava lá, a diretora gritava: "Carin, para frente, seu pato está esperando".

Artur pai mantinha, nessa época, seu trabalho na fazenda em Sorocaba plantando trigo para a *Panambra*, à qual a *Companhia Paulista de Trigo* pertencia, cujo proprietário era o barão Leitner. Em Sorocaba, conseguiu transformar em cinco anos aquela terra totalmente estragada, com caráter de estepe, em terras férteis.

Foi nesse período, em São Paulo, nos anos 1950, que Ana escreveu nove livros, publicados pela Editora Melhoramentos junto com Artur.[*] Ana cuidava da casa, dos filhos e ajudava o marido em seu trabalho. Ela fazia análises das amostras de solos, detectava as deficiências nas plantas e outras coisas a pedido de Artur. Carin lembra da mãe olhar para as plantas trazidas pelo pai em casa, e dizer: "Olhe, essa folha está deficiente em ... (nome do elemento; usava a diagnose visual de nutrientes)."

Na fazenda de Sorocaba, as crianças passavam as férias. Uma vez, voltando de lá para São Paulo (só havia a rodovia Raposo Tavares antiga), a neblina era tão densa que não se enxergava um palmo à frente do carro. Ana pegou um lampião a querosene e sentou-se no capô do carro, tentando iluminar a estrada. Numa outra vez, o radiador furou no meio do caminho. Parando de tempo em tempo para pegar água, Ana apoiava-se no para-choques do carro em movimento e ia colocando a água. O capô do jipe abria para os lados ou podia ser retirado, o que possibilitava a Artur dirigir com visibilidade.

Odo lembra bem desse tempo: "Lembro-me dos chás de carqueja, erva-cidreira, quebra-pedra, laranjeira, camomila e a famosa infusão de arruda fervida no vinho tinto para dar elasticidade às artérias e reduzir problemas de coração. Mamãe era cozinheira, doceira, farmacêutica, professora, costureira, promotora de atividades lúdicas. Sim, ela costurava, tricotava e bordava muito. Fazia muitos trabalhos manuais e tratou da saúde até de cachorros de um circo que esteve em Itaberá. Incentivava a prática de tocar instrumentos musicais, eu, violão, Carin o acordeão e Artur o violino. Lembro-me que utilizava soja para fazer leite, do bagaço fazia um tipo de pé de moleque e da soja inteira fazia bolinhos salgados fritos excelentes, que até um mendigo vinha pedir sempre que passava. Nos estudos, tomava a lição. E procurava evitar a repetência. Contava muitas histórias infantis, dos irmãos Grimm e outros.

---

[*] listados na bibliografia deste livro

Depois, fazia a gente ler muitos livros, também em alemão. Nos ensinou a escrever com letra gótica. Isso ficou marcado, pois, mais tarde, me facilitou o convívio com pesquisadores de uma instituição de pesquisa em Viena, onde fui fazer especialização, e lá as anotações eram feitas em letra gótica, e eu sabia ler: derreteu o gelo inicial. O avô Artur só sabia ler e escrever em alfabeto gótico, e quando escrevíamos a ele nos aniversários, onomásticos e Natal, era sempre em letra gótica. E também conseguíamos ler as cartas dele.

Em 1960, assumindo um cargo na Universidade Federal de Santa Maria, Ana reduziu um pouco o convívio permanente no lar. Mas restavam os passeios dominicais em família (passeavam duas a três horas saindo da área urbana e andando pelo campo, observando e apreciando a natureza) e as músicas dos discos tocados por uma vitrola trazida da Áustria, acionada por manivela. Ana procurava ajudar sempre os familiares em dificuldades, e a manter as tradições da Áustria: além do aniversário, o Natal com árvores, anjos e o menino Jesus (o papai Noel, ou seja, o dia de São Nicolau era festejado dia 5 à noite, que trazia guloseimas às crianças), também o onomástico (dia do santo do nome), a Páscoa com direito a coelhos imaginários espalhando ovos e guloseimas pelo quintal e jardim. Na cozinha, lembro-me dos deliciosos bolos e doces e o *apfelstrudel* imperdível, além do pão de mel natalino (uma receita com mais de 600 anos). Sempre uma festa para todos. Infelizmente, ninguém aprendeu a fazer o *apfelstrudel* dela, pois existem detalhes que não são fáceis de acertar."

Artur não era muito paciente com as crianças. Estava sempre ocupado trabalhando, e se incomodava com a movimentação na casa, algo normal quando se tem filhos pequenos. Odo era o que mais se parecia com o pai, em termos de temperamento: quieto e estudioso, adorava ler. Como foi o primeiro filho do casal, recebera educação mais rígida, severa. Inteligente, adorava descobrir "lugares novos": De vez em quando, dizia: "Mãe, eu descobri onde se pode gastar dinheiro". E era sempre uma nova livraria onde pudessem comprar mais livros. Depois do almoço, todos eram obrigados a deitar para a sesta. Com a janela fechada, Odo lia escondido debaixo das cobertas, e em véspera de provas, passava mais tempo lendo livros de aventuras, que ele amava. Latim e francês ele não gostava. "Fui um aluno médio", ele diz.

As crianças sempre tinham uma ocupação. Para Odo, a leitura sempre fora a principal delas, mas no geral também engraxavam sapatos, cortavam a grama, acertavam o jardim, andavam com as bicicletas que tinham acabado de ganhar e estudavam; Ana sempre "tomando o ponto", como lembra Odo.

Faziam artesanato. Odo e Artur faziam trabalhos com serra tico-tico, entalhavam, faziam marcenaria como estantes, armários, pintavam, tudo orientados pela mãe. Carin bordava, fazia tricô, crochê, aprendeu a costurar.

Artur tinha um livro do pequeno inventor e conseguiu fazer um rádio que pegava duas estações, um telefone com que conseguia falar com o amigo da casa da frente, um microfone que captava as conversas em outro cômodo. Fez também seu carrinho de rolimã, com o qual andava na quadra de casa com seus amigos da vizinhança.

Nas férias também iam os três capinar na horta de um convento das freiras que ficava perto da residência em Santa Maria. Além da leitura ter sido sempre foi muito incentivada, dos avós e tios da Áustria sempre ganhavam livros pois era o mais prático de se mandar, e as crianças também adoravam ir às livrarias escolher livros. Ana também os encorajava a escrever pequenos livros, inventando histórias. Ela comprava cadernos de capa dura com folhas em branco, e aí criavam. Carin escreveu a história de seu pato aos onze anos, e a Folhinha de São Paulo publicou posteriormente. Ela ficou toda feliz.

A casa do Brooklin tinha sido desenhada por Ana, com uma sala de estar na parte de trás, voltada para o jardim, o que não era usual na época; geralmente o jardim ficava na parte da frente. Mas Ana era uma mulher do campo, e queria, de sua sala, olhar o jardim, as aves, acompanhar o pé de manga e o de caqui crescerem... A casa era ampla e Ana pensava que ali estaria por bastante tempo, sem mais mudanças. Estava enganada.

Nessa época, foram abertas várias Universidades pelo país, e com o sucesso da recuperação do solo em Sorocaba, Artur e Ana foram convidados para dar aulas em Brasília, já inaugurada mas ainda em fase de implantação ou em Santa Maria, no Rio Grande do Sul ou em Botucatu. Estiveram tentados a ir para Brasília. Zeferino Vaz, fundador da Universidade de Campinas (Unicamp) e depois da USP de Ribeirão Preto, fez o convite ao casal. Mas, como em Brasília existiam escolas apenas para o curso primário, teriam que internar as crianças em Goiânia, algo que Ana não faria de jeito nenhum. Então resolveram aceitar o convite do reitor Mariano da Rocha, da Universidade de Santa Maria, e foram para o Sul. Tiveram que deixar sua casa recém-construída, onde viveram por somente um ano, empacotar tudo e alugá-la, o que não era nada animador... Mas Bärli, como Ana chamava o marido (ela era chamada de Hasi por ele), estava encantado com tal proposta. As crianças nunca tinham viajado de avião e estavam cheias de alegria e curiosidade. Tudo era farra, mas ao entrar no avião, Odo disse: "Mãe, de fora o avião é encantador, mas por dentro não é muito diferente de um ônibus."

Santa Maria, 1961

Em Santa Maria, ainda sem uma casa escolhida, os Primavesi se hospedaram num hotel, o que não agradou muito a Ana: "... porque as crianças, quando chegavam da escola, tinham de ficar trancafiadas num quarto, e em muitas noites, quando havia algum compromisso na Universidade, especialmente palestras de professores de fora, onde iria deixar os filhos? Tinha que levá-los junto".

Um dos primeiros eventos na faculdade foi a palestra de um professor alemão, e o casal Primavesi estava de prontidão, caso precisasse ajudar na tradução. O reitor e seu *staff* estavam lá, sentados na primeira fila, com Artur, Ana e as crianças, além de alguns professores da Agronomia, na segunda fila. "Hati sentou-se exatamente atrás do reitor, o que me preocupou um pouco, porque nunca sabíamos que ideia iria ter." Mas o orador não apareceu. Esperaram por meia hora, quarenta minutos uma hora, nada. Todos estavam entediados, e o reitor começou a se coçar. Arturzinho observava aquilo muito interessado. Finalmente, cutucou-lhe o ombro: "Oi, tá caçando pulga?" desconcertando a todos, principalmente à mãe: "Pronto, agora seremos inimigos do reitor pelo resto da vida" pensou. Que nada. O reitor, que pelo jeito nunca tinha sido abordado de maneira tão espontânea, mas sempre com muita deferência e um pouco de medo, encantou-se por aquele garotinho. Foi o início de uma grande amizade que durou por todo o tempo em que estiveram em Santa Maria. Sempre que o reitor encontrava Hati na rua, mandava seu motorista parar o carro e perguntava se podia levá-lo a algum lugar.

Ana fazia pesquisa, dava aula sobre produtividade de solos, deficiências minerais, agrostologia, dirigia o laboratório de biologia e de análise de solos. Artur Primavesi fundou, em 1961, o Instituto de Solos e Culturas, sediado no prédio da Reitoria, do qual era diretor, e que em poucos anos tornou-se mundialmente conhecido, e também iniciou o primeiro curso de pós-graduação em agronomia: "Biodinâmica e Produtividade do Solo".

O MEC (Ministério da Educação e Cultura) exigia que, para dar as aulas de pós-graduação, os professores deveriam ter doutorado. Como não havia muitos professores nessa área com esse título no Brasil, como o professor Luiz Bezerra, de Recife, os Primavesi convidaram professores estrangeiros: da Argentina o professor Molina, muito amigo do casal, o professor Russel, da Inglaterra, o professor Hunt, da Alemanha, o professor Valentim Hernando, da Espanha, o professor Harris, dos Estados Unidos, o professor Kubiena da Áustria, que também foi professor do casal na Boku em Viena, além de professores de Portugal, Holanda, França e outros países.

Nessa época, os estadunidenses mandaram centenas de docentes para a América Latina e África, dizendo que eram "professores universitários." Quase ninguém acreditava, porque país nenhum podia prescindir de centenas de professores universitários. Certo é que, além de não compreenderem o português, pouco ou nada entendiam das matérias nas quais diziam ser formados. Mr. Harris, professor aposentado da Universidade da Flórida na cátedra. de Química e que naquele período dava aulas no curso de pós-graduação que o casal Primavesi criara em Santa Maria, também estranhava a invasão de "professores" dos Estados Unidos. Não conhecia nenhum deles, o que era inédito, uma vez que no meio universitário muitos se conheciam ou eram amigos. Estava intrigado com aquela avalanche de "cientistas" que evitavam cruzar com ele pelas escadas ou nas salas de aula, embora desejasse ansiosamente ter com quem conversar em inglês. Finalmente, depois de alguns telefonemas, acabou descobrindo que nenhum dos aproximadamente quinze "cientistas" era professor universitário: alguns eram agrotécnicos, mas a maioria tinha uma profissão qualquer, como vendedor de calcário, de algum produto agrícola ou pregador menonita.* De agricultura mesmo, tinham ouvido falar, mas não entendiam nada, e aí se desfez a esperança do velho americano de falar com quem o entendia. O problema

---

* Antigos anabatistas, cuja doutrina está baseada no Novo Testamento, defensores do batismo somente para aqueles crentes em Cristo.

de mr. Harris era não poder conversar com ninguém que não falasse inglês, e nem dar aula sem que Ana as traduzisse, porque seu inglês americanizado era ainda mais difícil de entender. A única coisa que ele aprendeu a dizer em português foi "Bom-dia". Quando os horários coincidiam e Ana estava disponível, ela participava das aulas e fazia as traduções. Mas quando isso não era possível, era um "problemão".

Outro professor, vindo da Holanda para dar aulas no curso de pós-graduação que Artur dirigia, não se conformava em receber a sua correspondência somente uma vez no dia. Na Holanda, o correio vinha duas vezes por dia! Ele tanto infernizou as pessoas que Ana resolveu a questão com uma tática simples: dividia a correspondência em dois lotes. Entregava um de manhã e outro à tarde. O homem ficou muito satisfeito.

Ao participar do 1º Congressos de Biologia do Solo, em Bahia Blanca, Argentina, Artur realizou outro feito: trazer o Segundo Congresso de Biologia de Solos para a Universidade de Santa Maria. Bärli estava eufórico. O Congresso era patrocinado pela The United Nations Educational, Scientific and Cultural Organization (Unesco). A conquista tinha enorme valor, mas trazia também um problema difícil na Universidade: a inveja. Ana não se entusiasmou muito. Seriam dois anos de trabalho duro numa Universidade nova, com poucos recursos e que ainda não tinha se firmado. Mesmo assim, Artur estava entusiasmado, antevendo todos os benefícios que o Congresso iria trazer para Santa Maria. Era muito trabalho, além do habitual, que já era bastante.

Nos anos 1960, toda comunicação era feita por carta. Uma carta enviada à Europa levava de três a quatro semanas para chegar. A resposta levava outro tanto para voltar. Considerando-se o tempo necessário para a pessoa receber a carta, responder, a resposta chegar, e depois da confirmação, organizar tudo, ficava extremamente trabalhoso! O telefone já existia, mas a ligação direta era rara, tinha que pedir à telefonista para fazer a ligação e esperar para que ela retornasse horas depois com alguma resposta. Organizar o Congresso era um grande desafio.

A grande responsabilidade trouxe mudanças radicais aos envolvidos no evento: o Secretário do Instituto de Solos que trabalhava para o casal passou a mostrar uma competência nunca vista; os funcionários levavam suas tarefas adiante com a maior capacidade. Como as pessoas se transformam para cumprir uma tarefa pesada e de confiança! As esperanças de sucesso do Congresso cresceram. A cidade de Santa Maria também deu força à realização do evento. O único jornal da cidade, A *Razão*, empenhou-se ao máximo.

Artur sempre depositara total confiança em tudo e em todos, e pouco antes do Congresso, foi a Roma participar de um encontro sobre Química do Solo, todo empolgado, porque lá iria encontrar muitos cientistas famosos que sempre quis conhecer. Ana ficou em Santa Maria para finalizar os detalhes da organização.

Um dia, faltando menos de três meses para o evento, o reitor a chamou em sua sala: "A Universidade não tem os recursos para pagar as despesas do Congresso de Biologia. Terei de cancelá-lo". "Pensei que iria desmaiar", Ana conta. "Quando estava quase tudo pronto, a Universidade se negava a receber o Congresso? E ainda meu marido viajando. Agora, dependia tudo de mim. O que eu ia fazer? Eu sabia que era coisa do decano da faculdade, mas saber isso não me adiantava nada naquele momento. Levantei-me e corri para o reitor, abraçando-o e dizendo: Muito obrigada, Magnífico, é a melhor notícia que o senhor podia me dar. Agora, finalmente, poderemos levar o congresso para Campinas, em São Paulo, que lutou tanto para tê-lo, mas nós o impedimos, para fazê-lo em Santa Maria. Vou avisar imediatamente meu marido, que na volta da Itália já pode passar em Campinas para levar a eles a boa notícia." Ana correu para a porta. O reitor, surpreendido com aquilo, pego completamente desprevenido, correu atrás dela: "Espere, espere, pensei no assunto e creio que vou conseguir o dinheiro. Vamos fazer esse congresso aqui, e não em Campinas". Ana tinha conseguido. Vencera os invejosos, mas sabia que eles procurariam outras formas e ocasiões para amargurar a vida do casal Primavesi. O Congresso foi um grande sucesso, com a participação dos cientistas mundiais mais famosos da época, cujos trabalhos ficaram registrados no grosso compêndio dos anais do evento.

A intriga seguinte foi dizer que o diploma de Ana não valia, que ela não era engenheira agrônoma, que o curso que fez na Áustria era de nível técnico. Mesmo com a declaração da embaixada, atestando que a Boku era uma Universidade, não lhe deram crédito. A torcida do contra dificultou no que pôde a validação do diploma deles no Brasil. Finalmente, conseguiram a validação, mas aquilo gerou um desgaste enorme.

Como era esposa de barão, Ana era chamada por todos em Santa Maria de "Madame Primavesi". Dava aulas sobre solos e Artur lecionava agricultura. Ela gostava muito de trabalhar no laboratório e ia muito a campo. Para chegar ao campo experimental, não havia estrada, e o caminho passava por um campo de gravatás cheios de espinhos. Ana caminhava com botas de borracha e seu característico lenço vermelho na cabeça, para não deixar passar os raios infravermelhos do sol.

O lenço vermelho era marca registrada de Ana. Uma vez, ao retornarem de férias de São Paulo (via Lages-SC), a ponte sobre o rio Uruguai tinha sido levada pela enchente. Formou-se uma fila imensa para passar por um desvio, onde só passava um carro por vez. A quantidade de caminhões era enorme, e depois que uma fila de carros passava, os de trás tinham que esperar a leva que vinha em direção a eles. A previsão era de dez horas para transpor aquele trecho. Artur queixou-se de frio na nuca. Ana tirou seu lenço vermelho da cabeça e amarrou-o no pescoço do marido. Enquanto esperavam na longa fila, o policial que organizava o fluxo viu o lenço no pescoço de Artur e imediatamente mandou que ele passasse na frente. Ninguém entendeu nada, só mais tarde souberam que, por ser época do governo de João Goulart, o lenço vermelho significava ser membro do partido, e assim, sem querer, acabaram sendo favorecidos pelo acaso.

Ana percebia a dificuldade das pessoas em compreenderem como se dava a dinâmica da vida no solo. Depois de publicados os livros *A Biocenose do Solo* e *A Moderna Agricultura Intensiva – Deficiências Minerais em Culturas, Nutrição e Produção Vegetal*, Ana escreveu uma história sobre a microvida do solo, que foi transformada em desenho animado de longa-metragem. É uma apresentação bem-humorada dos fenômenos biológicos, físicos e químicos que ocorrem dentro do solo. O filme ilustra a inter-relação entre os seres vivos do solo, seu papel vital para manter as culturas sadias e sua dependência em relação às práticas agrícolas. O primeiro filme mostra a deterioração do solo provocado pelo emprego errado daquelas práticas. O segundo, não realizado devido à falta de recursos da Universidade, explicaria como recuperar um solo.

Naquela época, não havia computador, e para criar a animação, tudo era desenhado passo a passo, movimento por movimento. Cada ser vivo presente e atuante na dinâmica da vida do solo foi representado: bactérias, actinomicetos, fungos, insetos, aracnídeos. Desde uma folha caindo no chão e perdendo a cor, passando pelo processo dos seres vivos promovendo a decomposição vegetal, até chegar aos produtos resultantes, o filme mostra os personagens "trabalhando" no solo, integrados em suas funções específicas, como numa orquestra. Dentre tantas informações interessantes, está a revelação de que cada passo da centopeia infecciona o solo com bactérias, e que as minhocas só prosperam em ambiente onde há cálcio. Onde há minhoca, nunca há proliferação de fungos.

Registrado em Genebra, era o primeiro filme animado sobre a vida do solo que existia no mundo. Para quem teve o privilégio de assisti-lo, a complexidade que envolve essa microvida comprova o que Ana sempre defendeu: o solo é a base de tudo. O solo vivo é tão transbordante de vida que acaba por nos mostrar como somos (ou fomos) míopes em enxergá-lo como mero substrato para as plantas crescerem.

> A conservação da vida do solo é a base da produção sadia das culturas, que por sua vez garante a sustentabilidade do planeta. O solo vivo facilmente produz bem. À medida que diminui a diversidade de plantas, que gerariam uma diversidade de secreções e excreções radiculares, e se reduz a camada de palha sobre a superfície do solo, a sua vida e sua produtividade também diminuem. As plantas tornam-se doentes e as pragas tentam eliminá-las. O ser humano já não estará bem nutrido. Mesmo com a adubação, a produção em solo decaído vai baixando cada vez mais. (Ana Primavesi)

Resultado do trabalho de uma equipe de desenhistas da UFSM,[*] trabalhando de segunda a sexta em período integral, o filme levou cinco anos para ser concluído. Foi lançado no II Congresso Latino-Americano de Biologia do Solo, no Centro de Agronomia da Universidade Federal de Santa Maria, em 22 e 23 de julho de 1968, e aproximadamente mil e duzentas pessoas o assistiram. Os participantes aplaudiram de pé.

Em meio a tantos projetos e atividades, o que ainda incomodava Ana era não haver na Universidade um laboratório de biologia do solo. Até que o reitor compreendeu que não se podia realizar um Congresso de Biologia do Solo sem ter um laboratório. Ana pediu ao decano para que a substituíssem no laboratório de química e tentou, com todo esforço, organizar o novo laboratório. Quando foi instalado, professores da Veterinária cederam provisoriamente alguns laboratoristas, até que se pudesse treinar profissionais para o laboratório de solos. Foi assim que receberam uma moça que não só enxergava a olho nu os nematoides no solo como também os espetava com uma agulha para retirá-los e examiná-los no microscópio. A moça era um gênio no laboratório. Com a ajuda da chefe do laboratório de biologia médica e de alguns técnicos emprestados, conseguiram finalmente montar um laboratório bem razoável.

---

[*] Joel Saldanha, Glycia Doeler e Orion Mello.

Ana já estava escrevendo um novo livro, que daria muito o que falar: *Manejo Ecológico do Solo*. No período em que viveu em Santa Maria, ainda escreveu, juntamente com os engenheiros agrônomos Jovelino Pozzera e Evandir Costa, a *Cartilha de Integração*, editada pelo Senado Federal em 1970. Escreveu, sozinha, *Manejo de Pastos Nativos*, em 1966, e *Plantas Tóxicas e Intoxicações no Gado em RGS, em 1970*, editados pela Universidade de Santa Maria. Sem falar das 95 publicações acadêmicas inéditas em revistas especializadas, nacionais e internacionais, apresentações em congressos em todos os continentes, publicações, cadernetas sobre o trigo, milho e sorgo, que não foram mais editadas. A *Biocenose do Solo* foi a principal inspiração para que Ana pensasse em realizar o filme. Entretanto, seria o *Manejo Ecológico do Solo* o divisor de águas de sua carreira de agrônoma, um livro que ainda não estava concluído na época em que viveu em Santa Maria.

Anos depois, quando Ana voltou a Santa Maria, viu que sua passagem pela Universidade, assim como a de Artur, permanecia viva na memória acadêmica. Ainda hoje, existe o "Campo da Madame", a "Floresta da Madame", o "Açude da Madame", o "Galpão da Madame", o "Laboratório da Madame", "e tudo isso os estudantes defendem com unhas e dentes", ela conta. Toda vez que a administração da faculdade tentava retirar o galpão, ou as cercas divisórias, que acabaria com a lembrança do casal Primavesi, os estudantes o reconstruíam e logo estava tudo lá de novo.

Um dia, pouco antes de um congresso em Bahia Blanca, Argentina, o casal Primavesi recebeu o professor Kubiena, da Universidade de Viena, que havia sido professor dos dois. Ficaram muito felizes com a presença do mestre. Como Kubiena nunca tinha visitado a América Latina, tudo para ele era novo e desconhecido. Acostumado a ser áspero quando algo não lhe agradava, esse professor "tinha um jeito todo europeu de tratar o pessoal. Eu lhe avisei que esses modos não serviam na América Latina", conta Ana. A passagem para a Argentina estava marcada para uma quinta-feira, mas o professor queria antecipar a viagem para terça-feira para poder conhecer os pampas argentinos. Ana duvidou que ele conseguisse mudar a passagem, pois, naquela época, os voos para a Argentina eram poucos e superlotados, mas ele achava que conseguiria, então não disseram mais nada. O homem foi para Porto Alegre, na terça, e Artur, no sábado, e qual não foi sua surpresa quando encontrou o professor no aeroporto, desesperado. "O que aconteceu?" Quando o professor chegou lá, disseram-lhe que não havia lugar no avião para Buenos Aires. Em vez de pedir um lugar no próximo voo, o homem começou a xingar e a esbravejar, porque queria um lugar entre os que eram reservados para casos especiais. "Mas na América Latina, xingando não se consegue favor nenhum." O professor ficou encalhado e não queriam deixá-lo viajar nem no avião em que ele tinha passagem comprada, porque estavam cheios dele. Mais uma vez, foi a educação, a diplomacia e o cavalheirismo de Bärli que o permitiram voar para as terras argentinas.

Havia um estudante de Santa Maria cujo apelido era Pig, porque seu nome inteiro (Pignatari) era muito comprido. Mr. Harris, professor americano, se indignou: "Por favor, diga aos colegas que parem de chamar o rapaz de *pig*, isso é uma afronta". Ana olhou para o velho professor e disse: "Olhe, primeiro, *pig* não quer dizer porco em português, é somente a primeira sílaba do nome do rapaz. E segundo, mesmo que fosse porco, o senhor chama os estudantes de "boi" (*boy*), que em português quer dizer "touro castrado". Só então Mr. Harris compreendeu que cada língua tinha suas particularidades e que não podia concluir nada sem entendê-las, pois isso podia levar a sérios desentendimentos. Mesmo assim, não teve jeito de o velho estadunidense aprender português.

O museu da cidade pediu a Ana que classificasse as pedras do acervo. Carin e Arturzinho iam junto, e o rapaz que organizava as moedas no museu acabou dando a Carin moedas brasileiras do Império e do início da República, que havia em grande quantidade. Carin encantou-se pelas moedas, a maioria de cobre e algumas de prata e, de tanto pedir, vendo que havia tantas iguais, ele deu a ela as mais desgastadas. Ana também costumava levar as crianças quando ia dar assistência técnica no município e adjacências.

Ana foi a responsável pela construção do primeiro açude no *campus* de Santa Maria. A aparência da barragem depois de apenas oito anos, era de um perfil podzólico perfeito, algo inimaginável. Sempre que recebia visitas de pessoas de fora, Ana os levava para verem sua "taipa", como lá chamavam a barragem, com seu "podzol" formado.*

Uma vez, veio um professor norte-americano de ciência de solos. O professor ficou encantado. Disse que raramente se formava um perfil podzólico tão perfeito. Tirou fotografias de todos os ângulos e, por fim, disse: "É fantástico, este perfil deve ter, no mínimo, 14 mil anos." "Sim senhor", disse Ana lentamente, "são exatamente oito anos." "E aí, a avaliação das idades históricas, para mim, foi para o lixo" disse Ana. Ela já tinha ouvido falar que, ao longo da Autobahn (rodovias na Alemanha), plantaram árvores e que, em análises químicas feitas

---

* Podzol é um tipo de solo altamente fértil para a agricultura, por possuir camada orgânica espessa.

para determinar a idade das plantas, depois de quinze anos, revelaram que elas tinham quase 10 mil anos. "A ciência é boa, mas não é sempre muito exata", costuma dizer.

***

Às vésperas do vestibular de Odo, na Universidade de Santa Maria, a família foi ao balneário de Iraí, e nas águas do rio do Mel ele contraiu paratifo (ou febre paratifoide, uma infecção intestinal bacteriana), que o jogou na cama. A mãe tratou-o com emplastro de cebola no abdômen e infusão de alho macerado em leite no intestino grosso. Os pais tentaram ver se ele podia fazer a prova na cama, e, como não podia, ele foi doente, mesmo – já em fase de tratamento e melhora, mas com febre e abatido –, para Camobi fazer o vestibular, pois não queria perder um ano. Foi direto do científico para o vestibular, sem fazer cursinho. A sala de provas ficava no segundo andar, em um prédio sem elevador. Um colega lhe disse, depois, que diversas vezes precisou cutucá-lo para que acordasse. Odo chegou a cochilar algumas vezes (também por conta do leite morno com alho macerado que havia tomado para baixar a pressão e não ficar nervoso e aparecer os brancos na memória). "Se não me engano, foram dois dias de provas. Mesmo assim, conseguiu passar em 4º lugar".

No primeiro ano de faculdade, Odo foi chamado para fazer o serviço militar. Recebeu o seu primeiro "soldo", cerca de um salário mínimo. Até então, Ana comprava tudo com seu salário – a Universidade foi seu primeiro emprego remunerado no Brasil – e Artur só pagava o aluguel e guardava o resto para épocas difíceis, que ele sempre antevia, talvez um trauma por ter perdido tudo na guerra. Porém, terminada a faculdade de agronomia, Odo, por ter se destacado, foi convidado por seu professor de matemática para ser seu assistente. Foi vetado pelo diretor da Faculdade. Ele era um Primavesi.

Odo, Carin e Hati eram muito unidos. Carin, nesta época, lecionava matemática em um cursinho pré-vestibular e cursava a faculdade de Engenharia. Odo, já morando em São Paulo e trabalhando na Agrofértil, mandava para ela as provas de matemática que conseguia em três grandes cursinhos de São Paulo, o que a possibilitava treiná-las com seus alunos. Odo ficava feliz pelas provas serem muito úteis à irmã.

***

Com o passar do tempo, plantaram-se árvores no *campus* da Universidade. Cobras começaram a aparecer e não era raro que, de manhã, no laboratório, aparecesse uma dormindo, enrolada em algum banquinho, e, de vez em quando, andando pelo chão. Ana era a única a ter coragem e experiência em pegá-las, por isso sempre a chamavam. As cobras, ao escutarem um barulho, se enrolam, porque cobra estendida não tem força suficiente para dar o bote. Ana jogava um pano grosso e úmido por cima dela, e num golpe rápido a jogava para fora.

Um dia, um bando de alunos da Veterinária chegou esbaforido: numa aula de anatomia, descobriram que dentro do esqueleto de um cavalo havia uma cobra. A gritaria foi grande e a retirada do réptil não foi fácil.

Aos poucos, Ana passou a ser conhecida como a "especialista em eliminar cobras", venenosas ou não, coisa que na verdade, ela não se preocupava muito em saber.

Em suas andanças pelo Brasil, Ana conta que muitas casas na Amazônia têm cobras "de guarda" (jiboias) no lugar de cachorros. Numa delas, um coronel do Exército recebeu a visita de um sulista e de um americano. De repente o americano enxergou, no terraço, uma cobra enorme, balançando na rede. "Os hóspedes se armaram de porretes e se sentiram enormemente corajosos quando atacaram a cobra deitada. A cobra fugiu, e eles atrás dela, e finalmente a mataram. Cheios de orgulho, mostraram ao coronel, que, quando a viu, demonstrou toda sua insatisfação: 'Infelizes' ele disse, mataram a minha cobra de casa. Ela me servia como um cachorro de guarda. E agora? O que eu vou fazer até amansar outra cobra?" As cobras de guarda têm algumas vantagens: elas se abastecem sozinhas, e geralmente não são atacadas por outras cobras, além de serem muito fiéis a seus donos. Apenas as cobras gigantes podem se tornar perigosas, quando ultrapassam os quatro metros de comprimento, porque com este tamanho também comem animais de casa e até bebês quando estão com fome. Cada região tem seus costumes. "No Mar Negro, os pescadores fazem amizade com os golfinhos, que os ajudam a pescar. Na Amazônia, dizem: quando um animal o incomoda, faça amizade com ele, porque, como amigo, não incomoda mais, mas ajuda".*

---

* Um dos casos mais bonitos relatados enquanto escrevia esse livro foi o que aconteceu com o agricultor Guaraci Diniz. Vivendo no Sítio Duas Cachoeiras, no município de Amparo, região de Campinas, São Paulo, esse homem de olhos azuis profundos, fala serena e cercado por cachorros por onde quer que vá, também tem uma história sobre cobra.
Conta que numa manhã de muita névoa, ele roçava o pomar quando seu rastelo cortou profundamente uma cascavel que repousava recolhida em meio às folhas do chão. O animal feriu-se gravemente, quase se dividindo em dois, tamanha a profundidade do machucado. Com pena da

***

Estava muito difícil encontrar pessoas treinadas para o serviço no campo, então Ana contratou pessoas que tinham a fama de trabalhar bem. Foi um escândalo, diziam que na Universidade só podia trabalhar quem passasse nos exames de admissão. Ela tinha dois tratoristas analfabetos, mas ótimos profissionais. Criticavam-na dizendo que analfabeto não podia trabalhar na Universidade, e ela respondia que não teria como trabalhar com tratoristas poetas, que nada entendiam de máquinas e do campo. E quando obrigaram as Universidades a fazer concursos para tratoristas, quiseram obrigá-la a demitir os seus. Ana lutou por eles até o fim, e finalmente chegaram a um acordo: se eles tirassem nota 100 na prática, podiam tirar zero na teoria. Os tratoristas conseguiram as duas coisas, e foram contratados. Cada vez que algum professor precisava de um serviço bem feito no campo, pediam seus tratoristas emprestados, porque os deles, embora concursados, não entendiam muita coisa de trator e de trabalho no campo. Um dos tratoristas tornou-se, com o tempo, chefe do galpão de máquinas e deu aulas para os estudantes, porque como ele, ninguém sabia. Com a diferença de que agora ele sabia assinar seu próprio nome.

A Universidade, naquela época, não tinha dinheiro para contratar novos funcionários, e Ana solicitou que um rapaz encarregado da varrição do saguão do prédio fosse trabalhar com ela no Laboratório de Química. O rapaz não cursara o primário completo, mas isso não a incomodou. Ana o ensinou e ele

---

cobra, Guaraci a pegou cuidadosamente, colocou-a numa caixa própria para cobras e a levou para casa. Buscou na "casa das ervas" um vidro de barbatimão em pó e argila cinza, cicatrizantes naturais. Com tudo pronto, levou a caixa para a mesa da sala. Chamou uma pessoa para tocar violino e outra, flauta. Outra pessoa cantava, suavemente, enquanto sua mão repousava sobre a madeira da caixa. Guaraci conversava mentalmente com a cobra. Dizia-lhe que ia cuidar dela, que ficasse calma. No medo, ele não pensava. Não deixava que isso interferisse naquele momento, não queria que nada atrapalhasse sua intenção. Ele nunca fizera algo semelhante antes.

Sem pensar muito, abriu a caixa. A música tocava, a voz soava... A cobra ferida pôs a cabeça para fora, a língua tremulante. Todos se concentravam totalmente, imersos no momento e na intenção. A cobra olhou para frente, abaixou-se e voltou a enfiar-se dentro da caixa. Para fora, ficou somente a parte de sua carne ferida, aberta. Guaraci enfiou o dedo no unguento que preparara, e suavemente passou-o na ferida. Terminado o curativo, a cobra voltou a entrar na caixa. Por um mês seguido, Guaraci repetiu o ritual, cuidando daquele ser que machucara sem intenção.

Um dia, ao abrir a caixa, a cobra estava morta. O corte fora profundo demais. Num processo mais rico do que o resultado, mesmo com um final não feliz, a história de Guaraci tem a mesma beleza e pureza da alma desse homem bom, cujo propósito tem sido o mesmo, em qualquer circunstância: amar a todos os seres. Histórias do mundo da agroecologia.

se tornou um excelente profissional, o que o entusiasmou de tal forma que ele acabou completando seus estudos, incluindo a Universidade.

Ana também conta a história de uma ajudante de laboratório muito boa cujo documento de identidade registrava 37 anos. O governo abrira inscrição de concurso para efetivação das pessoas da Universidade, mas a idade máxima estipulada para isso era 35 anos, e então a moça não podia se inscrever para o concurso. Ela chorava todos os dias e falava da injustiça deste mundo, até que Ana perdeu a paciência: "Olhe, minha filha, vá ao juiz e peça a sua certidão de nascimento com três anos a menos!" Uma semana se passou sem choradeira, até que a moça apareceu radiante abanando seu documento: "Agora não tenho mais 37 anos, mas 34." Ana, surpresa, pergunta como ela tinha conseguido aquilo: "Fiz exatamente o que a senhora me mandou fazer. Disse ao juiz que não tinha 37 anos, mas 34, e aí ele me deu outra certidão com nova data de nascimento. Agora, posso entrar no serviço público." Tempos depois, Ana soube que, na época em que a moça nascera, pagava-se um salário família muito bom por cada filho nascido, com o objetivo de povoar a região. Por isso, muitos pais registraram filhos que ainda não tinham nascido, que às vezes nem tinham sido concebidos, de modo que as certidões de nascimento não eram garantia de que a pessoa nascera em determinado ano, ou até mesmo que existia. Era uma confusão tremenda e, ao mesmo tempo, em que trazia benefícios, também atrapalhava.

Além dessa moça, um rapaz também sofria por "não existir." "Queimadinho", como era chamado, virara um caldeirão de água fervente em cima dele quando criança, deformando o seu rosto. Ana perguntou, certa vez: "Você não tem nome de família?" Ele a olhou triste: "Não. E família também não tenho." Ana continuou: "E você não queria ter um nome próprio?" Seu olhar iluminou-se: "Eu, um nome só para mim? Se eu tivesse um nome de batismo e de família como as outras pessoas... nem dá para imaginar." "Você não tem irmãos?" "Nunca ouvi falar. Antes de eu me queimar eu tinha família no Ceará, mas eles foram embora, e quando eu saí do hospital, não achei mais ninguém." Ana foi com ele ao cartório onde recebeu o nome de Manoel Rosa. Ele ficou encantado: "Agora não precisam mais me chamar de Queimadinho?" "Não, não precisam, podem chamá-lo de Manoel... e vou lhe arrumar um emprego fixo, com salário e tudo". Ele a olhou incrédulo: "Eu, receber um salário por meu trabalho? Nem tenho como pensar nisso". E sorria, um sorriso raro naquele rosto triste.

Na Universidade de Santa Maria, os estudantes costumavam fazer uma viagem de formatura para algum país estrangeiro. Se tinham algum dinheiro, iam para Europa ou Estados Unidos, se tinham pouco, iam para um país da América Latina, geralmente nos Andes. Mas num determinado ano, nem para isso tinham dinheiro. Iriam se formar sem viagem. Todos estavam tristes e "pareciam como flores sem água", e Ana não podia mais ver aquelas expressões de tristeza. Então propôs: por que não viajavam dessa vez para algum lugar do Brasil?" Eles a olharam não aprovando muito a sugestão, comentando que o Brasil não tinha nada de interessante ou bonito. "Ter, tem, somente é preciso ter vontade de enxergar. Convenceram-se e viajaram pelo Brasil e se comportaram da pior forma possível, para chamar atenção. Aprontaram todas e até a polícia os ajudou, quando não encontraram lugar para pernoitar – acabaram dormindo num quartel." Viram muita coisa do país e ficaram cada vez mais encantados com a beleza das paisagens, com a alegria e a bondade do povo. Quando voltaram, disseram: "Por que ninguém fala para a gente como o Brasil é bonito e o brasileiro, alegre e bondoso? Se os estudantes soubessem disso, não iam mais querer tanto viajar para fora".

Após o Congresso de Biologia do Solo, professores de Buenos Aires, entre eles o professor Jorge Molina, especialista em microbiologia, permaneceram em Santa Maria para criar uma base sólida para a Biologia do Solo, que ainda não existia no Brasil. Alguns problemas apareceram. Os professores argentinos, acostumados a trabalhar com equipamentos a gás, deveriam agora lidar com equipamentos elétricos, que precisavam de mais tempo para se aquecer. Não se acostumavam com o tempo que as chapas elétricas levavam para se esquentar. Um dia, quando os professores reclamaram, Ana colocou a mão na chapa que já estava bem quente. Sua mão se queimou de tal forma que formou uma bolha horrível, ocupando toda a palma da sua mão. Ela conseguiu controlar a queimadura com uma solução de picrato de butesin. Dali em diante, ficou mais cuidadosa com as informações sobre aparelhos e equipamentos do laboratório. Os professores argentinos ensinaram muito aos colegas de Santa Maria, e a Biologia do Solo tornou-se uma matéria muito bem fundamentada na faculdade.

A presença de professores como os Primavesi na Universidade de Santa Maria, uma instituição jovem e com pouca tradição de pesquisa, ao mesmo tempo que a enriquecia, gerava desavenças. Artur sempre fora polido e sociável, buscando a convivência pacífica com todos. Era um diplomata.

Ana era mais prática. Falava sem rodeios, era direta e objetiva. Além disso, eram estrangeiros, possuíam ideias inovadoras e uma substancial formação como pesquisadores. Faziam muita pesquisa e as publicavam, o que se tornou o complemento das ideias inovadoras que traziam, principalmente as relacionadas ao papel dos micronutrientes no solo e no desenvolvimento das plantas. Na Áustria, desde o primeiro semestre, a pesquisa fazia parte do currículo. Ao terminar a Universidade, defendia-se junto o mestrado e era comum começar o doutorado, porque os alunos estavam habituados a pesquisar. O trabalho dos Primavesi destacou-se tanto que a Pontifícia Academia Scientarum, no Vaticano, convidou Artur por duas vezes para a semana de estudos. Ele foi recebido pessoalmente pelo Papa Paulo VI. Paris, Londres, Berlim, Madri convidaram-no para dar aulas e palestras. Em 1964, Artur foi convidado pela Escola Superior de Guerra no Rio de Janeiro para fazer palestras sobre Biologia do Solo e Conservação do Meio Ambiente. Depois de suas falas, começou-se a pensar sobre o que representa a destruição do meio ambiente, apesar de muitos considerarem utopia esse tipo de preocupação.

Nessa época, Artur e Ana também foram convidados pela Boku, Universidade Rural de Viena, a trabalhar com pesquisa e docência. Artur ficou tentado, queria voltar, mas Ana não quis. Gostava do Brasil, do povo, do clima, de tudo. Ficaram.

Certa vez, Artur perguntou para seus primeiros alunos-professores do mestrado se eles iriam incluir o manejo ecológico que ele tinha ensinado em seu curso, no currículo escolar. Todos responderam que não, porque precisavam capacitar os profissionais para passarem nos diversos concursos, que não incluíam aquele tema. Isso levou Artur a desistir de dispensar esforços na Universidade e passou a divulgar as boas novas junto à iniciativa privada. Deu consultoria a grandes empresas agropecuárias, mas também enfrentava resistências: uma vez, ao oferecer consultoria para uma empresa francesa de agroquímicos, o diretor técnico respondeu que as informações eram muito interessantes, mas queria saber se os conceitos poderiam ser transformados em um produto que pudesse ser embalado e vendido.

Na Universidade de Santa Maria, o laboratório de Química ficava no subsolo do prédio e a exaustão de ar era deficiente. Muito dos que lá trabalharam tiveram problemas de saúde. Como diz Ana, cada um no seu ponto mais fraco, o que, no seu caso, foram os olhos, que ficavam inflamados e doíam. Ela tentou vários tratamentos, mas no fim, para não perder a vista direita, que estava com úlceras na córnea, teve que pedir afastamento da Universidade para se tratar. Era julho de 1974. Carin se formaria, no final do ano, em engenharia, Odo já era agrônomo e morava em São Paulo, e Artur estava terminando a faculdade de medicina. Com os filhos encaminhados, era hora de cuidar melhor de sua saúde, e assim ela e o marido resolveram voltar para São Paulo.

Enquanto Ana tratava a vista, Artur deu consultoria a uma empresa de pecuária no Estado de São Paulo, e como adorava viajar, começou a prestar consultoria a outras firmas, apesar das dores que sentia na perna direita. Enquanto a saúde de Ana melhorava, a dele piorava a cada dia. Mesmo assim, estava cheio de planos, e animado por fazendeiros brasileiros que viviam no Paraguai, resolveu viajar por aquele país: passou também pela Argentina e pelo Uruguai, onde vivia a professora Gambiagi, a quem respeitava muito. Mas, um dia, não deu mais. Tinha que parar e tratar a perna, que doía muito.

O diagnóstico terrível desestruturou o casal: câncer na próstata, com metástase nos ossos, em estágio avançado. A doença se espalhara, principalmente pelas pernas, que tanto doíam. Artur participou ainda do casamento da filha com o médico Ricardo Silveira, amigo de Arturzinho, em junho de 1976. Foi sua última festa. Tentou se recuperar com sessões de quimioterapia, mas não aguentou. Morreu aos 59 anos, às dez horas da noite do dia 22 de agosto de 1977, no Hospital do Servidor Público. Deixava três filhos e uma esposa arrasada. Como última homenagem, seu nome foi dado a uma rua no bairro da Água Funda, o mais rico em diversidade biológica da cidade de São Paulo, perto do Jardim Zoológico e do Jardim Botânico.

A morte de Artur foi um golpe tão duro para Ana, que durante dois anos ela viveu em estado de choque, sem vontade para nada. "Não sabia se estava viva ou se era somente um espírito. Nada tinha mais graça para mim", ela diz. Finalmente, comprou uma fazenda no interior de São Paulo para se dedicar à agricultura. Ela tentava dar um novo sentido à sua vida.

Em 1950, já no Brasil, Ana com o primeiro filho, Odo.

O casal Primavesi, com os filhos Odo e Carin, no colo, em Passos (MG), 1953.

Arturzinho, filho caçula de Ana, perguntou ao príncipe Albrecht da Bavária: "Você acha certo tirar todos os cabelos da cabeça e colocar embaixo do nariz?"

Vistoriando a plantação de trigo, Artur de terno branco, ao lado do príncipe da Bavária, Albrecht, de chapéu, e o governador de São Paulo, na época, Ademar de Barros, ao centro.

As crianças Primavesi, Santa Maria, 1963: Carin, Odo e Artur (Hati); sempre feliz da vida.

Ana e o ouriço, Artur ao fundo, São Francisco de Paula (RS), 1971.

A família completa em Itaberá (SP).

Família Primavesi com o casal húngaro que Artur conhecera na primeira viagem ao Brasil.

Artur e Ana trabalham no laboratório da Universidade de Santa Maria (RS).

Ana no laboratório de Santa Maria (RS).

Artur em palestra sobre Biologia do Solo e Conservação do Meio Ambiente na Escola Superior de Guerra (RJ), 1964.

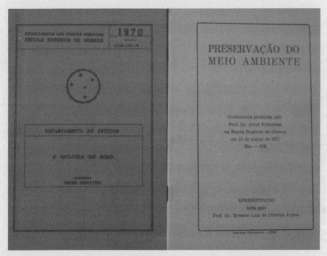
Publicações divulgando os discursos proferidos por Artur Primavesi em diferentes anos, a convite da Escola Superior de Guerra,RJ.

Família no muro em frente à casa desenhada e projetada por Ana, no Brooklin Velho, São Paulo.

Tio Schnatt, "o pato de guarda" da família.

REBROTA

Itaí

Itaí fica 40 quilômetros depois de Avaré, sentido Paraná, no estado de São Paulo. Foi lá que Ana comprou a sua fazenda, com parte do dinheiro que recebeu da indenização do governo da Alemanha, pelas perdas materiais de Artur durante a guerra.*

Com 96,8 hectares, era uma área erma, de pastos cheios de barba-de-bode, erosão, cupinzeiros (sinal de terra dura, compactada) e uma gramínea dura e seca, sem uma mina de água sequer, nada. A fazenda era a metáfora de si mesma; terra machucada, mas com enorme potencial de regeneração. Filhos criados, aprendizados e experiências de campo acumulados, reaprendendo a viver só, sem a companhia de Artur. Ana queria muito trabalhar, ocupar-se, dedicar-se à terra. A escolha daquelas terras a desafiava; sempre defendera que qualquer solo podia ser recuperado, e era isso o que se propunha a fazer. Já haviam feito isso em Sorocaba para plantar trigo. Por toda a sua vida havia feito experiências, desde que trabalhara com o professor Sekera, na Áustria, na década de 1940. Nunca mais parou, nunca mais deixou de estudar, de testar, de tentar compreender como era a vida do solo, como ele reagia às interferências humanas, como se reconstituía quando era compreendido. Já no Brasil, em Passos, em Itaberá, em Sorocaba, em Santa Maria, trabalhou

---

* O governo alemão ressarciu apenas 0,4% do que valiam os bens perdidos de Artur. Com o dinheiro, Arturzinho, Odo e Carin puderam comprar uma casa cada um e Ana comprou a fazenda em Itaí. Era um valor pequeno, perto do que ela e Artur tinham deixado para trás na Europa.

com cana, trigo, soja, e sua experiência a habilitava a arregaçar as mangas e botar em prática tudo o que sabia, com qualquer tipo de cultura.

Itaí, "pedra do rio" em Tupi, "arador" em hebraico, acolheriam Ana em seu significado pleno. Como as águas que chegam ao seu destino depois de enfrentar muitas pedras no caminho, ali ela chegava, pronta para recomeçar, com seus quase sessenta anos. "Nunca pensei em viver definitivamente em São Paulo. Eu queria ir para o campo, viver na natureza, em meio aos passarinhos, coelhos, lontras, tamanduás e a uma multidão de tatus."

Itaí tinha sido escolhida por mais dois motivos: era distante de São Paulo, um isolamento desejado naquele momento, e porque era pequena a ocorrência de pulverizações de agrotóxicos por aviões. Mesmo assim, de vez em quando, via-se um avião agrícola pulverizando áreas a seu redor. Ana conta que certa vez, dez vacas de um vizinho morreram por causa do veneno. E sem nenhuma cerimônia, depois de pulverizarem a área sem que ninguém pedisse – ou pior, autorizasse –, não era incomum irem bater à porta da fazenda para cobrar pelas pulverizações.

A mudança não se deu de imediato. Era preciso tomar as primeiras providências: controlar as inúmeras erosões e voçorocas, construir a sede, cercas, casa de empregados, paiol, brete, embarcadouro de gado, comprar mudas de árvores para os quebra-ventos. Escolheu eucaliptos para quebra-ventos, por terem crescimento rápido. E plantou macieiras, como tinha em Pichlhofen. Forneceria maçãs a Holambra, no tempo certo. Macieiras em flor, prenúncio de novos frutos. Tudo ao seu tempo.

Para localizar a água, foi chamado um radiestesista holandês que morava ali perto, na Holambra. O poço foi construído onde a água mais se acumulava, e evitava-se construir a casa onde havia veios fortes que podiam gerar radiação mais intensa e afetar a saúde de pessoas sensíveis. A partir daí determinou-se onde a casa seria construída. Mesmo assim colocou fio de cobre em todo o alicerce e no antepiso dos cômodos para evitar que qualquer radiação telúrica negativa de águas subterrâneas pudesse afetar quem morasse lá. Fizera o mesmo na casa do Brooklin nos anos cinquenta.

A princípio, a água era bombeada para cima, retirada do poço. Na divisa da fazenda, em épocas de chuvas e devido à topografia – a casa ficava num platô perto de uma vertente –, formava-se um corregozinho, que sumia na época da seca.

Perto da estrada que passa na divisa da propriedade, na parte mais baixa, havia uma casinha muito rústica, sem forro, com paredes de madeira que mal tocavam o chão e cheias de frestas por onde entrava vento e chuva. Era nessa casinha que Ana ficava quando precisava ir para Itaí, enquanto sua casa não ficava pronta. Tinha o chão de terra batida, um quarto e uma cozinha. O banheiro era fora, numa outra casinha, com uma caixa d'água que servia as duas construções. Era um teto para se abrigar, sem nenhum conforto, mas Ana não ligava. Lá ficava, com os filhos. Certa vez, conta Odo, um episódio pitoresco marcou a estada dos dois naquela casa: já deitados, ouviram um barulho estranho. Era uma invasão das formigas correição, uma espécie de formiga que aparece em bando, em formação cerrada como um exército, em busca de comida. Entrar na casa não era nem um pouco difícil para elas, pois entravam pelos vãos que havia entre o chão e a madeira da parede. Odo e Ana tentaram evitar que elas pelo menos não subissem nas camas, e colocaram os pés das camas dentro de recipientes com água, "mas as danadas subiram pelas paredes até o telhado e dali se deixavam cair em cima das camas. Tivemos que sair da casinha e esperar a operação limpeza delas, para depois de quase uma hora tudo voltar ao normal e podermos voltar para dormir."

O projeto da casa sede ela mesma desenhou: 300 metros quadrados, planejada para que Odo também morasse lá. Por isso construiu, ao fundo, uma outra "casa dentro da casa", com uma ala que isolava as duas: Ana ficaria com uma cozinha pequena, uma despensa, um banheiro, sala de estar e o seu quarto. O restante da casa ficaria com Odo, esposa e filha: três quartos grandes, dois banheiros e um lavabo, sala de visitas, sala de jantar, uma sala que serviria de escritório e a cozinha com despensa. Mas eles acabaram não indo para lá. Ana se mudou para a fazenda, que começava a tomar forma. Margeando o terreno que subia até a casa, plantou grevíleas. Suas folhas, vibrando como o barulho do mar ao toque do vento, remetiam-na à Áustria, ao som dos pinheiros ao redor de Pichlhofen. O vento chegava com força e, por isso, plantou quebra-ventos em muitos pontos da fazenda, utilizando árvores adaptadas à região, como sempre ensinou: manejo ecológico, ou a lógica do lugar. Os quebra-ventos mantinham a umidade do solo e davam sombra aos animais.

O trato do solo começou com a plantação de feijão guandu, que fixa nitrogênio e o libera para as plantas. Sem ele, as plantas não formam proteínas, chegando a formar apenas aminoácidos, deixando-as vulneráveis aos ataques de pragas. Depois, plantou um coquetel de adubos verdes e deixou o "mato nativo" crescer, para diversificar a vida do terreno, seguido de arroz, feijão, milho rotacionados e adubou com NPK (nitrogênio, fósforo, potássio), cálcio, magnésio, cobre, zinco e boro. À medida que o solo ia se recuperando e se tornando permeável, a erosão, a barba de bode e os cupins foram desaparecendo, e não era preciso colocar mais nada.

Pouco a pouco, a água penetrava no solo em recomposição, surgiram nascentes e formou-se um córrego, que, mais tarde, encheu o açude que ela também construiu.*

Arações superficiais adicionavam ao solo os restos das culturas, nunca arando além de 15 centímetros de profundidade, para não revolver muito o terreno. Ana promovia a rotação de culturas, sempre deixando a palhada da cultura anterior sobre o solo. A palha se decompõe, liberando sais minerais para as plantas e produtos que agregam as partículas do solo. Assim, uma camada grumosa foi se formando. Nos primeiros quinze centímetros do solo, com o aumento da matéria orgânica, diversificam-se também os microrganismos, as minhocas, a vida, enfim, que se concentra nessa camada superficial da terra. Ana plantava culturas de raízes profundas, que "puxam" os nutrientes para cima, já que a argila, mais rica em nutrientes, costuma ser iluviada – vai para baixo, é mais pesada e mais fina – e a areia, mais grossa, fica em cima.

Quando o solo estava bom, plantava milho, feijão, arroz, sempre em sucessão. Mesmo durante os períodos mais secos, entre as linhas de culturas plantava guandu e outras leguminosas para servirem de quebra-ventos, para manter a umidade do solo, protegê-lo do impacto da chuva e da insolação excessiva, e ainda fixar nitrogênio. O urucum também foi utilizado como cultura protetora, aproveitando o corante alimentício natural, e o café, que depois foi mantido exclusivamente. A cada dois ou três anos, colocava pó de rocha dolomítica como fertilizante. Ana chegou a ter três estufas onde plantava tomate, pepino e outros legumes, mas por causa da dificuldade de colocá-los no mercado, resolveu não continuar. Era trabalho demais para pouco retorno.

A mata nativa se formou, espontaneamente, e aos poucos surgiram uma, duas, três, quatro, cinco nascentes... era a vida pulsando, renascendo em ambiente propício. Ana colocou uma roda d'água para bombear e levar água para os pastos, sem uso de energia elétrica. A mata nativa se formou também na várzea, atraindo tamanduás bandeira, lontras, tatus-canastra, coelhos, onças,

---

* Ana e Carin contam que quando estavam fazendo o açude, a escavadeira cortou um lagarto enorme. O lagarto parecia um dragãozinho, com cristas nas costas. Tempos depois, outro lagarto da mesma espécie apareceu na fazenda e "hipnotizava" as galinhas, comendo várias delas.

gatos-do-mato, quatis e veadinhos, que encontravam refúgio das pulverizações vizinhas, e também alimento.

Ao gado nelore que escolhera, dava sais minerais, porque o maior animal natural do Brasil é a anta, e os nossos solos são adequados para alimentar até este porte de animal. O gado, que é maior, precisava receber bem mais. Coisas de Primavesi. Diferentemente de seu pai, criador de gado leiteiro, escolheu nelore para engorda: "Quem iria tirar leite de gado holandês? Ordenhar duas ou três vezes ao dia e ficar preso nessas obrigações que nunca podiam falhar. Fora isso, gado leiteiro pode ter problemas de saúde mais fácil, simplesmente porque é mais difícil calcular os sais minerais que gasta por dia, ou melhor, que perde com o leite. É uma luta constante, porque não somente o gado tem a cada dia exigências diferentes, mas também o cuidado com a forragem muda constantemente."

Além disso, ela não queria ser pecuarista intensiva. Queria lutar pela agricultura orgânica, poder viajar, escrever seu livro, divulgar seu conceito sobre o solo e sua importância para toda a vida no globo. "A vida não tinha começado em nosso planeta com a decomposição das rochas e a formação dos solos? Ninguém se interessava tanto pelo solo, mas para mim era o *alfa* e o *ômega* da vida. Todos se interessavam por plantas, animais, clima etc., mas para o solo, poucos ligavam. E eu queria me dedicar mais a ele, em muitos sentidos."

Ana contratou dois trabalhadores rurais para o trabalho diário na fazenda, e chamava boias-frias nas épocas de plantio e colheita. Ela fazia de tudo: olhava a fazenda, calculava os gastos, fazia as compras, os pagamentos, a manutenção, planejava e supervisionava o plantio, a colheita das lavouras, providenciava a venda dos produtos, e ainda atendia muitas pessoas que a procuravam querendo conselhos. Fazia palestras, dava cursos e assistências técnicas, participava de simpósios, respondia às cartas que chegavam aos montes: da família na Áustria, dos filhos, dos cientistas amigos do mundo todo, dos amigos que lhe escreviam com dúvidas e conselhos, dos que escreviam simplesmente para aprender e muitas outras... e lia. Lia tudo o que lhe caísse nas mãos, as revistas que lhe enviavam, informes, jornais, livros, trabalhos. Em Itaí, criou seu universo particular, regenerando-se junto à terra que cuidava, recompondo-se de dores, lembranças tristes, guerra, mortes, confrontos, saudades. Mas em Itaí também vivenciava o contato consigo mesma, seu tempo, seu silêncio e sua energia, edificando a si mesma junto àquele pedaço de chão. Nem tudo era tristeza. As adversidades a haviam fortalecido, um novo ciclo recomeçava, como no processo de decomposição e recomposição, dos minerais às moléculas orgânicas.

Ia ao campo pela manhã e à tarde. Era preciso acompanhar o andamento da fazenda. Mais de uma vez o pessoal plantou mudas com os saquinhos plásticos. Outra vez, o espaçamento entre as mudas não era o que ela havia determinado. "Mas por que estão plantados tão perto?" ela perguntou. Ana tinha pedido que a distância entre cada muda fosse de um metro. Percebendo que os empregados não sabiam calcular essa distância, ela pegou um galho nessa medida e ensinou: "coloque a ponta do galho ao lado da muda e deixa o galho cair, onde ele terminar, vocês plantam a outra muda". Ao voltar, viu que estava tudo perto novamente. "Mas a distância está errada de novo!" no que um dos empregados explicou: "É que o galho quebrou!" Ana tinha que ter muita paciência para lidar com tudo isso.

Não dirigia. Por insistência do marido, não tirou carta no Brasil, o que a tornava dependente em suas movimentações, embora tivesse uma camioneta na propriedade. Os compromissos eram adiados nos períodos das férias escolares dos netos, porque não havia compromisso mais importante do que estar com eles. Nessa época, cancelava tudo e desfrutava da infância de Renata, Paola e Gabi, filhas de Carin; Juliano e Carina, filhos de Artur, e a filha de Odo, Camila. Seis netos que contam como as idas à fazenda, as brincadeiras e experiências vividas junto à avó lhes enriqueceram a infância, como o contato com a terra, a vida no campo, os aproximaram do rico universo em que Ana vivia. Andar com o pé no chão, subir em árvores, cavalgar, fazer cabanas de bambu, nadar no córrego que dava no açude ou no próprio açude... Fazer esculturas com barro, cuidar das galinhas, perambular, correr, dormir, comer o feijão da própria terra... À noite, as crianças na cama, Ana contava histórias e mais histórias até todos adormecerem. Até hoje, os netos se recordam desse tempo. Itaí proporcionou a eles o convívio com a avó, com a terra. E a Ana, rememorar a sua própria infância. O convívio com a avó era um constante aprender, tanto para as crianças como para os adultos. Também as bisnetas Marina, Laura e Larissa, filhas de Juliano, puderam desfrutar da bisavó em Itaí.

Ela acordava às cinco da manhã todos os dias. Fazia ginástica de acordo com um livro da força aérea canadense "*Mantenha-se Fisicamente em Forma*" – *livro oficial de planos e exercícios da Royal Canadian Air Force*," – rezava, tomava banho e às sete horas distribuía os trabalhos aos empregados, indo com eles ao galpão ou ao campo onde o trabalho deveria ser feito. Retornava por volta das oito horas, ligava a vitrola (preferia músicas clássicas) e tomava o desjejum: chá de ervas ou de carqueja, mingau de arroz integral moído com muitas sementes: amaranto, linhaça, gergelim, painço descascado, trigo sarraceno, pão preto feito lá mesmo com manteiga, mel, queijo e frutas.

Depois lia as revistas técnicas que recebia do mundo todo, inúmeros livros. Escrevia seus artigos, preparava palestras, redigia projetos, pesquisas, suas ideias, cursos e outras coisas (por exemplo, pesquisou e compilou as histórias de sua família e de Artur num livro de 500 páginas), sempre na máquina de escrever, que depois foi trocada pelo computador. Ficava no campo por mais duas horas e, quando voltava, fazia questão de trazer flores para enfeitar a mesa.

Seu almoço era constituído basicamente por produtos que ela mesma plantava: arroz, feijão, milho, mandioca, abobrinha e muitos outros legumes e verduras. Carne ficava para o final de semana. Após o almoço, descansava por aproximadamente duas horas, e depois voltava ao campo. No final da tarde, tomava um chá, comia uma fruta, e retomava suas leituras e escritos. Raramente ligava a televisão, e quando o fazia, assistia ao jornal. Jantava pouco: mingau de aveia, pão preto com manteiga, queijo e mel, frutas e chá.

Aos domingos, caprichava no vestuário, independentemente de receber visita ou não. Era um dia especial. Ligava a televisão cedo para assistir à missa, e só depois tomava o desjejum de domingo: café com leite, frutas e pão da fazenda. Também ouvia música, passeava pela horta, pelo pomar, lia muito e brincava com os cachorros. Ana contou com a ajuda doméstica de Delci (que veio com Ana de Santa Maria) por 25 anos, e de Alaíde por mais 15 anos.

Ana sempre comparava os preços das coisas tendo como referência os produtos agrícolas. Assim, contabilizava quantos sacas de milho, café, arroz ou de feijão precisava para comprar uma panela, uma roupa, qualquer coisa. Ou quantas dúzias de ovos ela precisava vender para poder comprar o que precisava. Ela ficava espantada como os produtos agrícolas tinham um valor irrisório e quanto tempo, quanto trabalho se levava para se produzir. Na época da colheita, os preços dos produtos agrícolas baixavam muito, e pouco se ganhava. Certa vez, precisando comprar um presente para uma das netas, a roupa que Ana queria dar valia o equivalente a 10 sacas de milho. Isso a deixava consternada, pois além do trabalho no campo ser árduo e exigir constante atenção e cuidados, ele é primordial, porque dele depende a sobrevivência do ser humano, mas pouco é valorizado. Além disso, há o trabalho da natureza que envolve as estações do ano, o desenvolvimento da planta, o cuidado com o solo, a florada, o trabalho dos agentes polinizadores, os dias de sol e chuva... No fim, Ana tentava comprar o mínimo possível de fora, e viver somente de acordo com o que ganhava de sua produção.

***

Em 1987, por iniciativa do jornalista Nivaldo Manzano, diretor de redação da revista *Guia Rural Abril*, e de José Pedro Santiago, consultor da revista, foi convidada a escrever a página "Cartas da Fazenda". Com histórias sobre a vida no campo, contadas de maneira simples e ao mesmo tempo cativante, ensinava os leitores sobre as questões que envolviam a lida no campo, despertando o olhar para aspectos importantes, esclarecendo dúvidas. "Cartas da Fazenda eram textos que explicavam como resolver problemas de forma simples e acessível", resume Santiago. Ana escrevia e Santiago revisava: "Todo mundo pensava que eu escrevia fantasticamente, mas o Santiago sempre revisava tudo, porque o meu português não era perfeito". Do primeiro ao último número, de 1987 a 1991, foi a sessão mais lida da revista e a que mais recebeu cartas dos leitores. Junto com os textos que recebia e revisava, Santiago recebia seus bilhetes, ponderando sobre algumas passagens do texto, comentando cartas que ela recebera, contando casos ocorridos em viagens, trocando impressões sobre a agricultura. Todos eles, hoje amarelados pelo tempo, permanecem com esse "filho postiço".

Eis alguns trechos interessantes de serem reproduzidos:

> 6/11/1989: "Voltei da Bolívia e o encontro foi mais para organizar a agricultura orgânica na América Latina. Mesmo assim, tinha algumas experiências muito interessantes, uma do Prof. Molina da Argentina e uma do Engenheiro Agrônomo Manuel Haya Panduro, um índio puro, cujo trabalho impressionou todos profundamente. Ele diz que as pragas são guardiões da natureza, e se o homem branco cria desequilíbrios, elas os eliminam, para que a vida possa continuar."
>
> 8/04/1989: "O pessoal da soja quer criar o Instituto Nacional da Soja. Tiveram a bela ideia de pedir uma multi de sementes por apoio. Falei para eles que isso é um absurdo e um perigo. Ganhei um livro incrível sobre biotecnologia onde o Mooney Patrick[*] é um dos autores. Se eles conseguem o clonamento

---

[*] Mooney, autor do livro *The Seeds of the Earth*.

em escala industrial, a humanidade pode encomendar o seu caixão. Aí não teria mais sementes e se uma variedade some por degeneração simplesmente não existe mais."

30/01/1989: "(...) Passei também na Áustria e vi que somente agricultura biodinâmica não resolve, especialmente por causa da poluição violenta do ar e das chuvas. Tem regiões onde todas as matas estão morrendo. Também a deficiência de boro é impressionante. Os pastos estão com séria deficiência de cobre e o gado, mesmo biodinâmico, é cheio de problemas. Não se pode ignorar o meio ambiente. Isso dava na época do Rudolf Steiner, sem poluição e agrotóxicos e adubos químicos, mas agora já não dá mais".

12/10/1988: "Voltei hoje do Espírito Santo. (...) Vale a pena de ir lá. Tudo está escondido no mato. Até tiririca parece ajudar às culturas. Em cima do repolho tem teias de aranha que os protegem das borboletas e antes de sair de uma cultura do campo já planta outra. As laranjeiras estão tão cheias que parece somente um amontoado de laranjas". (...) "Me alegrei muito que o Lutzenberger ganhou o 'prêmio Ecologia'. No mínimo se vê que lá fora não perseguem as pessoas que lutam pela sobrevivência num mundo mais habitável. Voltei bastante animada, não somente porque vejo que estou muito certa, mas também porque tem tanta gente que se empenha na mesma luta. O que acha se na reunião com o Tsuzuki nós lançássemos a Associação de Agricultura Orgânica e Meio Ambiente, com dois tipos de associados:

1 – associados produtores (inclusive Agrônomos e Agrotécnicos)

2 – associados de apoio (aqui entra todo mundo que se interessa pela sobrevivência)."

E conclui: "O que precisamos urgentemente é um ponto de convergência para que todos saibam onde procurar técnicas, exemplos etc."

Natal de 2003: "Estou viajando quase sem parar para dar cursos ou palestras em agroecologia ou assistir um evento onde sou palestrante de honra. É a luta por uma agricultura menos explorativa e menos agressiva. (...) este Natal espero festejar como bisavó de uma menina que, embora ainda não nascida, já se chama Marina. Às vezes, não acredito como o tempo passou e, se não tivesse minha espinha meio avariada que incomoda, nem sentia a idade. Talvez porque tenho contato permanente com jovens de modo que nem tenho tempo de pensar e agir como velha. E como todos sempre são muito gentis e prestativos, nem as viagens constantes me assustam. Infelizmente, minha fazendinha fica meio prejudicada por minhas ausências. Fora disso, estão plantando todas as terras ao redor com cana-de-açúcar, de modo que toda bicharada migrou de lá para minha terra. Assim, um bando de 82 quatis comeu 4 ha de milho e lebres comeram 2 ha de feijão recém-nascido. É uma tristeza. Pouco a pouco vira aqui um zoológico. Talvez seria melhor fazer ecoturismo."

Ana tinha sua máquina de escrever no escritório, que a essa altura já estava com as prateleiras tomadas por livros, revistas e todo tipo de publicação que lia. Naquele cantinho, sob o som dos passarinhos e o ocasional mugido das vacas, respondia também às cartas que recebia pela caixa postal, já que o correio não passava por lá. O acesso à fazenda era difícil, porque não havia sinalização: "mantenha sempre a esquerda, passe por uma curva, depois de uma subidinha entre à direita..." E assim, de curva em curva, subidas e descidas, o visitante tentava chegar. A estrada era de terra e, nas épocas de chuva, era um lamaceiro só. Mas era isso mesmo que ela queria, isolamento, sossego, quietude. Quanto mais natural, melhor.

As galinhas da Primavesi!

Itaí tornou-se também uma "Universidade paralela" para alguns. Ana foi procurada por muitas pessoas que queriam estagiar com ela, aprender sobre agroecologia – na teoria e na prática. Jair Medeiro foi um deles. Formado pela Universidade Federal de Viçosa (UFV), em 1982, procurou pela professora Primavesi "para alinhar observação prática e conhecimento". O estágio tornou-se uma experiência intensa, "que jamais imaginei em minha vida", ele diz.

O início do estágio foi difícil para ele. Chegava de vivências comunitárias rurais, a maioria delas desestruturadas e caóticas, onde o conhecimento era vivenciado de forma aleatória, muitas vezes apenas filosófica, quase tudo se misturava de forma pouco científica. Com a professora Primavesi foi totalmente diferente. Ela saía para o campo explicando cada detalhe: aquela plantinha ali, naquele lugar, significava tal coisa e se relacionava com o entorno; aquela área, lá, está assim, porque está acontecendo tal coisa e, por isso, vai acontecer algo, que normalmente ela mostrava em outro local do sítio, o que tinha falado anteriormente; mostrava a cobertura morta e explicava porque era aplicada agora e não em outro mês do ano, condicionada pelo tempo e clima, inclinação do terreno, tipo de vegetação; mostrava uma plantação diversificada e explicava o fundamento técnico de cada planta; porque tal distância entre plantas, porque a presença de leguminosas ou outra erva, altura e porte das plantas, diferenças da velocidade de crescimento e assim por diante. Além dessas tantas explicações, dava-lhe textos, livros e folhetos para ler. Depois, para seu espanto – ele ainda estava meio tranquilo e com a mente adormecida com as experiências anteriores –, ela passou a fazer perguntas, porque tal e tal coisa e ouvia, corrigia e explicava, nem sempre de forma delicada, fazendo-o entender que devia prestar mais atenção em tudo que estava vivendo.

"Nestas vivências, fui observando que ela, mesmo sem nunca exigir nada das leituras, perguntava sobre coisas que estavam lá e que ela ainda não tinha falado e assim fui observando uma conexão singular e extremamente minuciosa em tudo o que estava vivenciando ao lado dela, onde tudo era milimetricamente pensado e realizado. Como ela, conseguia fazer isto, eu não sei explicar, mas sei que fez e aparentemente sem nenhum esforço, como se estivesse brincando despreocupadamente, mesmo que às vezes seu jeito alemão me fizesse tremer nas bases. Foi um lindo estágio e com muitos aprendizados."

Quando a professora viajava, o que acontecia frequentemente, ela deixava leituras, atividades e muitas orientações. Em uma das suas viagens, Jair ficou responsável por cuidar das galinhas. Como sempre – ela nunca dava ponto sem nó –, deixou-lhe algumas leituras sobre criação de galinhas e foi viajar.

Jair queria fazer o melhor trabalho possível. Passava a maior parte do tempo com as galinhas e leu tudo o que Ana tinha deixado para ele. Um dos textos falava sobre a alimentação das aves, enfatizando a importância dos microelementos, inclusive o sódio. Observando as galinhas, Jair achou que elas estavam com deficiência deste elemento e resolveu complementar a alimentação delas com sal mineral. Para determinar a quantidade, fez algumas contas e deu o sal para as galinhas comerem de manhã.

No final da tarde, viu que as galinhas estavam meio esquisitas. Foi dormir muito preocupado, principalmente porque a professora chegaria no dia seguinte. Ao acordar foi direto ao galinheiro. Estava um caos. Galinhas deitadas pelo chão, bicos abertos, muitas mortas. Desesperado, começou a colocar mais água para as galinhas, levou um ventilador, chamou o caseiro e fez tudo que sua mente foi capaz de imaginar até que a professora chegou. Ao ver tudo aquilo, ela ficou furiosa. Quis saber com detalhes o que estava acontecendo. Depois de tudo explicado, ela o fez refazer as contas, e assim Jair encontrou seu erro de cálculo, o que o levou a colocar sal em excesso misturado à ração para as aves, intoxicando-as.

Ana andava de um lado para outro, calada. Ficou um tempo dentro do galinheiro – e o coração de Jair saindo pela boca – e, de repente, com a maior calma do mundo – o que o espantou mais ainda, pois ele desejava internamente que ela lhe desse uma baita bronca –, falou delicadamente: "Agora, sua função é pegar cada ave, depenar, cortar, limpar e colocar todas no freezer". E subiu calmamente para casa.

"Eu não sabia o que fazer naquele exato momento, a única coisa que sabia, realmente, é que eu queria desaparecer deste mundo, sumir para sempre, sem que ninguém jamais me visse. Mas isto não aconteceu. Então, eu fiz o que ela me pediu, fiquei com os aprendizados e continuei o estágio como já vinha acontecendo e estava programado, sem que este assunto viesse novamente a fazer parte de nossas conversas".

E o assunto foi encerrado.

Paola

Paola, a segunda filha de Carin, nasceu aos seis meses de gestação, depois de a mãe cair de um banquinho na cozinha de casa. O bebê tinha 1,1 kg, e como era muito prematuro, não pôde receber o leite materno. Além dos cuidados especiais que todo prematuro recebe, Paola teve uma anemia forte no quarto mês de vida, porque não conseguira fazer a reserva de ferro, o que ocorre normalmente nos dois últimos meses da gestação e, na época, não se dava papa de hemácias a prematuros para suprir a deficiência, como é feito hoje.

Ferro é o componente principal das hemácias, e estas funcionam como vagões de trem na corrente sanguínea, levando oxigênio às células, para que sejam feitas as trocas gasosas. Ela tomava ferro na forma de medicamentos, a mãe fazia comida em panela de ferro mas não adiantava. Com a falta do ferro e consequentemente de oxigenação, Paola foi um bebê que demorou a "vingar", sentando-se, engatinhando, andando, falando, tudo muito tarde.

Usava a sílaba do meio das palavras: falava "ca" se queria dizer "escada". Já maiorzinha, enfrentando os desafios escolares, as dificuldades eram notórias e ela não conseguia acompanhar a turma. Não memorizava, não compreendia muitas coisas, distraía-se com facilidade e era lenta, mas sua mãe sempre observava que era uma menina muito inteligente nas brincadeiras, percepções e atitudes.

Acompanhada o tempo todo por médicos, e tendo o pai como um deles, mesmo assim aquela menininha de olhos verdes e cabelos castanhos escuros encaracolados não correspondia ao que se esperava dela.

Ana Primavesi acompanhava a luta da filha e do genro, ambos buscando o desenvolvimento da menina, mas a medicina tradicional não conseguia ajudá-los, e o tempo passava. Por fim, Ana disse à filha: "Se ela não está aceitando o ferro é porque está faltando cobalto". Na natureza, explicou, a proporção de nutrientes é de 500 átomos de ferro para 10 de cobre e 1 de cobalto. Se faltar esse único átomo de cobalto, o cobre não é absorvido, e nem o ferro. Depois, temos que suprir a deficiência de zinco, pois ele é o responsável por "descarregar" o gás carbônico, resultado da respiração. Carin, cansada de tantos tratamentos sem êxito, das idas e vindas a inúmeros médicos e hematologistas, e pior, não vendo a filha reagir, resolveu: "Vou fazer o que a minha mãe diz". O marido, também médico, relutou: "Mas isso não é cientificamente comprovado". Outros médicos diziam que aquilo era uma bobagem, nunca tinham ouvido falar sobre essa forma de tratar o problema. Ana rebatia: "Para o homem, não está provado, mas para a planta está". Carin persistiu, não só porque acreditava no que sua mãe dizia, mas porque se lembrava das pessoas que sua mãe ajudara por toda a vida, dando aqui e ali receitas da terra e que funcionavam.

O tratamento começou pela busca do cobalto. Ricardo, o pai, já convencido e tocado pelo sofrimento da filha, encontrou-o num medicamento e a anemia cedeu. Depois, na idade escolar, vieram o cobre e o zinco. Além desses nutrientes, Paola tomou vermífugos e suplementações de vitamina B e Ômega 3, para fortalecer o sistema nervoso, e a seiva de jatobá. Essa seiva contém 45 minerais essenciais e era com ela que Ana suplementava os filhos, que não tomavam complexo mineral vitamínico de farmácia. A "adubação" estava feita.

Pouco a pouco, Paola floresceu: a concentração chegou (o que ela jamais tinha tido), a memória funcionava como nunca. A atenção e o foco a permitiam fazer as lições de casa com autonomia e rapidez, e ela finalmente tinha tempo livre para brincar ou se ocupar com outras coisas. Com o adubo certo da avó e o amor e a dedicação da família, principalmente dos pais, Paola frutificou: tornou-se uma médica apta a enfrentar os desafios da vida e da profissão. Hoje, sempre que sente que os estudos não rendem o que poderiam, é com a sua "adubaçãozinha" que se trata. Receita da avó Primavesi: "toda a natureza é igual: a planta, o animal e o ser humano, o princípio é o mesmo."*

---

* No livro *Cartilha do Solo*, p. 7, Ana fala sobre o papel do cobre e do zinco: "Assim, por exemplo, uma mulher grávida que recebe pouco cobre na alimentação, mas geneticamente necessitaria de mais, vai ter um filho cujo cérebro não se desenvolveu adequadamente e ele poderá nascer paraplégico. Se uma criança recebe menos iodo do que necessitaria, nasce com cretinismo;

se é deficiente em manganês, provavelmente será aleijada como também os animais. E ainda, se com sua dieta diária, ela receber menos zinco do que geneticamente é programada, poderá ser mentalmente atrasada e muito 'parada'. O zinco é o 'lixeiro' do sangue (Lukashi, 1999) e deve descarregar o gás carbônico das hemácias, para que elas possam oxigenar novamente o cérebro. (...) Se um atleta recebe zinco, não se cansa tão rápido. Tudo isso é genético, porque a quantidade de minerais de que a pessoa necessita é aqui codificada, e, normalmente, comum à família."

Casa recém-construída em Itaí (SP), setembro de 1980. No detalhe, o entorno praticamente sem vegetação.

A casa de Itaí (SP), vista de trás, trinta anos depois, em 2010.

Pacha, o fiel companheiro de Ana, em Itaí.

Cantinho de leitura de Ana, na sala da casa de Itaí (SP).

Ana no milharal, no início da colheita de 2007, em Itaí.

Ana entre os netos em férias, Itaí. Na segunda fileira, da esquerda para a direita, Julliano, Camila e Paola. À frente: Carina, Gabriela e Renata.

Ana curte as netas Paola, Gabi e Renata.

Família reunida. À frente, Ana entre Renata e Carin. Atrás, Marina (filha de Juliano e Viviane) no colo de Cristina (esposa de Artur), Viviane (esposa de Juliano), Juliano, Odo, Ana Cândida (esposa de Odo), Paola, Camila (filha de Odo), Gabriela, Carina, Manfred (marido de Renata) e Ricardo (marido de Carin).

Graças à "adubação" ensinada pela avó, Paola superou suas dificuldades. Tornou-se uma bem-sucedida médica radiologista.

Ana em Itaí, 1986.

Juliano, Cristina e Artur.

As crianças Laura, Larissa e Marina, bisnetas de Ana. Viviane e Juliano.

Odo, Carin e Ana.

Carina, Alberto e a pequena Beatriz.

Ana Cândida, Camila e Odo Primavesi.

Gabriela e Antônio.

Renata e Manfred.

SEMENTES

O grupo pioneiro – o Movimento de Agricultura Alternativa

No mesmo ano da morte do professor Artur Primavesi, em 1977, a Associação de Engenheiros Agrônomos do Estado de São Paulo (AEASP), cujo presidente era Walter Lazzarini Filho, o secretário-geral, José Pedro Santiago, e o diretor de Política Profissional, Moacir de Almeida, promoveu o Primeiro Congresso Paulista de Agronomia. José Lutzenberger, ainda pouco conhecido em São Paulo, foi convidado a proferir palestra sobre o uso indiscriminado de produtos químicos na agricultura, e a sua fala causou enorme impacto entre os cerca de quinhentos agrônomos participantes do Encontro, sendo aplaudido em pé. Em 1978, a Diretoria da AEASP escolheu Lutz, como era chamado pelos colegas de profissão, para receber o Prêmio de "Engenheiro Agrônomo do Ano". A reação de empresas nacionais e multinacionais, principalmente as produtoras de agrotóxicos e de adubos químicos, foi imediata. Cerca de 30 engenheiros agrônomos ligados àquelas empresas apresentaram requerimento à Associação de Engenheiros Agrônomos do Estado de São Paulo, exigindo uma assembleia para tentar anular a escolha, e assim evitar a entrega do prêmio a Lutzenberger.

A ANDEF, na época com o nome de Associação Nacional de Defensivos Agrícolas, programa, para o mesmo dia da assembleia, o seu tradicional Almoço dos Agrônomos, para incentivar e facilitar a participação dos seus funcionários na reunião e votarem pela cassação do prêmio. Mas não adiantou. Numa assembleia histórica, com 420 participantes, nada menos do que 414 agrônomos votaram pela manutenção do prêmio a Lutzenberger.

Liderando, na época, o movimento em defesa de uma agricultura natural, Lutz nem sempre tinha militado nessa causa. Trabalhara por muitos anos para a indústria química, dentro dos preceitos da Revolução Verde, mas acabou percebendo que uma agricultura sadia deveria prescindir de agrotóxicos.[*]

A Revolução Verde foi também uma forma de centralizar o controle na tomada de decisões sobre a organização de safras, introduzindo a monocultura e a semente geneticamente controlada. Era o motor propulsor dessa indústria salva pela venda de produtos, erodindo não apenas os solos não adaptados a esse tipo de manejo, mas também maneiras de pensar e viver. A física indiana Vandana Shiva[**], em seu livro *Monoculturas da Mente*, cita:

> "a biotecnologia e a revolução genética na agricultura e na indústria florestal ameaçam agravar as tendências à erosão da diversidade e à centralização que começaram com a Revolução Verde. (...) Não é verdade que sem as monoculturas de árvores haverá escassez de madeira para combustível e que sem as monoculturas na agricultura haverá escassez de comida. Na verdade, as monoculturas são uma fonte de escassez e pobreza, tanto por destruir a diversidade e as alternativas quanto por destruir o controle descentralizado dos sistemas de produção e consumo".

---

[*] A expressão Revolução Verde foi criada em 1966, vinha sendo praticada desde a década de 1940, mais especificamente no período entre as duas grandes Guerras Mundiais. Impondo-se ao campo, determinando novas práticas de manejo e cultivo, objetivava, por definição e teoria, maior produtividade para resolver o problema da falta de alimentos no mundo. A Revolução Verde preconizava o uso intensivo de máquinas, sementes híbridas, adubos solúveis e agrotóxicos, considerando esses produtos imprescindíveis e fundamentais para alcançar bons resultados. Não era bem assim. Ana Primavesi, testemunha sofrida dos estragos da guerra, inclusive com o relato do uso de fósforo líquido já mencionado neste livro, relata: "Quando a guerra acabou, havia enormes estoques de venenos com os quais se pretendia matar inimigos, que agora não existiam mais. Lembro-me muito bem que, naquela época, da brilhante ideia do senhor Borlaug (Norman Ernest Borlaug, engenheiro agrônomo que ganhou o prêmio Nobel da Paz, em 1970, e incentivou o uso intensivo de máquinas, adubos químicos e agrotóxicos na agricultura. Foi chamado de o pai da Revolução Verde), a agricultura – que até então pouco adquiria da indústria, a não ser um trator ou uma máquina, mas nada em grande escala – passou a consumir adubos químicos, agrotóxicos e máquinas pesadas, dando enormes lucros às indústrias. Os governos arcavam com os subsídios a esse setor. Para o Primeiro Mundo, isso funcionou fantasticamente, mesmo suas economias estando negativas, pois era como se fosse um dreno aberto do Terceiro para o Primeiro Mundo. Para os estadunidenses, aqueles enormes estoques de venenos precisavam ser vendidos para não dar prejuízo. A indústria química da América produzia em alta velocidade para a guerra e conseguiu salvar-se às nossas custas. Todos dizem: os americanos trouxeram o desenvolvimento, a tecnologia. Não. Eles simplesmente salvaram a sua indústria. Para nós, sobraram solos mortos, compactados, resultado do uso de uma tecnologia não adaptada às nossas condições de solo e clima. A agricultura moderna é isso: produzir em solos mortos".

[**] No ano de 2012, Vandana Shiva estava no júri da Ifoam que premiou Ana Maria Primavesi, na Alemanha, por sua vida dedicada à agricultura ecológica.

Lutzenberger, antigo funcionário da BASF, trabalhou como engenheiro agrônomo dando assessoria técnica sobre o uso de insumos químicos. Ao constatar os danos que os agrotóxicos causavam à agricultura, resolveu abandonar tudo, voltar a Porto Alegre e fundar, em 1971, a Associação Gaúcha de Proteção Ambiental (Agapan) passando a ser o grande defensor das práticas ecológicas. Conhecendo os dois lados, Lutz criticava a indústria que produzia não para resolver questões relacionadas à produção dos alimentos, mas para vender mais. Ele defendia uma agricultura ética (naquela época, não se falava em agricultura orgânica).

Concomitantemente a esse movimento no Brasil, em 1972, é fundada a Ifoam, em Versalhes, França. A Ifoam foi a primeira organização internacional criada para fortalecer a agricultura orgânica, reunindo informações dos associados, aliando técnicas e certificação.

***

Na mesma década, em 1970, Adilson Paschoal, engenheiro agrônomo formado pela Escola Superior de Agricultura Luiz de Queiroz da Universidade de São Paulo (Esalq/USP), percebeu que os Programas Nacionais de Desenvolvimento (PNDs) dos governos militares estavam transformando a agricultura de forma radical, fazendo-a como depositária de produtos da indústria química. Paschoal candidatou-se a uma bolsa para estudar nos Estados Unidos, pois algumas Universidades estadunidenses, dentre elas a Ohio State University, tinham convênios com Universidades brasileiras, para que estudantes trouxessem de lá as técnicas da Revolução Verde e as adotassem no Brasil. Paschoal permaneceu nos Estados Unidos, de 1972 a 1975, quando voltou com seu Ph.D em Ecologia e recursos naturais. Não o seduzia a ideia da Revolução Verde, muito menos a imposição massiva na agricultura de produtos oriundos da indústria. Tendo como formação principal a agronomia, Paschoal buscava em seus estudos as relações ecológicas intrínsecas entre o solo, as plantas e a fauna. Quando voltou ao Brasil, contrariamente ao que se propunha, escreveu um livro sobre a questão dos chamados defensivos agrícolas, no qual mostrava a correlação positiva entre o volume utilizado de agrotóxicos (vocábulo que ele criou) e o aumento do número de pragas na agricultura. Novas pragas surgiam, e as existentes aumentavam, em razão do maior uso de agrotóxicos. Publicado em 1979, *"Pragas, Praguicidas e a Crise*

Ambiental – Problemas e Soluções" recebeu o prêmio Instituto de Pesquisa e Estudos Sociais (IPES), da renomada Fundação Getúlio Vargas, e tornou-se um clássico na literatura agroecológica.*

Também em Porto Alegre, Luiz Carlos Pinheiro Machado, engenheiro agrônomo e zootecnista, começa a trabalhar com a criação de animais no sistema Voisin (de rotação de pastagens), método baseado na fertilidade do solo, que parte do princípio de que os animais terão saúde de acordo com o tipo de alimento que conseguirem: se o solo estiver em equilíbrio, o animal também estará. Ana conheceu pessoalmente André Voisin e defendeu seu sistema de manejo de pastagens introduzido no Brasil por Nilo Romero, em Bagé, Rio Grande do Sul. Anos mais tarde, em 2006, seria o professor Luiz Carlos Pinheiro Machado quem escreveria a apresentação do livro de Francis Chaboussou: *Plantas Doentes pelo Uso de Agrotóxicos*, em que se alicerça a Teoria da Trofobiose (trofo: alimento; biose: existência de vida), traduzido pela engenheira agrônoma Maria José Guazelli. O livro mostra como o uso de agrotóxicos causa um estado de desordem metabólica nas plantas, por desregular a proteólise (quebra de proteínas) e também a proteosíntese (síntese de proteínas), resultando em uma sobra de aminoácidos não convertidos em proteínas na seiva da planta e no suco celular, o que propicia aos insetos, ácaros, nematoides, fungos e bactérias, os alimentos que conseguem digerir mais facilmente. São constituídos principalmente por esteróis, açúcares simples, aminoácidos, vitaminas e outras substâncias simples, solúveis e livres. Como explica Ana Primavesi: numa planta bem nutrida, que consegue formar todas as suas substâncias, não há pragas, pois estas não possuem as enzimas que digerem substâncias complexas. Os trabalhos de Ana e Artur Primavesi constam da bibliografia do livro de Chaboussou.**

Em 1976, Lutzenberger escreveu um texto que mais tarde se tornaria o livro *Manifesto Ecológico Brasileiro: Fim do Futuro?*, em que mostrava a necessidade de aliar consciência e preservação para manter a sobrevivência, tecendo em seu texto a teia de relações entre tudo e todos.

---

* Mais tarde o professor Santin Gravena lutou pelo Manejo Integrado de Pragas e para reduzir o uso do componente agroquímico, desenvolveu o Sistema Ecológico de Pragas Agrícolas, que utiliza somente agentes biológicos aliado ao conhecimento ambiental.
** O sistema Voisin de manejo de pastagens foi aprimorado para condições tropicais pelo prof. Jurandir Melado, na forma de Sistema Voisin Silvipastoril.

Não era mais possível frear o movimento que ali nascia, e que não tem um nome único por definição. Movimento agroecológico, ecológico, ambiental: qualquer um e nenhum destes termos servia. Lutz ganhava notoriedade e gerava polêmica. Walter Lazzarini conta uma passagem que ilustra a personalidade e a ideologia anarquista de Lutzenberger: "Numa noite, tínhamos acabado de sair de uma reunião, e eu estava levando o Lutz para o hotel no meu fusquinha. Ele tinha o nariz pontudo, o cabelo comprido, era uma figura que chamava a atenção. De repente, diz ele: 'Lazzarini, você sabe que eu prefiro quarenta bandidos do que um Jesus Cristo? Porque os bandidos brigam entre si e ninguém manda, mas se você tem um só Jesus Cristo, esse tem todo o poder'... Vivíamos no período da ditadura" – continua Lazzarini – "e, para um anarquista convicto como o Lutz, enfrentar um governo ao qual não só tínhamos que respeitar, mas também obedecer, era complicado". Lutzenberger foi Secretário Especial do Meio Ambiente do governo Collor, de 1990 a abril de 1992. Deixou o cargo dois anos antes da realização da *Eco 92*, Conferência Mundial sobre o Meio Ambiente, realizada no Rio de Janeiro. Em 2002, morreu vítima de uma parada cardíaca, e foi enterrado conforme seus desejos expressos: nu, enrolado num lençol de linho, sem caixão, para não causar impacto ao ambiente. No momento do seu enterro, surgiu no céu um lindo arco-íris, contam os que estavam presentes à despedida.

***

Nessa mesma época, Ana foi convidada para um congresso em Goiânia. Como tinha sido convidada como oradora, as firmas de agrotóxicos resolveram mandar, em peso, seus representantes para a confrontarem. Quando chegou, o organizador do evento a chamou e informou sobre a "boa intenção" das firmas de insumos e disse a ela que se ela não quisesse mais fazer a apresentação, ele entenderia, porque pelo jeito a briga seria feia. Ana agradeceu a informação, mas disse que não tinha medo, iria apenas mostrar como a natureza trabalha. A palestra era num galpão enorme, tinha mais de mil lugares, muitos deles ocupados por representantes de empresas químicas. "Mas, para poder me atacar, eu tinha de dar alguma chance, e esta eu não iria dar. Falei que, para produzir seguramente, necessitava-se de um solo bom, agregado, saudável, precisava-se de plantas bem desenvolvidas que somente cresciam em solos vivos e sãos. Falei de como se conseguir solos vivos, como fazer o exame da raiz, da estrutura do solo. Para eu falar contra os adubos químicos, somente precisava dizer como se produziam solos doentes ou mortos. Todos escutaram atentamente; de vez em quando, aplaudiam. Finalmente, um perguntou: como vai produzir sem adubos químicos? Aí perguntei: E por que devemos plantar em terras mortas e destruídas? Faz cinco mil anos que plantam na China, colhendo bem, conseguindo nutrir toda sua população que agora já passava de 1,3 bilhão de pessoas. E adubos químicos somente existem há 150 anos. Com o que então produziam seus alimentos, anteriormente? Todos riram e aplaudiram. Mas quando saímos da sala, um veio me dizer: Não concordo, podia adubar. E então perguntei: Continuar a trabalhar com solos mortos e decaídos, vale a pena? O homem me deu um olhar raivoso, murmurou alguma coisa e sumiu na multidão".

No fim da palestra, apareceu um homem do Acre, que criava búfalos. Ele já andava, há algum tempo, atrás de Ana, mas estava constrangido em falar. Ana percebeu e perguntou: "Quer alguma coisa?" O homem ficou sem graça, mas disse: "Perguntei para muita gente, mas ninguém sabe a solução. Estou preocupado, porque tenho muitos búfalos, mas eles, de um tempo pra cá cavam buracos em todo lugar, e uma vez ou outra aparecem sentados dentro deles. Comprei dois tratores para tapar os buracos, mas quando penso que está tudo tapado, eles já cavaram outros buracos e tudo começa de novo. O capim já não cresce por causa de tantos buracos, e eu não sei mais o que fazer."

"Deu pena ver o desabafo do homem", ela comentou. "O búfalo faz buraco porque precisa de banho e também tem piolhos. Cava o buraco, senta na água lamacenta e quando sai, todo sujo de lama, fica um tempinho no sol, até secar. Depois que secou, dá uma chacoalhada e o barro cai, e com ele, os piolhos embutidos. Assim ele fica um tempo sem parasitas, até que apareçam outros, mas pelo menos o bicho tem um pouco de alívio." O homem escutou com a maior atenção e disse: "Então os búfalos usam estes buracos para despiolização?" "Correto", Ana sorriu. O rosto do homem se iluminou: "Então, para os búfalos não fazerem buracos, de vez em quando tenho que tratá-los contra os carrapatos?" Ana riu com a cara feliz do homem: "Não tem segredo, somente há de se descobrir o porquê".

***

Em 1979, Lutz propôs a Lazzarini e a Moacir Costa Pinto de Almeida, este diretor de Política Profissional da AEASP, que a instituição fizesse um cadastro das pessoas e iniciativas ligadas à Agricultura Alternativa no Brasil e trabalhasse pela divulgação do movimento, que preconizava um sistema de produção agrícola com alimentos biologicamente saudáveis, sem utilizar de agrotóxicos, adubos químicos e outras técnicas prejudiciais ao ambiente. O primeiro nome que ele citou para fazer parte do grupo foi o da professora Primavesi.

O grupo sonhado por Lutzenberger passou a se reunir na Associação de Engenheiros Agrônomos do Estado de São Paulo (AEASP), no segundo semestre de 1979, e foi oficializado em 25 de fevereiro de 1980, no âmbito da Diretoria Técnico-Científica da AEASP, dirigida pelo engenheiro agrônomo Eduardo Pires Castanho Filho, mais conhecido como Drepo. O nome Agricultura Alternativa fora escolhido por contemplar as diversas correntes já existentes na época: Agricultura Biodinâmica, Natural, Biológica e outras. Não se falava muito em "Agricultura Orgânica", apesar de Eduardo Pires falar num tal de composto orgânico, e ninguém ali saber direito do que se tratava.

O Grupo de Agricultura Alternativa (GAA) foi criado na AEASP por pessoas conscientes da necessidade da introdução de uma agricultura em bases ecológicas, em um movimento nacional, voltada para nossas condições sociais e ambientais, e adaptada às necessidades brasileiras de alimentação e energia. Era um grupo de jovens, em sua maioria, com as mais variadas atividades profissionais: engenheiros agrônomos, produtores orgânicos, estudantes, distribuidores de produtos naturais, artistas, profissionais liberais, físicos, membros de comunidades rurais. O interesse em torno das questões da produção e distribuição dos alimentos orgânicos era grande.

Surgiu a necessidade de elaborar um cadastro de técnicos, produtores e distribuidores desses alimentos. "Tecnologias apropriadas e brandas, energias baratas e não poluidoras, autonomia e viabilidade econômica do pequeno produtor, mudança dos rumos oficiais da pesquisa agrícola, luta por uma conscientização ecológica, procura de uma vida alternativa, são algumas das preocupações do Grupo, onde toda contribuição e apoio serão bem recebidos." Esse trecho, escrito numa carta redigida pela hoje professora da Universidade Estadual Paulista (UNESP), a engenheira agrônoma Maristela Simões do Carmo, sem data identificada, sintetizava a vontade daqueles jovens agrônomos de dar à agronomia outro tom, outra visão, uma nova perspectiva.

O grupo se iniciou com a participação dos agrônomos José Pedro Santiago, Eduardo Pires Castanho Filho, João Régis Guilhaumon, Manoel Baltasar

Baptista da Costa, Maristela Simões do Carmo, Moacir José Costa Pinto de Almeida, Paulo Roberto Pires, o "Xiri" e, logo depois, Ana Maria Primavesi. Passaram a se reunir quinzenalmente, às primeiras e terceiras segundas feiras do mês, à noite, na sede da AEASP, na rua 24 de Maio, centro de São Paulo. Os encontros terminavam com pizza, cerveja e muita conversa, pois a maioria dos membros do grupo tinha menos de trinta anos de idade.

Nos três primeiros meses de vida, o GAA foi coordenado por Baltasar, que participava também do Grupo de Comunidades Rurais. Três meses depois, a coordenação foi assumida por Santiago, que o coordenou pelos dez anos seguintes, até a sua transformação em Associação de Agricultura Orgânica (AAO).

Estar ali entre semelhantes, entre pessoas que pensavam como ela, era muito bom. Todos sabiam que Ana ficara viúva havia pouco tempo, e solidarizavam-se com ela. Participavam do grupo agrônomos que questionavam a formação que tinham recebido. Eram também influenciados por movimentos como o Findhorn na Escócia, pelo livro de Rachel Carson, *Silent Spring* (*Primavera Silenciosa*), e por outras propostas alternativas, assim como por relatos e denúncias de envenenamentos por uso indiscriminado de agrotóxicos. Buscavam um caminho alternativo. Ana Primavesi dava àqueles jovens idealistas o embasamento técnico que buscavam e precisavam, pautado na vivência e na experiência do campo que eles não tinham, até pela pouca idade do grupo. "Ela começa a juntar lé com cré, a abrir as janelas", explica o professor Baltasar. Ana apresentava-lhes o solo como a base de todos os processos que envolviam o nascimento, crescimento e desenvolvimento das plantas, o papel dos micronutrientes e, diferentemente do que se ensinava nas Universidades, defendia que era preciso entender o porquê antes de se planejar o como.

Os porquês de Ana merecem um capítulo à parte: tinham uma lógica simples, tão simples que muitas vezes as coisas que ela dizia pareciam ser receitas caseiras – o que, de certa forma, não deixavam de ser –: O gado estava derrubando a cerca? Falta de cobre. Novilhas ariscas, que quebram cercas, ou gado zebu muito nervoso: deficiência de magnésio. A falta de cobalto levava a alguns sintomas: os animais (vacas, cabras, coelhos) roíam cascas de árvores, ou os bezerros ficavam tristes (ela observava isso pela cauda), com pelos eriçados, e morriam de inanição. Essa deficiência também levava as vacas a tremores musculares... Potros e bezerros morrem poucos dias depois do nascimento, fracos, apesar de terem nascidos grandes? Deficiência de iodo. A falta de cloro leva as vacas à morte depois da parição, ou a deficiência de cálcio em capim rico em ácido oxálico faz com que as vacas fiquem com a cara inchada. Porcos com eczemas, falta de zinco. Ovelhas com lã muito grossa, pouco ondulada, e que da cor preta passa para a ruiva, além de aproximadamente 20% dos cordeirinhos nascerem com as patinhas traseiras paralíticas, também é deficiência de cobre. Frangos e coelhos com ossos deformados, pernas curvas, ou porcos com excesso de gordura, com abortos frequentes, falta de manganês. Se o gado tem apetite depravado e come de tudo (plásticos, chapéus, ossos), significa que está com "mal de paleta", com cio irregular. Isso se corrige com fósforo, dizia ela.

Simples? Só para ela. Ana Primavesi começa a encantar plateias, formadas por pessoas interessadas em desvendar os segredos da natureza, fossem eles agrônomos, agricultores ou simplesmente cidadãos interessados em aprender. Com voz baixa e delicada, e uma maneira didática, quase infantil de explicar o que para a maioria das pessoas era muito complicado, Ana não só explicava, como reeducava as pessoas. "Por que tem enchente? Porque a água não penetra, portanto seu solo está duro. Por que tem tanto cupim? Porque o cupim sabe que em solo compactado a água não penetra, então ele pode construir seus túneis e ninhos à vontade, pois nenhuma chuva vai fazê-los desmoronar. Cuide de seu solo e o cupim vai embora sozinho." Acostumadas com os "como", as pessoas eram estimuladas a repensar sua prática, buscando as causas, atuando na raiz do problema. O *como*, ou seja, a providência a ser tomada, antecedido pelo *por que*, levava à solução definitiva, pois o processo era desvendado.

Ana sempre repetia seu "mantra": solo sadio, planta sadia, homem sadio. Se os animais estavam apresentando tantas deficiências, que diria a planta, o solo, ou o próprio homem, que se alimenta de todos eles, ou através deles. "Não há deficiência vegetal sem prévia deficiência mineral", repete Seó, um de seus "seguidores" mais queridos: "Este foi um dos maiores ensinamentos que tive como agrônomo." E a agricultura orgânica foi, aos poucos, sendo vista não mais como uma corrente "natureba", política, contraventora, e sim como uma prática necessária, fundamental, pois agora estava bem fundamentada. A agricultura orgânica era aquela que poderia, em sua prática, compreender, verdadeiramente, a importância de todos os fatores, de todas as ações biológicas, de toda a dinâmica do solo, mesmo que muito ainda houvesse por descobrir e desvendar. Os porquês eram corrigidos para que a causa fosse compreendida e trabalhada.

Manejo Ecológico do Solo

Ana vinha escrevendo seu livro *Manejo Ecológico do Solo* desde que deixara Santa Maria e viera morar em São Paulo. Juntou polígrafos, livros, rascunhos e palestras recuperadas, além de toda sua experiência pessoal e de pesquisa. A ideia era fazer com que estudantes e interessados em agricultura entendessem os conceitos e processos naturais, a fisiologia das plantas em solos tropicais, a biologia e a microbiologia do solo, de forma simples e acessível para aqueles que não eram agrônomos e não estavam acostumados com a linguagem técnica.

A Editora Agronômica Ceres relutou em publicá-lo, pois o livro fugia de qualquer padrão existente na época (por seu conteúdo, segundo eles mesmos definiram, "revolucionário"), e mandou-o para professores famosos da Esalq, em Piracicaba: Eurípedes Malavolta, José Dematté, Guido Ranzanni e outros. Os pareceres foram arrasadores. Mas Ana percebeu que nenhum dos professores encontrava algo de errado em seus campos específicos, mas em áreas com as quais não tinham tanta familiaridade e que, portanto, não dominavam. Ficou claro que entendiam da matéria deles, e estavam de acordo com o que delas o livro apresentava, mas não com as que lhes eram estranhas. A Editora pediu a Ana que detalhasse mais alguns pontos do livro, o que o fez passar de 250 para 550 páginas. "Assustei-me pelo volume, mas, por outro lado, estava tudo explicadinho, só não entendia quem não queria."[*]

---

[*] O livro *Manejo ecológico do solo* tinha em torno de 200 páginas e foi ampliado para 550, graças ao empenho do engenheiro agrônomo José Peres Romero, da Editora Ceres, que pediu para

O volume assustou a editora, que protelou a edição. Ana deu um ultimato: se até o dia 14 de janeiro de 1980 não se iniciasse a impressão, ela entregaria o manuscrito para outra editora. Na verdade, outra editora agronômica de peso não havia naquela época, e a chance de ela conseguir publicar o livro era quase nenhuma, e eles sabiam disso. Porém, a Editora Nobel queria um livro agrícola com o qual pudesse iniciar suas publicações nessa área. Procurada por essa editora, Ana se adiantou: "O livro é bastante polêmico", e eles responderam: "Melhor ainda, aí todos vão comprá-lo para saber o que tem dentro".

Ana publicou o livro pela Editora Nobel. A Associação de Engenheiros Agrônomos do Estado de São Paulo fez o lançamento oficial, que reunia todo o conhecimento que Ana havia adquirido em seus anos de prática, pesquisa e observação dos solos tropicais. "Nunca tinha havido um livro que tratava solo, plantas, adubação, produção, junto com a biologia e a microbiologia do solo, nessa época quase ignoradas, a não ser por algumas bactérias fixadoras de nitrogênio com que a dra. Johanna Döbereiner trabalhava. E nunca ninguém tinha ouvido falar de bioestrutura", explica Ana. Sua visão da natureza enfatizava a conexão dos processos físicos, químicos e biológicos, numa dinâmica ecológica muito diferente do que se ensinava nas Universidades, que preconizavam o uso intensivo de insumos, adubos minerais e tecnologias que davam prioridade à produção, não ao processo, que é a dinâmica entre os sistemas.[*]

O lançamento do livro foi um grande marco para a agroecologia no Brasil e no mundo. Quem mais se empenhou nesta época foi Maristela Simões do Carmo, sua grande amiga e professora da UNESP. Primavesi recorda: "Eu tinha a mais alta consideração por ela, porque foi lutadora, eficiente, honesta e amiga. Não procurava obter vantagens e sim lutava por algo que considerava correto. Partiu dela a ideia de lançar oficialmente o livro na AEASP. São Paulo era uma cidade de grande influência, praticamente a locomotiva do Brasil. Lembro-me do dia em que ela me abordou na Associação e disse: 'Resolvemos lançar o seu livro, oficialmente'. Nem podia acreditar, porque isso significava que a agricultura em São Paulo iria voltar-se para outro tipo de agricultura. Até aquele momento, eu era considerada uma marginal, com

---

profissionais da área lerem o livro e apontassem o que não achavam estar claro. Assim, o llivro aumentou seu volume.

[*] Johanna Döbereiner, engenheira agrônoma, tcheca, foi pioneira no estudo da microbiologia do solo.

ideias nada oficiais e muito combatida porque a orientação estadunidense não concordava com minhas ideias. E tudo que vinha do 'grande irmão' do Norte era considerado sagrado. Como uma brasileira naturalizada, cidadã de um país 'subdesenvolvido', podia dizer alguma coisa não concordante com a opinião *yankee*? Era quase um crime. Mas, de repente, alguém dizia que eu tinha razão, e outros também me apoiaram. Brasileiro também podia ter uma opinião reconhecida, especialmente porque, pouco a pouco, convenceram-se de que clima temperado não era clima tropical e que num país tropical tudo funciona de maneira diferente".

"Mais tarde, me perguntaram como pude aguentar tudo o que falaram de mim. Aguentei, porque estava firmemente convencida de que o caminho que eu enxergava era o certo e não me importava com o que os outros diziam. Muitos não chegavam a lugar nenhum, porque escutavam palpites. Mas quem garante que o palpiteiro estava correto? É a famosa história de um pai e um filho que tinham comprado um cavalo e voltavam para casa. O pai andava à frente do cavalo e o filho de nove anos estava montado. Passou um homem e disse: Que vergonha! O filho com toda a sua força da juventude sentado no cavalo e o pai, já gasto e acabado pelo trabalho, tem de andar a pé... Então o filho desceu do cavalo e o pai montou. Encontraram outro homem que disse: Que vergonha! O homem forte e saudável sentado em cima do cavalo e a coitada da criança tem de correr ao lado. Então montaram os dois no cavalo e veio outro e disse: Coitado do cavalo! Vocês não têm vergonha mesmo: sentar dois em cima do pobre do animal. Assim, o pai disse ao filho: Ora, não podemos escutar o que os outros dizem. Cada um tem sua opinião e não dá para satisfazer a todos. Sente-se de novo no cavalo e vamos fazer o que achamos bom. A moral da história é que cada um tem que fazer o que acha bom e correto e não o que os outros dizem. E quando fazem alguma coisa errada, são eles que um dia pagarão por isso, não os outros que deram o palpite. Nunca tive dúvidas do que eu queria. E mesmo com muitos me censurando e propondo outros caminhos, não me importei, porque tinha meu caminho firmemente esboçado: eu sabia o que era certo e para onde queria ir, e iria segui-lo apesar de todas as outras opiniões."

O lançamento do livro, em 1980, contou com a presença dos amigos, que se mantiveram firmes em suas posições e ideais, e também na amizade que sentiam uns pelos outros. Lutzenberger veio do Rio Grande do Sul e muitos vieram de Minas Gerais, Paraná, Goiânia, Pernambuco e do Ceará.

A obra entusiasma o grupo e o público com os novos conceitos, e torna-se "um marco na agricultura tropical mundial", como bem diz Santiago. Produtores rurais, engenheiros agrônomos, estudantes de agronomia e todos aqueles vinculados a essas ciências deparam-se até hoje, na leitura do livro, com uma visão sistêmica, ecológica, e, ao mesmo tempo, "simples", quando "simples" quer dizer compreender os processos naturais a partir do que a natureza já apresenta, e a partir daí incluir a intervenção humana, sem a intenção de se impor às plantas. Foi também um livro contra a corrente, já que se contrapunha à agricultura defendida pela Revolução Verde.

Surpreendentemente, Manejo Ecológico do Solo vendeu três edições em seis meses, e logo tornou-se obrigatório para todos os que desejavam adentrar nesse novo universo da agricultura orgânica. O professor Jorge Molina, da Universidade de Buenos Aires, espontaneamente divulgou a obra por toda a América Latina, após ter sido traduzida para o espanhol, e se não conseguiam adquirir o livro, por causa do preço elevado, os estudantes de agronomia tiravam fotocópias, para desespero da Editora. Ana não imaginava que o interesse seria tão grande, mas compreendera que a agricultura puramente química não satisfazia nem plantadores, nem cientistas, nem estudantes, nem agrônomos. "Não era o livro em si, mas a mensagem sobre a vida do solo, do solo vivo, como base da vida terrestre."

Ao mesmo tempo que despertou a paixão pela agricultura orgânica, Ana também despertou inimizades. Os ataques começaram na própria Escola Superior de Agricultura "Luiz de Queiroz", a Esalq. Publicado no *Jornal do Engenheiro Agrônomo*, em maio de 1981, a resenha crítica do livro feita por Luiz Demattê fugiu do padrão de tamanho exigido para publicação naquele jornal (foram 19 as laudas originais, que ocuparam 8 páginas completas do jornal). Mesmo assim, foi publicada na íntegra, "dada a relevância do tema e a proximidade do III Congresso Paulista de Agronomia, onde certamente o assunto será debatido", conforme lia-se no jornal. Dezenove laudas de crítica minuciosa, citando pontos de discordância página por página, e que, no final, concluía que o objetivo principal perseguido pela autora, ou seja, o manejo ecológico do solo, infelizmente não foi atingido, e muito menos o manejo dos solos tropicais. "Talvez no anseio de poder apresentar o mais breve possível algo inédito na Pedologia brasileira, a autora e mesmo a própria editora, falharam numa revisão mais rigorosa e profunda do conteúdo" – a crítica dizia.

Com a crítica do Professor em mãos, podemos ver que Ana ticou cada parte relatada, e em algumas delas fez comentários no referido texto, o que pode tê-la norteado na resposta que ocupou apenas três páginas, no texto intitulado: "A insuficiência da abordagem analítica", aqui transcrito na íntegra:

É com satisfação que tomamos conhecimento da movimentação da "velha guarda" e em especial do Exmo. Sr. Prof. Titular J.L.I. Dematé discorrendo sobre o livro *Manejo Ecológico do Solo*.

Antes de tudo temos de observar que este livro não é um "tratado pedológico" como o estimado professor insinua mas é um livro técnico destinado ao não especialista mas ao prático do campo, tanto faz se é agricultor ou agrônomo.

Suponhamos que o estimado professor sob pedologia não entende a ciência do desenvolvimento infantil, mas a ciência edafológica. Porém não se trata aqui do "Edaphon" ou seja a vida do solo, mas de sua morfologia e gênese. E sob gênese não se pode entender a criação do mundo e o desenvolvimento dos seres mas simplesmente o desenvolvimento do perfil do solo. Desculpem a confusão semântica, mas para ter certeza de que cada um entende o que quero dizer, necessita-se toda essa explicação. Porém suponhamos que o clamor por uma taxonomia de solos neste livro prático somente pode ter saído desta confusão.

Se o Exmo. Professor tivesse lido "cuidadosa e criteriosamente" o livro como diz na primeira página de seu tratado de 19 laudas, teria descoberto não se tratar de um livro científico mas técnico que não pretende sistematizar e organizar fatores isolados em taxonomias arbitrárias que abundam neste mundo, mas que se preocupa com as inter-relações intrínsecas de todos os fatores de um lugar especialmente do solo e da vegetação. Teria verificado que se trata de uma visão generalista do conjunto solo-planta e não de aprofundamento especialista em um ou outro fator. Visa-se um conhecimento suficiente que permita o manejo dos fatores de um lugar, ou seja, de um ecossistema, e portanto não pode ensinar know-how nenhum, mas somente fornecer o entendimento das condições em cada lugar para que pudesse ser desenvolvida a técnica acertada.

O Exmo. Professor confessa-se confuso, o que é facilmente compreensível por não ser acostumado a ver dois ou mais fatores interligados, mas somente entende analisar e retalhar frações que depois se pesquisam detalhadamente como se fossem fatores independentes.

Reclama das fontes bibliográficas estrangeiras, que por não serem brasileiras, considera todos de "clima temperado". Porém acontece que fora do Brasil existem muitas regiões tropicais e subtropicais e a literatura internacional sobre agricultura tropical já é muito volumosa.

Além disso, pesquisas fundamentais ou básicas, como por exemplo a interação entre nitrogênio/cobre ou os equilíbrios nutricionais, ou a necessidade da raiz vegetal de oxigênio podem ser pesquisadas em qualquer lugar do mundo por constituírem princípios básicos. E como a pesquisa básica é muito reduzida no Brasil, tinha-se de lançar mão de fontes estrangeiras.

Em relação às plantas, vale constatar que por exemplo citrus e amendoim, considerados como de clima temperado pelo ilustre Professor, por enquanto pertencem ainda às culturas subtropicais para tropicais.

Queixa-se que não foi tratado pormenorizadamente o problema dos grumos e adensamentos, entendendo ele outra coisa que a autora. Considera os grumos produtos da gênese do solo enquanto a autora considera um produto de formação físico-químico-biológico. Mas se o estimado leitor não tivesse pulado tanto para ler o livro, passando do primeiro capítulo para o oitavo e de lá para o terceiro e assim por diante, não lhe teria escapado que existe um capítulo inteiro sobre o problema dos grumos e adensamentos (o capítulo VII) e um outro sobre o efeito de adensamentos sobre a raiz (no capítulo II).

Critica uma certa generalização, não entrando nos pormenores de cada unidade taxonômica de solo e de cada espécie e variedade de planta em cada região distinta e sob diversas condições, mas sabe perfeitamente que em qualquer livro isso seria impossível por super carregar demasiadamente o leitor, que nunca encontrará o que está procurando.

Ademais, vale a pena lembrar que todos os conceitos mundialmente admitidos são empíricos e gerais, como por exemplo o ponto de murchamento e a disponibilidade de nutrientes num certo solo revelada pela análise de rotina que, por exemplo:

1. Trabalha com extratores pouco comuns na natureza e que presumem, em média estatística, o potencial radicular das plantas, de modo que raramente combinam com a extração química dos nutrientes.

2. Indicam os íons trocáveis extraídos por uma solução arbitrariamente composta classificando a CTC de convencional, ou seja, um número que se obteve graças a um determinado método convencionalmente usado e existe ao lado a CTC real da qual não se sabe mesmo se é real, por desconhecer a potencial mobilização das raízes de determinada espécie de variedade.

Acreditamos que toda química e fertilidade do solo trabalha com métodos convencionais criticados por ninguém, mesmo sendo perigosamente arbitrários.

Em seguida o Exmo. Professor critica que as máquinas e as técnicas seriam as mesmas das que foram usadas até agora. Mas vale a pena lembrar que ninguém pode exigir de um agricultor abandonar todo seu parque de máquinas para comprar outras. Portanto, o uso tinha de ser adaptado. E não depende tanto da máquina o uso que se dá.

Assim, por exemplo, não se usa o arado para um revolvimento profundo do solo, mas somente para misturar a palha superficialmente com o solo. Não se usa a grade como instrumento de destorroamento e nivelador, mas somente para preparar o solo após a passagem do "subsolador". A palavra subsolador não se usa para um implemento que afrouxa o solo até 40 ou 50 cm de profundidade, mas simplesmente para executar uma aração sem revolvimento do solo. A cobertura morta usa-se durante a estação de seca ou em lugares onde houver um sistema radicular profuso para interceptar nutrientes a serem lixiviados pela chuva.

O solo não se expõe mais ao sol direto e ao impacto da chuva, mas protege-se sua superfície pelos métodos mais adequados de cada propriedade.

Sobre culturas consorciadas, intercaladas e protetoras, existem muitas informações no livro e que somente não são encontrados quando não são lidos os respectivos capítulos.

A acusação de que o livro teria sido "jogado às pressas" no mercado para "apresentar algo de inédito" é improcedente, porque é um trabalho de pesquisa e de experiências práticas de 30 anos sendo os resultados realizados em áreas entre 25 a 15.000 ha onde sempre deram certo. E finalmente, foi criado um curso de pós-graduação sobre o assunto, patrocinado pela UNESCO e oficialmente reconhecido no Brasil, caso contrário não poderia conferir diplomas de mestrado.

Não era de se esperar que a ciência analítica entendesse a sintética, por exigir a primeira especialistas e a segunda generalistas. E técnicas sintomáticas não combinam com as causais. Por isso, agradecemos a oportunidade de poder esclarecer isso, baseada numa crítica analítica-sintomática que pouco sincroniza com a realidade que a natureza nos apresenta e que pretendemos manejar.

Ana Primavesi

Em sua defesa, Valdir Izidoro Silveira, engenheiro agrônomo, jornalista e especialista em biologia de solo pela Universidade Federal do Paraná (UFPR) publicou, em agosto do mesmo ano, um artigo no qual defendia a importância da obra: "O livro de Ana Maria Primavesi é um trabalho tão sério que seu crítico não conseguiu sequer apresentar propostas concretas para uma revisão das questões formuladas pela autora". E prosseguia: "... dizer que o livro não apresenta como fazer o manejo ecológico dos solos tropicais chega a ser uma heresia". Izidoro, em sua análise, ressaltou a intenção audaciosa e absolutamente verdadeira da autora ao escrever: "O que choca a análise acadêmico-estática, é a visão global dos problemas – enfoque básico do livro da Professora Primavesi – visão esta que esmiúça todas as implicações intrínsecas e extrínsecas e que busca soluções integradas e apropriadas, caso a caso, e não medidas sintomáticas e casuísticas, como propunham os acadêmicos metafísicos."

A guerra estava declarada. De um lado, os que a defendiam. De outro, os que diziam "ela se vale de bibliografia europeia para justificar a diferenciação entre solos temperados e tropicais, o que por si só já é uma incoerência", entre muitos outros ataques, e tentavam desqualificar a obra, no que Ana não se abalou. "Tenho certeza absoluta do que estou falando. Acontece que fora do Brasil existem muitas regiões tropicais e subtropicais e a literatura internacional sobre agricultura tropical já é muito volumosa."

***

Logo em seguida a esse episódio, haveria um congresso de solos. Perguntaram-lhe se ela iria assistir às palestras. "Por que não? Eu não somente vou ao congresso, como vou me sentar na primeira fila, bem em frente dos conferencistas." O que a confortava era saber que muitas pessoas concordavam com ela e a defenderiam "com unhas e dentes." "Eu não estava sozinha por uma agricultura orgânica, ou se quiser, mais natural." Até algumas pessoas da Esalq, em Piracicaba, passaram para o seu lado.

Em 1982, estudantes de Minas Gerais organizaram uma série de palestras e debates. De um lado, dois professores eminentes da Esalq, críticos em relação a ela. De outro, Ana e o engenheiro agrônomo Shiro Miyasaka. A intenção dos estudantes era confrontar os defensores da agricultura química, mas isso não tinha sido explicitado aos palestrantes. "Estranhei não somente o número de estudantes que tinham aparecido e que mal cabiam na sala, mas também por haver estudantes não só daqui do Brasil, mas também de países vizinhos, que, evidentemente, foram convidados. Para quê? Por quem? O que os organizadores esperavam?"

O primeiro a falar foi um dos professores da Esalq. Mostrou fotos de cafeeiros adubados exclusivamente com NPK solúvel (Nitrogênio, Fósforo e Potássio). Eram razoavelmente boas. Depois Shiro mostrou também fotos de cafeeiros super carregados, luxuriantes. Ele disse: "Somente com adubo orgânico". Passou um tempinho e cada vez que a turma da química mostrava algo, eles mostravam o orgânico, que era melhor. Finalmente, um dos professores, impaciente, dirigiu-se ao Shiro e perguntou: Digam-me, o que fazem num solo onde existem, por hectare, oito toneladas de nematoides? Ana relembrou: "Aí, o Shiro mostrou a sua cara mais radiante, juntou as mãos e disse entusiasmado: Que beleza! Quanta matéria orgânica! O auditório explodiu em risos. O professor não aguentou e saiu do auditório, sob o riso generalizado da plateia."

Além dos ataques diretos e confrontos teórico-metodológicos que passaram a ocorrer, havia também ameaças. Ana sofreu-as, mas não fala sobre o assunto. Preferiu ignorá-las, ou dar-lhes a pouca importância que mereciam. Ao conversar com o professor Adílson Paschoal, da Esalq, o relato surpreende: "Durante a década de 1970, o enfoque principal eram os agrotóxicos, e as figuras de destaque que apareciam na mídia eram o Pinheiro Machado, com a questão zootécnica, o Lutz e eu, que combatíamos os agrotóxicos contra empresas e multinacionais poderosíssimas, e nos intitulavam como 'hippies', malucos, além de nos colocarem em algumas situações constrangedoras. Fui ameaçado várias vezes. A ameaça vinha primeiro de forma a desacreditar a ideia de que era possível fazer agricultura sem o uso do agrotóxicos, apesar de eu ter, em meu livro (*Pragas, Praguicidas e a Crise Ambiental*), provado que esses produtos tinham aumentado o número de pragas no Brasil. Em todo lugar que eu ia, ou em todo o lugar em que o Lutz ia, lá estavam as companhias de agrotóxicos criticando as ideias ecológicas. Só que eu havia voltado recentemente dos Estados Unidos, com uma bagagem científica bastante forte; o Lutz, no Sul, também lia muito, em alemão, francês, inglês, e a AGAPAN havia se tornado um núcleo muito forte de pesquisa. Por ter ele trabalhado para uma indústria de agrotóxicos e por isso conhecer os dois lados, ele conseguia contra-argumentar facilmente. A primeira tentativa foi essa, de desacreditar a ideia, mas não conseguiram porque nossos argumentos eram lógicos, claros demais para serem contestados."

"A segunda tentativa foi subornar-me. Certo dia, recebi uma carta confidencial, sem remetente, em que eu era convidado a ser o diretor de uma importante instituição de agrotóxicos, que seria instalada na região de Campinas, São Paulo. Queriam comprar a minha honra; mais uma tentativa frustrada. Mais tarde, descobri tratar-se do Centro de Defensivos Agrícolas da Embrapa, em Jaguariúna, que, na gestão de Luis Carlos Pinheiro Machado nessa importante instituição, conseguimos transformar no Centro de Defesa da Agricultura, hoje Embrapa Meio Ambiente."

"A última tentativa de neutralizar-me deu-se de forma grotesca", diz Paschoal. "Certa ocasião, recebi uma caixa endereçada à minha pessoa; como a anterior, não tinha remetente. Porque, naquela época, estavam na moda as cartas-bombas, eu achei que me haviam mandado uma, aqui na Esalq. Pensei:

não vou abrir isto. Coloquei a caixa no meu armário; cheguei a mostrá-la para algumas pessoas: 'Olha essa caixa aqui, não sei o que é'. E ali ela ficou, e eu a esqueci. Quando me aposentei, em 1998, eu tinha de esvaziar a minha sala e comecei a organizar os meus papéis; foi aí que a reencontrei. Tinha-a guardado por uns vinte anos! Quando a vi, me espantei: 'Meu Deus, a caixa ainda está aqui!' Resolvi dar um fim nela. Eu tinha quase certeza de que era uma bomba, mas não tinha coragem de abrir. O correio não a quis de volta, pois não havia remetente. Pensei em enterrá-la, mas e se alguém a encontrasse e ela explodisse? No lixo, eu corria o mesmo risco; então pensei: vou resolver o meu problema no rio Piracicaba. Coloquei um peso na caixa, e num dia em que o rio estava bem cheio, joguei-a lá no fundo, e lá ela vai ficar, até o momento em que a água penetre e desative o mecanismo pela ferrugem."*

"Em Piracicaba, formou-se um dos primeiros núcleos de agricultura alternativa do País, e alunos e professores passam a discutir essas novas ideias. Em 1976, a Esalq passou a oferecer a disciplina Ecologia e Conservação dos Recursos Naturais, proposta por Adilson Paschoal, cujos princípios de uma agricultura de base ecológica foram ensinados, formando os primeiros profissionais que atuaram na área. Mas precisei esperar onze anos para poder mudar o nome da disciplina para 'Agroecologia e Agricultura Orgânica', o que fez da USP a terceira Universidade pública em todo o mundo a ter uma disciplina dessa natureza. A primeira foi Kassel, na Alemanha; a segunda foi Wageningen, na Holanda; a terceira foi a USP, em Piracicaba" – o professor explica.

Adilson Paschoal ainda não conhecia o trabalho de Ana Primavesi. Em meados de 1980, em uma de suas costumeiras visitas ao Departamento de Solos e Geologia da Esalq, onde ia em busca de novos conhecimentos sobre solo para a disciplina que há pouco criara, foi convidado a ir à sala de um

---

* Perplexa, eu olhava para o professor Adílson e formava as imagens em minha mente: ele numa ponte, debruçado sobre a amurada, com a tal caixa na mão, num dia de chuva e vento, a caixa caindo... mais surreal do que a própria história era o jeito dele contá-la: sentado ereto em sua cadeira giratória, as mãos unidas como se estivesse filosofando e um olhar calmo sob os óculos grossos, a história da caixa-bomba fluía com a maior naturalidade, com uma calma incrível... e, no fim, quando ele a finalizou, e viu a minha cara de espanto, ambos caímos na risada, e acredito que somente nesse momento o professor Adílson Paschoal percebeu o quanto seu relato me impressionara. Por fim, perguntei a ele se as ameaças eram com todos: "Eu imagino que sim" ele continuou. "Durante toda a década de 1970, os agrotóxicos dominaram a mídia. A palavra 'defensivo' era usada pela indústria química. Se você dizia: 'agrotóxico', significava que era 'dos nossos', dava para diferenciar bem pela forma como a pessoa se expressava." Só depois, quando a Primavesi lançou *Manejo Ecológico do Solo*, em 1980, é que ela começou a ser conhecida, e as ideias do solo manejado ecologicamente passaram a ganhar destaque na comunidade científica.

dos docentes da faculdade, muito seu amigo por sinal, com quem convivera por quatro anos nos Estados Unidos. Apontando para o canto da mesa, onde um grosso volume se destacava, o amigo perguntou-lhe: "Você conhece este livro?" "Pegando-o na mão, percebi tratar-se do *Manejo Ecológico do Solo*, de que ainda não tinha conhecimento." "Você conhece a autora?" – perguntou o professor. "Ainda não", Adilson respondeu. "É que estou fazendo a resenha do livro e encontrei vários problemas", disse ele, passando depois a citá-los. Adilson Paschoal acompanhou com atenção as críticas. Ao sair, pensou: "Se ele que é adepto fervoroso da agricultura química disse tudo o que disse, é porque o livro é bom."

Dias depois, Paschoal foi à Biblioteca Central com o pedido de dois exemplares para serem adquiridos para a instituição. Ao ler o livro, viu a profundidade com que Ana Primavesi analisava o solo, com a visão ecológica que as pessoas não tinham. "Aquilo sim era novidade. Eu mesmo, na 'Ohio State University', nunca tive nada nesse sentido. O que é analisar o solo sob a perspectiva ecológica? Por exemplo: da ecologia sabe-se que os organismos interagem; então não era só analisar o solo sob os aspectos físico e químico. E a sua biologia? E as interações que ocorrem entre os organismos nele existentes? E as interações do solo com a planta? Tudo estava lá bem explicado, assim como o efeito dos adubos minerais, que desagregavam o solo. Uma coisa que ela dizia, e que me surpreendeu, foi que a matéria orgânica não humificada, adequadamente, poderia desestruturar o solo. Isso não se mostrava nos textos convencionais. Aquilo tudo foi-me despertando, porque o meu enfoque era na questão dos agrotóxicos. Apesar de eu já entender haver relação da praga com o solo, não sabia bem como essa relação se dava, mas ela existia, porque a praga ocorria quando o solo era tratado com adubo mineral, principalmente nitrogenado. Foi então, a partir da leitura do livro da Primavesi, que a relação solo/planta/praga começou a formar-se mais claramente em mim.

"Lutzenberger, no Sul, já falava de uma teoria chamada trofobiose, pois o professor Chaboussou já havia publicado na França um livro sobre isso; era hora de unirmos forças. Mas foi graças à AEASP e à FAEAB (Federação das Associações de Engenheiros Agrônomos do Brasil), comandadas por jovens idealistas, que minha convivência com Primavesi tornou-se frequente: viajamos por quase todos os Estados da Federação, levando conosco a esperança de mudar a agricultura do país, criando mecanismos para o desenvolvimento da Agricultura Orgânica, de base ecológica. Mais tarde, através da Fundação Mokiti Okada, participaríamos de congressos internacionais em vários países, levando conosco os resultados de nossas pesquisas e de nossas experiências de vida. Curiosamente, mas não estranhamente, já que somos ecologistas, Primavesi começou a publicar trabalhos sobre pragas e eu sobre solos, o que só foi possível pelas nossas formações ecléticas, permitidas pela ecologia."

***

Os jovens idealistas citados por Adilson Paschoal mobilizaram forças. Em 1979, Lazzarini assume a presidência da FAEAB, e leva consigo os companheiros de diretoria (e de luta) José Pedro Santiago e Moacir de Almeida.

Na AEASP, assumiu como presidente Luiz Fernando de Mattos Pimenta, o Pima. Toda a nova diretoria da AESP, formada pelo grupo dos últimos quatro anos, apoiou integralmente os trabalhos do Grupo de Agricultura Alternativa. Lazzarini não perdeu tempo, e a FAEAB propôs a realização de um grande encontro nacional, para discutir e apresentar propostas de desenvolvimento da Agricultura Alternativa.

De início, pensaram em realizar o encontro em São Paulo, mas o prefeito era Paulo Salim Maluf e sabiam que ele não daria apoio a um movimento dessa natureza. Também enfrentariam forte pressão contrária dos fabricantes de produtos químicos ali sediados. Resolveram procurar o liberal Jaime Lerner, então prefeito de Curitiba, e foram apoiados pela combativa Associação dos Engenheiros Agrônomos do Paraná (AEAPR) cujo presidente, Paulo Cesar Furiatti, figurava como peça de apoio fundamental nesta articulação. A AEAPR pregava a redução do uso de agrotóxicos e a adoção da obrigatoriedade do Receituário Agronômico naquele Estado.

Lutz, Santiago e Furiatti foram a Curitiba, e Lerner topou na hora: ofereceu apoio logístico e o local para a realização do evento. De 20 a 24 de abril de 1981, foi realizado o Primeiro Encontro Brasileiro de Agricultura Alternativa (EBAA), e Jaime Lerner abriu solenemente o encontro. Vieram pessoas não somente de todo o Brasil, mas também da Europa.

O grande mérito de Lazzarini, naquele momento, foi ter conseguido unir todas as correntes que lutavam contra o modelo de desenvolvimento agrícola adotado no Brasil, desde 1964, sob um só nome: Agricultura Alternativa, que não se referia apenas à questão ambiental, mas também à fundiária.

Em outubro de 1981, o Grupo de Agricultura Alternativa (GAA) torna realidade o sonho de Lutzenberger: inicia o levantamento, no Estado de São Paulo e em estados vizinhos, das experiências desenvolvidas por produtores rurais e ONGs para a produção sem agrotóxicos, adubos solúveis e outros insumos químicos, utilizando tecnologias de cultivo favoráveis ao ambiente. Muitas unidades de produção foram registradas: a Estância Demétria, em Botucatu (SP); a Fazenda Palmeira, em Itapetininga (SP); o Sítio da Fundação Mokiti Okada, em Atibaia (SP), a Granja Bela Vista e o Sítio da Cachoeira, em Campinas (de Fernando Wucherpfenning, que logo se tornaria atuante membro do GAA); a Fazenda Nova Gokula, nas montanhas de Pindamonhangaba (SP); a Fazenda Mãe D'Água, em Minas Gerais, "do pioneiríssimo e saudoso Leher", como diz Santiago; a Fazenda Araucária, dos biodinâmicos Hubertus Loewens e seu filho Andreas, em Camanducaia (MG), e outras mais.

O movimento se expandia: cursos sobre Agricultura Alternativa começam a ser ministrados, com a participação de nomes como os dos agrônomos Luiz Carlos Pinheiro Machado, Esmeralda Dematê, Edmar José Kiehl, Andreas Loewens e outros. Ana Primavesi e Yoshio Tsuzuki colaboravam dando o apoio técnico imprescindível para os cursos. Ana, com sua enorme experiência de campo e conhecimento aprofundado sobre os solos; Tsuzuki, nascido no Japão mas radicado no Brasil, dava aos membros do GAA cursos práticos gratuitos de horticultura orgânica em sua granja, no Tijuco Preto, em Cotia, São Paulo.

Em agosto de 1980, o grupo organizou o "Primeiro Curso de Agricultura Biológica", com duração de uma semana, em São Paulo. O número de participantes superou o número de vagas inicialmente abertas, e as apostilas feitas especialmente para o cursos continuaram a ser solicitadas, mesmo após seu término, o que os obrigou a reeditá-las. Neste curso, Ana Primavesi ministrou, pela manhã, o tema: "Síntese e Metabolização; Economia de Água pela Planta", e seu filho Odo Primavesi, na manhã seguinte, apresentaria o tema: "Manejo do Solo em Regiões Tropicais", falando sobre práticas agrícolas, formação e manutenção da estrutura grumosa do solo.

Também participaram os engenheiros agrônomos Yoshio Tsuzuki, Mário Donalisio, Adílson Paschoal e juntos: Luiz Carlos Pinheiro Machado, Luiz Fernando de Mattos Pimenta, Walter Lazzarini Filho e o físico e professor José Zatz, formando o painel de abertura do curso, com o tema "A Crise da Civilização, o Papel da Agricultura e a Agricultura Biológica". Os temas seriam recorrentes e suscitariam apoio bibliográfico. O JEA (*Jornal do Engenheiro*

Agrônomo) anunciava os livros para venda no número de agosto de 1981: das oito publicações anunciadas, cinco eram de autoria de Ana Primavesi. Das três restantes, uma era em inglês, e outra, excertos de trabalhos do Segundo Congresso Latino-Americano de Biologia do Solo, realizado em 1968, em Santa Maria, e organizado por Artur Primavesi

Dois anos depois, no Segundo Curso de Agricultura Alternativa, ministrado de 1 a 6 de março, além de Engenheiros Agrônomos, houve a participação de produtores orgânicos, biodinâmicos, representantes de entrepostos de venda de produtos naturais e técnicos. Ana e seus colegas estavam novamente presentes. A mudança de nome do primeiro curso "Primeiro Curso de Agricultura Biológica" para "Segundo Curso de Agricultura Alternativa" foi intencional. A Agricultura Biológica era praticada na França e muita literatura a respeito, em francês, circulava por aqui; a mudança para "Alternativa" reforçava a ideologia do grupo, e prenunciava a questão da nomenclatura ideal para se denominar vertentes da agroecologia...

Interessados passaram a escrever ao Grupo e muitas cartas mostravam o crescente interesse em produzir ecologicamente:

> "Peço-lhes que me ajudem, enviando-me sugestões, folhetos, organizações para contatos de estudos, bibliografia, experiência prática, enfim, qualquer coisa que me dê condições de paulatinamente retornar a uma agricultura bela e sadia, que realmente me dê aquela satisfação interior, tão necessária a qualquer empreendimento humano..."

> "Os produtos recomendados para as pragas e doenças da região são: BHC, Bidrin, Aldrin, Terracur, Dithane, Cobre Sandoz, além de herbicidas como Herbi D4, Tordon, Gramoxone, Gesatop etc. A adubação aqui também é química..."

> "(...) sabendo do Seminário de Agricultura Alternativa, a realizar-se aí em Curitiba, e tendo em vista meu interesse em Agricultura Alternativa, pois somos um grupo de pessoas que nos tornamos agricultores-naturalistas, pretendemos nos aprofundar para conhecermos melhor a harmonia da terra..."

> "(...) o senhor falou numa dra. Ana, nascida na Áustria a qual conhece o solo como a palma da sua mão. Isto para nós brasileiros é formidável, porque pelo que ela mostrou e explicou, a gente pode aprender muito sobre a terra, em qual se planta e porseguinte ter melhores resultados em tudo. Agora eu lhe peço o favor de me dizer ou escrever como eu poderei conseguir o livro que ela escreveu"

Em outra, lê-se: "Solicito instruções sobre o manejo ecológico do solo", referindo-se não ao livro, mas ao termo: manejo ecológico! Ter acesso a essas cartas foi fundamental para que se pudesse entender, de fato, como deveriam se sentir os membros do Grupo quando as cartas chegavam, pessoas que escreviam por amor à terra e à vida no campo. Anseios compartilhados, dúvidas e elogios, se as cartas não estivessem mais presentes como testemunhas daquele momento, talvez a descrição, mesmo que detalhada e intensa de seus membros, não teriam dado conta do que verdadeiramente significou existir um lugar, pessoas, às quais recorrer, questionar e compartilhar, nesta busca por uma comunhão com a terra.

E foi uma carta vinda de Colorado do Oeste, Rondônia, escrita em 16 de dezembro de 1980, que em sua extrema simplicidade, mostrou o que de fato significava ter a quem perguntar, recorrer, compartilhar. Eis a reprodução fiel da carta:

> "Minhas cordiais saudações caro Senhor: Diretor da associação dos agromos de são Paulo. Eu esses dias batendo papo com um a migo sobre o prantio do alho a qui em Rodonia que o alho a qui em calquer época que a gente pranta ele fico bonito cresse mais não da cabeça e dai ele medeu este em derreço para se eu um dia fosse para S.Paulo que fosse neste em dereço que eu teria uma solução do pobrema e como e muito deficio para mim irateai em tam ressorvi escrevela que talvez eu teria uma resposta por que a terra a qui e boa tudo que pranta prodise si meno o alho de pés bonito mas não cabeça. Edesde ja lhe a gradeso se for a tendio desergo um feliz natal.
> D. O. S."

***

Outro curso, agora prático de horticultura orgânica e com duração de cinco meses, foi ministrado por Yoshio Tsuzuki, em sua propriedade em Cotia. Crescia o interesse no plantio e manejo da terra de forma mais natural, fortalecia-se no Grupo de Agricultura Alternativa o ideal pelo qual haviam se unido, assim como o conhecimento agronômico, já que era intenso e volumoso o intercâmbio de informações e conhecimentos que se formava.

Em 1982, o GAA perdeu a AEASP. A chapa formada por agrônomos ligados a empresas produtoras de agrotóxicos e adubos químicos, aliados à Cooperativa Agrícola de Cotia (CAC), venceu a eleição para a diretoria. O Grupo de Agricultura Alternativa perdeu o espaço e a infraestrutura da AEASP.

Mudam-se então para a Tecnologia Alternativa na Promoção da Saúde (TAPS), organização criada e dirigida pela saudosa Hildegard Bromberg Richter, a Higa. Ela recebeu não só o grupo, como também livros comprados pelo GAA e os que Ana Primavesi havia doado ao movimento, muitos de sua autoria e de Artur Primavesi, quando professores na Universidade de Santa Maria. O grupo, zeloso de seu "patrimônio", havia tomado o cuidado de carimbar cada exemplar que comprava ou recebia como doação com a sigla "GAA", para que não fossem misturados com os da biblioteca da AEASP. Além desses, outros livros comprados com o pouco dinheiro do GAA também faziam parte do acervo.

Uma das primeiras ações dos novos dirigentes da Associação de Engenheiros Agrônomos foi chamar Santiago, coordenador do GAA para explicar o "sumiço" dos livros, porque foram informados que pertenciam à AEASP. O novo presidente pediu os livros de volta e convocou a diretoria para ouvir as explicações. Lazzarini e Maristela Simões do Carmo acalmaram o amigo Santiago, solidarizando-se com a situação pela qual ele passaria: "do alto de seus 27 anos", teria que enfrentar poderosos e experientes executivos. O apoio valeu, pois foi com a maior naturalidade que tudo ocorreu, com Santiago explicando que muitos livros eram doações da professora Primavesi e que os demais livros carimbados tinham sido comprados com o pouco dinheiro do grupo.

Mesmo fora da AEASP, o GAA ainda tinha a FAEAB, com Lazzarini na presidência. Foi então que, a FAEAB e a Associação dos Engenheiros Agrônomos do Rio de Janeiro (AEARJ) promoveram, entre os dias 2 e 6 de abril em Petrópolis, o 2º Encontro Brasileiro de Agricultura Alternativa, organizado pela ABIO – Associação de Agricultura Biológica, e pela Embrapa. Reuniu cerca de dois mil participantes, e lá compareceram também 23 secretários de Estado da Agricultura, Meio Ambiente e Saúde. Nesse encontro, formou-se uma comissão para criar uma entidade nacional representativa do movimento com o nome "Associação Brasileira de Agricultura Orgânica" (ABAA). Foram feitas reuniões em Piracicaba, Campinas e São Paulo, e consultaram-se pelo correio muitas pessoas e entidades do país. Trezentos e trinta e três questionários retornaram, preenchidos por interessados. Apesar desse esforço, o movimento pela agricultura alternativa ainda não estava suficientemente amadurecido para, num salto qualitativo, reunir-se em uma associação sem fins lucrativos de atuação nacional.

A presença de Ana Primavesi não só era requisitada, mas tornou-se um "selo de qualidade". Se ela estivesse presente, o prestígio do evento crescia. Ela gostava de participar e de viajar, de estar entre os jovens e de aprender novas histórias.

"Lembro-me bem que, naquele ano, recém-operada da junta da perna direita para a colocação de uma prótese coxofemoral, na primeira vez que deixei a cama para me sentar um pouco, apareceram estudantes do Rio de Janeiro e disseram: 'A senhora tem de vir a Petrópolis para nosso encontro'. Falei que não estava ainda em condições de viajar, e que daquela vez não poderia ir, mas eles não se deixaram convencer: ajudamos na sua locomoção, mas a senhora tem que vir, não tem dúvida. E fui. A primeira dificuldade foi quando passei pelo detector de metais do aeroporto, aquilo começou a apitar, violentamente. Três mulheres me despiram e mesmo quase sem roupa, a máquina apitava. As pessoas que me esperavam do lado de fora começaram a rir e isso irritou o pessoal do controle ainda mais, e então me dei conta de que haviam implantado um pino de metal no fêmur, e mesmo mostrando minha cicatriz, não sei se eles se convenceram completamente. Por fim, quando cheguei, foi uma festa."

"Tinham convidado todos que deram algum apoio à agricultura orgânica e organizaram um encontro 'de arromba' no antigo cassino de Petrópolis. Era de 'arromba' mesmo, porque era uma bagunça incrível, que tomava conta de boa parte do cassino", como recorda Ana. Em todo caso, Ana, Baltasar e Paschoal conseguiram transformar a euforia em uma organização voltada ao objetivo central, que era o próprio Congresso.

Em meio ao tumulto de ideias e conferencistas, do entusiasmo e da novidade que era estar ali discutindo sobre uma agricultura alternativa, o professor Adilson Paschoal conheceu um ex-funcionário do antigo cassino e pediu a esse moço que mostrasse como a casa funcionava antigamente. Foi assim que ele e Ana visitaram o andar de cima, com seus quartos de luxo, salas de festa, o cassino na parte de baixo, e, no subsolo, a "sala do suicídio", que diziam ser usadas pelos que perdiam tudo no jogo, evitando que se usassem os quartos, criando dificuldades para se remover o cadáver. "Ali tinha tudo à disposição, segundo o gosto e a escolha do cliente: facas, cordas de enforcamento, veneno, uma pistola com munição... E como a Igreja Católica não permitia enterrar suicidas em cemitérios comuns, existia também no hotel, no terreno de fundo ao parque, um pequeno cemitério para os suicidas" – conta Ana. "Perguntei ao homem se o pessoal jogaria se antes tivesse visto todos os preparativos para o suicídio, e ele achava que sim, porque cada um acreditava que era a grande exceção, e que iria ganhar." Quando vinte anos mais tarde festejou-se o aniversário do Primeiro Encontro em Petrópolis, apareceram senhores bem vestidos e distintos, todos funcionários públicos e perguntam a Ana: "O que a impressionou mais naquele encontro em Petrópolis?" Ela respondeu: "Naturalmente, a bagunça total". Os cinco fizeram uma reverência e disseram: "Nós éramos parte dos bagunceiros."

Em agosto de 1984, o GAA se reuniu para discutir a criação de uma associação nacional. O projeto do estatuto da Associação de Agricultura Alternativa contou com Jair Medeiro, Fernando Wucherpfenning, Denise Chabaribery, Tânia Camargo, Marialice Mugaiar, José Pedro Santiago, Maristela Simões do Carmo e Ondalva Serrano. Tanto Maristela quanto Ondalva seriam amigas queridas de Ana, presentes por toda vida.

No Terceiro EBAA, realizado em Cuiabá, Mato Grosso, em 1986, a "bagunça" valeu a bronca dada por Ana. Convidado para a fala de abertura, o governador, apesar de convidado, foi vaiado. Ana não gostou. Disse a eles que, desde a Antiguidade, os hóspedes devem ser respeitados e que não tinha achado graça nenhuma ter quebrado essa lei da hospitalidade, pois mostrava a ignorância das regras e a má educação. Se não o queriam, que não o convidassem. Era muito ruim repetir o que fizeram os colonizadores espanhóis, que convidaram a aristocracia indígena para uma festa apenas para matá-los. E que o desrespeito a todas as regras da civilização não caíam bem na Universidade. Desde os tempos mais remotos, a hospitalidade era sagrada. A lição de moral fora definitiva. Após o acontecido, disseram a Ana que ela era a única pessoa que poderia ter dado tamanha bronca, pois era uma espécie de 'bezerro sagrado' para os estudantes.

Num dos painéis apresentados nesse Terceiro Encontro, o professor canadense Patrick Roy Mooney foi o expositor, e os Engenheiros Agrônomos Adilson Paschoal e José Lutzenberger foram os debatedores. Mooney, membro do Grupo de Ação sobre Erosão, Tecnologia e Concentração (ETC, sigla em inglês), autor e coautor de livros sobre a política de biotecnologia e biodiversidade, não tem formação universitária, mas é amplamente considerado uma autoridade sobre a biodiversidade agrícola e questões de novas tecnologias. No debate que se seguiu no Terceiro EBAA, Pat, como era também chamado, defendeu a ideia de que a Revolução Verde era a responsável pela enorme diminuição das variedades disponíveis, ocasionando a crescente vulnerabilidade dos cultivos, remetendo para a ampla discussão de como se organizar para impedir a extinção de genótipos, assim como resistir à sua apropriação pela indústria e perpetuar a riqueza genética dos países pobres.

Durante o debate, ficou clara a preocupação dos presentes em aprofundar o trabalho político para que uma maior organização da sociedade civil possibilitasse pressionar o Estado e impedir a exploração de nossas sementes e variedades. "Todavia, não podemos resguardar e salvar as sementes a não ser que salvemos também os agricultores", ressaltou Mooney, "através da luta política aliada à reforma agrária e a outras lutas da sociedade". Ele mal poderia saber que o debate dessa questão seria atualíssimo ainda em 2016, data de publicação deste livro, e que de fato a questão da manipulação genética e a extinção de variedades tradicionais de plantas seriam questões gravíssimas no contexto da agricultura mundial. Mooney teve seu livro *The seeds of the Earth*, traduzido pelo professor Adílson Paschoal, e aqui no Brasil o livro foi publicado com o título *O Escândalo das Sementes*, financiado pelo empresário gaúcho Arnaldo Gueller, grande patrocinador de muitas causas da Agricultura Orgânica no Brasil. Gueller distribuiu gratuitamente todos os exemplares da obra. "O livro começa pelo questionamento da política em favor das variedades altamente produtivas da agricultura convencional, que se transformou em engenharia genética, biotecnologia e transgênicos", diz o professor Adilson.

Quando da publicação do livro, em 1987, Paschoal foi a Brasília e entregou uma cópia para cada deputado, para que eles vissem o perigo que era votar favoravelmente à lei do patenteamento. A AEASP teve atuação destacada no episódio do projeto de Lei de Patentes de Sementes que tramitava na Câmara dos Deputados. A Associação enviou uma carta ao então Presidente da República, General Ernesto Geisel, com os argumentos contrários ao projeto de lei, e meses depois, recebeu uma carta do General Golbery do Couto e Silva, chefe da Casa Civil (apesar dele ser um militar), informando que o governo havia mandado retirar o projeto de patenteamento da pauta de votações, ou seja, havia desistido dele.

Conseguiu-se segurar a lei por dez anos, que pretendia dar às multinacionais o direito de patentear as sementes pelas quais os brasileiros pagariam *royalties*. "São Paulo sempre liderou a questão de variedades melhoradas. No Instituto Agronômico, produziam-se variedades fantásticas para a agricultura, resistentes a pragas e doenças; mas o que eles queriam eram variedades altamente produtivas (mas fracas) porque aí sabiam haver relação entre adubos, agrotóxicos, pragas e maior uso de insumos. Se eles conseguissem o 'pacote', seria altamente rentável para as multinacionais, porque com as variedades pouco resistentes a pragas e doenças, poderiam vender mais sementes, agrotóxicos, adubos solúveis, sistemas de irrigação e maquinário!" ressalta Adilson Paschoal.

O Quarto EBAA ocorreu entre 19 e 24 de março de 1989, em Porto Alegre (RS). Nomes como os dos Engenheiros Agrônomos Horácio Martins de Carvalho, José Graziano da Silva, Manoel Baltazar Baptista da Costa, Carlos Armênio Khatounian além de Lutz, Primavesi, representantes da CUT, MST, entidades ecológicas e muitos outros foram destaques.

Outros encontros foram realizados, reunindo interessados numa agricultura que respeitasse o ambiente. Vivia-se, não intencionalmente, mas coincidentemente, um despertar ecológico, embora pouco compreendido pela sociedade, que não percebia a importância da causa. De qualquer forma, um movimento alimentava outro: a agricultura e a ecologia, que ganharam cada vez mais força com o passar dos anos.

Encontros para comemorar os antigos encontros passaram a ser realizados, especialmente os de Curitiba (PR), de Campo Grande (MS) e Florianópolis (SC). Neste último, Ana lembra-se de um episódio que a impressionou: uma estudante que usava drogas e toda vez que se iniciava uma palestra, aparecia nos dez primeiros minutos e começava o seu discurso: "Vocês acham que eu não posso usar drogas? Mas eu vou usar, vocês querendo ou não, droga é uma coisa boa, droga é...", mas Ana a interrompeu: "Olha, minha filha, se você quer usar drogas, use. O corpo é seu, a vida é sua. Faça o que quiser. Mas se um dia você ficar louca e tiver que ser internada num hospício, aí não concordo mais, porque os custos do hospício eu tenho de pagar, como muitos outros pagadores de impostos. E eu não vejo razão pela qual devo gastar meu dinheiro para sua loucura". Isso ninguém tinha dito ainda para ela. Todos falavam que drogas faziam mal, que não se devia usar, que isso iria destruir sua saúde, e então a estudante sempre conseguia o que queria, uma discussão em torno do assunto e que atrapalhava as palestras. Mas ninguém tinha lhe dito que ela podia usar drogas o quanto quisesse, porque o corpo era dela. A moça olhou surpresa para Ana, abrindo e fechando a boca sem conseguir falar, e saiu da sala rapidamente. Se ela parou de usar drogas, não se sabe. Mas não apareceu mais para bagunçar nenhuma palestra.

Sincronicidade

Yoshio Tsuzuki nasceu no Japão, em 1929. Formou-se em agronomia e veio para o Brasil, em 1953. Trabalhou na Cooperativa Agrícola de Cotia, mas o que ganhava com a venda dos produtos era pouco, não dava para viver. Teve uma trajetória profissional muito semelhante à de Lutzenberger – trabalhou na Bayer de 1959 a 1963, vendendo agrotóxicos, e depois mudou de opinião.

Tsuzuki era o campeão de vendas da companhia. Das 9 mil toneladas produzidas, um terço, ou 3 mil toneladas, eram vendidas por ele. Cita o DDT, o BHC – hoje produzidos no Brasil para agricultura – e o Parathion como alguns dos produtos que receitava. Trabalhava com metas a cumprir, e a receita dependia da cota que deveria ser vendida, não do que realmente era preciso ser usado. Quanto maior a venda, maior era o desconto para quem comprava, um negócio que gerava muito dinheiro. "Quem fazia tudo direitinho e não precisava usar tanto veneno, mas só um pouquinho, acabava comprando e usando sempre a mais para bater a meta de vendas e obter descontos" – ele conta.

Com o tempo, Tsuzuki percebeu que os produtos que vendia não eram suficientes para acabar com as pragas, que ressurgiam incessantemente. Como agrônomo, sabia o que receitar, mas como funcionário de uma empresa privada, não podia prestigiar a concorrência. "Eu queria fazer receita juntando o melhor produto de cada fabricante", fala com seu sotaque japonês. Com o resultado das vendas ganhou muito dinheiro, o que o possibilitou pedir demissão da empresa e ganhar o direito de abrir onze revendas de agrotóxicos, entre 1963 e 1967. Nesse último ano, tinha fechado quatro lojas, mas mesmo com as sete restantes observava o aumento da resistência das pragas e doenças, e aquilo o intrigava.

Em 1968, apareceu a ferrugem do café e o governo obrigou os agricultores a usar cobre na plantação. "Vendi muito. Mas naquele tempo eu já sentia, percebia, que o agrotóxico não ia combater até o final as doenças e pragas, porque andando no campo a gente via cada vez mais insetos resistentes aos agrotóxicos. O acaricida não matava mais os ácaros e várias pragas que eu não conhecia apareciam. Muitas doenças não se curavam mais com fungicidas. E aí eu pensei que aquilo estava errado, que eu estava há muitos anos errado, vendendo agrotóxicos. Então, em um ano, liquidei todas as firmas e comecei a minha segunda vida".

Tsuzuki se calou por um momento. Sentado sob uma árvore na mesma chácara de Cotia que, mais tarde, sediaria a reunião de fundação da AAO (Associação de Agricultura Orgânica), só se ouvia o balançar das folhas. Ele continuou, voz firme e um sorriso de quem fez a coisa certa: "Foi Deus que me fez abandonar aquele negócio de vender agrotóxico. Nasceu da minha cabeça, eu pensava, não adianta continuar a venda, isso é um aviso de Deus, não sei como explicar direito. Também não aconteceu nada para eu tomar essa decisão, como morrer alguém envenenado ou um acidente. Eram leis da natureza que a gente estava contrariando, então era melhor abandonar, escapar."

"Outro motivo que eu tinha era que minha saúde não era boa naquele tempo. Como eu sabia que as hortaliças eram cultivadas com os venenos, eu não as comia. Nem hortaliças, nem frutas, nem verduras. Eu sentia muito cansaço nas pernas, muita fraqueza. Fui ao médico e ele me disse que meu sangue era ácido por falta de minerais e vitaminas, e que eu tinha que comer verduras, frutas, legumes. Mas onde eu ia comprar verduras sadias, sem agrotóxico? Não tinha." Em 1970, ele fechou todas as revendas e a que restou não vendia mais agrotóxicos, e sim roçadeiras motorizadas. "Por isso que eu digo – reitera – que minha vida é dividida em duas partes: até 1970, cheia de agrotóxicos, ganhando bastante dinheiro. Depois de 1971, 1972, sem agrotóxico, nenhum grama de agrotóxico."

Dois anos depois, Tsuzuki comprou a chácara em Cotia, no bairro do Tijuco Preto, e ali passou a pesquisar a agricultura orgânica. Em quatro anos já tinha 2,5 hectares de plantio de hortaliças e três mil galinhas, que forneciam a cama como adubo. Sua forma de criá-las era diferente do que se fazia em granjas convencionais. O telhado possuía abertura para a entrada do sol e para facilitar a circulação do ar, e era de alumínio, que se aquece facilmente e provoca a convecção do ar, que aquecido muito próximo ao forro, força uma circulação maior. Foi a primeira construção desse tipo no Brasil. Até as calhas eram planejadas: captavam a água das chuvas, que servia para as galinhas beberem. O sol provoca o endurecimento das cascas dos ovos, favorecendo a transformação dos elementos. "A sílica se transforma em cálcio, segundo afirmam os macrobióticos, e por isso dávamos a elas uma pedra que não tinha cálcio, mas sílica." Tsuzuki baseava-se no método Yamaguishi: "Promover a harmonia entre a natureza e a ação humana consciente, isto é, entre o céu, a terra e o homem, e proporcionar à humanidade a sociedade confortável e estável repleta de riqueza material, saúde e amor fraterno."

Tsuzuki aprendeu como trabalhar com a enxada, a preparar o solo com ferramentas, que ele não sabia manejar, mesmo sendo agrônomo. Também passou a se aprofundar no que Francis Chaboussou, autor de *Plantas Doentes pelo Uso de Agrotóxicos*, pesquisou. "Chaboussou descobriu, ao estudar cultivares resistentes às pragas, que estes possuíam uma quantidade extremamente baixa de aminoácidos livres. Na hipótese de que os aminoácidos pudessem ser o alimento preferido dos insetos, fez surgir nas amostras uma dose elevada de aminoácidos, e efetivamente a resistência foi perdida. É também descoberta sua que a superadubação provoca desequilíbrio metabólico que aumenta os danos causados por doenças e pragas. Chamou o estudo de Teoria da Trofobiose."

Com a produção que obteve na chácara, Tsuzuki não demorou a comprar dois veículos só para entregar as hortaliças, que vendia com o orgulho de tê-las produzido limpinhas, sem venenos, resultado de suas observações atentas. "O equilíbrio do solo sempre está mudando, nunca é estável. Esta é uma das leis da natureza mais importantes. Pensando globalmente, é preciso ter uma base e depois se ajustar, conversando com as plantas. As próprias plantas ensinam o que está faltando ou sobrando. São plantas indicadoras."

As lições não se esgotavam e o aprendizado se dava porque havia um lidar cotidiano com a terra, um olhar atento aos sinais e um dom. Tsuzuki tem o dom especial de observar e relacionar, um "jeito Primavesi" de lidar com a terra. Não lera o livro *Manejo Ecológico dos Solos*, nem tinha tido muito contato com Ana. Mas havia uma sintonia, uma coincidência significativa, algo não tão raro de acontecer. Santos Dumont e os irmãos Wright, sem que soubessem um do outro, pensaram no avião. Marie Curie perdera a autoria da descoberta da radioatividade do tório para Gerhard Carl Schmidt por três semanas. Tsuzuki não lera o livro de Primavesi, mas a sincronicidade aparece em seu relato: "No começo, aqui no sítio, tive dificuldades com algumas culturas, como repolho, couve-manteiga e brócolis, que praticamente se perderam nas três primeiras colheitas. Assim que brotavam, em dois ou três dias vinham as pragas e cortavam tudo. Hoje, a lagarta-rosca ainda continua por aqui, só que fica no meio do mato e não ataca mais as verduras. Acredito que melhorando a terra, os sugadores, os mastigadores, os cortadores, todos desaparecem, talvez por uma mudança de gosto nos alimentos." Sim, ele estava certo. Porque pensava com a lógica da praga, do ser vivo que se alimentava de suas plantas, o que mostra a beleza e a sutileza da relação que se estabelecera entre ele e as plantas, o manejo e a lógica. "Por isso tudo é que penso o quanto a formação que temos nas escolas é errada, usando fórmulas para calcular as exigências das plantas quanto à chuva, nutrientes, e outras fórmulas para estimar a produção e o lucro, o que acaba não dando certo pois não se leva em conta os fatores da natureza, a ecologia."

Tsuzuki, assim como Primavesi, também testemunhou os estragos da guerra. Esteve em Nagasaki após a queda da bomba, e em nosso encontro, em 2011, estava feliz, mesmo com o terrível tsunami que atingira o Japão. Tinha acabado de vender um apartamento em São Paulo para poder enviar todo o dinheiro a seus compatriotas. "Recebi muito e agora acredito que devo retribuir."

Reforçando a sincronicidade com Primavesi, ele diz: "No Brasil, há necessidade de estudar a agricultura tropical e descobrir seus princípios, não apenas importar tecnologias dos Estados Unidos, Japão, Europa. Já consegui descobrir muitas coisas e tenho ainda muitas dúvidas, mas foi preciso viver mais de quarenta anos, porque até os quarenta anos eu me orientava igual a qualquer agrônomo, coletando solos para análises e fazendo cálculos de adubação usando tabelas."

Toda sua experiência seria de grande valia para o Grupo que se formaria, o Grupo de Agricultura Alternativa, pois a parte prática era a grande questão. Ele explica: "Entendo que no controle de pragas, na prática, o importante é não considerar os insetos e os micro-organismos como inimigos. Originariamente, são seres que vivem em qualquer lugar. Somente sob certas condições excepcionais se multiplicam acima do normal e se transformam em pragas ou doenças. Essas condições são aquelas que exercem estresse exagerado sobre as plantas, como mudanças climáticas intensas ou erros humanos, por exemplo, adubação incorreta e manejo errado da plantação, entre outros. Nessas ocasiões, ocorrem desequilíbrios fisiológicos nas plantas, com falhas de metabolismo que aumentam o teor de aminoácidos livres – alimento preferido dos insetos e micro-organismos – minando a força original de defesa das plantas. É com o enfraquecimento do sistema defensivo que se dá a infestação de doenças e pragas." Yoshio Tsuzuki faleceu em 2016.

***

Durante esse tempo, o livro *Manejo Ecológico do Solo* tornou-se, pouco a pouco, a "bíblia" do movimento de agricultura alternativa. Estudado nas escolas de agronomia e servindo como referência no trato do solo vivo, o livro foi ganhando adeptos. Ana, Lutzenberger, Luiz Carlos Pinheiro Machado, Yoshio Tsuzuki, Sebastião Pinheiro, Adilson Paschoal, Shiro Miyasaka e muitos outros professores e pesquisadores participaram de congressos, encontros, palestras e outros eventos, por todo o país, divulgando e discutindo a Agricultura Alternativa com engenheiros agrônomos, estudantes de agronomia, produtores rurais, ambientalistas e público em geral.

***

Doutor Shiro é como o chamamos, em sinal de respeito. Mas o Doutor é mesmo necessário. Shiro Miyasaka foi o primeiro nikkei (japonês) a se doutorar em agronomia no Brasil. Chegou aqui aos oito anos de idade, vindo de Hokkaido, Norte do Japão. Depois, como assessor na área de financiamento de pesquisas do Conselho Nacional de Desenvolvimento Científico e Tecnológico (CNPq), entre 1979 e 1984, viajou por todo o Brasil e em 1981 publicou o livro *A Soja no Brasil*, cultura que ajudou a introduzir e aclimatar, e que o decepcionou profundamente, não pelo grão em si, mas pelo que ela passou a agregar em seu plantio, como maquinário pesado e adubação química. Mais tarde ainda observaria a soja passar pelo processo de transgenia.

Dr. Shiro trabalhava no Instituto Agronômico de Campinas (IAC) quando foi assistir a um congresso em que estava o casal Primavesi. Artur falava sobre a importância dos micronutrientes. Extraoficialmente, passou a acompanhar o trabalho dos Primavesi. "Comecei a atuar conforme a minha consciência e a participar de todo o movimento dela. E vi que, ao contrário do que diziam, a agricultura orgânica não era empírica, sem base científica. Eu comecei a enxergar através do livro dela, que tinha embasamento científico." Então começou a estudar e a buscar o trabalho não só de Ana Primavesi, mas também dos agrônomos que praticavam agricultura orgânica. Leu a *Biocenose do Solo* e depois, Chaboussou veio confirmar as teorias da professora. "Ele diz que praga em planta sã morre de fome. E que o inseto, na origem, era saprófago, comia só coisas mortas, depois se adaptou para seres doentes também. Chaboussou é da década de 1970 e a professora é anterior. Assim, os dois estavam questionando aquele método, que era muito agressivo."

Em 2008, escreveu *Manejo da Biomassa e do Solo*. Convidado a visitar Primavesi para compartilhar histórias e compreender melhor a sua participação nesse movimento, dr. Shiro entrega humildemente seu livro a Ana: "Eu vim aqui mais para receber a bênção da dra. Primavesi." Com o livro nas mãos, trazia também o xerox de uma página da bibliografia de *Manejo Ecológico do Solo*. "Porque a senhora me citou, fiquei mais conhecido. E agradecido."

De compleição frágil mas ideias firmes, dr. Shiro tornou-se referência no desenvolvimento da agricultura orgânica no Brasil. Faleceu no ano de 2017, mas seus ensinamentos permanecem. "A mesma convicção que eu tinha no sucesso da soja, lá atrás, eu tenho hoje em relação à agricultura natural", dizia. Seu Shiro, como era também chamado, gostava da pesquisa, mas mais ainda de compartilhar seus conhecimentos com jovens agrônomos. Compartilhar, ensinar, promover uma agricultura viva e aprender. Em sua essência, o buscar. Conversar com Shiro era ter uma lição de humildade e um privilégio. Sempre acompanhado por sua esposa Kazuko, era presença obrigatória nos aniversários de Ana Primavesi, que não escondia a alegria e a satisfação quando estava na companhia de ambos. Uma amizade de mais de vinte anos.

Artur pai, Artur filho

Arturzinho e Cristina conheceram-se em Santa Maria, na Avenida Bozano, uma rua bastante agitada pelos padrões do lugar e onde os jovens gostavam de passear. Nascida na Argentina, mas morando no Brasil, Cristina era uma moça linda, de olhos azuis e pele bem clara, contrastando com seus cabelos pretos. Criada em internatos, era recatada, tímida e de um coração enorme. Conta que era absolutamente encantada por Artur, por seu jeito alegre e cativante. Namoraram desde a época em que Artur cursava a faculdade. Quando ele foi servir o Exército, em Mato Grosso, ela morou em São Paulo, na casa do Brooklin Velho com seus futuros sogros. Era como uma filha naquela casa. Foi nessa época que pôde conviver diariamente com Ana, saber de suas histórias de infância, da família, do que passaram na guerra e também conviver, mesmo que por pouco tempo, com Artur pai, um *gentleman* de quem Cristina diz ter aprendido muito com sua polidez, educação e respeito. Artur pai a chamava de senhora, mas a formalidade não conseguia esconder o carinho que sentia por Cristina. Tratando-se do câncer, já com muitas dores, Artur não dizia, mas sentia saudades daquela menina: no bolso da camisa andava para lá e para cá com uma carta que Cristina lhe tinha escrito carinhosamente, no intuito de apoiá-lo e dar-lhe força no tratamento.

Depois que casou, Cristina morou com Artur em Campo Grande (MS) até que o período do Exército terminasse, e depois foram morar em Passo Fundo, no RS, mais perto dos pais dela.

Artur queria muito ter filhos, e logo veio Juliano. Quando estava com quatro anos, já era hora de lhe dar o irmãozinho que tanto pedia, e Cristina engravidou. O bebê deveria nascer em junho, sob o signo de gêmeos ou câncer. Estranhamente, uma senhora conhecida da família por sua vidência afirmou que o bebê seria uma menina, e do signo de Leão... Cristina não deu bola. Comentou com o obstetra que a acompanhava, mas acabou se esquecendo dessa história.

Com quase três meses de gravidez, Cristina perdeu o bebê. Era setembro de 1985. Triste, o casal conversou sobre o assunto, e decidiu não contar a Juliano a perda do irmãozinho. Para uma criança, nove ou doze meses não faria muita diferença, a espera seria grande de qualquer forma, e se Cristina não engravidasse nos próximos meses, diriam ao filho que haviam se enganado.

Faltavam poucos dias para o Natal. Ana estava em Itaí, mas iria passar o Natal com os filhos, noras, genro e netos na casa do Brooklin Velho. De manhã, sentada em sua poltrona na sala de jantar, com o abajur de copa grande com o brasão da família pintado ao lado e a janela às suas costas, a figura de seu marido falecido há oito anos se aproxima... Ele enlaça seus ombros com os braços e diz: "não fique triste, tem que ser assim" e desapareceu. Ana não entendeu. Teria isso acontecido de fato? À tardezinha, a cena se repetiu. De novo Artur apareceu, o mesmo gesto, as mesmas palavras. Ana não se assustou, mas aquilo obviamente mexeu com ela, que pensou: "O que teria que ser assim? Vou sofrer algum acidente quando for a São Paulo. Ou vou ficar paralítica, ou algo do gênero."

Mas não era com ela. A viagem para São Paulo transcorreu bem, assim como a ceia de Natal. Mas no dia seguinte, um chuvoso 25 de dezembro, um telefonema mudou radicalmente a vida da família. Um acidente de carro em Santa Catarina, quando vinham de Passo Fundo, ocorrera com Artur, sua esposa e filho. Ele morreu na hora.

Artur estava com 32 anos. Cristina, no banco ao lado, e Juliano no banco de trás, foram socorridos e sobreviveram, mas Artur fraturou a cervical e teve morte instantânea. No hospital, a obra do acaso (será?): Juliano não sofrera nenhum ferimento. Ele num quarto, Cristina em coma noutro, foi o filho que informou às enfermeiras o telefone do avô, em Canoas, Porto Alegre. E foi Juliano, com quatro anos e meio, quem também avisou aos médicos que a mãe estava grávida.

Os pais de Cristina chegaram ao hospital e esclareceram: Cristina não estava grávida, ela havia perdido o bebê três meses antes... Mas sob a veemência da afirmação de Juliano, o médico fez um exame de urina, não custava nada se certificar. A gravidez se confirmou, e só então Cristina foi lembrada por seu médico da história daquela senhora.

Carina nasceu sob o signo de Leão, em 20 de agosto de 1986, depois de um tempo difícil para a mãe: recolhida em sua dor, Cristina quase não vivenciou a gravidez da filha. "Eu não tinha perdido o chão sob meus pés, eu tinha perdido o planeta." Por um bom tempo, ela se afastou de tudo e de todos, tentando assimilar o que tinha acontecido. "Por causa do Juliano, eu não chorava durante o dia, só depois que ele dormia. Aí eu entrava no banho e chorava. Faz mais de vinte e cinco anos que ele morreu, hoje eu não sofro mais. Demorou, mas aprendi. Depois de passado algum tempo da morte de Artur, meus pais me lembraram que quando eu era criança, brincava que tinha dois filhos, e que os criava sozinha."

Ao todo, 72 missas foram encomendadas pela população em Passo Fundo, onde Artur era médico anestesiologista. Todos choraram por ele.

Hoje, esse bebê, Carina, que nem conheceu seu pai, casou-se e vive na Europa e também tem duas filhas, Beatriz e Isabela, nascidas próximo à região de origem dos Primavesi, fechando um ciclo de migrações. Para Ana, a perda de Arturzinho foi um golpe irreversível.

Por mais que tivesse passado por perdas em sua vida, a morte de seu filho caçula a fez se recolher e a partir dali era como se vivesse por viver. Mas a vida segue.

A vida prosseguiu. Ana Primavesi teria, mais uma vez, que encará-la de frente.

E foi o que ela fez.

Ana no 1º Encontro Brasileiro de Agricultura Alternativa (EBAA), Curitiba (PR), 20 a 24 de abril de 1988. No detalhe, Walter Lazzarini acompanha apresentação de Ana.

Em conversa com Lutzenberger, Brasília, 1991.

Yoshio Tsuzuki em encontro com Virgínia na chácara que sediou a primeira reunião para fundação da AAO. 2010.

Dr. Shiro Miyasaka, referência no desenvolvimento da agricultura orgânica no Brasil.

Ana orienta os agricultores na retirada de amostras de solos.

DISSEMINAR

Agroecologia, a agricultura Eco-Lógica

Ana foi convidada para uma semana de palestras em Porto Velho, Rondônia. O chefe do Gabinete do Secretário de Agricultura, o Luizinho, foi buscá-la no aeroporto e disse que naquela semana não poderia acompanhá-la porque prestaria concurso para a matéria de microbiologia na Universidade e ele iria tentar o cargo, mesmo havendo nove candidatos para a vaga. No outro dia, depois de uma palestra lotada, Ana voltou para o hotel para descansar um pouco antes do almoço, e encontrou Luizinho com uma cara bem triste, quase chorando.

"Estou perdido", ele disse. "Mas por quê?", ela quis saber. Ele contou que os candidatos tinham que expor o tema por sorteio. E enquanto os outros ficaram com temas como azotobacter ou clostridium, que todo mundo conhece, ele ficou com bactérias celulolíticas. Ninguém nunca tinha ouvido falar de bactérias celulolíticas. Os outros riram e ele se convenceu de que já tinha perdido o concurso. Ana o olhou e disse: "Se não é nada pior, posso lhe ajudar. Trabalhei dois anos com essas bactérias e sei alguma coisa sobre elas. Se quiser, lhe faço um roteiro e depois você vai à biblioteca e procura a bibliografia correspondente, e faz seu trabalho."

Ana conta: "Ele ficou sentado em frente à minha porta enquanto tentei pôr numa página algumas indicações para o roteiro. Uns quarenta minutos mais tarde, entreguei-lhe a folha. Um sorriso tímido apareceu em seu rosto. Nem tudo estava perdido. No outro dia cedo, apareceu outra vez: 'Entreguei o trabalho, mas agora vou ter que estudar o dia todo para poder fazer o exame à noite.' Olhei para ele, seus olhos estavam inchados pela noite de estudo e sua expressão era só cansaço. Não, não vai estudar, vai dormir. 'Mas e o exame?' Ele perguntou. Bem, se não aprendeu nada nesta noite, hoje de dia vai aprender menos ainda. Chamei a mulher dele: Faça seu marido dormir, tranca ele no quarto e somente deixe sair de noite para tomar banho e jantar antes do exame."

Ana tinha um dia cheio de atividades e à noite o Secretário da Agricultura a levou para jantar. Parecia um barzinho miserável, sem porta, somente com uma cortina rasgada separando-o da rua. Ao fundo, outra cortina suja e rasgada, deixando-a desconfiada de que aquilo não era muito bom... e de repente, um jardim maravilhoso se descortinou à sua frente, com mesas embaixo das árvores, garçons solícitos, um palco com orquestra de umas quinze pessoas, formando um ambiente deslumbrante! A entrada disfarçada e suja, nada convidativa, preservava o lugar de pessoas estranhas e de turistas. O lugar era "reservado" para receber pessoas dali mesmo, que andavam por lá de sandálias, inclusive o governador, e todos se conheciam. E era só juntar um grupinho em um canto para que uma viola aparecesse e todos começassem a cantar... O espírito festeiro e espontâneo dos brasileiros era encantador, principalmente daqueles do Norte e Nordeste, que conseguiram, de certa forma, romper com a maneira protocolar que Ana estava acostumada a se relacionar.

Jantaram no jardim. "Lá pelas onze horas da noite todos ficaram quietos de repente e olharam surpresos para uma pessoa que entrou no restaurante, cambaleando, quase caindo, e que não distinguíamos se ria ou chorava. O secretário o reconheceu, era o Luizinho. Meu Deus, o que foi? – o secretário exclamou. O homem ficou parado em frente à nossa mesa e antes de cair numa cadeira balbuciou: Passei. E não só tinha passado; para conseguir o cargo, ele tinha que passar em primeiro lugar, e conseguiu!" Ana conta: "De vez em quando Luizinho me telefona para me dizer o que alcançou, e cada vez que ele conta de seus sucessos, me alegro, porque ele os merece mesmo."

***

Viajando pelo Nordeste, Ana fez muitos amigos, que lutavam junto com ela pela causa da agroecologia. Numa viagem a Mossoró, Rio Grande do Norte, jantou dentro de uma piscina, com água quente até os joelhos, "porque lá toda água que sai da terra é quente. Se queriam água fria, tinham que esfriá-la. Isso não era fácil na agricultura. Porque as plantas não absorvem água quente com temperatura maior que 32° C.

"Cheguei numa fazenda que plantava verduras, mas apesar da irrigação, todas eram murchas. O dono me disse que ali era assim mesmo, mas que ele não se importava porque colhia relativamente bem. Perguntei pelos outros agricultores, mas todos os outros tinham bacias de resfriamento para não irrigar com água quente. Quando eu andava em meio aos canteiros, recebi de repente um jato de água quente no rosto. Era um milagre que com a água naquela temperatura, as plantas ainda crescessem e se reproduzissem. Mostraram-me poços de até 100 metros de profundidade que ainda assim tinham água quente.

"Isto é o Nordeste: um lugar cheio de pessoas alegres e cheias de vida e repleto de coisas incomuns, como, por exemplo, uma árvore, da qual dizem que ocupa um hectare de terra, porque da árvore central saem raízes por todos os lados, dando origem a outras árvores, que por sua vez fazem o mesmo. Qual é a árvore original, não sabem mais.[*] Existem cercas intransponíveis, não apenas por serem tão espessas, mas também por serem muito espinhentas. Em meio a tudo isso vive o nordestino, alegre e despreocupado. Quando se juntam cinco ou seis aparece também um violão, e todos cantam. Não sei por que só falam da pobreza do nordestino e ninguém fala de sua alegria, seu desprendimento, que o capacita a viver em condições que nenhum outro conseguiria. Em nenhuma outra região do Brasil conseguiriam edificar uma *Nova Jerusalém*, uma cidade inteira, que é habitada somente durante uma semana por ano. O nordestino é idealista. Os que vão embora, que migram, o fazem porque não conseguem viver em sua terra natal, e não são o protótipo do nordestino. Mas quando o são, mesmo estes, os mais pobres dos pobres, quando podem, voltam. Há mais dinheiro e oportunidades em outros Estados, mas no Nordeste não se vive para ficar rico, e sim para ser feliz. É preciso enxergar além e ver a riqueza e alegria dessa região."

***

---

[*] A árvore descrita por Primavesi é um cajueiro em Pirangi, no município de Parnamirim, no Rio Grande do Norte, e que segundo se divulga, ocupa uma área superior a 7.000 m^2, isso porque ruas asfaltadas no entorno limitam sua expansão.

Ana e os amigos do grupo de Agricultura Alternativa (Manoel Baltasar da Costa, Paulo Roberto Pires (o Xiri,) e Moacir José Costa Pinto de Almeida) fizeram uma viagem que percorreu o litoral brasileiro, incluindo um arquipélago no Atlântico cuja população, em sua maioria, era formada por ex-presos políticos, Fernando de Noronha. Antigamente, muitos tentaram fugir em balsas, feitas de pau-balsa, uma madeira leve como rolha de cortiça e da qual um homem facilmente levava uma tora de 5 metros no ombro, do mato até a beira do mar. Fernando de Noronha era cheio de fontes de água, e os navios ali aportavam para abastecerem-se de água potável antes de cruzarem o Atlântico. Mas como desmataram a ilha, principalmente para poder controlar melhor a atividade dos presos e as fugas, as fontes secaram. Poços artesianos foram cavados, mas as árvores de mulungu que lá cresceram tornaram a água venenosa, pelas suas excreções. A água potável tinha que ser trazida do continente. Os ex-prisioneiros que lá viviam gostavam do clima ameno e da terra boa para plantar, e assentaram-se como agricultores.

Moacir trabalhava no DAEE (Departamento de Águas e Energia Elétrica do Governo do Estado de São Paulo), órgão que fornecia os geradores de energia elétrica para o arquipélago. Naquela época, Fernando de Noronha era um Território Federal e seu governador era o coronel Raimundo de Sá Peixoto, também formado em engenharia, que tinha como sonho elaborar e instalar um projeto de desenvolvimento social, econômico e ambiental no Território. "Você precisa de uma equipe de técnicos, de diversas formações profissionais para elaborar esse plano para Fernando de Noronha", Moacir sugeriu. Entusiasmado com a ideia, Moacir conseguiu convencer a Diretoria do DAEE a montar equipes compostas de economistas, psicólogos, geólogos, engenheiros e agrônomos. O governador forneceria estadia e alimentação, e o DAEE, especialistas do seu quadro de pessoal e convidados, além das passagens de ida e volta ao Território.

No início de 1981, quando as equipes de especialistas começaram a chegar a Fernando de Noronha, ficaram sabendo que a ilha tinha um mascote: um touro da raça Gir, já velho e por isso, aposentado. O tamanho do touro era proporcional à sua mansidão e a população o adorava. De manhã, ia de casa em casa e enfiava o focinho para abrir as janelas: "Muuuu...", acordando a todos. As equipes começaram a chegar bem na época em que o touro tinha descoberto que podia subir ao Palácio de Governo, que ficava no topo de uma colina, e entrar na Secretaria do Palácio para comer a correspondência e todas as atas e papéis que pudesse alcançar. O Governo Federal fazia reclamações frequentes, porque as cartas não eram respondidas. "Respondemos", informou o governador, "mas o touro come as cartas". Veio o ultimato: ou matavam o touro ou tiravam o governador.

Sem saber o que fazer, o governador perguntou a Ana: "O que eu faço?" Ela disse, divertida: "Sabe por que o touro entra aqui e come a sua papelada? Animal nunca faz nada por malvadeza. Ele faz isso porque procura fósforo, que parece faltar na sua comida. Quando falta cloro, por exemplo, comem a terra onde urinam, quando falta cobalto, roem as cascas das árvores, e na falta de nitrogênio, lambem o reboque das casas. Papel contém fósforo, por isso ele o procura. Então, se derem uns dois punhados de fósforo de manhã no seu cocho na forma de farinha de ossos, ele não vai mais subir ao Palácio do Governo." O governador não acreditou muito naquela solução simples, mas não custava nada tentar. No mesmo dia, mandou vir fósforo de Recife e o deram ao touro, todas as manhãs. "... E ele nunca mais subiu ao palácio, nem para matar saudades."

A equipe responsável no arquipélago pelas áreas de agricultura e meio ambiente era composta por Ana Primavesi, Baltasar, Xiri, Moacir e um engenheiro agrônomo sobrinho do governador. No primeiro dia de saída a campo, percorreram os lugares em dois jipes. No primeiro, iam Ana Primavesi, o governador e seu sobrinho e mais duas pessoas. Atrás, no outro veículo, estavam os agrônomos: 'Balta', Xiri e Moacir, que conta:

"Paramos num primeiro lugar e a Primavesi disse: 'Vamos cavar ali?' Fez o buraco, pegou a terra, fez anotações no livrinho que trazia com ela, colocou a amostra no saquinho e o fechou. Ela pegava as folhas, analisava e anotava. Nós, ali, só observando, e ela ia, cavocava, recolhia a terra, as folhas, escrevia no livrinho, seguia em frente. Até que eu falei para o governador: o senhor vai ter uma despesa extra. Tínhamos um monte de amostras, e eu pensei: vou mandar para a Superintendência de Desenvolvimento do Nordeste (SUDENE) as amostras de solos, e a parte foliar para a Faculdade de Agronomia de Botucatu. Primavesi fez o relatório referente àquelas amostras, ali mesmo, e mandou para mim. Lá estava: esse solo tem tais e tais elementos, está deficiente naquilo... Eu falei que não, não ia aceitar aqueles dados sem os resultados das análises. Esperamos seis meses, nosso trabalho todo atrasado por causa disso, e quando finalmente os resultados chegaram, bateu tudo com o que ela tinha apresentado no relatório, inclusive a deficiência aguda de cálcio nas plantas em um solo riquíssimo em cálcio, mas inacessível para as raízes por causa da compactação intensa do solo."

O trabalho final, intitulado "Planejamento Florestal, Hídrico e Energético de Fernando de Noronha" foi o primeiro a fornecer dados de pesquisa sobre a ilha, que não tinha sequer um mapa georreferenciado. O relatório da equipe de agrônomos contou não só com uma proposta de adoção de um modelo de desenvolvimento de agricultura orgânica, como também de um zoneamento florestal para recuperação e preservação ambiental.

Fizeram uma parada no Rio de Janeiro, com palestras para todos os que se interessassem pelo assunto. Chegaram agrônomos, mas a maioria do pessoal era de pessoas não ligadas à agricultura. "Pelo jeito, adoravam as nossas palestras, também enriquecidas pelas experiências de nossa viagem" – conta Ana. "Numa delas, quando avisamos: 'terminaram as palestras, podem ir', ninguém se levantou. Falamos, então, mais alto. Nada, todos ficaram sentados. O organizador se adiantou, e perguntou: "O que aconteceu? Está terminada a série de conferências." Uma pessoa se levantou, e disse: "Queremos ouvir mais..." Ana ri. "... E aí perceberam que palestras contando fatos reais eram bem mais interessantes do que a mais científica explicação. Porque agricultura é a base de nossa vida, queira ou não queira."

***

Os convites não pararam mais. Por onde quer que fosse, Ana Primavesi atraía as pessoas por sua oratória simples, carregada de um sotaque austríaco inconfundível, e que muitas vezes deixava em dúvida os que a ouviam pela primeira vez. Mesmo para quem já estava acostumado a ouvi-la, era comum não entender certas passagens. "... Ela falava muito num tal de bôrro", ri Santiago, "era um tal de 'falta bôrro aqui', eu não entendia aquilo, demorei a perceber o que ela queria dizer. Ela queria dizer boro." "E a gente tinha duas dificuldades", comenta Jefferson Steinberg, outro agrônomo muito próximo de Ana, "porque não entendíamos o que era aquele bôrro e porque depois, quando percebemos que era o boro, não sabíamos muito sobre ele, porque não tínhamos aprendido nada disso". O boro, segundo Ana, é um dos elementos mais importantes para a formação e o desenvolvimento de partes da planta, principalmente a raiz. Sem boro também não há absorção de cálcio, que também atuava eficazmente no câncer vegetal. Ela também trocava os "l" pelos "r" algumas vezes, o que não interferia na compreensão de suas ideias. Fora o sotaque, Ana de vez em quando soltava um "bah", resquício de sua vida em Santa Maria, e o permanente "creeedo", quando se espantava, para o bem e para o mal, uma de suas falas mais características.

***

Nas palestras requisitadas por toda parte, Ana Primavesi já dizia "agricultura ecológica" ou "agroecologia", explicando que a agricultura orgânica trabalhava com matéria orgânica no lugar do adubo químico – era uma agricultura que substituía os insumos mas que não procurava atacar as causas de problemas –, e a ecológica trabalhava com o conjunto de fatores naturais de um local, incluindo solo-água-clima, uma agricultura adaptada ao lugar. Ana sempre explicava que, para saber qual cultura se adapta melhor a determinado lugar, joga-se um punhado de sementes das diferentes espécies ou variedades na terra, e a que brotar com mais força é a "eco-lógica", apta a crescer bem naquele terreno (ou ecótipo).

Suas lições básicas, além de ressaltar a importância da vida do solo, são estas: "A planta precisa, no mínimo, de 45 minerais, entre os micro e macronutrientes, contando-se os traços de elementos (frações tão pequenas do elemento que quase não se pode mensurar) para se desenvolver com saúde e formar suas substâncias; mas hoje, a planta recebe no máximo sete elementos (N, P, K, S, Cl, Ca, Mg), então ela fica deficiente, porque se aumentamos a concentração de um elemento, criamos desequilíbrio para outros. Os alimentos podem apresentar formas grandes e bonitas, mas podem também ser só uma estrutura, sem valor nutritivo." Por isso, defende que o composto orgânico não é essencial, e sim os minerais. Ensina que as deficiências minerais podem ser identificadas analisando-se a deformação ou descoloração das folhas, a forma em que a raiz se desenvolve, a maneira das plantas crescerem, a invasora predominante e fazendo-se a análise foliar. E completa: "se a planta que você usar para fazer a palhada de cobertura estava sadia antes de ser tombada, ao se decompor fornecerá todos os minerais necessários ao solo. Plantas nativas somente aparecem sob condições favoráveis, ou seja, quando os nutrientes do solo estão presentes na quantidade exata para a vida delas, e desaparecem quando essas condições se modificam."

Ao participar de um Congresso Latino-americano de Manejo Ecológico na Vila Yamaguishi como palestrante convidada, já acomodada em seu quarto, ela procurou por Romeu Mattos Leite, um dos moradores da vila. Queria uma lanterninha porque a sua estava sem pilha. "Uma lanterninha? Mas a senhora pode acender a luz, aqui" ele respondeu solícito, mostrando o interruptor. "Não, não é isso, é porque eu gosto de andar à noite e observar os bichinhos." E lá ia ela, lanterna numa mão e bengala na outra, no breu da noite. "Por mais que a gente olhe para os insetos e ache que eles são uma praga, eles estão cumprindo a sua função e nossas ações podem causar desequilíbrio e a impressão de que esses insetos estão causando um problema, mas eles estão cumprindo o papel deles. Quem comete os erros somos nós. E foi ela quem mostrou isso pra gente, com a sua sensibilidade. Não é só a técnica, o intelecto. Entra ali o coração, e isso a aproxima da natureza e nos aproxima dela", emociona-se Romeu.

Dessas observações, Ana conta uma das historinhas mais queridas e encantadoras por ser exatamente narrada por ela, a da formiga Corumbá.

"É uma formiga pequenininha e por isso tem que se defender, e então ela dança. Dança pra cá, dança pra lá – e a Primavesi dança com os cotovelos dobrados, girando de um lado para o outro – e a outra formiga olha para ela dançando e fica 'louco', não aguenta e vai embora. É porque ela está acostumado ao bicho andar direto e não fazer essa dança, e ela faz isso para ficar naquele lugar. Os outros não aguentam e vão embora. Tem dessas em Sorocaba."[*]

No Ceará, Ana foi ver a plantação de seu Tinoco. O homem estava numa situação difícil, e tentava plantar hortaliças, mesmo com poucos recursos e na terra arenosa e branca. "Mas, por que de vez em quando tinha um pé bonito?" Isso Ana não entendia. "Posso arrancar um pé de alface?" ela perguntou. "Quantos quiser, não dá pra vender mesmo... "Ana arrancou um, dois, foi arrancando mais... em todos o mesmo problema: a raiz crescia para cima. "Quem plantou a alface?" "Minhas crianças." "E como fazem?" ela quis saber. "Eles vão enfiando os dedinhos e plantando." Ana sorriu. "De agora e diante, o senhor peça aos seus filhos que façam o buraco com um pau, não com os dedinhos. A semente precisa ser enterrada mais fundo do que os dedinhos de suas crianças alcançam."

---

[*] Por sua origem austríaca, é comum Ana Primavesi trocar gêneros femininos por masculinos, e vice-versa.

João foi outra pessoa que, em sua sabedoria amorosa, ficou marcado nas memórias de Ana. Tá certo que ele era meio lento, demorava a entender as coisas, mas seu coração era de uma bondade só. Ajudava a todos, sempre com boa vontade, mesmo naqueles serviços que ninguém queria fazer. Era um homem prestativo, mas com poucos amigos, justamente por ser tratado como "bobalhão". Na fazenda em que trabalhava, ficou encarregado de cuidar de uma parte dos porquinhos, enquanto outro moço cuidaria do restante. João amava aqueles bichos e, nas suas folgas, sentava-se no meio deles e os escovava, escovava, conversava. Os porquinhos já sabiam que ele ia chegar, e se enfileiravam perto da portinha.

O dono da fazenda percebeu que os porquinhos "do João" cresciam mais rápido, nunca adoeciam e eram bem mais mansos. Os outros também perceberam isso e começaram a se perguntar por quê. Seria uma comida extra que ele dava? Pegaram amostras da comida, mas era tudo igual. Alguma droga misturada? Impossível, ele não tinha dinheiro para isso. Os porquinhos "do João" ficaram famosos na região. Como um rapaz tão abobado podia ter os melhores porcos? Talvez não fosse tão bobo assim...

Um dia, o menino do vizinho fez aquela pergunta que só as crianças sabem fazer: "Qual é o segredo pra seus porquinhos crescerem melhor?" João olhou para o menino com a sua cara mais boba e respondeu: "Não tenho segredo nenhum. Eu gosto dos meus porquinhos, e eles gostam de mim." E virou as costas e saiu andando. Todas essas histórias não eram simplesmente histórias "bonitinhas". Elas despertavam reflexões em Ana. Foi assim que observou, quando morou em Sorocaba, que seus porcos estavam sempre doentes. Não cresciam nem se movimentavam muito, mostrando-se muito apáticos apesar de todos os cuidados. Já os porcos do vizinho, que nem eram tão bem tratados como os dela, estavam gordos e ativos. O chiqueiro desses porcos tinha tijolos e telhas de barro, enquanto que os dela ficavam num chiqueiro construído com blocos de cimento. Ana derrubou tudo e fez um chiqueiro novo, todo com material de barro. Os porcos logo começaram a comer melhor e não ficaram mais doentes. A mesma coisa aconteceu com tio Schnatt, o pato de estimação de Carin. O bicho vivia perdendo as penas do rabo, e só quando trocaram o telhado de cimento de sua casa por telhas é que o rabo cresceu e ficou. Não o perdeu mais.

Nas palestras e cursos, diziam: "Você não é austríaca nem brasileira, você é nossa também. Você é de todos, é do mundo". Ana Primavesi era apresentada como a fundadora da agroecologia, título que ela não credita a si. "Nunca pensei em quem a fundou, simplesmente trabalhei com ela. Talvez eu tenha visto o ecológico, não sei, mas era para mim tudo tão natural, tão óbvio, que não entendia como as pessoas não observavam o mesmo."

Nem todos. Uma vez, na região do rio São Francisco, conheceu um trabalhador rural analfabeto, mas que a impressionara por sua incrível capacidade de observação. O agrônomo chefe estava mostrando o campo com a sua planilha em mãos e explicou que naquele local tinha sido cultivado tomate. O operário que lá trabalhava ouviu-o e disse com toda convicção: "Não senhor, foi alface". Irritado, o agrônomo perguntou como podia saber disso, se estava trabalhando apenas há uma semana e aquela parcela havia sido colhida há duas semanas. O homem respondeu: "Pela vegetação." O agrônomo chamou o capataz e perguntou: "Aqui não tinha tomate?" O homem negou com a cabeça. "Não tinha não, a semente de tomate não chegou a tempo e então plantamos alface para não deixarmos o campo muito tempo sem cultivo." E como o trabalhador sabia disso? Pelo mato que crescera ali.

"Cada cultura esgota o solo em um ou mais elementos e deixa sobrar outros, e o mato aparece para compensar. Por meio das culturas, a natureza procura otimizar e equilibrar a oferta de nutrientes para que o solo chegue a seu estado inicial. Por isso, cada cultivo provoca sua população de 'mato', tentando sanar os estragos que foram feitos. Se os estragos são grandes e o campo já não produz bem, ele vai ser tomado pela vegetação nativa, que chamamos inço ou erva invasora. Em oito ou dez anos, a natureza vai recuperar esse solo, deixando-o novo em folha, outra vez. Por isso, as plantas nativas são plantas indicadoras e, ao mesmo tempo, sanadoras", Ana explica.

"Plantas não têm pistolas automáticas ou metralhadoras, mas se empenham numa guerra química violenta. Produzem substâncias com as quais se defendem, preservando seu espaço e sua integridade, e se hostilizam também. Mas sempre para garantir um espaço de sobrevivência."

Excretam substâncias voláteis pelas folhas, que agem num raio de até 50 metros; ou eliminam substâncias pelas raízes para defender seu espaço no solo. Essas substâncias normalmente são consideradas "aromáticas" como vanilina, terebintina, teina, cafeína etc. Mas na verdade, fazem parte do arsenal de gases tóxicos para essa guerra química sem tréguas (Dobremez, 1998) na qual plantas e árvores se defendem. Por isso, na selva amazônica, normalmente não crescem mais do que três exemplares/hectare de uma espécie, como por exemplo, as seringueiras, castanheiras, mogno e outras. Isso garante uma enorme biodiversidade, essencial para a nutrição adequada da floresta em solos extremamente pobres.

Requisitada por toda parte por dar soluções práticas a problemas do campo, ensinar com tanta simplicidade e cativar plateias com seu jeito simples e respeitoso para com a natureza, Ana era única. Nunca uma agrônoma tornou-se tão popular e requisitada. E quanto mais viajava e trabalhava, mais defendia o campo, o agricultor, mais o fazia enxergar seu extremo valor.

Suas palestras mostravam aspectos técnicos e específicos do campo e reforçavam o valor do agricultor, que suja os pés de terra, que transpira e caleja as mãos, que curte a pele ao sol, na lida do trabalho pesado. Uma cientista em meio a pessoas tão simples, mas tão complexas em sua relação com a natureza: "A maioria das pessoas, hoje em dia, vive na cidade e praticamente não convivem com o campo. Mas a vida na cidade depende da vida no campo. Abraham Lincoln, um dos maiores presidentes norte-americanos, disse: 'Destruam as cidades e elas ressuscitarão. Destruam os campos, e as cidades desaparecerão.' Por quê? Porque o campo fornece água e comida. A cidade apenas aproveita o que o campo produz, e se o campo vira deserto, não há mais possibilidade de vida humana. Com o solo, vive e morre o homem."

"Hoje em dia, acham que a cidade é o máximo e o cidadão urbano fala com desprezo do camponês. A cidade pode ser rica e produzir mais riquezas, mas alimentos e água ela não pode produzir, mesmo com todo o seu dinheiro. E as cidades crescem e ocupam os campos, na vã ideia de que são autossuficientes. Dizem que podem produzir alimentos industrialmente, em grande escala. Não podem, o que podem é somente enlatar e beneficiar alimentos, mas produzir NUNCA (ênfase dela). As pessoas das cidades não sabem mais lidar com a terra. Se o agricultor usa muito veneno, porque seu solo está decaído e duro, ele produz apenas muitas doenças, e a população urbana não tem escolha: apesar de poder comprar um produto grande e bonito, ele não possui mais os nutrientes necessários para uma boa saúde, é somente um invólucro. Mesmo tentando uma alimentação saudável, as pessoas ficam doentes, porque se a planta está deficiente, o solo também está. E quem se alimentar das plantas doentes terá uma nutrição deficiente."

"Os animais e homens que se nutrem das plantas com doenças não podem ter saúde porque não recebem mais nem os minerais que necessitam, nem as substâncias básicas para o funcionamento de seu metabolismo. Esses venenos são cada vez mais tóxicos para matar os insetos resistentes aos defensivos em uso. Trata-se de uma guerra cada vez mais desesperada na qual os insetos, aparentemente, irão vencer os homens. E aparecem também cada vez mais doenças vegetais, animais e humanas, especialmente viroses, antes praticamente desconhecidas e outras doenças novas."

"Finalmente, vida e morte, saúde e doença dependem do campo, do solo, e não do serviço médico, dos hospitais, dos remédios, da indústria farmacêutica. Estes somente existem porque o campo decaiu, e a alimentação não é mais o 'remédio natural'. O habitante urbano nem sabe mais que o alimento vem do campo. Muitos acham que nasce nas prateleiras dos supermercados, já ensacados, ou que a água brota nas torneiras. Podem negar ou ignorar o campo, mas é de lá que ele vem de qualquer jeito. Isso, nossa ignorância não muda."

"Quem vive nas cidades acredita que o mundo inteiro é igual, porque uma cidade não se distingue muito de outra cidade do ponto de vista do estilo de vida. Mas o trabalho do campo é diferente, conforme a região e o clima, as possibilidades que oferece e as estações do ano... Mas o campo está vazio porque colocaram as escolas nas cidades, então as crianças têm de pegar ônibus, e às vezes ficar quase duas horas viajando para ir à escola. Muitas famílias por causa disso acabam comprando uma casa na cidade e as mães se mudam para lá para cuidarem da sua prole, enquanto os pais permanecem sozinhos no campo, até que resolvem ir também para a cidade, vendendo sua terra."

"Desse modo, quase não existem mais pequenos agricultores, mas somente agroindústrias. Fala-se de agroindústria, mas isso não significa que a indústria produz produtos comestíveis, somente os acondiciona. É tudo."

"Existe uma agricultura industrial, em contraste com a agricultura familiar. Aí tudo é mecanizado. Lavra-se, isto é, abre-se e vira-se o solo com enormes máquinas teleguiadas, sem tratorista. Planta-se com máquinas teleguiadas, aduba-se segundo análises que a máquina faz automaticamente, com sensores, assim como são aplicados os agrotóxicos. Enormes áreas e centenas de milhares de hectares são plantados sem a presença do homem. Fantástico. Mas o menos fantástico é que milhares ou dezenas de milhares de pessoas que antes trabalhavam no campo, estão encostados, sem serviço, desempregados, não sabendo mais como sobreviver."

"Nada neste mundo é de graça. Tudo tem de ser pago. Agora o governo resolveu dar de graça, por nada, uma quantia por família. Agora podem comprar alimentos e viver, sobreviver. Mas tudo que se dá de graça, sem esforço, sem trabalho, desmoraliza. Quanto vale a pessoa? Nada, é um mendigo que recebe esmola. Muitos aceitam essa condição, mas a maioria se sente desmoralizada. Quer trabalhar, mas o campo está vazio, a máquina substituiu seu trabalho. Onde fica a dignidade humana?"

Firme em suas convicções, Ana recusou sucessivos convites da Souza Cruz (empresa produtora de tabaco) para dar assistência técnica nos campos de fumo. A cada negativa, a oferta monetária subia, ao que ela retrucava: "Não adianta, por nada no mundo vou trabalhar contra a vida!"

***

O Planalto Central brasileiro impressionou muito Ana. Um lugar, segundo ela, onde "as pessoas pensam no bem-estar dos outros e isso acaba criando um bem-estar geral e uma convivência pacífica que não se vê em nenhum outro lugar". Alto Paraíso, em Goiás, é um paraíso humano, e poderia ser um exemplo para o mundo: "Será que em lugar de fazer guerras, não podiam copiar isso?"

Quando lá esteve, com uma turma de amigos, pernoitaram num pequeno povoado, pois foram pegos pelo escurecer e a estrada não era fácil de seguir. Nesse povoado, não havia hotel, albergue ou qualquer coisa parecida, mas isso não foi problema para ninguém. A população logo os distribuiu em diversas casas de família, e foi assim que Ana ficou na casa de uma senhora negra de oitenta anos, "que cuidava de um rapaz tetraplégico branco. Perguntei se era algum parente dela, mas ela negou. Não é nada disso, fiquei com dó, porque no asilo cuidavam muito mal dele. Aí peguei o rapaz, porque ainda estou em condições de tratá-lo".

Ana impressionou-se com a coragem, o desprendimento e a bondade daquela mulher. Ela podia ter uma vida sossegada e viver um pouco melhor com a sua pensão, mas em vez disso pegou um tetraplégico para cuidar. Como lá todos ajudam a todos, ela achava isso natural. "O bem estar era geral e não pessoal. No outro dia, lá pelas 6 da manhã, passou uma menina e perguntou: "vou à padaria, quer que lhe traga pão?" Passou outra e perguntou: "quer que lhe traga leite?"" Logo souberam que Ana Primavesi estava lá, e pediram uma palestra sobre manejo do solo. Não existia um lugar que pudesse abrigar a todos, mas isso também não foi problema. Cada um trouxe a sua cadeira e sentaram-se no campo. Sua hospedeira – Ana não se lembra mais do nome –

estava na primeira fila. "A senhora se interessa pelo solo?" – Ana perguntou. "Não exatamente", ela disse, "mas me sinto tão bem na sua presença que queria aproveitar mais um pouquinho."

"Depois da palestra, fomos a uma fazenda tocada por um casalzinho bem novo, ele com 23 e ela com 19 anos. Para nossa surpresa, tinham adotado oito crianças, de 1 a 12 anos." Ana perguntou por que tinham adotado tantas crianças, e a moça a olhou espantada: "Nós temos a possibilidade de mantê-las." Em outra fazenda, do dono de um supermercado em Brasília, havia cinco comunidades. Duas para pessoas idosas e três para crianças abandonadas. "E quem paga tudo isso?" Ana quis saber. O dono a olhou surpreso: "Eu. Ganho o suficiente em Brasília". "Que uma pessoa ganhe bem, não é raro, mas que use seu dinheiro para ajudar os outros, nunca tinha visto antes", ela pensou.

Havia uma oficina que produzia máquinas agrícolas para pequenos agricultores. Depois de olhar tudo, Ana perguntou: "E vende as máquinas, aqui, na região?" "Vender?" o homem perguntou. "Não, não vendo, dou para os pequenos agricultores." Por onde quer que fosse, toda a região só vivia e trabalhava para fazer bem aos outros. Deram a Ana grandes cristais contando que toda a região estava em cima de enormes jazidas de quartzo. "Isso mudou o comportamento do pessoal, havia um pequeno paraíso aqui na Terra, por isso chamaram essa região de Alto Paraíso. Dizem que o Brasil é o país que recebe a maior quantidade de raios cósmicos e que tem a maior atividade de vida subterrânea. É complicado provar isso, somente pode-se acreditar que é o país com o maior número de pessoas alegres e amigáveis. Isto, sem dúvida, o brasileiro é. Se é por causa da mescla de todas as raças e povos do mundo, ou por causa da entrada de maior quantidade de raios cósmicos, ou por causa de radiações intensas do solo, ninguém sabe. Mas certo é: como brasileiro, não há outro. Dizem que é a raça do futuro: pacífico, alegre, prestimoso, amigável..."

"Para minha surpresa, quando na volta passamos por Brasília, as pessoas de lá nem sabiam que esta região existia, ou melhor, que funcionava dessa maneira. Todos iriam saber, se eles produzissem alguma arma. Mas ninguém sabe deles, porque somente pregam paz e amor ao próximo".

***

A viagem estava marcada para Roraima. Tudo estava mais ou menos programado, mas o telefonema do governador quase cancela tudo: "Não precisam mandar ninguém pra cá, vocês não aguentam o clima daqui e por isso o pessoal não acredita que vocês possam fazer qualquer trabalho". "Então, eu vou estudar como se aguenta o clima tropical, mesmo", resolveu Ana.

Ela procurou e encontrou um livro do general inglês Montgomery, que comandou as tropas inglesas no deserto do Saara, na II Guerra Mundial, e que Ana tinha conhecido pessoalmente quando da ocupação de Pichlhofen. "Então, logicamente, o homem tinha que saber como manter as tropas sempre em prontidão, porque se eles comem uma coisa errada e depois estão liquidados e não podem mais lutar, os inimigos vão atacá-los e pronto, acabam com tudo."

No livro, o general mostra como nutriu seu Exército nessa difícil campanha. "Ele explica que não se podia comer açúcar e coisas geladas, justamente o que a maioria das pessoas faz, todos tomando enormes quantidades de refrigerantes gelados cheios de açúcar... e assim produzem calor, num círculo vicioso: a pessoa sente calor, toma o açúcar gelado, o corpo esquenta e ela sente mais calor. O doce, por ser muito calórico, é calor que se ingere. O sol é caloria, se você tem calor nesses dois meios, externo e interno, você está rachando por dentro", explica.

"No Exército do general inglês, dava-se, apesar do calor, dois copos de chá quente pela manhã. Ao meio dia, um copo de água com sal e cada soldado tinha uma latinha com comprimidos de sal, cada comprimido era para um copo. À noite podiam beber quanta água quisessem, mas nada gelado." Dessa forma, ela iniciou seu regime, parando principalmente de ingerir açúcar: "É duro de fazer no início, barbaridade! Mas quando consegui, fui para Roraima. E aguentei. Quando os outros de lá já não podiam mais continuar, eu estava bem disposta. Aguentei até mais do que os que eram de lá."

Ana voltou a Roraima a pedido do governador, que reiterou: "O pessoal daqui acredita piamente em tudo que a senhora fala", referindo-se não só ao que ela dizia, mas também por ela aguentar o calor. E o calor lá, como era? Tanto assim? "O calor era violento. Vai até mais que 40 graus, tá quentinho, quentinho mesmo, onde tem vegetação é um pouco melhor, não passa muito de 30, 31 graus... mas onde o mato foi derrubado, vichi, o calor é bravo."

Desde então, Ana cortou o açúcar. "Já me acostumei e é muito difícil parar, então não quero mais passar por isso". E não bebe muita água, contrariando todos os conselhos médicos, porque diz que muita água causa desequilíbrio nos sais minerais por diluição, e que provoca também problema nos rins.

Ana nunca fica doente. Aos 96 anos, a não ser pelo problema da perna, que quebrou em uma queda, não vai ao médico e nem toma remédios. Mas "aduba-se" com vitaminas e alimenta-se muito bem, com pouca carne vermelha, muito peixe, legumes, verduras e frutas, que come em quantidade, seja de manhã, depois do almoço ou ao final da tarde. E reitera: devemos comer preferencialmente o alimento produzido na região onde moramos, não aquele trazido da China, a milhares de quilômetros. Uma maneira "eco-lógica" de explicar, mais uma vez, que cada ser se adapta a um lugar, e com ele interage e se integra.

Em tempo: o exército do general Montgomery conseguiu vencer os alemães, não apenas pelas armas, mas também porque recebia uma alimentação correta para o clima local.

***

Por toda parte, foram realizados eventos de agricultura orgânica: para estudantes, agrônomos, agricultores, para a população interessada, para prefeituras, e até no Congresso Nacional. Os convites vinham também da Ásia, África, Europa, América Latina e Caribe para congressos e encontros organizados por entidades governamentais e privadas.

Chile, Paraguai, Bolívia, Colômbia, Equador, Peru, Venezuela, México, Porto Rico, Cuba, Argentina, Nicarágua; Ana esteve em todos esses lugares a convite de instituições, associações, grupos de agricultores, e do Movimento Agroecológico de América Latina e Caribe (Maela), da qual é membro fundadora. Falou a agricultores, consultores, estudantes, professores. Ela guarda álbuns com muitas fotos tiradas nessas viagens. No ano de 2000 uma revista inteira foi dedicada a ela com seus ensinamentos e suas falas. A Maela instituiu um prêmio chamado Prêmio Agricultura Ecológica Ana Primavesi, outorgado a cada dois anos àqueles que se destacam na prática e estudos agroecológicos.

Em muitos locais, pôsteres pendurados nos postes no caminho entre o aeroporto e o local do evento, em praças e nas ruas principais, divulgavam suas palestras, bem como quando a homenageavam, como em Bogotá (Colômbia) em 2001, 2002 e 2003 a convite da Instituto Interamericano de Cooperação para a Agricultura (IICA). Ana era esperada com ansiedade e recebida entusiasticamente, pois todos que a conheciam queriam aprender mais, e aqueles que ainda não tinham tido essa oportunidade ansiavam por isso. Ana guarda até hoje alguns pôsteres, com lindas pinturas de artistas locais, convidando para o evento, com o nome dela em destaque.

O Programa Social Agropecuário na Argentina, onde ela foi muitas vezes dar palestras e assistência técnica, dedicou uma revista inteira às suas palestras. Perguntaram a Ana se ela acreditava na influência das fases da lua sobre as plantas e os cultivos. Ela respondeu: "Claro que acredito. Algumas pessoas que cortam árvores para fazer móveis, o fazem da lua minguante para nova, porque a madeira tem menos seiva. As plantas na lua cheia possuem mais princípios ativos. A lua minguante "traz água", por isso os bebês nascem melhor na minguante.

Em um seminário que Ana deu no Paraguai, o ministro da Agricultura vetou qualquer tipo de ajuda. Mas sentou-se bem ao fundo para ouvi-la. Ao falar sobre como a falta de minerais pode desorganizar o organismo humano, quando contou que a deficiência de cobre em gestantes pode gerar bebês paralíticos, Ana afetou o ministro. Acontecera na família dele! Liberou a verba que necessitariam para o movimento orgânico.

Outro convite partiu da Costa Rica, de um local em que holandeses haviam desenvolvido plantios. "Eles acreditavam que sabiam tudo e que nada lhes escapava." As chuvas lá eram diárias, deixando o solo muito úmido, mas não agregado, pois faltava matéria orgânica. "Diziam que solo úmido não necessitava de agregação, mas eu disse que mesmo assim, precisava de ar, que não existiria sem a agregação. O ar necessita de poros, por onde ele se movimenta e circula. Fiz a proposta de pegarmos umas minhocas e ver como elas se comportavam naquele solo, mas as que encontramos estavam todas enroladas formando bolinhas pequenas, sinalizando a falta de ar."

"Quando as minhocas estão em ambiente arejado, elas ficam espertas e ativas. Lá, muitas fizeram até um nó na barriga antes de se enrolar, um sinal de que sobreviviam em condições desfavoráveis. Levamos uma amostra de terra para o laboratório, para fazermos a análise da quantidade de ar que ele continha: nada mais do que 6 a 8%. E por que então a terra se desmancha tão fácil? – Eles perguntaram. Desmancha porque é tão úmida com mais de 100% de umidade, pingando água quando se retira uma amostra, enquanto que 80% seria o máximo... E finalmente acreditaram que a atividade das minhocas é o melhor indicador da quantidade de ar num solo. Mas por que não aprendemos isso na Holanda? Francamente não sei, mas que minhoca é o melhor indicador da estrutura de um solo, isso não tenho dúvida. Pelo jeito, os holandeses pensaram que iriam ensinar muito aos 'bobalhões' da América Latina, sentindo-se muito superiores. E descobriram que não era assim, que mesmo tendo menos laboratórios e menos especialistas em análises de solos na América Latina, tem gente aqui que, por pequenos sinais do campo, chega aos mesmos resultados que eles, com toda a sua ciência analítica e todos os especialistas em laboratório."

***

As palestras nem sempre eram aceitas e benquistas de pronto. "Muitas pessoas, assim como os holandeses, achavam que sabiam de tudo e não precisavam mais desses encontros. Certa vez, um grupo da Embrapa convidado a assistir uma palestra sua, disse que não ia comparecer, mas foram obrigados pelo chefe, com o seguinte argumento: ou eles iriam assistir à palestra, ou seria descontado aquele dia, como se fosse uma falta. Todos foram, de má vontade, sentaram-se e fecharam os olhos.

Ana fez como se não estivesse reparando em nada, e como sabia que a maioria trabalhava na pecuária, falou sobre gado e pasto. No início, todos fingiam dormir, mas pouco a pouco abriam os olhos e ficavam cada vez mais interessados.

As perguntas vieram, tímidas no começo, aos montes ao final, num interesse genuíno. A palestra acabou terminando mais tarde do que o previsto. Ana retornaria a São Paulo no dia seguinte. "Mas às cinco da manhã bateram na minha porta. Era o gerente do hotel. Ele me pediu que descesse ao saguão, que estava cheio de gente querendo falar comigo. Quando desci, muita gente avançou por cima de mim, cada um com um caderninho ou uma folha de papel na mão, com perguntas. Cercaram-me imediatamente e falavam alto. Cada um queria saber mais alguma coisa, sobre vacas, sobre pastos, sobre solos e seu manejo... pedi que se organizassem segundo as perguntas, que não eram poucas. Nem consegui tomar meu café da manhã, e quando finalmente tive que correr para não perder o voo, muitos me seguiram com seus carros porque ainda tinham perguntas. E tudo vindo de uma turma de pessoas que, tinham me dito, não se interessavam nem um pouco pelo que eu iria dizer. Mas é que não sabiam o que eu pretendia falar. Geralmente não se explicam as inter-relações entre solo, planta, clima e agricultura, e poucos, inicialmente, se mostram abertos a alguma coisa nova, inicialmente".

Noutra palestra, dessa vez em Curitiba, quem a recebeu foram os estudantes, que logo avisaram: o reitor era da turma do contra, mas eles estariam lá para defendê-la.

"Fiquei um pouco arrepiada, porque, pelo jeito, a briga ia ficar feia. Mas, nessa época, eu já estava acostumada com brigas, porque não aceitavam facilmente a agricultura ecológica. Eram todos discípulos da agricultura química, que para eles era o mais moderno, e antes de tudo, era patrocinada pelos estadunidenses, que eram depois de Deus, o mais miraculoso e fantástico que existia."

Quando Ana chegou ao auditório, à noite, o reitor já estava lá. Ela tentou cumprimentá-lo, estendendo-lhe a mão, mas ele escondeu a sua, dizendo: "Para loucas, não dou minha mão." Ana não insistiu.

A palestra começou. Ana falou do solo, do seu trato, da influência do clima, da sua importância para a água, para os animais, para os homens... quando deu meia hora de fala, de repente, alguém a abraça por trás. Era o reitor! Ele pegou o microfone e disse que sempre quis ouvir aquilo, aprender, compreender... E falou por meia hora em apoio a Ana. Todos ficaram perplexos, nunca naquela Universidade um reitor falou em apoio à palestrante, sempre falava contra. "Ele estava contra mim, sem saber o que eu ia dizer. Era um contra de princípio, mas agora, de repente, verificou que a agroecologia não era uma besteira, nem invenção de loucos, mas, sim, o que a agricultura precisa para produzir e para poder manter a água e o clima. Dali em diante, fui menos combatida pela ala oficial".

Em Campo Grande do Piauí, o reitor também se opunha às ideias de Ana e ao que ela representava. Quando os estudantes pediram uma sala, ele deu o auditório maior, porque acreditava que nunca poderia se encher e se ela tivesse que falar frente a um auditório quase vazio, seria desmoralizada.

Era o final da semana agronômica e a colocaram como última oradora. O reitor esperava que, como de costume, os estudantes fossem embora e pouca gente assistisse à palestra final. Ele disse que tinha que viajar para Brasília, na esperança de que os estudantes desistissem e fossem embora no momento em que recebessem os certificados do curso da semana agronômica. "Mas, apesar de estar com a viagem marcada, o reitor estava louco para ver como iria ser a minha palestra, depois de ter tomado as suas providências... Enquanto ele esperava uma saída em massa, chegaram ônibus do nordeste: do Ceará, de Pernambuco, de Alagoas, e também da Amazônia... e despejavam no auditório mais e mais estudantes, que enchiam a sala, as escadas, os pátios. Nunca se tinha visto tantos estudantes para assistir uma palestra".

"De repente, o reitor voltou e me disse que iria ficar, que não iria mais viajar, e quando deu duas horas, começamos. Os estudantes ficaram num silêncio total. Podia-se escutar uma agulha cair no chão. Ninguém se mexia, ninguém cochichava. O reitor me cutucava de vez em quando: Como estão quietos! Quando ele me disse isso pela quarta vez, respondi: O Magnífico pensou que os estudantes vieram somente para fazer bagunça? Quando terminei, o reitor se precipitou sobre mim e me abraçou efusivamente, dizendo: não sabia que isso era agroecologia!"

"Pensei: não sabia e mesmo assim a combatia violentamente. Por quê? Somente porque os estudantes queriam, não podia ser reconhecida oficialmente?"

Nasce a AAO

Na chácara de Yoshio Tsuzuki,* em Cotia, em 28 de maio de 1989, uma assembleia tornou-se histórica: fundava-se ali a Associação de Agricultura Orgânica de São Paulo, a AAO.

Ana Primavesi é sócia número 1, depois de ter sido voto vencido na escolha da sigla: para ela, devia ser AO, o Alfa e o Ômega, o início e o fim de tudo, o nascer e morrer, num ciclo. Ana foi eleita diretora técnica. José Pedro Santiago foi eleito presidente, depois de ter coordenado por quase dez anos o Grupo de Agricultura Alternativa.

O grupo não tinha uma sede oficial, por isso as reuniões começaram na residência do Santiago, um apartamento na rua Cristiano Viana, bairro de Vila Madalena, em São Paulo. A diretoria se cotizava para comprar café, papel de carta, pagar o correio e enviar as primeiras correspondências.

No mesmo ano, Walter Lazzarini, na época secretário de Agricultura e Abastecimento do Estado de São Paulo, junto com Moacir de Almeida e Alberto Alves Santiago, coordenador do Parque da Água Branca, assinou um convênio com a AAO cedendo uma sala naquele Parque, no Prédio do Fazendeiro, para ser a sede da Associação. Os móveis foram cedidos pela

---

* Yoshio Tsuzuki foi o responsável por Ana Primavesi ter sido a filiada número 1 da AAO. Na reunião ocorrida na chácara dele, a 28 de maio de 1989, todos os presentes fizeram fila para assinar a ata. Tsuzuki, vendo que talvez não sobrasse espaço na folha de assinaturas para Ana assinar, pegou a primeira página e deu a ela. Assim, ela assinou no primeiro espaço. Tornou-se a sócia número 1.

Coordenação do Parque e a mesa de reuniões e as cadeiras, pela Associação Beneficente Tobias.

Inaugurada a sede em 27 de março de 1990, com a presença de associados e convidados, foram homenageados os agrônomos José Lutzenberger e Walter Lazzarini, pelos serviços prestados à agricultura orgânica. Em fevereiro de 1991, foi assinado pelo então secretário da agricultura, Antônio Félix Domingues, o documento de cessão por cinco anos, do uso do galpão em que até hoje se realiza a feira de produtos orgânicos.

Praticamente sem recursos financeiros, a entidade conseguiu, aos poucos, seu registro em cartório, a inscrição na Receita Federal, papéis e envelopes timbrados para correspondência, organizou o cadastro de associados com as fichas de filiação, e organizou a área financeira. Paralelamente a essas providências, a entidade começava com seus diretores e conselheiros, a marcar sua presença em debates, congressos e eventos técnicos e políticos.

"A gente não produzia. No início, os poucos produtores na diretoria e no conselho deliberativo da AAO eram Tsuzuki, em Cotia, e a Ana Primavesi, em Itaí. O grupo estudava e divulgava a agricultura orgânica com o pouco conhecimento técnico que a gente tinha", conta Santiago.

Algumas mulheres se destacaram nesses dois primeiros anos de funcionamento da Associação, participando, algumas delas também, da primeira diretoria da AAO: Maristela Simões do Carmo (que deu tanto apoio ao lançamento do livro *Manejo Ecológico do Solo*), Marialice Mugaiar, Tânia Camargo, Bernardete Faria, Christina Andrews, Maria Lúcia Barciotti e Clélia Maria Scatena. "Sem elas, o Grupo de Agricultura Alternativa não teria se mantido e se transformado na AAO", afirma Santiago.

Em 23 de fevereiro de 1991, foi inaugurada oficialmente a Feira de Produtos Orgânicos no Parque da Água Branca com apenas nove produtores. Jefferson Steinberg foi um dos primeiros a participar da Feira: "Toda aquela molecada recém-formada se reunia para fazer o curso de horticultura do Tsuzuki, que nos ajudava com a técnica da produção. Ele e a Primavesi foram meus mestres. Com eles, vimos que era possível produzir de outro jeito. O Tsuzuki tinha a sua empresa de insumos, a Technes, que fazia pesquisa e produzia insumos para a agricultura, e eu fui aprendendo com ele. Depois, vi que a única forma de comercializar era com cestas. Eu montava os *kits* e aquilo me encantava, olhava o sítio dele de manhãzinha e chegava uma Kombi, que se enchia de cestas e que iam ser vendidas em São Paulo. E pensava: eu quero um sítio desses e quero produzir assim, desse jeito. Então comprei um sítio em Ibiúna e passei a seguir a mesma linha, porque a única forma de chegar ao consumidor era com as cestas. Não tinha as feiras ainda e nem se falava de agricultura orgânica, ninguém entendia, você dizia: "produto sem agrotóxico". E tinha também a questão dos micronutrientes. A lagarta do cartucho no milho está relacionada à falta de boro. Nunca mais esqueci disso, mas não aprendi isso na faculdade". Jefferson continua produzindo até hoje.

Santiago complementa: "Eu saí da faculdade, a Esalq, com aquela formação tradicional: tem mato, use o herbicida tal. Tem pulgão? Inseticida. Tem fungo, então é com fungicida. Era assim. Mas a grande questão para o agrônomo é o solo. (Primavesi nesse momento diz: "Mas é claro!") Pois é, hoje 'é claro'. "Mas quando saímos da faculdade, tínhamos aula de mecanização em um departamento, como aplicar agrotóxico em outro, o processamento de alimentos em um terceiro departamento, tudo muito estanque. Quando entrei em contato com os ensinamentos da Primavesi, mudei a minha visão de agricultura. Havia autores europeus que falavam sobre a vida do solo, mas do solo frio de país temperado. Primavesi viu o solo tropical e mostrou: é diferente. Ela deu uma guinada. Pensou: espera um pouco: no hemisfério norte, com país frio e solo frio, os processos se dão mais vagarosamente. Aqui é diferente. Lá, é preciso arar o solo para aquecê-lo após o inverno gelado; aqui, quanto menos arar, melhor. Lá, precisa esquentar o solo, aqui precisa não deixar aquecer demais. Aqui precisa de cobertura vegetal para proteger a terra das fortes chuvas e do sol tropical. Foram as grandes sacadas da Primavesi que mudaram a cabeça da gente. Isso aprendemos com ela. Mudou também a cabeça de muitos pesquisadores da Embrapa, do Instituto Agronômico de Campinas, de muitas instituições de pesquisa. A Primavesi fez uma Revolução Agronômica."

Anos depois, sob outra diretoria, a AAO passou por percalços. A falta de dinheiro era o principal deles. "Mas de repente, aparecia, lá da Serra de São Roque, Ondalva Serrano, uma mulherzinha delicada, de fala mansa, mas com uma energia que dava para três homens ou mais", escreve Primavesi. "A Ondalva é uma mulher fantástica, e sem ela a AAO não teria sobrevivido. Pegou a liderança, botou tudo no eixo e fez a Associação Orgânica funcionar novamente. E quando tudo estava no eixo, ela sumiu. A Ondalva 'empurrava' a Agricultura Orgânica cada vez que ela enguiçava, botava ela em ordem."

"Quando há dinheiro, é fácil liderar uma organização", diz Ana. Mas se tudo vai de mal a pior, se não se tem dinheiro, todos abandonam a causa. Então é preciso mão firme e um entusiasmo enorme para colocar tudo novamente no lugar. E isso ela fez. Em maio de 2010, a comemoração dos 25 anos de agricultura orgânica foi um encontro do pessoal que participava desde o início e até a senadora Marina Silva apareceu para nos prestigiar. Mas a festa era mesmo para a grande vitória de Ondalva.

"Festas de 25 anos de existência são certamente uma celebração de alegria, de reencontro com aqueles com quem se trabalhou, se lutou e se firmou. Mas, ao mesmo tempo, é algo melancólico, porque embora a AAO tenha crescido e estivesse começando a florir, todos ali estavam vinte e cinco anos mais velhos. Isso é a parte triste de uma festa comemorativa, todos guardamos na memória os outros como jovens ativos, cheios de entusiasmo e encontramo-nos agora como gente velha, às vezes doentes, aposentados. Esta é a vida. Mas ninguém pensa nisso, somente se descobre quando nos abraçamos e quando, entre as rugas, procuramos um lugarzinho para beijarmos".

O caminho estava aberto e muitas pessoas começavam a trilhá-lo. Ana tocava a sua fazenda ecológica e procurava atender a todos os que a procuravam. Talvez ela não tivesse ainda dado conta da dimensão da mudança que ela e seu grupo trouxeram à agricultura, e de como sua figura começava a ser conhecida. Tornou-se um ícone do movimento por possuir conhecimento e uma experiência profundos do solo, das plantas e das relações entre o solo e os seres vivos. "Mas vocês não pensem que eu sei tudo, que eu não sei." Todos riem, porque ela pode não saber a resposta, mas dá a direção, e era mesmo como se ela tivesse todas as respostas, como se soubesse tudo. Esse era o segredo: buscar o fio da meada, entender o porquê.

O solo é a base de tudo. Isso se tornou quase que um mantra, introduzindo suas falas e mostrando àqueles que a ouviam avidamente como tudo está interligado.

Suas palestras não eram só sobre solos, seccionando o conhecimento. Solo, clima, vegetação, água, animais, microrganismos, Ana fala da vida! Por mais que conhecesse as minúcias da vida sob nossos pés, tentava passar às pessoas o essencial, numa linguagem simples e acessível a todos, fossem agrônomos, agricultores ou pessoas interessadas em ouvir.

A compartimentação dos saberes sempre a incomodou: "O grande problema da ciência agrícola é que cada professor especialista cuida da sua matéria e não deixa entrar na matéria do outro. Isso não funciona, porque como você vai falar de pasto e deixar o gado fora porque sobre o gado quem fala é outro professor? A natureza funciona em conjunto. Para poder explicar melhor é que as matérias foram divididas, mas no fim, deveria ter um professor que juntasse tudo novamente".

A mudança de paradigmas que suas ideias traziam chegava a seus colegas de profissão. Certa vez, um professor amigo lhe apontou um mamão bonito por fora e podre por dentro: "Foi por aqui que o bicho entrou e estragou o fruto", ele disse. Ana respondeu com simplicidade: "É deficiência de cálcio". O professor duvidou, rebateu. Ana reiterou. Faltava cálcio. Tempos depois, ele contou que ela tinha razão. A planta não é atacada sem antes apresentar alguma deficiência. "Você tem que imaginar que se a planta está bem nutrida, bem abastecida, com todos os nutrientes, ela não será atacada por pragas. Mas no momento que falta um nutriente, uma substância que não se forma na planta, ela fica no meio do caminho e tem que ser eliminada, porque na natureza nada pode ficar incompleto, pela metade, prima-se pela excelência" diz Ana.

Foi esse mesmo professor, Hasime Tokeshi que, confrontado construtivamente com o conhecimento de Primavesi, deu uma das maiores demonstrações de humildade no meio científico ao assumir que suas proposições estavam erradas. Num depoimento impressionante e emocionante, segundo conta Marcelo Sambiase, consultor da Associação de Agricultura Biodinâmica, este professor mudou sua posição na presença de agricultores, dizendo que podiam jogar o livro dele no lixo. Ele e Primavesi trabalharam depois por muitos anos juntos, militando na causa agroecológica.

Um filho agrônomo

Diplomado Engenheiro Agrônomo pela Universidade Federal de Santa Maria em 1970, Odo, o filho mais velho de Ana e Artur, teve dois tipos de capacitação: o formal e compartimentado do auge da Revolução Verde e o de visão integrada de Ana e Artur Primavesi.

Logo iniciou suas atividades na empresa Agrofértil, que comercializava, *Fritted Trace Elements* (FTE) em São Paulo. O diretor técnico era um agrônomo italiano cujo pai estudara em Feldkirch, na mesma escola e na mesma época em que o pai de Ana estudou. Este agrônomo tinha feito um curso de agricultura tropical africana em que os componentes biológicos do solo eram considerados.

Na área de pesquisa e desenvolvimento da empresa, Odo verificou que os cafeeiros com bom teor de micronutrientes podiam até apresentar a ferrugem nas folhas, mas elas não caíam, e as produções aumentavam, mostrando que desequilíbrios nutricionais facilitavam a presença e aumentavam os danos causados pela ferrugem. Realizava palestras sobre micronutrientes e também sobre o manejo adequado do solo, utilizando muitas imagens e conhecimentos transmitidos por Ana. Porém Odo precisava vivenciar aqueles ensinamentos para serem sedimentados, pois muitas informações chegavam a ele, mas não conseguia ainda integrá-las a um todo.

Os trabalhos com café eram realizados em contato com colegas do Instituto Brasileiro de Café (IBC) e desenvolvidos com interesse por Odo, mas suas ideias conflitavam com os conceitos difundidos pela revolução verde, e as indústrias de defensivos e máquinas aplicadoras sentiram-se incomodadas. Odo lembra-se de um consultor técnico do IBC que procurava boicotar e combater seu enfoque ecológico, e que chegou a sugerir por escrito, num relatório interno, a cassação do diploma de Odo.

Lembra-se também que, anos mais tarde, ao ser convidado para proferir palestra para um grupo técnico do IBC, em Águas de São Pedro, esse consultor tentou ridicularizar os dados sobre micronutrientes e os de manejo do solo. Os colegas do IBC mandaram o consultor calar-se, pois concordavam com o que era apresentado, já que vivenciavam tudo na prática.

Odo realizava pesquisas e palestras na região Sul, Sudeste e Centro-Oeste também sobre o manejo adequado do solo, o que era de grande interesse e atração para técnicos e produtores. Chegava a dar até três palestras por dia, com manifestações de apoio e concordância dos produtores, mas também de agressão por parte de alguns técnicos, por causa de Ana Primavesi. Por duas vezes, ele teve que negar sua filiação para não prejudicar as atividades da empresa para a qual trabalhava.

Num encontro com Lutzenberger, em Porto Alegre – RS, ele lhe contou como passou a defender o ambiente: atuando como agrônomo da Basf, ao visitar uma plantação de batatinhas que estavam sendo atacadas por pulgões e já tinham recebido três aplicações de inseticida de cheiro horrível, via pulgões saudáveis voando ativamente. Havia, porém, plantas de batatinhas não adubadas na mata, beirando o campo agrícola, e ali os pulgões pousavam, mas logo saiam, não se fixavam. O que estava acontecendo? Chaboussou explica. "Isso mostrou a irracionalidade do combate de pragas com venenos." Odo lembra que, por ocasião do lançamento do livro de Ana, *Manejo Ecológico do Solo*, conseguiu que a gerência da Basf adquirisse 100 exemplares (10% da primeira edição) para presentear bons clientes. Na realidade, o gerente da empresa perguntara se o livro tinha a ver com o trabalho de Odo, que respondeu que sim, e aí logo sugeriu a aquisição dos livros. "Indústrias químicas também podem ser sensíveis ao ambiente. O setor técnico muitas vezes é ecológico, mas quem manda é o setor comercial, que manda passar por cima dessas ideias", conclui Odo.

Odo trabalhou com adubos foliares e micronutrientes, na Basf. Além das atividades de pesquisa e desenvolvimento, continuou a realizar maratonas de palestras sobre os produtos da empresa e sobre o manejo adequado de solos, no auge na introdução e desenvolvimento do sistema de plantio direto na palha na região Sul. As ideias de manejo ecológico eram bem vistas pela chefia técnica, pelos técnicos e também pelos produtores. Odo publicou um livreto – Fatores Limitantes da Produtividade Agrícola e Plantio Direto – que fez sucesso, apesar de conter aspectos que a revolução verde combatia. O gerente de produto constatou que, melhorando o manejo do solo, aumentaria a eficiência dos insumos aplicados, ou seja, poderia se usar menos. Mas e as cotas de venda? Odo argumentou que a satisfação dos agricultores iriam fazê-los usar os insumos em maior área, compensando o menor uso.

Depois da Basf, Odo fez mestrado e doutorado na Esalq/USP, trabalhando com compactação de solos, poros de aeração e drenagem, pois acreditava que o problema maior era esse. Havia agricultores que perguntavam se os micronutrientes substituíam o calcário, o fósforo e o potássio bem como a matéria orgânica e a turfa, que era vendida na época, e Odo teve que encontrar um exemplo figurativo para explicar isso aos produtores rurais. Primeiro, procurou explicar a planta. As raízes da planta seriam seus intestinos (absorvem nutrientes e água), com suas lombrigas (nematoides). O "estômago" era a camada fina de terra em torno das raízes, a rizosfera, com sua microvida, formada entre outros seres por fungos (por exemplo, micorrizas) e bactérias (inclusive as fixadoras de nitrogênio), e onde os nutrientes eram solubilizados para depois serem absorvidos pelos "intestinos". A aplicação foliar de nutrientes seria como uma injeção na veia, para casos emergenciais.

Observando cultivos hidropônicos, em que se injetava ar na solução para fornecer oxigênio às raízes, verificou que as raízes também eram os "pulmões" das plantas. As folhas produziam oxigênio, mas as raízes o absorviam diretamente (ou via aerênquima ou via lenticelas). Assim, a aplicação de corretivo de acidez seria como que para combater a azia estomacal. Nenhum ser se alimenta direito com azia. Depois, vinha o arroz (K – potássio), feijão (P – fósforo), carne (N – nitrogênio), sal mineral (micronutrientes) e fibra (material orgânico) para dar funcionalidade ao trato digestivo. Pronto, ficava claro para ao produtor que um solo quente, seco, duro e ácido só poderia resultar em planta mal nutrida e sujeita ao ataque intenso de parasitas e patógenos. Era preciso cuidar bem do solo para se ter raízes fortes, bem desenvolvidas e sadias, e que resultariam em plantas produtivas. Em solo compactado, sem pelo menos 10% de macro poros ou poros de aeração, a irrigação expulsa o ar necessário às raízes, e a planta murcha, mesmo com água no pé.

Odo trabalhou também na Coopersucar e na Embrapa. Com os primeiros resultados de pesquisa, uma colega bióloga de uma Universidade federal convidou-o a se engajar no processo de Educação Ambiental. Continuavam assim as palestras sobre manejo adequado de solo-água-temperatura, com as boas práticas de manejo ambiental em agrossistemas para crianças, estudantes e adultos de diferentes profissões.

Agora mais experiente e tendo vivenciado os dois lados da moeda, Odo conseguia entender melhor o que Ana queria dizer em seu *Manejo Ecológico do Solo*, e sua conclusão coincide com a dela: "É preciso manejar o ambiente para ter o máximo de água residente, em um solo permeável, protegido por uma camada vegetal diversificada permanente, com seus restos vegetais e sistema radicular e a biota associada, com atenuação das características micro e mesoclimáticas. Isso deve ser perseguido ao se construir agroecossistemas sustentáveis."

Manejo Primavesi

O sítio Catavento é um pedaço da fazenda do avô de Fernando Ataliba. Nessas terras, Fernando passou sua infância, nos anos 1970, quando a Revolução Verde ainda não chegara por ali. A fazenda era antiga, igual a milhares de outras fazendas, tinha 104 alqueires. As terras tinham sido abertas para produzir café na metade do século XIX, e, a partir da crise de 1929, elas entram em decadência. Logo depois, Getúlio Vargas assumiu o poder. Nos anos 1970, a crise dessas fazendas já entrava na quinta década.

Para sobreviver, os fazendeiros criaram um modelo no qual mantinham um talhão para o café e outra parte para produzir leite, dois produtos primários de baixa remuneração no mercado. O pouco dinheiro que se arrecadava com estes itens era a renda para pagar o custeio das fazendas. A sobrevivência do fazendeiro e de seus funcionários dependia de produzir muito do que se precisava para viver: alimentos, roupas, equipamentos, construções. Era um modelo de sustentabilidade que precisava melhorar, porque a pobreza era generalizada. "Uma pena que esse modelo tenha desaparecido sem que a gente tivesse aproveitado o que ele tinha de bom, melhorando seus pontos fracos..." conclui Fernando. Naquela época, era raro sentar-se à mesa e não encontrar algo que não fosse produzido na própria fazenda. Fazia-se de tudo na integração entre pecuária e agricultura. Os próprios animais semeavam árvores frutíferas. Vacas, porcos, galinhas, eram soltos e se reproduziam ao natural.

Nos anos 1980, a Revolução Verde chegou com força. Fazendeiros passaram suas propriedades para os filhos e muitas foram vendidas. Um novo paradigma é levado ao campo: agora, as fazendas não se destinam mais a sustentar as pessoas, mas a dar renda e lucro, um modelo análogo ao da indústria, onde a agricultura passa a ser monocultora. Era bonito ver as máquinas, a produção altíssima, a separação das áreas de atividade, a "ordem" e as formas geométricas em contraste com aquela "coisa bagunçada" a que se estava acostumado.

Fernando, que ficou com 10% da fazenda que pertencia a seu avô, herdou, na verdade, um grande pasto de terra dura, degradada, na divisa de Itupeva com Indaiatuba, no Estado de São Paulo. Tinha quinze anos quando começou a mexer no que era seu, devagarzinho, de acordo com suas possibilidades. Trabalhava na cidade como escrevente do fórum, depois como funcionário da prefeitura, sempre investindo o que podia no sítio. Assim construiu a casa, providenciou água, construiu um galpão, plantou árvores. Quando seu pai faleceu, com o que herdou pôde investir um pouco mais no que já tinha começado. Cursou a faculdade de Ciências Sociais, mas quando perguntamos a ele qual é a sua profissão, diz, orgulhoso: "meu título é agricultor orgânico. Esta é a minha profissão e a minha ocupação."

Nos anos 1980, fazia queijo artesanal, que vendia direto nas padarias da região. Era chegar, pesar e receber o dinheiro, sem burocracia. Também produzia milho, que vendia para as granjas de frangos da região. Teve que parar com as duas coisas, porque no caso do queijo, a vigilância sanitária não aceitava mais a produção artesanal, e as granjas passaram a adotar o modelo de integração: empresas de grande porte entregam os pintinhos de um dia aos sitiantes e com eles a ração balanceada, as determinações de quais medicamentos usar e todo o aparato necessário à produção. O sitiante não é o dono dos animais, somente da infraestrutura e é responsável pela produção, num sistema amarrado, sem autonomia. O milho que os frangos comiam não podia mais vir do sítio de Fernando, que passou a ter um boxe no Ceasa de Campinas, onde ele e os vizinhos vendiam seus produtos sem a preocupação de terem sido produzidos organicamente.

O primeiro contato de Fernando com o nome Ana Primavesi se deu pelo relato de um amigo de escola que cursava a Esalq. Este amigo contou que a professora tinha estado lá, debatendo com outros professores, e que ela não tinha convencido ninguém, nem os alunos nem os professores. O amigo ressaltava que não era possível que todo mundo estivesse errado e ela certa, e que portanto esse negócio de agroecologia era uma furada. Tempos depois, Fernando ganha de presente um dos livros da professora, "o único que não comprei".

Bom leitor que era, leu Primavesi e muitos outros livros, de diferentes autores e assuntos. As ideias daquela pesquisadora eram estranhas, "mas ao mesmo tempo, eu comecei a fazer relações entre o que ela falava e como era a fazenda do meu avô: ninguém usava adubo químico, pulverização, NPK, e produzia-se de tudo... eu observava meus vizinhos e eles começaram com um sucesso danado, depois decaíram... e fui construindo as minhas possibilidades, observando e fazendo. No início, pensávamos que as pragas a gente tinha que matar. Procurávamos pelos meios menos agressivos, os mais alternativos, métodos biológicos, e de repente eu entendi que não era nada disso: tem que fortalecer o solo, as plantas. Fui fazendo e dava certo, então eu voltava ao livro, relia, e assim fui fazendo. Eu não acredito na Primavesi porque li o livro, acredito nela porque relacionei o que ela escreveu com a minha experiência pessoal no sítio, as experiências dos meus vizinhos modernos e as experiências da antiga fazenda da minha infância. Foi eureca; daqui pra frente, tenho que conhecer as plantas e saber como equilibrá-las".

Fernando fez tudo aos poucos. Usou em alguns talhões o capim Elefante como quebra-ventos, em outros plantou cedrinhos, mesmo que estes crescessem mais devagar. Fez adubação verde, rotação de culturas. Tentando, observando, pensando, relacionando. O sítio respondia. Produzia, entre outras coisas, tomate e berinjela. Pulgões, percevejos e brocas viviam atacando e ele usava os produtos que eram permitidos pela agricultura orgânica, e mesmo assim não resolvia. "Comecei a perceber que o problema estava em manejar todos os elementos do sistema. O marco para mim foi observar que em meio às plantações de tomate, tinham algumas plantas espontâneas, como serralha, picão e rubi, todas cheias de pulgões. O vento balançava o mato e os pulgões caíam em cima do tomate, mas eles corriam de volta para o mato. E ali eu vi, o tomate estava equilibrado, o mato não, então o pulgão não tinha como atacar o tomateiro."

Nesse percurso, Fernando já vinha acompanhando algumas palestras, cursos e lendo os outros livros de Ana. Tinha se tornado um seguidor de seus ensinamentos. Um dia, ela veio pernoitar no seu sítio. Foi em 2007. No dia seguinte, Ana daria a aula inaugural do Curso Teórico e Prático em Agricultura Orgânica.

Quando chegou, foi recebida por Taís, esposa de Fernando, que logo convidou: "Vamos passear na roça? Ela aceitou na hora. Leve o enxadão, ela me pediu, para ver o solo." Fernando não pegou o enxadão, apenas disse: "A senhora me diz onde quer ver e eu cavo com minhas próprias mãos". A cada parada, lá ia ele, cavava, 30, 40 cm, mostrava o solo com as mãos unidas, "muito bom, muito bom, vamos pro outro", arrancava uma plantinha e olhava as raízes. Tinha tomate, cebola, alho, cenoura, maracujá, vagem, abobrinha, uva, mamão, banana, noz macadâmia, entre outras; paravam em cada uma, ela olhava a raiz, as folhas, o tamanho dos frutos, arranca aqui, cava ali, e assim foi a tarde toda, até voltarem para casa. "Ela voltou pra casa feliz da vida."

Depois disso, Ana voltou ao sítio todos os anos. Quando perguntada sobre um lugar onde se fazia "tudo direitinho", o sítio Catavento era um lugar que ela citava. Dava cursos, palestras, consultorias lá. Numa dessas vezes, viu uma planta que não conhecia. "O que é isso?", perguntou. "É um pé de abiu" (uma fruta tropical). "Está com deficiência de boro", sentenciou. "Mas como ela podia saber que faltava boro ali, se ela nem conhecia aquela planta?" Fernando foi investigar. Estava mesmo. Quando os brotos não saem pelo ramo principal, mas pelo lado, formando ramos secundários, falta boro. Isso também se manifesta nas raízes, se a principal ficar menor do que as secundárias, é falta de boro. "É um fenômeno universal."

"Existe um componente na agricultura orgânica que é artesanal, humano, respeitoso e pessoal. A outra agricultura é industrial, tem seus protocolos, receitas, métodos impessoais, que devem ser seguidos à risca, como uma receita. E a Primavesi valoriza esse saber do agricultor, essa relação que cada um estabelece com a terra, o que aprendeu, o que criou."

Perguntado sobre o termo por ele criado, o "Manejo Primavesi", não é mais preciso explicar: "Eu sou um primavesista."

Com terras; sem nada

    A agricultora era de meia idade, corpulenta. Aparentava uns 60 anos, mas tinha bem menos. Morava naquele lote, recebido do governo na reforma agrária com o marido, o filho, a nora e uma filha adulta, com problemas mentais. O lote era retangular, estreito na entrada, profundo na medida em que eu e outro colega caminhávamos em direção ao final, onde o limite era a cana de açúcar. Aliás, todos os lotes eram cercados pela monocultura, que em tempos de queima deixava seus moradores cobertos de cinzas, sob um ar pestilento.
    A casa, à esquerda de quem entra, fora construída com material de demolição, unicamente com partes de venezianas antigas. A única abertura era a porta. Uma casa sem janelas, feita de janelas. O teto era de zinco, e no dia de nosso encontro, sob um calor de mais de 30 graus, só de passar em frente à abertura da porta, sentíamos o bafo insuportável que emanava de dentro da casa.
    A senhora mostrou o terreno: o cercadinho do cavalo, que comia o capim cortado pelo seu genro; ao fundo, um terreno reservado para a horta, e à direita, a casa do filho. A filha estava deitada em um sofá-cama, embaixo de uma árvore, cheia de cobertas, apesar do calor das duas da tarde. E um vistoso pé de maracujá atrás da casa chamava atenção. As flores estavam ainda miúdas. A senhora nos ofereceu café, mas não foi possível ficar dentro da casa. O suor escorria, o ar faltava. Olhei ao redor; em copinhos, flores grandes do maracujá enfeitavam todos os cantos da casa. Era talvez a única forma de acessar a beleza que ela possuía.

Saímos, e perguntei sobre o maracujá: "Esse pé não presta não, moça, só dá flor, mas fruto..." Meu coração apertou. É muita miséria, pensei. Besouros enormes voavam por ali, mas as flores eram ainda pequenas para seu intento. Peço licença para entrar na casa e pego uma flor. Explico com todo cuidado àquela senhora dona de terra que a flor se transformará em fruto. E que o besouro será muito importante nisso tudo, por isso era preciso abrir mão da beleza por enquanto. A mulher olhou-me com toda humildade e expressou sua gratidão, deixando-me arrasada. Uma sensação horrível de estar numa situação melhor que a dela, de ir embora sem nada poder fazer. De que adianta receber terra, se não se sabe viver nela, ou dela? Terras cercadas por outras comprometidas com outra lógica, outro objetivo de vida. Como diz Ana Primavesi, criação de mais miséria. Ali, a teoria na vida real. Gente que recebe terra marginal, terra que parece ser o prenúncio do recomeço, mas que é, de fato, o recomeço do fim.

Essa história foi vivida por mim. Compartilhei-a com Ana Primavesi e a partir dela, colhi o depoimento seguinte:

"Terra não é fonte de lucro, nem dádiva social, nem objeto de especulação ou modalidade de poupança. Terra é a base vital da humanidade. A reforma agrária não está levando isso em consideração. A terra tem de garantir a segurança alimentar. Diz-se que alimentação é um direito humano, mas não significa a posse de terra com a agricultura terceirizada produzindo mercadorias exportáveis. Obriga-se os assentados a produzir alimentos para que todos tenham o direito de se alimentar. O que está errado nos assentamentos e nessa reforma agrária? A entrega da terra a colonos não é o fim de um processo, mas o início. Eles necessitam de uma tecnologia melhor do que a convencional, que lhes permita ficar na terra, além de atendimento técnico, social e espiritual, e também de conhecimentos administrativos. Deveriam ser associados a cooperativas de compra e venda de produtos e insumos, formar mutirões para diversas atividades como a manutenção do gado, a colheita e talvez até o plantio, e finalmente ter máquinas em conjunto, o que lhes permitiria fazer os serviços mais urgentes com maior rapidez."

Acreditando que as pessoas que recebem terras pela reforma agrária precisam de ajuda em todos os sentidos, Ana participou inúmeras vezes de encontros com os assentados, dando palestras e prestando assessoria técnica. O Movimento dos Trabalhadores Rurais Sem Terra, o MST, pediu a presença de Ana pelos motivos expostos e mais: porque ela era apartidária. Era solidária às pessoas, desejosa de que a terra fosse bem cuidada e frutificasse. Alguns a associaram ao movimento, mas ela não ligava. Estava fazendo sua parte, estava ajudando pessoas, não uma instituição.

"Muitos os atacam porque dizem que gostam de bagunça, mas eu os admiro porque tentam organizar um movimento de agricultores, embora a maioria sejam filhos ou netos de agricultores que perderam sua terra tempos atrás." O maior problema, segundo ela, é que as pessoas querem ser agricultores, mas não conhecem mais o campo e perderam a ligação com a terra. E só recebem críticas: "Em vez de ajudá-los, os criticam. Decerto há aqueles que causam alguma confusão, que não entendem nada de agricultura e que só querem bagunça, mas não é farra. É muito sério, e toda nossa sobrevivência depende que entendamos o solo e sua importância vital a tempo, antes que tudo caia em cacos. E que se chame a atenção para a agroecologia, que é o manejo consciente do solo e das culturas para que também as gerações futuras tenham a possibilidade de viver e sobreviver."

Dentro do MST, a chegada ao sistema agroecológico passou pela fase de reprodução do sistema capitalista de agricultura, baseado principalmente no binômio agroquímicos e mecanização pesada. Haja dinheiro, e não à toa chamamos esse sistema de capitalista. Pensava-se que, sob estas condições, esse modelo de agricultura traria desenvolvimento, autonomia e consequentemente bem-estar, mas muitos o abandonaram, por não conseguirem arcar com os custos de produção, ou pela contaminação por agrotóxicos, ou pela degradação do ambiente.

Em maio de 2006, Ana Primavesi aceitou prontamente o convite da equipe da Escola Latino-Americana de Agroecologia (ELAA) para ministrar aulas junto a Turma 1 no Curso de Tecnologia em Agroecologia no Assentamento Contestado, município da Lapa, estado do Paraná.[*]

Trabalhando como voluntária – o que normalmente fazia –, Ana participou da primeira etapa do primeiro curso de graduação em agroecologia no Brasil. "O encantamento e gratidão foram completos por parte de todos", comenta José Maria Tardin, um dos presentes naquele curso e que se tornou uma pessoa muito querida na vida de Ana.

---

[*] A ELAA é uma escola criada pela Via Campesina, sendo a primeira escola a oferecer uma graduação em agroecologia no Brasil, tendo realizado seu ato público fundacional em 27 de agosto de 2005. Acolhe educandas e educandos da América Latina, e constitui a rede de Institutos de Agroecologia Latino-Americanos – IALA da Via Campesina.

No terceiro e último dia, concluído o trabalho, Tardin conta: "Ainda no pátio da escola, ela parou, voltou-se e contemplou o casarão colonial onde estivera parte do tempo trabalhando com as educandas e educandos. Logo, ela disse em voz baixa e embargada: 'Agora eu sei que a agroecologia não tem volta'".

Tardin conta que ambos ficaram quietos. "Fui totalmente tomado de emoção. Minha sensação foi a de estar diante de uma sublime pessoa que manifestara naquele instante a gratidão por seu viver e seu inquebrantável amor e confiança às camponesas e aos camponeses". Então os dois se conduziram para o caminho de volta, sem que fosse preciso dizer mais nada.

Convidada pelo MST, Ana participou diretamente, com palestras, assessoria técnica e encontros de agroecologia, e também indiretamente, por meio de seus livros, elaborando cartilhas e dando entrevistas. Sua contribuição científica proporcionou às pessoas ligadas ao movimento a base sobre a qual puderam, em muitos pontos do país, organizar escolas de agroecologia e desenvolver experiências práticas que lhes proporcionassem autonomia: tornavam-se mestres de si mesmos, conhecedores do saber fazer.

Em Minas Gerais, por exemplo, a Pastoral da Terra se incumbia de cuidar dos assentados, pois muitos deles não tinham o menor convívio com o campo. Ao fim de seis meses, muitos tinham deixado a terra pela qual tanto lutaram. Para piorar, os solos não eram dos melhores e chovia pouco. "Mas a sabedoria antiga diz que variedades adaptadas ao clima e ao solo da região se dão bem. Mostrei a eles como saber se o solo podia produzir, como eram as raízes das plantas e como deveriam plantar. Passamos por toda a região e descobrimos as plantas que cresciam bem, e antes de tudo, cobrimos o solo com todo tipo de matéria orgânica, até de galhos de árvores picados. Plantamos guandu e cana como quebra-ventos e também para economizar água, e de repente tudo começou a funcionar: a terra produzia, e nenhum assentado foi mais embora. Agora sim podiam se dizer agricultores."

Era com o pequeno agricultor que ela mais gostava de estar, "porque os agrônomos e estudantes de agronomia acham que sabem de tudo e depois não vão praticar agroecologia na vida real."

As pessoas que Ana ajudou, ensinando agroecologia, anos mais tarde a receberiam nos Encontros com cestos cheios de produtos cultivados por eles mesmos, recompensas pelo bom trato da terra, orgulhosos de terem perseverado e chegado lá, felizes com a vida de agricultores agroecológicos. Agora os "Com Terra" podiam seguir em frente.

Viajando pelo mundo, Ana posa com bicho preguiça no colo.

Recebendo o Prêmio Hugh Bennet pela IFOAM, 1992.

**Proposta de logotipo para a
Associação de Agricultura Orgânica**

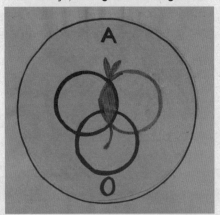

*O disco amarelo significa o sol – fonte de energia e da ordem natural. As três argolas são os ciclos dinâmicos, equilibrados de solo–água–planta, que se entrelaçam.
O grão brotando é o símbolo da vida
A – O significa Agricultura Orgânica, mas também o ALFA e ÔMEGA. O início e o fim de tudo, ou seja, a vida nasce e morre com a Agricultura.*
Logo desenhado por Ana Primavesi para a AAO (Associação de Agricultura Orgânica). Ele não foi aceito.

LUZ

Mokiti Okada

Semelhante atrai semelhante. Assim podemos explicar o encontro e a união de Ana Primavesi com a Agricultura Natural preconizada por Mokiti Okada.

Nascido a 23 de dezembro de 1882 em Tóquio no Japão, Mokiti Okada afirmou, em 1926, ter recebido uma revelação de Deus, que o fez desistir de seus negócios e dedicar-se à vida religiosa, fundando a Igreja Messiânica Mundial.

Okada tentava, com sua filosofia, construir um mundo espiritual e materialmente evoluído, baseado nas verdades dadas pelas leis da natureza. Essas leis ordenariam, regulariam e harmonizariam toda a Criação. Seus princípios alicerçavam-se na Verdade, no Bem e no Belo, caminhos que levariam à sensibilidade elevada e à agricultura preservadora do meio ambiente, promotora de saúde a todos produtores e consumidores. "Mokiti Okada era um iluminado", Ana diz. "A força do solo é o princípio básico da Agricultura Natural. Apenas dentro das leis naturais o solo é produtivo, trabalhando portanto de maneira ecológica quando se respeitam os ciclos e ecossistemas naturais. A pobreza e a fome vêm de uma agricultura errada, e a doença é a eliminação das toxinas do corpo, geradas por uma alimentação inferior e vinda de solos doentes, ou por máculas do espírito que escurecem a alma. Mokiti Okada ensina que a praga e a doença vêm como um mecanismo de cura, porque a praga se alimenta da energia acumulada, para liberá-la."

Ana encontrou, na Fundação Mokiti Okada, ressonância com tudo o que acreditava e ensinava. Nesse grande encontro, pôde estar vinculada a uma instituição que falava a mesma língua que ela. Lá, Ana trabalhou por mais de vinte anos, viajando para muitos lugares, dando cursos, prestando consultoria e assistência técnica. "Na Agricultura Natural, o agricultor sente que a sua missão é importante para a sociedade. Tem a ideia do envolvimento do consumidor também, numa corrente de sentimento. Ela é menos técnica e mais observadora dos processos naturais, e seguimos isso. A parte filosófica nós tínhamos, mas com a professora conseguimos ter a parte técnica. A agricultura do futuro é a do médico agricultor, que diagnostica e faz a prevenção, não o médico que lida com a doença já instalada." Quem explica isso é a jovem Sakae Kinjo, da Fundação Mokiti Okada, que se tornou grande amiga e companheira de Ana.

As diferentes formas de agricultura não são tão simples de entender, mas Ana consegue explicá-las com seu didatismo característico: a agricultura orgânica usa composto orgânico, por isso o nome. Nessa definição, orgânico é o que não é químico, e se a planta fica doente, usa-se uma calda de fumo, algo menos agressivo, mas não é o ideal, porque se está doente, já está deficiente. Por isso, o orgânico já não basta. A agroecologia não, ela lida com a percepção de todos os componentes da vida. É um modo de produzir no qual você equilibra e harmoniza a vida. Há também o termo agricultura sustentável. Mas o sustentável tem vários aspectos: ecologicamente sustentável, economicamente sustentável, socialmente, culturalmente... e nem sempre se consegue ser sustentável em todos eles. A Agricultura Natural, que observa a natureza para tentar imitá-la em seus processos naturais, é a mais agroecológica dentre todas.

> A Agricultura Natural não vê fatores isolados, mas sempre considera o inteiro da natureza: os sistemas naturais, os ciclos vitais e a humanidade dentro destes sistemas. Ela almeja sua recuperação e manutenção. Com certeza, cada tipo de agricultura é uma agressão ao meio ambiente, mas esta pode ser mínima e pode ser catastrófica. Não há dúvida de que Mokiti Okada era um iluminado, pois não somente previu o desenvolvimento, mas também indicou o caminho certo a seguir. Assim, a Agricultura Natural é a única que é ecológica, trabalhando com sistemas e ciclos. O início de tudo é o solo, que quando arruinado também significa o fim da água, dos animais e de toda a vida terrestre.
>
> Uma transição suave cria a possibilidade de *todos* participarem e lucrarem. O primeiro passo é a recuperação dos solos, especialmente pelo uso correto de suficiente matéria orgânica. Ninguém, nem na agricultura convencional

nem na natural, pode trabalhar com solos decaídos, que evitam a penetração da água, que garante o caudal dos rios. E, mesmo sendo ferrenhos adeptos da agricultura convencional, ninguém pode sobreviver sem água. E sem solo recuperado e novamente vivo, a água acabará num futuro próximo.[*]

O segundo passo são variedades adaptadas a solos e climas. Elas não somente são muito baratas, mas também produtivas, mesmo em condições pouco favoráveis. E como não necessitam de adubos químicos nem de irrigação, especialmente quando são protegidas por um "mulch" ou camada protetora, são mais saudáveis.

Somente com solos sadios teremos plantas sadias. Plantas bem nutridas são sadias e não necessitam de defesa nenhuma. E o que é mais importante, elas fornecem um alimento nutritivo, do qual não necessitamos 4.000 a 5.000 cal/dia para viver. (...) Não é a quantidade de calorias, mas o valor nutritivo do alimento que vale. O elevado valor biológico do alimento reconhecemos pela saúde das plantas. Planta sadia e em pleno vigor não é atacada por nenhuma doença ou praga. (...) Um alimento biologicamente integral nutre o material e o espiritual das pessoas, garantindo uma era de saúde, paz e amizade.

Por outro lado, o meio ambiente pode ser recuperado. Reflorestando áreas estratégicas, produzimos em menor área mais alimentos. Além disso, com mais florestas, o clima fica mais estável com menos oscilações, as chuvas voltam com as matas e os rios caudalosos. A época de angústias terminará. A humanidade terá menos fortunas mirabolantes, mas bem estar para todos.[**]

Pela Mokiti Okada, Ana publicou o livro *Cartilha do Solo*, em 2006. É mesmo uma Cartilha, um "be-a-bá" do solo, mostrando ao leitor aspectos básicos como exemplos de ciclos, textura, cor e cheiro da terra[***]. A simplicidade com que escreve e descreve os processos e aspectos da vida relacionada ao solo explica, em grande parte, o sucesso desse seu trabalho. No livro *Agricultura Sustentável*, publicado em 1992 pela Editora Nobel, escreveu:

Terra produtiva é grumosa. Quando se pega na mão, esfarela facilmente. Ela cai igual quirera. Seu cheiro é fresco e agradável. Na aração cai em torrões, mas bem solta. A água da chuva entra rapidamente e não escorre nem empoça. As raízes são abundantes, penetrando profundamente. As

---

[*] "Esse futuro chegou em 2014/2015 no sudeste brasileiro", anotou Maristela Simões do Carmo ao revisar o texto desse livro. O trecho acima foi escrito por Ana Primavesi num texto sem data, bem anterior ao período de secas enfrentado pelo sudeste brasileiro.

[**] Trecho retirado de *Agricultura Natural – A solução para os problemas atuais*. Ana Primavesi, publicado pela Fundação Mokiti Okada.

[***] Em 2016, o livro *Cartilha do Solo* foi republicado com o nome *Manual do solo vivo*, também pela editora Expressão Popular.

plantas são fortes e sadias. Elas resistem a pragas e doenças bem como a veranicos ou ventos frios.

"Embora o homem se sinta mais macho quando até sabe dançar valsa com seu trator no campo, a terra não gosta disso. Máquinas compactam horrivelmente a terra, especialmente quando esta é úmida. O maior problema na América do Norte e no Brasil é a compactação dos campos pelas máquinas."

"Muitos acreditam que fungos e bactérias somente prejudicam. Isso não é verdade. Sementes fortes eles ajudam a nascer; sementes fracas eles fazem apodrecer; plantas fortes eles ajudam a produzir; plantas fracas eles aniquilam. Plantas pouco resistentes, criadas com agrotóxicos, dão sementes fracas. Nos campos de produção de sementes, dá-se importância que sejam limpos de ervas invasoras, pragas e doenças. Como se consegue isso ninguém pergunta. Culturas que têm de ser defendidas por venenos são fracas, e quanto mais pulverizações exigem, mais débeis são. Isso acontece devido ao desequilíbrio nutricional. Se as plantas não tinham minerais suficientes, as sementes também não os terão. Dão origem a plantas carentes e fracas, pouco resistentes ao frio e à seca. Plantas fortes não são as plantas viçosas por causa de excesso de nitrogênio. Bebê engordado com maisena também não é forte; ao contrário, é muito suscetível."

Fotografias da alma

Dois anos antes do ataque nazista a seu país, em Krasnodar, Sul da Rússia, o fotógrafo amador e eletricista Semyon Davídovitch Kirlian e sua esposa Valentina montaram uma aparelhagem inusitada, capaz de reproduzir fotograficamente, sem lente ou câmara, uma luminescência. Era como se a máquina fotografasse a "luz da alma" de coisas vivas.

O caso é contado no famoso livro A *Vida Secreta das Plantas*, de Peter Tompkins e Christopher Bird. Um especialista em plantas pede ao casal que fotografe duas folhas idênticas, sem nada mencionar sobre elas. O casal, vendo-as idênticas, trabalha arduamente tentando obter fotos também idênticas, o que no final se mostra impossível. Desconcertados, mostram as fotos ao especialista, que só então explica, admirado, que uma folha fora arrancada de uma planta saudável, e a outra, de uma doente. Ficava claro que a doença, antes de se tornar visível na estrutura física, como um sintoma, manifestava-se no campo energético da planta afetada. A "aura", outro nome dado a essa luz, estava agora mais próxima da ciência do que nunca, e não só desenhada ao redor da cabeça dos santos.

As imagens obtidas em tons róseo-azulados possuíam também pontos de luz "salpicados" pelas margens da folha fotografada, isso se ela estivesse em bom estado. A análise era o "x" da questão: algumas fotos mal mostravam o contorno da folha; em outras, os pontos de luz desenhavam seu contorno, inclusive as nervuras, por onde circula a seiva. Plantas com deficiências minerais exibiam um tom azul marinho em parte da folha, ou por toda ela. Partes rosadas indicavam "boa saúde", assim como os pontos de luz.

Como convidada de honra do Programa Social Agropecuário a Misiones, Argentina, em 1996, Ana mostrou primeiro duas fotos: a de uma folha em que tinha sido aplicado fungicida, e outra de folha cultivada em terra orgânica. Ao redor desta, havia raios de energia. Ela explicou: "A primeira não tem essa energia que a protege contra os parasitas, então eles a atacam facilmente, matando-a porque a planta está completamente indefesa. Vocês podem ver que essa planta está perdendo toda sua energia, não tem mais força, porque está mal nutrida. Vemos agora a fotografia da planta bem nutrida. É uma planta normal que se defende e não tem nenhum perigo de ser atacada por pragas."

Num encontro de agroecologia realizado em Campinas em novembro de 2003, ela escreveu:

> Os defensivos conseguem matar insetos e micróbios, e, inicialmente, aumentar as colheitas. Mas as plantas, livres de parasitas, permanecem doentes como anteriormente, porque suas substâncias semiformadas continuam circulando na seiva, como pode ser observado nas fotografias de sua aura magnética. Por isso, o valor biológico dos seus produtos é baixo até muito baixo, conforme a frequência com que se tem de aplicar os defensivos.

Essas fotografias da alma (ou energia das plantas) passaram a ser usadas em praticamente todas as palestras de Ana. As fotos eram mostradas nas antigas transparências com retroprojetores, e a teoria da deficiência mineral que leva a uma doença vegetal tinha agora uma fotografia. O método Kirlian seria outra ferramenta para se dizer: o solo é, de fato, a base de tudo.

Painel apresentando fotos Kirlian, trabalhando para a fundação Mokiti Okada (IFOAM, 1998).

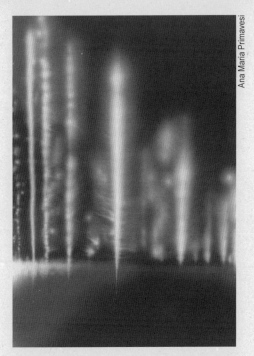

Folha de gladíolo com excesso de nitrogênio e que recebeu veneno todos os dias: a energia da planta está sendo perdida.

MACIEIRAS EM FLOR

A ancestral de todas as macieiras surgiu no sudoeste da Ásia. Planta de clima frio, suas sementes viajaram pelo mundo espalhadas pelo vento, grudadas nos pelos, nas fezes dos animais, no bolso dos viajantes.

A disseminação carrega, em si, a história de muitas jornadas: o trabalho da abelha incansável, que visita as flores branco-rosáceas no período vegetativo, polinizando-as e garantindo a frutificação. Ao longo de todo o verão, as folhas da macieira respiram, transpiram, transformando a luz do sol em doçura, o fruto em tentação. Enquanto respiram, as folhas da macieira exalam a umidade sugada pelas raízes. Raízes... Quem as vê? E, nas profundezas do solo, na interação entre seres microscópicos, constrói-se uma fortaleza chamada árvore. Majestosa, ela reina sobre nossas cabeças. Indulgente, ressurge nos lugares mais estranhos. É a prova de que a vida pulsa.

A maçã contém a respiração de toda a macieira. Contém cada amanhecer, cada raio de sol, cada brisa, a geada, cada toque de borboleta recebido. Uma fruta abençoada pelo incessante leva-e-traz de seivas, pela logística da fotossíntese, pelo trabalho competente do solo.

Em todas as árvores, folhas e galhos em algum momento retornam a ele. O SOLO. Nesse mundo à parte, sob nossos pés, cheio de ação e mistério, criaturas que não sabemos que existem, que tamanho têm, que trabalho executam, cuidam de nós. Sem elas, não teríamos alimento. Dependemos do solo VIVO para existirmos, um solo que não é só o chão em que pisamos e nos equilibramos. Um solo que não é inerte, doente, sujo. Um punhado de terra é tão transbordante de vida que levaria anos para tomarmos conhecimento, de fato, de tanta complexidade e harmonia. Como numa orquestra, cada ser dá o seu tom, elaborando a harmoniosa música da vida.

No período de dormência, a planta recolhe-se. Como canta Almir Sater, "é preciso amor para poder pulsar, é preciso paz para poder sorrir, é preciso a chuva para florir..." É quando galhos e folhas retornam ao solo, para se transformarem de novo em galhos, ou folhas, ou flores, ou frutos.

Então aquela maçã se forma, vistosa, cheirosa. O pássaro que a come alimenta-se de um produto coletivo, um trabalho árduo, incessante, mas natural. E quando ele retorna ao solo, quando a vida se extingue no seu corpo, é o solo que o acolherá. E de matéria putrefata, transformá-lo-á no adubo mais cheiroso, com um perfume único. Cheiro de terra. Cheiro de nós mesmos. Essência de quem somos.

Existem vários tipos de maçãs: gala, golden, fuji, ginger. Até uma chamada Ana vermelha. Recentemente, uma infinidade de outros tipos surgiram: Carin, Odo, Artur, Santiago, Maristela, Lazzarini, Sakae, Ondalva, Tokeshi, Romeu, Baltasar, Guaraci, Marcelo, Adilson, Yoshio, Sérgio, Moacir, Shiro, Jefferson, Araci, Ataliba, Nina, Hiroshi. Impossível nomear todas, porque são muitas, muitas. Maçãs que carregam a semente do que se aprendeu e apreendeu, que perpetuam em seu código interno a sabedoria da terra, do saber brotar, desenvolver e frutificar. Cada maçã aqui representada, outrora flor, é fruto, da terra. E a terra, o solo, nos foi desvendado por ANA MARIA PRIMAVESI.

Somos todos macieiras em flor. Potencialmente frutos, mas seres desabrochantes nesse mundo de possibilidades. Cada maçã nova lançará também novas sementes e dela surgirão novas plantas.

Cada semente germinada dessa árvore frondosa chamada Primavesi carrega, dentro de si, o amor à terra.

Em sua jornada, Ana Primavesi deixou um rastro. O que é um rastro senão uma marca na terra? Assim é. O seu rastro permanece. Em seu rastro seguimos. Ele nos guiará, e em seus sulcos nossas sementes serão derramadas.

Sementes de Primavesi. Árvore mestra, matriz de todos nós.

Macieiras em Pichlhofen

Em 6 de agosto de 2014 foi aprovado o projeto de lei que institui o Dia Nacional da Agroecologia em 3 de outubro, natalício de Ana Maria Primavesi.

Mapa 1 – Reino da Prússia antes da unificação alemã – 1815

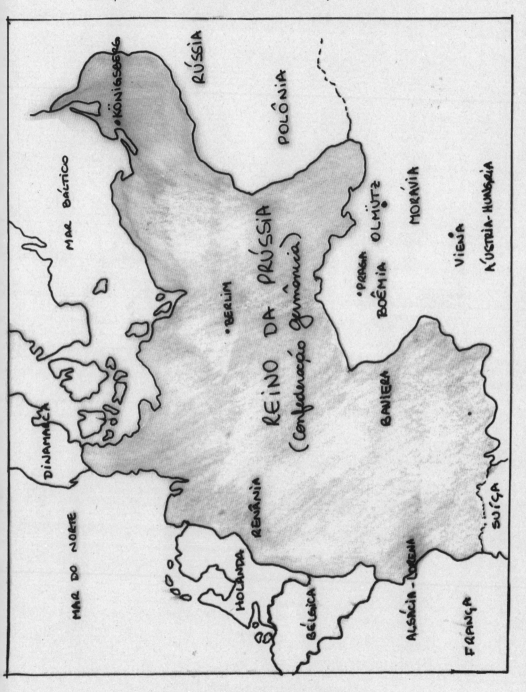

Fonte: D_MAPS.COM. Acesso em 13/11/15.

Mapa 2 – O império Áustro-Húngaro

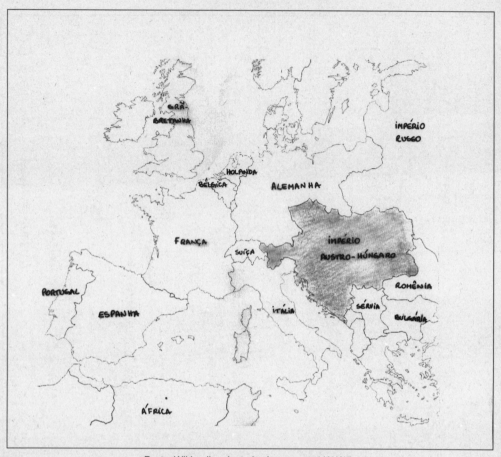

Fonte: Wikipedia adaptado. Acesso em 14/11/15.

Mapa 3 – Europa atual

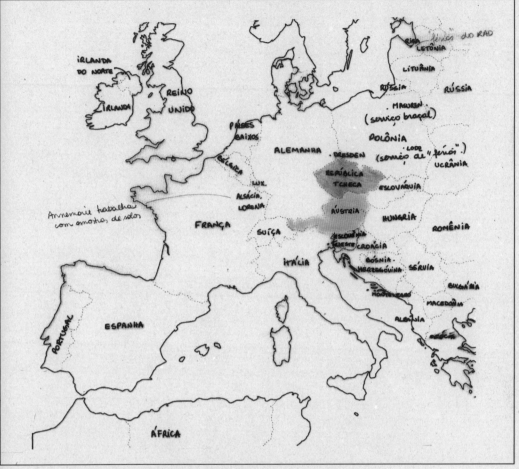

Fonte: D_MAPS.COM. Acesso em 13/11/15.

Mapa 4 – Origens de Artur e Ana Primavesi

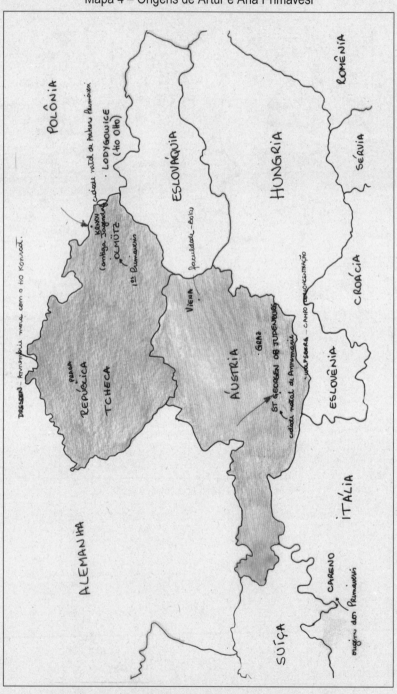

Fonte: Googlemaps. www.google.com.br/maps Acesso em 14/11/15

Mapa 5 – Os nove Estados da Áustria

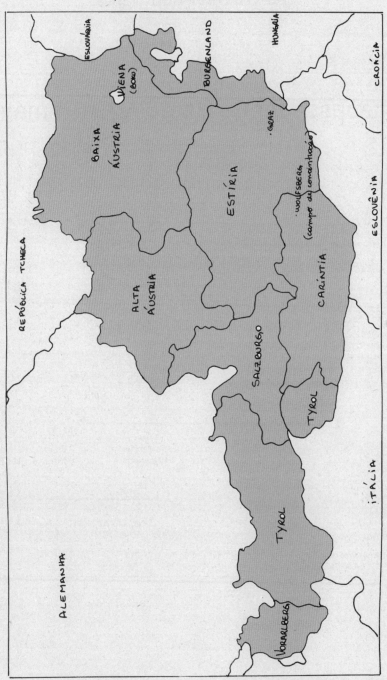

Fonte: www.statistik.at/web_en-adaptado. Acesso em 10/10/11.

Árvore Genealógica

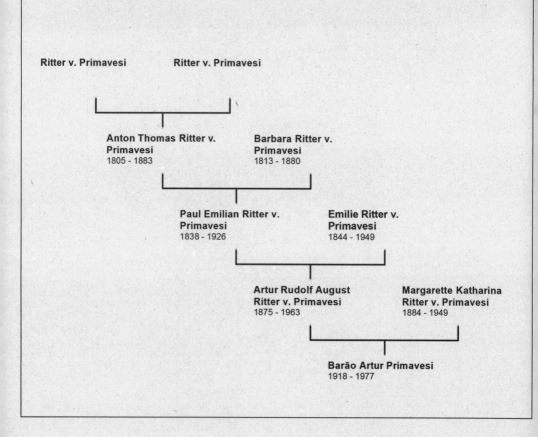

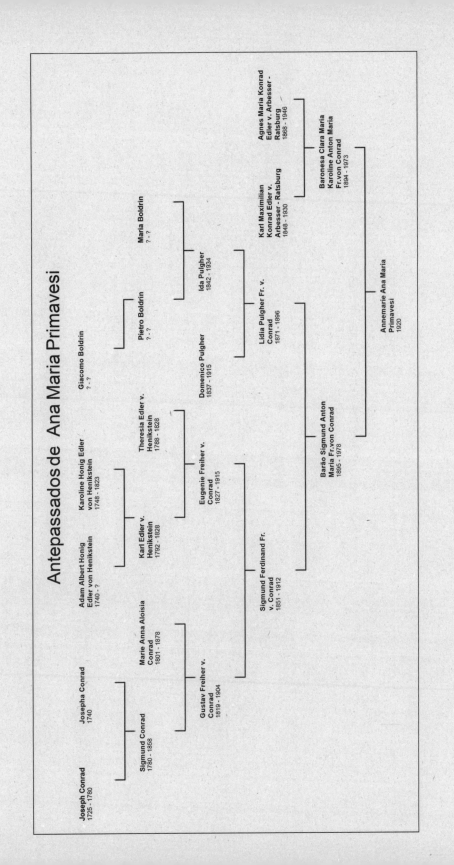

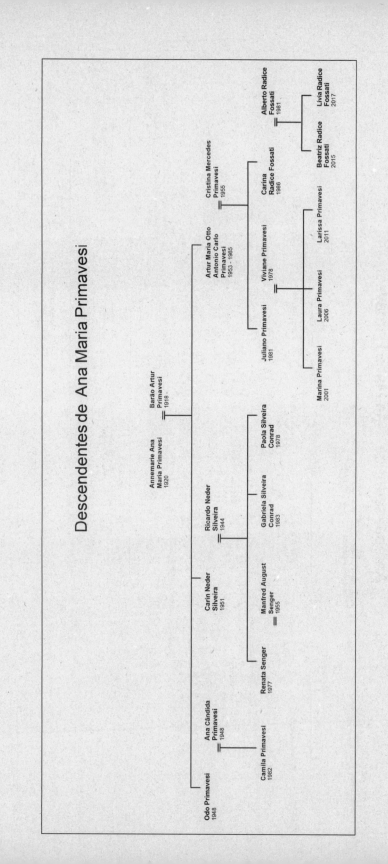

Bibliografia citada

ALMEIDA, Sérgio Ricardo Matos. *Agroecologia, o romance da Agronomia*. Cruz das Almas, BA, Edição do autor.
CARSON, Rachel. *Primavera Silenciosa*. São Paulo: Gaia, 2010.
CHABOUSSOU, Francis. *Plantas doentes pelo uso de agrotóxicos: novas bases de uma prevenção contra doenças e parasitas: a teoria da trofobiose*. São Paulo: Expressão Popular, 2006.
DOBREMEZ, J.F. Guerre chimique chez les vegetaux, *La Recherche*, 279, p. 912-916, 1995.
Encontro de Agroecologia: Cati 36 anos. Campinas. *Anais*. Campinas: Cati Edições, novembro de 2003.
MYIASAKA, Shiro; MEDINA, Júlio César. *A soja no Brasil*. Ed Ital, 1981.
MYIASAKA, Shiro. *Manejo da biomassa e do solo visando a sustentabilidade da agricultura brasileira*. Navegar Editora, 2008.
MOONEY, Patrick. *Seeds of the Earth: A Private or Public Resource*. Food First Books, 1983.
LUKASHI, H. 1999. Micronutrientes. Agric. Res. ARS/USDA, vol.7:22.
PASCHOAL, Adilson Dias. *Pragas, praguicidas e a crise ambiental: problemas e soluções*. FGV, Rio de Janeiro, 1979.
PRIMAVESI, Ana. *Agricultura Sustentável. Manual do produtor rural*. São Paulo: Nobel, 1992.
_____. *Agroecologia: Ecosfera, Tecnosfera e Agricultura*. São Paulo: Nobel, 1997.
_____. *Manejo Ecológico do Solo. A agricultura em solos tropicais*. São Paulo: Nobel, 2002.
_____. *Cartilha do Solo*. São Paulo: Fundação Mokiti Okada, 2006.
SMITH, Jeffrey M. *Roleta Genética: Riscos documentados dos alimentos transgênicos sobre a saúde*. São Paulo: João de Barro Editora, 2009.
SHIVA, Vandana. *Monoculturas da Mente; perspectivas da biodiversidade e da biotecnologia*. São Paulo: Gaia, 2003. Pg 16-17
TOMPKINS,P. E Bird, C. *A vida secreta das plantas*. São Paulo: Círculo do Livro.
TSUZUKI, Yoshio. *Defesa Fisiológica Contra Doenças e Pragas*. São Paulo: Gráfica Paulo, 2010.
http://www.fd.uc.pt/CI/CEE/pm/Tratados/Amesterdao/conv-genebra-1951.htm- Convenção de Genebra. Acesso: 13/08/2015.

Lista de Livros publicados por Ana e Artur Primavesi

Como coautora: com o Prof. dr. Artur B. Primavesi
Série de livros "ABC do Lavrador Prático". Editora Melhoramentos (1956-1960)
1. A Nutrição Racional das Lavouras. Reconhecimento de doenças. 1957.
2. Cultura da cana-de-açúcar – número 56
3. As leguminosas na adubação verde – número 57
4. O vírus nas plantas e o seu combate – número 58
5. Cultura do milho – número 62
6. Cultura do arroz – número 65
7. A cultura do centeio – número 71

Série "Criação e lavoura". Editora Melhoramentos (1956-1960)
1. Erosão – número 18
2. A cultura do trigo – número 25

Em Santa Maria
1. Carência de boro no vegetal – UFSM, 1962
2. Deficiências Minerais em Cultivos. Porto Alegre. Gráfica da Editora Globo, financiado pela UNESCO, 1964.
3. A *Biocenose do Solo*, Santa Maria, RS. Gráfica da Editora Palotti, financiado pela UNESCO, 1965.

Com Jovelino Pozzera e Evandir Costa
1. *Cartilha de Integração*, Brasília. Senado Federal, 1970.

Como autora:
1. Manejo de Pastos Nativos, Porto Alegre. Secretaria de Agricultura, 1966.
2. A Produtividade de Pastagens Nativas. Santa Maria, 1969.
3. Plantas Tóxicas e Intoxicações no Gado em RGS. Universidade Federal de Santa Maria, 1970.
4. Manejo Ecológico do Solo, São Paulo: Livraria Nobel, 1980.
5. Manejo Ecológico de pastagens, São Paulo: Revista Nobel, 1981.
6. Manejo Ecológico de Pragas, São Paulo: Nobel, 1987.
7. Agricultura Sustentável, Manual do produtor rural São Paulo: Nobel 1992.
8. Agro-Ecologia: Ecosfera-Tecnosfera-Agricultura. São Paulo: Nobel, 1997.
9. Cartilha do Solo, São Paulo: Fundação Mokiti Okada, 2006.
10. Pergunte ao solo e às raízes, São Paulo: Nobel, 2014.
11. A convenção dos ventos. São Paulo: Expressão Popular, 2016.
12. Manual do solo vivo. São Paulo: Expressão Popular, 2016.
13. Manejo ecológico de pragas e doenças. São Paulo: Expressão Popular, 2016.
14. Algumas plantas indicadoras. São Paulo: Expressão Popular, 2017.
15. A biocenose do solo na produção vegetal & deficiências minerais em culturas: nutrição e produção vegetal. São Paulo: Expressão Popular, 2018.

GRÁFICA PAYM
Tel. [11] 4392-3344
paym@graficapaym.com.br